Memórias sertanistas

SERVIÇO SOCIAL DO COMÉRCIO
Administração Regional no Estado de São Paulo

Presidente do Conselho Regional
Abram Szajman
Diretor Regional
Danilo Santos de Miranda

Conselho Editorial
Ivan Giannini
Joel Naimayer Padula
Luiz Deoclécio Massaro Galina
Sérgio José Battistelli

Edições Sesc São Paulo
Gerente Marcos Lepiscopo
Gerente adjunta Isabel M. M. Alexandre
Coordenação editorial Clívia Ramiro, Cristianne Lameirinha, Francis Manzoni
Produção editorial Ana Cristina Pinho
Coordenação gráfica Katia Verissimo
Produção gráfica Fabio Pinotti
Coordenação de comunicação Bruna Zarnoviec Daniel
Colaboração Marina Marcela Herrero

Memórias sertanistas

Cem anos de indigenismo no Brasil

FELIPE MILANEZ (ORG.)

Preparação Beatriz de Freitas Moreira
Revisão Heloisa Amorim, Sílvia Balderama
Projeto gráfico, capa e diagramação Carolina Sucheuski
Imagem da capa Cena do filme *Corumbiara* (2009), de Vincent Carelli, em adaptação livre
Mapas Renata A. Alves, Fabio Pinotti

M5339 Memórias sertanistas: cem anos de indigenismo no Brasil / Organização de Felipe Milanez. – São Paulo: Edições Sesc São Paulo, 2015.
    424 p. il.: Fotografias.

    Referências bibliográficas
    ISBN 978-85-7995-177-0

    1. Brasil. 2. Indigenismo. 3. Sertanistas. 4. Memória. I. Subtítulo. II. Milanez, Felipe.

                CDD 572.981

© Felipe Milanez (org.), 2015
© Edições Sesc São Paulo, 2015
Todos os direitos reservados

Edições Sesc São Paulo
Rua Cantagalo, 74 - 13º/14º andar
03319-000 São Paulo - SP Brasil
Tel. 55 11 2227-6500
edicoes@edicoes.sescsp.org.br
sescsp.org.br/edicoes
/edicoessescsp

*Em memória das sociedades indígenas que foram exterminadas no último século.
E que estas linhas sirvam, de alguma maneira, àquelas que sobreviveram.*

A Ururu Akuntsu (in memoriam)

A Adrian Cowell (in memoriam)

Sumário

Apresentação · *Danilo Santos de Miranda* 9
Prefácio · *Betty Mindlin* 11
Introdução · As memórias e o projeto 25

Parte I · Os sertanistas 31

Parte II · A ditadura e o país desertificado 63

Parte III · O lado indígena 85
Afukaka Kuikuro 87
Paulo Supretaprã Xavante 97

Parte IV · As memórias 111
Afonso Alves da Cruz 113
José Porfírio Fontenele de Carvalho 139
Fiorello Parise 169
Odenir Pinto 189
Sydney Possuelo 213
Wellington Gomes Figueiredo 251
José Meirelles 285
Marcelo dos Santos 317
Altair Algayer 351
Jair Candor 381

Parte V · O futuro da tradição sertanista 405

Agradecimentos 417
Sobre o autor 421

Apresentação

Danilo Santos de Miranda
DIRETOR REGIONAL DO SESC SÃO PAULO

Ao longo dos séculos, o choque dos primeiros contatos não apenas se perpetuou como viu a força brutal do homem branco ser aprimorada, alimentada pela incapacidade de reconhecer no diferente um igual, identificado com a insignificância passível de ser dizimada. Guerra biológica, espoliação, escravização levaram à morte milhares de índios, oriundos de várias etnias, que associaram a presença do europeu ao sofrimento extremado, seguido comumente da morte.

No início do século XX, em um cenário pautado pelo extermínio de povos indígenas, o Marechal Cândido Rondon, responsável por atividades militares relacionadas ao conhecimento e à apropriação das fronteiras no Centro-Oeste e no Norte do país e imbuído do humanismo que marcaria sua trajetória de luta em prol dos índios, tornou-se personagem central do indigenismo brasileiro, sob o lema "Morrer se preciso for, matar, nunca".

Além dele, ao falar da defesa dos povos indígenas, não se pode deixar de mencionar o trabalho dos irmãos Villas Bôas, assim como de Francisco Meireles, entre outros, que, em momentos distintos, empreenderam esforços sem precedentes em prol da valorização do índio no Brasil e do respeito face à diversidade das culturas indígenas.

São eles os exemplos maiores do indigenismo em nosso país, bem como do empenho para que se firmasse um projeto de integração nacional, não só no âmbito geográfico e territorial, como também e, sobretudo, com relação às populações mais isoladas e distantes dos processos de aculturação, promovidos pelo homem branco.

No entanto, se a diversidade da história dos índios no Brasil permanece ignorada pela maior parte da população, o mesmo acontece com a trajetória dos sertanistas que lutaram em sua defesa.

Para refletir sobre essas trajetórias, o Sesc publica *Memórias Sertanistas – cem anos de indigenismo no Brasil*. Organizado pelo cientista social e jornalista

Felipe Milanez, este livro é fruto de seminário homônimo realizado para celebrar a memória histórica dos 100 anos do indigenismo no Brasil. Reúne narrativas de índios e sertanistas, além do prefácio da antropóloga Betty Mindlin, servindo-se da experiência viva de pessoas que desbravaram o interior e assistiram aos dilemas dos processos de integração nacional brasileira.

No Sesc São Paulo, o Programa Diversidade Cultural desenvolve ações com o objetivo de valorizar, incentivar e promover o conhecimento, o respeito e a preservação das identidades e do patrimônio material e imaterial de nosso país. Neste sentido, a publicação deste livro tem o intuito de difundir as memórias sertanistas, ciente de que as culturas dos povos indígenas, somadas à mestiçagem, tornaram-se pilares da sociedade brasileira e como tal devem ser preservadas.

Prefácio
Betty Mindlin

Uma gesta de heroísmo através de entrevistas, leitura indispensável e apaixonante, é escrita e organizada por Felipe Milanez, para comemorar os 100 anos de criação do SPI – Serviço de Proteção aos Índios.

O que deve ser a vida em sociedade, quem pode prever os caminhos do desenfreado capitalismo em nosso país e no mundo? Dentre os povos indígenas do Brasil, calculados em número de 305 pelo IBGE em 2010, há ainda sessenta ou talvez mais isolados, a maioria nas florestas da Amazônia, vivendo em moldes distantes dos nossos, que despertam perplexidade e reflexão sobre o destino humano.

Temos uma tradição invejável de defesa de direitos indígenas na legislação e nos princípios da conduta de respeito aos povos originários, marcante a partir do começo do século XX, com Rondon e a criação do SPI – mas a nossa é uma história de massacres, preconceitos, domínio dos mais fortes e do poder econômico, de um Estado voltado para um conceito de desenvolvimento não humanitário, empresarial. Tragédias e ameaças continuam atuais.

Um dos temas centrais deste livro é como lutar pela sobrevivência física e espiritual dos povos que ainda não foram engolidos por nossa engrenagem de consumo, de voracidade, de destruição da natureza. Qual deve ser – e qual o alcance – de uma política relativa aos povos isolados, quanto tempo podem ou devem ser afastados da tentação da tecnologia e dos bens produzidos pela indústria moderna, quanto é possível assegurar terras, modos de vida e impedir o genocídio que cada vez é mais documentado, conhecido e não menos próximo? E como podemos aprender com eles padrões de vida com um sentido para a existência?

Doze personagens extraordinários – treze com o autor – pronunciam-se sobre o assunto, contando suas histórias de vida, seus feitos, descrevendo os inimigos vencedores ou vencidos, expondo seu pensamento, conquistas alcançadas. E, sobretudo, demonstrando o encantamento pelos povos não contatados que vislumbraram, ou o amor por aqueles de outras línguas e costumes, com os quais conviveram por longos períodos ou aos quais pertencem. Os protagonistas, todos homens, são bastante diferentes entre si, mas iguais na causa, no desprendimento, na generosidade de doar sua vida aos outros. Foram abrigados por uma instituição admirável, o Sesc São Paulo, que acolheu o encontro *Memórias sertanistas – Cem anos de indigenismo no Brasil*, em 2010, e ousou publicar um resultado extenso como este, com transcrição das falas, continuadas por numerosas entrevistas posteriores feitas por Felipe Milanez.

Cada depoimento parece um conto ou romance, obra de escritor. Ninguém o escreveu, creio – são orais, de expressão elaborada, fluentes. Alguns entrevistados escrevem muito bem, há até um romancista de alta qualidade entre eles. Deveriam continuar por escrito suas narrativas, em publicações futuras; certamente têm diários, cartas. Acumularam memória de décadas de experiências e de um Brasil que ninguém conhece. Falam tão bem, no entanto, que sua fala é semelhante a um livro – a exemplo dos índios, cujas narrativas fluem prontas para os ouvintes, em múltiplas línguas, sem computadores ou plumas. Ou é a arte de Felipe que soube transcriar (para usar o vocabulário da história oral) e ser fiel ao que ouviu e gravou? Tudo isso misturado, provavelmente.

Quase todos os sertanistas são meus amigos ou companheiros de longa data, no terreno ou em reuniões, movimentos, atos públicos. Tenho profunda admiração por eles, à qual se soma a despertada pelos quatro que venho a conhecer aqui – Afonso, Fiorello, Jair e Wellington. Como antropóloga, sinto-me ainda menorzinha do que sou, diminuta, perto desses gigantes, com seu quotidiano unido ao dos índios, adquirindo um conhecimento íntimo do universo dos povos, que nenhuma pesquisa substitui.

*

Abrem o livro, depois da arguta análise introdutória de Felipe, dois líderes indígenas: Afukaká Kuikuro, dos povos alto-xinguanos, e Paulo Supretaprã, um Xavante. No primeiro é marcante a figura de Orlando Villas Bôas e de seus irmãos: a luta para demarcar as terras e criar o Parque Indígena do Xingu, o apreço que ele demonstrou, ao chegar ao Centro-Oeste nos anos 1940, pela rica vida cultural indígena, a defesa do parque, os ensinamentos que procurou passar para a geração mais jovem, como o preparo para lidar com a sociedade urbana. Confirma, assim, que a obra dos Villas Bôas estabeleceu um ditame notável de relacionamento pós-contato entre os povos indígenas e seus concidadãos brasileiros.

Supretaprã insiste na luta histórica dos Xavante para resistir ao contato com os *warazu* (os invasores), em fugas, ataques, mudanças. Elogia a coragem de Pimentel Barbosa, que preferiu morrer a atirar nos Xavante, quando buscava o contato com eles, e a de Chico Meireles, que enfrentou-os sem medo, fez o contato e defendeu a demarcação das terras. É crítico, porém, dos moldes de participação indígena na sociedade industrial. Teria sido melhor o paradigma de Orlando Villas Bôas, dedicado a outros povos que não os Xavante, que o de Meireles, amigo constante e defensor, pergunta? As perdas não seriam as mesmas ao longo do tempo? No mínimo há uma vitória: emerge a visão dos índios. Os próprios Xavante são hoje autores de belíssimos livros e filmes, tanto sobre a tradição antiga como sobre a atualidade.

Os dois apontam, de forma contundente, para o centro do debate deste livro. Cada qual resume sua biografia com muita arte. Refletem sobre o indigenismo, alianças, o perigo do consumo, do dinheiro e da cidade, o cerco das fazendas, empreendimentos, hidrelétricas, a destruição dos rios e florestas, a mudança de comportamento da nova geração. Evocam rituais, sonhos, convocam à luta.

Os isolados e o primeiro contato

As expedições emocionantes para entrar em contato com povos desconhecidos, ameaçados de morte por invasores, e o impacto de vê-los, sempre de repente, pela primeira vez, aparece na maioria dos depoimentos.

Fortíssima é a descrição de Wellington Gomes Figueiredo do contato com os Arara atingidos pela rodovia Transamazônica em 1980, ao participar da equipe da frente de atração, coordenada por Sydney Possuelo. Governo brasileiro e Funai exigiam um contato rápido, para facilitar os investimentos, acabar com ataques indígenas aos agressores. Isolados e outros sofriam massacres, viviam sob ameaça. A filosofia dos indigenistas era não apressar o contato, sempre deletério para os índios, e sim vigiar seu *habitat* e suas terras, ainda não demarcadas, para impedir o contato e invasores. Montaram um posto de vigilância, esperando que, com o tempo, os isolados percebessem que eram aliados e não inimigos. Mas foram atacados, e três servidores da frente flechados. Ainda assim permaneceram por longo período no acampamento, vivendo a tensão da ociosidade forçada, do cerco invisível, das relações humanas tensas em um convívio recluso. *Entre quatro paredes*, a peça de Sartre... Até a aproximação dos primeiros visitantes Arara, finalmente confiantes nas novas relações.

Wellington conta outras experiências fortes com isolados: sua primeira visão repentina de um índio nu, um dos Matis que começavam os encontros com a Funai; o contato que fez, acompanhando Possuelo, com os Mayá ou Índios dos Botões no vale do Javari, os dramas do trabalho com os Awá-Guajá isolados do Maranhão, vítimas de massacres por fazendeiros, madeireiros, garimpeiros. A vivência riquíssima, bem contada, arrasta os leitores.

Odenir Pinto, neto de indigenista que participou da equipe de Rondon, filho de mãe e pai defensores dos Xavante e dos Bakairi, é o mais jovem de todos a fazer o contato com um índio isolado: aos cinco anos de idade, brincando sozinho na aldeia, é surpreendido por um rapaz Xavante, povo até então em guerra com os invasores!

Os feitos de Odenir são incontáveis, a defesa e demarcação de terras Xavante, o convívio com os Mura Pirahã, a batalha contra a ditadura militar pelos direitos indígenas, contra grandes empresas, como as Fazendas Xavantina e Suiá-missu. Seguir seu relato é uma lição de história indígena. O filme *Vale dos esquecidos*, de Maria Raduan, de 2011, sobre a retomada das terras Xavante em Marãiwatsédé, ao expor a situação atual, faz compreender ainda melhor a grandeza das proezas de Odenir naquela época. Ele envolveu-se ainda com a defesa dos Pataxó da Bahia – o povo que em 2012 obteve uma grande vitória no Supremo Tribunal Federal.

Descrição tão emocionante quanto a de Wellington é a da participação de Odenir na Frente de Atração Kreen-Akarore (Panará), isolados atingidos pela rodovia BR-163, Cuiabá-Santarém, açodados pelos interesses econômicos envolvidos, em plena ditadura militar. Orlando Villas Bôas fizera o contato um pouco antes. Odenir tinha então pouco mais de 20 anos, no início dos anos 1970. O contato foi uma hecatombe para os Panará – morreram de doenças, foram transferidos para o Xingu e só nos anos 1990 retornaram às suas terras originais. Sem o contato, por outro lado, teriam sido extintos e massacrados, dificilmente conseguiriam refúgio. Odenir afirma que os Villas Bôas lutaram inutilmente para mudar o traçado da estrada e impedir o contato, e eram contra a transferência, que foi um ato de desespero diante das epidemias e mortes.

Odenir é autor de um romance de alta qualidade literária, *Sinais de chegada*. Tem o dom da palavra, seu enredo é um fluxo narrativo em cachoeira, águas do inconsciente profundo, de um "saber só de experiências feito". O tema central é o contato com um povo isolado fictício.

Este romance e os depoimentos de Wellington e de Odenir – talvez de outros no presente livro – parecem continuar o *Instinto supremo* de Ferreira de Castro. Trata-se de uma ficção baseada em documentos e depoimento de Nimuendaju sobre o contato com os Parintintim. Eu o descobri há pouco, em uma carta de Denise Meirelles recomendando a leitura a Apoena[1], quando este buscava sem sucesso o contato com os Panará; os dois eram recém-casados sofrendo com a distância. O clima soturno de sertanistas acuados, o entorno da floresta, a expectativa de uma chegada súbita dos desconhecidos, até mesmo a casa com frestas por onde entram as flechas indígenas, a forma de aproximação com os povos isolados – tudo é semelhante.

É Sydney Possuelo quem consolida, em 1987, uma nova filosofia de contato com isolados, construída a partir de sua trajetória e da experiência de grandes

---

1. Lilian Newlands (org.), *Apoena, o homem que enxerga longe*, Goiânia: Universidade Católica de Goiás, 2007, p. 122.

profissionais como os que aqui dão depoimentos, além de outros. A análise e a crítica da história dos contatos, dos dramas e erros, originou uma virada[2]. O que na prática já perseguiam, ou seja, defender as terras onde vivem os povos sem contato, mas evitar que passem ao convívio permanente conosco se o recusam (enquanto for possível) tornou-se um princípio oficial. Em 1987, Possuelo promoveu o primeiro encontro de sertanistas e conseguiu criar o Departamento de Índios Isolados da Funai. Admirador desde rapazinho dos irmãos Villas Bôas, de Darcy Ribeiro e de Noel Nutels, conta com graça sua tragicômica primeira viagem ao Xingu, em 1958, antes da criação do Parque. Alguns anos depois, Orlando convidou-o para trabalhar lá. Entrou na Funai em 1972, inicialmente estagiando em Rondônia, com Francisco Meireles. Um dos seus primeiros atos ousados foi libertar os índios dos povos do Guaporé (no Ricardo Franco) do seringalista que os escravizava, pagando todas suas dívidas.

Possuelo trabalhou na Frente Kreen-Akarore, em uma época de epidemia de gripe, e conseguiu salvar todos. Ficou sete meses sem sair de lá. Embora contrário à medida, teve que participar da transferência dos Panará para o Parque do Xingu, onde mais tarde foi nomeado diretor por alguns meses. Como Presidente da Funai, de 1991 a 1993, apoiou a volta dos Panará às suas antigas terras. Teve um papel importante na Frente Arara, a partir de 1979, expulsando invasores. É pioneiro seu trabalho nos Zo'é, expulsando a Missão Novas Tribos e estimulando o povo a retomar hábitos tradicionais. Estive nos Zo'é em 2008 e pude apreciar a ótima situação de saúde, a beleza das pessoas e da floresta intocada.

Como Presidente da Funai, Possuelo demarcou as terras dos Yanomami e grande número de outras. Foram ações memoráveis.

Em seu depoimento, relata ainda a defesa do vale do Javari e seu envolvimento com os Awá-Guajá. Possuelo é personagem de *Serras da desordem*, filme de Andrea Tonacci, e aparece quando vai buscar Karapiru, o remanescente de um massacre desse povo.

Encontrei Possuelo várias vezes em Rondônia, quando ele tentava identificar terras de povos isolados; em Brasília, em reuniões variadas; em homenagens a ele. Destemido, nada contido quando se trata de realizar seus projetos em prol dos índios, é fundamental na história indigenista.

José Carlos Meirelles tem uma história e uma personalidade marcantes. Engenheiro, contador de casos com muita verve, escritor consumado – basta ler suas crônicas – é um homem do mato, com uma vastíssima experiência de décadas com povos isolados e outros de contato antigo. Basta ver o filme *Paralelo dez* de Silvio Da-Rin para ter uma ideia do seu quotidiano na Frente de Proteção Etnoambiental Envira, da audácia de viver em um posto longínquo, circundado

---

2. Excelente é o livro de Antenor Vaz, também ele com larga experiência com os índios isolados, *Isolados no Brasil. Política de Estado: da tutela para a política de direitos – uma questão resolvida?* Brasília: Informe IWGIA 10, 2011.

por três povos isolados diferentes, lidando igualmente com os numerosos povos do Acre, seus amigos de longa data, por cujas terras lutou desde sempre, afrontando os seringais escravizadores dos índios. Conta-nos seu início indigenista, o episódio de um primeiro contato com os Awá-Guajá, com quem ficou de 1973 a 1976. Grande companheiro seu de trabalho foi José Porfírio de Carvalho. Incontáveis as demarcações que fizeram no Acre, arrostando fazendeiros, bandidos, pistoleiros em um estado que afirmava a inexistência de índios, lá só haveria "caboclos"... Meirelles faz lindos retratos de líderes indígenas íntegros, como o velho Kaxinauá Sueiro. Um dos temas inusitados de que se ocupa é a relação de índios de contato antigo com os isolados, que os primeiros veem por vezes como ameaça; Meirelles desenvolve métodos para fazer crescer essa aliança e uma estratégia comum pelas terras e pela sobrevivência. Enfim, seu conhecimento e ofício abarcam tanto os povos que recusam contato como aqueles que defendeu quando ainda não eram considerados índios, e sim mão-de-obra escrava em seringais. O Acre foi o estado onde permaneceu a maior parte da vida. Passou maus bocados: como Afonso, levou flechada. Ao contrário do que Rondon apregoava, em uma ocasião que chama de "acidente de percurso", salvou sua vida e a do sogro – para nossa alegria e para o bem dos índios, aos quais se dedica até hoje.

Eu o conheci pessoalmente apenas neste encontro do Sesc, mas para mim sempre foi uma lenda e um exemplo.

*

O primeiro depoimento dos sertanistas, de Afonso Alves da Cruz, impressiona pela longa experiência, pela coragem, pela descrição da violência sofrida não apenas pelos índios, mas também pelos seringueiros, e por ele mesmo: foi seringueiro desde menino em regime de barracão, levou flechadas de índios isolados e seu pai morreu em um ataque indígena. Massacres, assassinatos – que atingem até patrões de seringais, encontros com assassinos ou testemunhas que contavam os crimes com naturalidade vão se avolumando. Duas mulheres seringueiras que haviam sido raptadas pelos índios relataram-lhe um massacre de uma aldeia inteira, do qual escaparam. Afonso trabalhou com Francisco Meirelles, que elogia muito; com ele participou dos contatos com os Kayapó Menkragnoti, em 1958, e com outros grupos Kayapó. Uma cena terrível que testemunhou – há uma semelhante vista por Wellington – foi a de uma criança Xikrin mamando no cadáver da mãe. As mortes por epidemias de gripe fazem parte das trevas que atravessou. O contato com os Arara da Transamazônica é outra fase de tragédias, foi quando levou as flechadas. Espero que os leitores não se apavorem com tamanhos horrores, não fujam da leitura. A vida de Afonso e suas realizações são excepcionais. Nada quebrantou sua lealdade aos índios, com os quais ficou até ser, injustamente, dispensado da Funai em 2009. O Brasil deve-lhe homenagens.

*

Marcelo dos Santos, arrojado, cavaleiro sem medo e sem mácula na defesa dos índios – por vezes até imprudente ao afirmar seus princípios ao inimigo, mesmo que isso signifique arriscar a vida, é um velho amigo meu e de Carmen Junqueira desde 1982. Foi então que Silbene de Almeida, que ainda não conhecíamos e se tornou amigo e irmão, convidou-nos para conhecer os Nambikwara e nos unirmos a ele e a seus colaboradores na luta pela demarcação e expulsão dos grandes invasores da terra indígena. Estes haviam recebido do governo brasileiro um parecer de inexistência de índios nessa terra de densa população indígena – ou seja, carta branca para se instalarem, ignorando os legítimos habitantes. Sem autorização da Funai, em julho de 1982, para voltar aos Suruí e Cinta Larga, impedidas pela ditadura militar de continuar nossa pesquisa, Carmen e eu fomos, permanecendo por um período em todos os postos e diferentes grupos Nambikwara. Ficamos entusiasmadas com o trabalho que esse grupo de indigenistas desenvolvia, um dos melhores do país. A partir de 1983 voltamos várias vezes – agora oficialmente, pela Universidade de São Paulo, para avaliar a situação indígena, pois os Nambikwara eram afetados pelo Programa Polonoroeste, a pavimentação da rodovia BR-364, Cuiabá-Porto Velho, cofinanciado pelo governo brasileiro e pelo Banco Mundial. Deveríamos elaborar um diagnóstico e fazer valer as reivindicações indígenas diante das consequências desastrosas do projeto. Encantou-nos a paisagem Negarotê à qual Marcelo se refere – vasta extensão de florestas descortinadas de um barranco altíssimo, na presença do Capitão Pedro, uma imensa cobra pendurada em uma árvore perto de nós... Todo o quadro de violência, roubo de madeira, assassinatos, ameaças de grileiros que ele descreve é bem nosso conhecido – assim como o garimpo de ouro que assolou a área. Marimoto, que Marcelo menciona, foi também invasor das terras Suruí Paiter. No final da ditadura, conseguimos arrolar os nomes dos invasores dos Nambikwara – só grupos portentosos, alguns dos quais cheguei a conhecer, inclusive o dono de uma televisão. Acompanhamos mais tarde, de longe, os feitos de Marcelo no Corumbiara, a busca e o encontro com os sobreviventes fugitivos, sem contato, de três povos massacrados. Todos os personagens do filme *Corumbiara*, de Vincent Carelli, ou seja Virginia Valadão, Altair, Inês Hargreaves, o próprio Vincent, são grandes amigos e aliados. Virginia Valadão, saudosa amiga, foi a primeira a escrever um relatório sobre o massacre Omerê, em 1985, como parte da avaliação da equipe da USP mencionada acima.

O depoimento de Marcelo, tão detalhado sobre os perigos físicos, o embate com bandidos poderosos, os percalços da gestão junto a autoridades e ao judiciário, é um verdadeiro romance policial.

As regiões por onde andou Altair Algayer me são familiares, e ele é um amigo desde os anos 1990. Acompanhei Jussara Faria Castro, ótima enfermeira, sua mulher, na primeira e (para nós duas) inesquecível viagem que ela fez aos índios, na TI Rio Branco, em 1995.

Vindo de Santa Catarina com os pais, foi ao trabalhar em uma madeireira de Rondônia que Altair conheceu Antenor Vaz e ouviu muito sobre os índios. Em 1992 iniciou com ele o trabalho na Funai e foi aprendendo muito. Conhecedor do mato, logo identificou sinais de índios isolados – eram os Massaco, na Reserva Biológica do Guaporé. Viveu a forte emoção de entrever dois deles, sem ser percebido. Em 1996 a terra indígena foi declarada, sem que o contato com os índios fosse feito. Quando Antenor deixou a região, Altair ligou-se muito a Marcelo dos Santos e participou das expedições no rio Omerê para encontrar os sobreviventes do massacre, identificar os "donos" de terra invasores e vencê-los. Seu papel, como mostra o filme *Corumbiara*, foi fundamental. Estavam tentando assegurar a vida de índios isolados como os Akuntsu e os Kanoê dentro de uma fazenda que não admitia a entrada de ninguém, guardada por pistoleiros. Seguiu-se no rio Tanaru a luta pela vida do "Índio do Buraco", escondido e solitário há quase 20 anos, que ele descreve em detalhes. A TI Omerê foi homologada em 2006, grande vitória – no entanto Altair angustia-se com a questão da saúde e com a solidão de quem perdeu todos os seus, como acontece com os poucos Kanoê e Akuntsu e mais ainda com o Índio do Buraco. O massacre de garimpeiros e pequenos produtores, na luta contra grandes ocupantes de terras, é outra de suas dores.

A forte entrevista de Jair Candor é tocante para mim de modo especial. Ouço há anos episódios de Rondônia contados por grandes amigos de muitos povos, como homens e mulheres Gavião/Ikolen, Arara Karo e outros, mas também por seringueiros, posseiros, migrantes, funcionários da Funai, habitantes de Ji-Paraná e de cidades vizinhas de terras indígenas. A trajetória de Jair, a dura labuta no seringal Santa Maria, muito conhecido dos índios, a sua passagem pelos garimpos são uma lição de história do Brasil, da sina de tantos bravos trabalhadores tentando a sorte na Amazônia. Os massacres de índios – um deles apontado como sendo, talvez, de Uru-Eu-Wau-Wau – transparecem nas redações dos professores indígenas durante os cursos de formação; não era possível identificar datas e local, mas eram chocantes, memória de jovens fugitivos. A dispersão dos Arara Karo por seringais, nos anos 1950, sobreviventes de expulsão e assassinatos, assim como muitos outros casos parecem continuar, segundo o que Jair nos conta, pelo que testemunhou ou ouviu. Os nomes das fazendas me são familiares.

Segue-se o lado solar: o encantamento de Jair pelos índios, em especial pelos isolados, a bela relação com os Tupi-Kawahiwa (os mesmos estudados por Lévi-Strauss nos anos 1930), nomeados Piripkura nos relatos dos Ikolen, sua colaboração com sertanistas de valor, como Jorge Marafiga e Rieli Franciscato. Conta-nos com emoção a história de Rita, sobrevivente que há anos foi arrancada do convívio dos seus – não se sabe se estes ainda existem, pode ser que ela não tenha parentes entre os poucos Kawahiwa que recusam juntar-se aos invasores e continuam embrenhados na distância. Jair teve encontros-relâmpago, com intervalo de anos, com alguns Kawahiwa – talvez ainda sejam doze os que se escondem. Conheci Rita, dela tive notícias, quando João Piloto, conhecedor de toda a região, levou Mauro Leonel, o fundador do IAMÁ e, a chamado da Funai, João Lobato, indigenista da OPAN – Operação Anchieta, à Fazenda Mudança, onde ela vivia explorada. Tanto João Piloto como Catarino Sebirop Gavião/Ikolen tinham notícia da situação de Rita e transmitiram as informações. Leonel retirou-a de lá com o aval de Apoena Meireles para que ficasse sob proteção da Funai. Estive nos Karipuna em 1984, conheci todo o pequeno grupo dessa época e mais tarde encontrei Rita com o marido desse povo nas aldeias Arara. Esses trabalhos meus e de Leonel foram realizados no quadro da mencionada avaliação da situação indígena do Polonoroeste.

Biografia e depoimento de Jair adquiriram enredo envolvente, fio para quem quiser continuar uma história viva de Rondônia.

*

Italiano de Veneza, Fiorello veio para o Basil com sua irmã Valéria, antropóloga, atraído pela aventura de conhecer os índios. Começou bem: ligou-se em Belém a Eduardo Galvão, renomado antropólogo, e em São Luís a Antonio Cotrim, sertanista e militante político, ambos amigos de Carmen Junqueira, de quem ela sempre me falou muito. (Foi Cotrim quem apresentou Carmen a Apoena Meireles, que então convidou-a – e ela a mim – a fazer pesquisa no Parque Indígena do Aripuanã em 1978).

Fiorello dedicou-se a numerosos povos e regiões. Trabalhou com os Guajá do Maranhão, pois encontrou três remanescentes de um massacre abrigados por uma família de agricultores; foi convidado por Cotrim para trabalhar na Funai do Maranhão; em 1973 fez parte da equipe de Francisco Meireles na frente de contato com isolados afetados pela abertura da estrada Perimetral Norte; fez contato com um grupo de Wayapi isolados no Amapá; participou da Frente de Contato Kreen-Akarore, onde ficou até a transferência dos Panará para o Xingu em 1975; voltou ao Amapá, onde sofreu um atentado por parte de donos de garimpo, quase morreu; trabalhou com os Kayapó de 1978 a 1983, descobriu e contatou um grupo de Parakanã; em 1985 foi para a Frente de Contato Arara. Em 1987 voltou aos Guajá, para contato com isolados. Ajudou ainda a criar a Frente Cuminapanema de defesa dos Zo'é. Sua rica experiência soma-se a de outros sertanistas aqui entrevistados, no embate contra grandes projetos econômicos e contra o extermínio dos índios.

*

Coube-me, no encontro do Sesc Consolação, a alegria de desencadear a conversa com Porfírio de Carvalho. Protagonista de um caudal de vivências, dirige dois grandes programas, exemplos de política indigenista bem-sucedida, matriz para outros, realizados em convênio Eletronorte-Funai. Desde 1987 coordena o Programa Waimiri Atroari, bem como, pouco depois o Projeto Parakanã.

Porfírio de Carvalho é um acervo vivo da história do indigenismo. Começou a trabalhar na Funai em 1967, conviveu e defendeu numerosos povos indígenas do país, demarcou terras no Acre, Maranhão, Amazonas, Roraima e muitos outros lugares, dialogou com povos em situação complexa, como os Cinta Larga em 2004, em plena exploração dos diamantes.

Começou com os Waimiri Atroari em 1968, aos quais é ligado até hoje, com anos de interrupção forçada ao ser mandado para Altamira em 1970. Conta-nos a violência que os assola há um século. Em 1926, vinte sobreviventes de um massacre foram levados presos a Manaus, dos quais 15 morreram. Cinco, levados de volta à mata, devem ter reencontrado os seus e dado notícia do caráter dos invasores, diz ele. Esse é apenas um exemplo da sucessão de crimes de que os Waimiri Atroari foram vítimas Mas as proporções da desumanidade chegaram ao ápice com a construção da BR-174, Manaus-Caracaraí, na ditadura militar. Desde seu livro[3] até depoimentos à Comissão da Verdade em 2014, Carvalho não cessa de relatar as atrocidades. Tudo indica um genocídio organizado pelo Exército para viabilizar a estrada. Os índios, ao se defenderem, eram um empecilho, só eram vistos como possíveis trabalhadores a explorar, não como os legítimos donos e habitantes. Após a morte mal explicada de Gilberto Pinto – que Carvalho não atribui aos índios – a Funai foi retirada do processo de contato e Carvalho proibido de voltar à área, submetido pelo governo militar a uma espécie de confinamento, estilo fascista italiano, em Altamira, onde devia diariamente apresentar-se ao quartel. Oficialmente só pôde voltar aos Waimiri Atroari em 1986 (embora tenha ido de modo clandestino algumas vezes).

Apesar de contrário à construção de hidrelétricas em terras indígenas, Carvalho, almejando a sobrevivência dos índios, viu na parceria Funai-Eletronorte uma oportunidade de recuperação e compensação para os Waimiri Atroari pelos grandes males que os haviam atingido. Ou seja, o primeiro extermínio foi causado pela estrada BR-174, o segundo pela mineração Paranapanema, que lhes tomou 726 mil hectares de terras para explorar riquezas do solo indígena e o terceiro flagelo foi a hidrelétrica de Balbina, desastrosa para os índios e de poucos resultados para a produção energética brasileira. Para que a Paranapanema pudesse operar, o governo Figueiredo reduziu à metade a área indígena definida em 1971. A Eletronorte, reconhecendo sua responsabilidade no caso de Balbina, concordou em financiar, como reparação, o Programa Waimiri

---

3. José Porfírio Fontenele de Carvalho, *Waimiri Atroari: a história que ainda não foi contada*, Brasília: edição do autor e colaboradores, 1982. [2. ed., 2009 – amazon.com.br, eBook Kindle, 2013].

Atroari, vigente desde 1987. A terra foi demarcada, a população recompôs-se, passando de 374 em 1986 a 1.659 em 2013. Vale a pena conhecer os detalhes do programa e o caminho para uma autonomia indígena. Um programa semelhante existe também nos Parakanã desde 1988, para compensar os efeitos da hidrelétrica de Tucuruí. Carvalho dedica-se aos dois com afinco, percorrendo continuamente todas as aldeias.

O conhecimento de Carvalho sobre a vida desses povos é espantoso, embora pouco se pronuncie sobre o que sabe, talvez pela atitude de guardar o que pertence aos índios e que só eles deveriam revelar. Em conversas informais, nunca em entrevistas que eu tenha visto, é possível vislumbrar o que aprendeu, profundezas da vida tradicional. Algumas vezes cheguei a tomar notas de memória, tão fascinante tudo o que conta; pretendo um dia mostrar a ele para ver se deseja expandir e publicar. Os sertanistas não costumam falar ou escrever muito sobre o mundo indígena.

A intrepidez e as façanhas de Carvalho estendem-se a inúmeros outros povos e regiões. Esteve com os Guajarara no Maranhão, com os Kayapó no Pará, e em seguida no Acre, onde se dizia que não havia índios. Com a colaboração de José Carlos Meirelles e outros aliados nos anos 1970, como o antropólogo Terri de Aquino, conduziu uma retomada espetacular das terras pelos povos indígenas. Estes libertaram-se do regime de barracão em seringais, expulsaram grandes grileiros e fazendas, obtiveram demarcações. O Acre até hoje caracteriza-se por maior autonomia indígena com relação à Funai, agindo segundo organização própria dos povos.

Ao trabalhar com os Guajajara no Maranhão, Carvalho denunciou e provou a tortura de índios pela Polícia Federal – correu perigo de vida por muito tempo. Ao ser eleito presidente da Sociedade Brasileira de Indigenistas, em 1979, foi demitido da Funai e preso. Ainda uma vez, algum tempo depois, foi preso em Roraima, um dos estados mais anti-indígenas do país.

Seriam necessários outros Porfírios ou a multiplicação de sua vida carismática para criar programas semelhantes aos dois que dirige, em povos sofridos como os Guarani, Tenharim, Asurini do Trocará e tantos outros...

*

Uma orquestra de denodados personagens da causa indígena poderiam seguir-se aos nossos 13, matéria para outro longo livro. Não é possível evocá-los todos, mas entre os que se foram para sempre, gostaria de lembrar duas pessoas fundamentais para Carmen Junqueira e para mim.

Silbene de Almeida (1950-2001) era um indigenista diferente de qualquer outro. Enraizou-se nas terras dos Nambikwara do vale do Guaporé invadidas por grandes fazendas, e lá ficou até que estas fossem expulsas e as terras demarcadas. Em um diário de 1976, conta como as aldeias ficavam em meio a pastos, pistas de pouso, serrarias, com aviões lançando uma espécie de napalm, Tordon-101, duas vezes por ano, para desmatar – o que provocou defeitos genéticos em crianças nascidas nessa época. Pulando de aldeia em aldeia, carregando doentes nas costas, foi o primeiro chefe de posto, fez sua casa nos Hahãitessu, montou uma belíssima equipe. Os índios em grupo dançavam e cantavam a noite inteira sob o céu estrelado; com o passar das horas, o feitiço da música levava ao transe, a eles e aos poucos ouvintes extasiados. Silbene parodiava e entoava em português as letras sem-vergonhas. Nos anos 80, acompanhou-nos a muitos povos, como aos Mequéns contra as madeireiras, à festa Mapimaí nos Paiter Suruí. Ali, no pátio central da aldeia Lapetãia, fazia discursos encarniçados contra os missionários florescentes. Mas Silbene era um guerreiro poeta, cantor com voz de Caetano Veloso, artista, alegria constante, hábil em todos os ofícios de construir, navegar, atirar, cozinhar, escrever, conversar... Cercava-o uma biblioteca deliciosa, na qual li *Os passos perdidos*, de Alejo Carpentier. Tudo compartilhava com os índios. Não queria para eles mistério em torno de nossos bens industriais – era sua forma de combater o consumismo. Ensinou-lhes a usar o banheiro, pôs luz elétrica para liquidificador e batedeira – e depois desistiu, a luminosidade atraía os anofelinos. Ao receber um convite da BBC de Londres, trouxe de lá para seus amigos inteiramente nus um terno e uma gravata, para brincarem. Sonhava com a universidade da selva e escolas indígenas: para tal recebeu o educador Paulo Freire em 1983, levado por Carmen Junqueira. E gostava de traquinagens: uma vez vimos um caminhão tombado, latas de óleo Zillo esparramadas na rodovia Br-364; antes que aparecesse alguém, enchemos com elas o carro da Funai, para levar aos índios. A Fazenda Zillo (agropecuária do vale do Guaporé), era uma entre muitas grandes grileiros das terras indígenas.

A guerra destemida de Silbene pelos direitos dos índios ainda está por ser divulgada. Escrevia muito. Há relatórios ótimos da Funai sobre os Nambikwara, como os da antropóloga Ana Lange, há a memória de muitos companheiros seus. A bela história de um grande homem não pode perder-se[4].

Apoena Meireles (1949-2004) nasceu entre os Xavante, cresceu com intimidade com muitos povos. Seu relacionamento com os índios fluía amoroso como se fosse um deles, era a impressão de Carmen Junqueira e minha. Tinha apenas 20 anos quando fez o contato com os Paiter Suruí, em 1969. Quando

4. Em 1985, os intrusos, vários com pretensão a cem mil ou duzentos mil hectares, foram obrigados a retirarem-se pelo governo brasileiro. O Banco Mundial suspendeu o financiamento ao Programa Polonoroeste enquanto as terras Nambikwara, entre outras, não fossem demarcadas e retirados os não índios. Havia uma indenização aos grileiros, pois o governo da ditadura havia dado um laudo oficial de inexistência de índios na região. Nenhum dos ocupantes ilegítimos retirou do banco a indenização – talvez com esperança de mudar o veredito da Justiça, o que felizmente não se verificou. Uma contribuição importante à demarcação Nambikwara foi um parecer do jurista Carlos Frederico Marés, afirmando que pela Constituição Federal (mesmo pelas anteriores à de 1988) o reconhecimento oficial das terras indígenas não depende da delimitação no terreno e os invasores não têm nenhum direito à terra, que pertence à União para usufruto dos povos indígenas.

pela primeira vez avistei do avião o conjunto de ocas de palha do Sete de Setembro, em 1978, seu encantamento por eles influenciou-me: foram minha escolha para uma longa convivência, que resultou em um doutorado e muitos desdobramentos ao longo de décadas, enquanto Carmen elegeu os Cinta-Larga de Serra Morena. O convite para nos dedicarmos aos povos do Parque do Aripuanã partiu dele, que com sua tendência socialista admirava as posições políticas de Carmen. Apoena, Aimoré Cunha da Silva (administrador do Parque), Zé Bel (José do Carmo Santana) e nós duas formamos desde o início uma aliança forte contra a violência regional, os posseiros, garimpos, o desrespeito aos limites das terras, os assassinatos comuns na fronteira. Os recursos e meios de fiscalização eram mínimos, mas numerosos os povos sob a responsabilidade de Apoena na Delegacia de Porto Velho. Apoena considerava os índios parceiros para a defesa das terras. Várias vezes, nos Suruí, aventou a hipótese de lutar com eles, armas e dentes, contra os colonos invasores; nos Gavião/Ikolen chegou a juntar-se a uma expedição armada indígena, creio que em 1984, e quase sofreu um processo. Não fazia concessão na batalha pelas terras. Quando chegamos, Suruí e Cinta-Larga já haviam perdido, nas demarcações, metade do território tradicional; ainda assim, no final dos anos 1980, Rondônia era o estado brasileiro com mais terras demarcadas. Apoena foi fundamental na elaboração do laudo Uru-Eu-Wau-Wau feito para a Funai por Mauro Leonel, então antropólogo consultor da USP, e Maria Auxiliadora Leão, antropóloga da Funai; eu mesma acompanhei os três em reuniões e viagens à área, pude seguir seu comprometimento. Com todos os outros povos foi o mesmo: no embate contra as madeireiras, entre as maiores brasileiras, e pela demarcação nos Mequéns, em 1984-1985; nos Zoró, contra invasões e pela homologação; assim também em muitas outras terras. Tornou-se muito próximo de Leonel, ambos extremados combatentes. Nos conflitos locais, com mortes, muitos durante permanência minha nas aldeias, sua presença era um bálsamo. Dialogávamos horas incontáveis, imaginando estratégias políticas durante a ditadura. Nos anos seguintes, Apoena fez denúncias fortes contra o roubo de madeira promovido pela própria Funai, por funcionários que chegaram depois a altíssima posição política.

Pelas delimitações iniciais das terras indígenas de Rondônia, como o Parque do Aripuanã, Gavião/Ikolen/Arara e outras, é possível que Apoena e seu pai pretendessem preservar um vasto território indígena contíguo, seguindo o exemplo do Parque do Xingu. Conseguiram apenas em parte. Era a ditadura militar, com a violência da ocupação ilegal de terras, expulsão e matança dos habitantes indígenas, falta de recursos financeiros e humanos. Mais da metade da população indígena morria por doenças depois do contato. Que no entanto era visto na época como condição imprescindível para provar que a terra era indígena e impedir massacres.

Apoena não tinha, como Orlando, o objetivo precípuo, depois do contato, de atrasar quanto mais tempo possível as relações capitalistas e consumistas entre os índios, de prepará-los devagar para a cidadania plena, enquanto a terra e a sobrevivência física e cultural eram asseguradas. Embora com atitude de colaboradora, aliada e não censora, eu criticava com dureza, petulante, a rotina dos postos, a introdução de relações monetárias e de uma autoridade externa aos índios, despreparada, as noções etnocêntricas da maior parte dos funcionários da Funai[5]. Ele ouvia com paciência e certa ironia, sabedor do esforço sobre-humano que é construir um indigenismo contrário ao domínio colonial secular.

Ele era favorável ao Estado como único responsável pelas relações com os índios, desconfiava de outros agentes. Por muito tempo não se opôs frontalmente às Novas Tribos ou ao Summer Institute of Linguistics, tolerou-os de má vontade. Em 1981, porém, expulsou dos Gavião/Ikolen os missionários das Novas Tribos, o que fortaleceu a luta dos Ikolen pela terra e os rituais dos pajés *wãwãney*. Encantou-se com nossos projetos multilíngues e multiculturais de educação e de saúde, mesmo em se tratando de iniciativa de uma organização não governamental, o Iamá, Instituto de Antropologia e Meio Ambiente.

Apoena aposentou-se cedo e deixou a Funai por vários anos. Ao contrário de seu amigo Antonio Cotrim, que saiu da instituição para "não ser coveiro dos índios", com as epidemias causadas pelos supostos salvadores, Apoena, com a mesma dignidade e lealdade que ele aos povos brasileiros, voltou em 2003. Era dos poucos a ter diálogo com os Cinta-Larga do Roosevelt na questão da exploração do diamante, considerado um dos melhores do mundo. Um mês antes de ser assassinado em Porto Velho em 2004, Apoena expôs a situação para o Conselho Indigenista da Funai. Uma pena não ter sido gravado seu depoimento dramático e a sua proposta para a autonomia indígena na gestão da imensa riqueza natural.

*

Por último, agradeço a Felipe Milanez o convite para escrever este prefácio. Eis uma ligação honrosa para mim com esse grupo de ardorosos cavaleiros andantes (mesmo desmontados), paladinos da justiça em uma versão séculos XX e XXI, voltada para ideais maiores. Felipe me chama de madrinha; mas contar com um padrinho entre os mais novos, sempre me puxando para plantar e semear, é revigorante.

---

5. Carta a Aimoré Cunha da Silva, em: *Diários da floresta*, São Paulo: Terceiro Nome, 2006, pp. 128-30.

Introdução
As memórias e o projeto

Em outubro de 2010, ano em que se completava o centenário da criação do Serviço de Proteção aos Índios (SPI), sucedido a partir de 1967 pela Fundação Nacional do Índio (Funai), um seminário reuniu no Teatro Anchieta, no Sesc Consolação, em São Paulo, seis sertanistas e duas lideranças indígenas, além de um público variado, para escutar e debater a história de uma das mais antigas instituições da República brasileira.

Contudo, mais do que histórias indigenistas, o que todos estavam realmente interessados em saber era o destino dos índios e as lutas por sobrevivência desses povos, em meio a tantas emboscadas e catástrofes humanas em que os sertanistas tentaram interceder. Como disse Rondon em suas memórias, "[...] não é a aventura dos invasores que admiramos[...] O que nos comove e entusiasma é a vida misteriosa do índio na selva, sua natureza altiva e corajosa, sua índole afetuosa e fiel, seus pensamentos simples e claros [...]"[6].

Conhecer a atuação dos sertanistas é parte fundamental para compreender a luta dos povos indígenas por sobrevivência, e descobrir a violência com que agiu o Estado brasileiro e todos aqueles que veem nos indígenas um obstáculo aos seus interesses.

Os sertanistas vieram de diferentes lugares do país: Afonso Alves da Cruz, de Altamira, no Pará; Altair Algayer, de Alta Floresta do Oeste, em Rondônia; Odenir Pinto, de Cuiabá; Marcelo dos Santos, de Goiânia; José Meirelles, de Feijó, no Acre; e José Porfírio Fontenele de Carvalho, de Manaus. Cada um deles veio compartilhar a experiência que teve como sertanista, sua trajetória de vida e histórias de profundo engajamento na defesa dos direitos indígenas.

---

6. Esther Viveiros, *Rondon conta sua vida*, Rio de Janeiro: Livraria São José, 1958, p. 329.

Jurandir Siridiwê Xavante e Afukaká Kuikuro vieram de Mato Grosso – os Xavante foram contatados por Francisco (Chico) Meireles, em 1946, enquanto os Kuikuro formam uma das grandes nações do Parque Indígena do Xingu, onde trabalharam os irmãos Villas Bôas. Eles contaram a experiência, pelo lado indígena, das práticas sertanistas de que foram objeto no passado.

Adrian Cowell, documentarista inglês que realizou uma série de filmes sobre sertanistas, não pôde comparecer ao encontro no Sesc Consolação pois havia sofrido um derrame naquela mesma semana. Em seu lugar, foram apresentados alguns de seus filmes e um breve texto escrito por ele foi lido, mas, infelizmente, esse documento se perdeu. Adrian faleceu no ano seguinte, em Londres, onde vivia. A história que ele queria narrar no Sesc não foi contada no curto texto que enviou: era sobre uma expedição no Pará em que acompanhou Orlando e Cláudio Villas Bôas e também Chico Meireles. Ele queria explicar que a divergência de visão entre estes grandes nomes do sertanismo não atingia a amizade e o respeito que nutriam uns pelos outros, citando um exemplo da intervenção de Orlando para ajudar Meireles a sair da prisão. Assim escreveu em um e-mail[7].

> Orlando e Cláudio Villas Bôas foram enviados pelo ministro do Interior para o rio Penetecal para fazer um contato com um grupo isolado que matou pessoas que trabalhavam na construção de uma estrada que saía de Altamira em direção oeste. Os Villas Bôas levaram com eles o Chico Meireles, porque esta área foi dele no SPI. No fim da expedição Chico foi preso pela Polícia Federal em meio à confusão do escândalo que acabou com o SPI. Eu o visitei quando estava preso, junto do Jesco von Puttkamer[8]. E o Orlando se mobilizou para ajudar a soltá-lo.

Acontece que o sertanista Afonso Alves da Cruz estava nessa expedição, fato que vim a saber ao entrevistá-lo posteriormente em Altamira, e ele conta essa história em seu depoimento.

Cowell admirava e era defensor do trabalho dos sertanistas. Foi ele, a meu ver, um "sertanista da televisão", produzindo uma extraordinária filmografia[9] sobre o sertanismo, sobretudo o registro das expedições de contato com os Ikpeng e com os Panará, com os irmãos Villas Bôas, e também o contato com os Uru-Eu-Wau-Wau, em que ele e Vicente Rios acompanharam a equipe liderada por Apoena Meireles e Zé Bel em Rondônia.

---

7. Adrian Cowell. *Últimos isolados* [mensagem pessoal – *e-mail*]. Mensagem enviada para Felipe Milanez, 29 set. 2010.
8. Jesco von Puttkamer, fotógrafo e cinegrafista, deixou um acervo que reúne 130 mil imagens fotográficas, filmes, fitas sonoras e diários de campo que documentam o cotidiano de sessenta povos indígenas. Seu trabalho se encontra hoje no Centro Cultural Jesco Puttkamer, vinculado ao Instituto Goiano de Pré-História e Antropologia (IGPA).
9. O acervo Adrian Cowell pode ser consultado no site do Instituto Goiano de Pré-História e Antropologia (IGPA), organização a que o documentarista era associado no Brasil desde 1980. Disponível em: <http://imagensamazonia.pucgoias.edu.br/acervo.html>. Acesso em: 31 jul. 2014.

No palco do teatro, cada um contou as histórias que queria compartilhar em uma conversa conduzida por um grupo heterogêneo de entrevistadores: a antropóloga Betty Mindlin e o antropólogo Mércio Gomes, o jornalista Roberto Almeida, o documentarista Silvio Da-Rin, o indigenista Ulysses Fernandes, e por mim, Felipe Milanez, organizador e mediador dos debates.

Noel Villas Bôas, coorganizador do evento, mediou o debate sobre o Parque Indígena do Xingu junto com a antropóloga Carmen Junqueira, o médico Roberto Baruzzi, a enfermeira Marina Villas Bôas e Afukaká Kuikuro. Mércio Gomes e o historiador e funcionário da Funai Elias Bigio, então responsável pela Coordenação Geral de Índios Isolados, proferiram palestras sobre a história do sertanismo no Brasil. Todas essas informações foram fundamentais para a elaboração do primeiro capítulo deste livro, "Os sertanistas", e são sempre indicadas.

Após o evento no Sesc Consolação as falas foram transcritas e serviram de base para a construção dos depoimentos que constam deste trabalho. Nos anos seguintes realizei entrevistas com cada um dos que estiveram presentes, em diferentes oportunidades. Foram acrescidos, também a partir de entrevistas, os depoimentos de quatro sertanistas que não puderam comparecer àquele encontro: Sydney Possuelo, Fiorello Parise, Wellington Gomes Figueiredo e Jair Candor. Outros foram procurados e, por diferentes razões, não vieram a participar. Os depoimentos dos dez sertanistas aparecem em ordem cronológica aproximada, seguindo a temporalidade de fatos narrados ou de ingresso no SPI ou Funai, sem uma classificação geográfica – grande parte ocorre na Amazônia – ou distinção por trajetórias de vida.

Para refletir sobre as duas correntes do indigenismo mais influentes após Rondon, ou seja, a dos irmãos Villas Bôas e a de Chico Meireles, foram convidadas lideranças indígenas que conheceram esses sertanistas para relatarem suas experiências e a de seus povos. Afukaká Kuikuro aborda o Parque do Xingu e o sertanismo dos Villas Bôas. Ele revisou o depoimento que havia proferido no evento em duas entrevistas posteriores, concedidas em Paris, com a presença do antropólogo Carlos Fausto. Pelo lado dos Xavante e a experiência do trabalho com o sertanista Chico Meireles, Paulo Supretaprã substituiu seu sobrinho Jurandir Siridiwê, concedendo um novo depoimento a partir de uma série de entrevistas.

Registre-se que o quadro de sertanistas que passaram pela Funai e estão vivos não se esgota nos dez que forneceram suas memórias para este livro. A função de sertanista desapareceu do quadro da instituição na reforma administrativa feita no apagar das luzes de 2009[10]. Alguns, aposentados, continuaram na

---

10. Brasil. Decreto nº 7.056, de 28 de dezembro de 2009. Aprova o estatuto e o quadro demonstrativo dos cargos em comissão e das funções gratificadas da Fundação Nacional do Índio – Funai, e dá outras providências, (revogado pelo decreto nº 7.778, de 2012). Disponível em: <http://www.planalto.gov.br/ccivil_03/_Ato2007-2010/2009/Decreto/D7056.htm>. O sertanista era responsável, de acordo com o mesmo regimento, por exemplo, pela demarcação das terras indígenas, conforme o decreto nº 94.945,

Funai em cargos de confiança, enquanto outros exercem atividade que pode ser considerada semelhante, nas Frentes de Proteção Etnoambiental.

Ao mesmo tempo, como explicado adiante, a palavra *sertanista* possui diferentes sentidos, que vão além do enquadramento funcional. Alguns daqueles que deram seus depoimentos, como Marcelo dos Santos e José Porfírio Fontenele de Carvalho, possuem o enquadramento de indigenistas, mesmo tendo exercido a função de sertanistas. Jair Candor e Altair Algayer possuem apenas cargos de confiança, atuando como chefes de Frentes de Proteção Etnoambiental. Antes auxiliares, após mais de duas décadas de trabalhos ininterruptos na Funai eles não alcançaram o enquadramento de sertanistas, o que poderia significar estabilidade e benefícios para aposentadoria – para efeito deste livro, eles são considerados representantes de destaque dessa tradição.

Muitas das histórias registradas aparecem em mais de um depoimento. Isso se deve ao fato de que esse grupo restrito de pessoas muitas vezes trabalhou em conjunto: foram companheiros de expedição, colegas de trabalho, chefes e subordinados. Alguns deles passaram a maior parte de suas carreiras em determinadas regiões, como José Meirelles, no Acre, e Marcelo dos Santos, em Rondônia. Outros, como Sydney Possuelo e Wellington Gomes Figueiredo, transitaram por vasta área geográfica no papel de chefia. É evidente que essas vidas agitadas não puderam ser contadas em poucas páginas. A seleção do que narrar, quais povos mencionar foi feita pelos próprios sertanistas, por questões subjetivas.

Marcelo dos Santos foi chefe de Altair Algayer em Rondônia e participaram de muitas expedições juntos. Os depoimentos se complementam pelas funções que cada um deles exercia, assim como o relato de suas trajetórias diferentes e os períodos de trabalho. Como complemento aos depoimentos de ambos, uma indicação importante é o premiado documentário *Corumbiara*, do indigenista Vincent Carelli[11], que registra, de maneira muito corajosa, algumas das histórias contadas. Carelli, criador do projeto Vídeo nas Aldeias, entrou na Funai em 1973, tendo posteriormente participado da fundação do Centro de Trabalho Indigenista, em 1979. Nesse mesmo sentido, o filme *Serras da desordem*, de Andrea Tonacci[12], é um magnífico registro audiovisual do trabalho de Sydney Possuelo e Wellington Gomes Figueiredo com Karapiru, um indígena da etnia Awá-Guajá que sobreviveu a um massacre no Maranhão e viveu anos sozinho, até ser encontrado na Bahia. Tonacci também dirigiu *Os Arara*[13], sobre a Frente de Contato Arara, igualmente com Possuelo e Figueiredo.

      de 23 de dezembro de 1987, que dispõe sobre o processo administrativo de demarcação de terras indígenas e dá outras providências (revogado pelo decreto nº 22, de 1991). Disponível em: <http://www.planalto.gov.br/ccivil_03/decreto/1980-1989/1985-1987/D94945.htm>. Acesso em: 31 jul. 2014.
11. *Corumbiara*. Direção: Vincent Carelli. Olinda – PE: Vídeo nas Aldeias, 2009, 117 min, son, color.
12. *Serras da desordem*. Direção: Andrea Tonacci. Brasil: Usina Digital, 2006, 135 min, son, color.
13. *Os Arara*. Direção: Andrea Tonacci. Brasil, 1980-1981, 75 min, son, color.

Os sertanistas foram muito falados na mídia, no entanto, pouco estudados na academia – e são personagens quase anônimos na literatura. Com exceção do marechal Rondon e dos irmãos Villas Bôas, os sertanistas praticamente não escreveram relato ou autobiografia[14], e raramente publicaram denúncias sobre o que ocorria com os índios além de relatórios e documentos oficiais[15]. Esse ineditismo é a maior importância deste livro: registrar as memórias daqueles que estiveram e ainda estão à frente das iniciativas de expansão, procurando mitigar o impacto, tentando proteger e defender os povos indígenas do avanço do Estado-nação brasileiro e do capitalismo.

Eventualmente, personagens e fatos podem aparecer de forma repetida em um texto, da mesma maneira que se busca enfatizar certas ideias em uma conversa. O estilo das falas foi mantido o mais próximo possível à linguagem oral e quase podemos "escutá-las" ao lermos. Em alguns casos, documentos e diários auxiliaram a verificação de informações. Em outros, o testemunho é a única referência disponível. A intenção é favorecer a compreensão das histórias de vida em meio ao contexto político e social no qual se passaram.

No primeiro capítulo é apresentada uma história dos sertanistas no Brasil. Cem anos que começam com o marechal Rondon e a criação do Serviço de Proteção ao Índio, até o período mais recente, com a criação do Departamento de Índios Isolados e as Frentes de Proteção Etnoambiental. Essa recapitulação tem por objetivo contribuir para o debate sobre o papel do Estado, e os paradoxos aí envolvidos, como garantidor dos direitos dos povos indígenas. São expostos contextos políticos e econômicos de conflitos, a violência da colonização e do desenvolvimentismo, bem como contradições das ações políticas indigenistas. Procuro destacar o papel fundamental da categoria dos sertanistas em meio a esse processo.

O engajamento à causa indígena é uma opção política, e cada um desses sertanistas dedicou sua vida a defender os direitos dos povos indígenas e, sobretudo, tentar salvá-los da sua destruição física e cultural. Nos depoimentos, eles expressam as diversas razões que os levaram a mudar seus modos de vida até a militância, no seio do Estado, como funcionários públicos. Essas decisões individuais integram uma consciência de classe e uma vontade de mudar a realidade de opressão dos povos indígenas.

Este livro se insere em um projeto intelectual de estender as possibilidades de conhecimento e aprender com a experiência: como personalidades cujas histórias de vida e de luta política serviram para inspirar um debate em torno

---

14. Alguns poucos exemplos são: o livro póstumo sobre Apoena Meireles, de Lilian Newland, *Apoena: aquele que enxergava longe*, Goiania: PUC, 2007; Odenir Pinto, *Sinais de chegadas*, Cuiabá: Carlim & Caniato Editorial, 2013; Fernando Schiavini, *De longe toda serra é azul: histórias de um indigenista*, Brasília: Criativa Gráfica e Editora, 2006.
15. Exceção: José Porfírio Fontenele de Carvalho, *Waimiri Atroari: a história que ainda não foi contada*, Brasília: edição de autor, 1982.

das questões que envolvem os povos indígenas, os sertanistas compartilharam conosco suas vivências.

O objetivo da transcrição das memórias, apresentadas em forma literária para oferecer uma melhor fluência, é registrar experiências passadas a partir da visão contemporânea – com todos os limites que isso implica. Como inspiração, tentei atender às duas lealdades de Darcy Ribeiro: a fidelidade aos padrões do trabalho científico e o profundo vínculo humano com os índios[16].

Essas pessoas aceitaram contar suas histórias de vida com a seguinte intenção: para que as experiências fiquem registradas e isso possa, de algum modo, ajudar os povos indígenas na luta por reconhecimento, real emancipação e autodeterminação.

---

16. Darcy Ribeiro, *Os índios e a civilização: a integração das populações indígenas no Brasil moderno*, Rio de Janeiro: Civilização Brasileira, 1970.

PARTE I OS SERTANISTAS

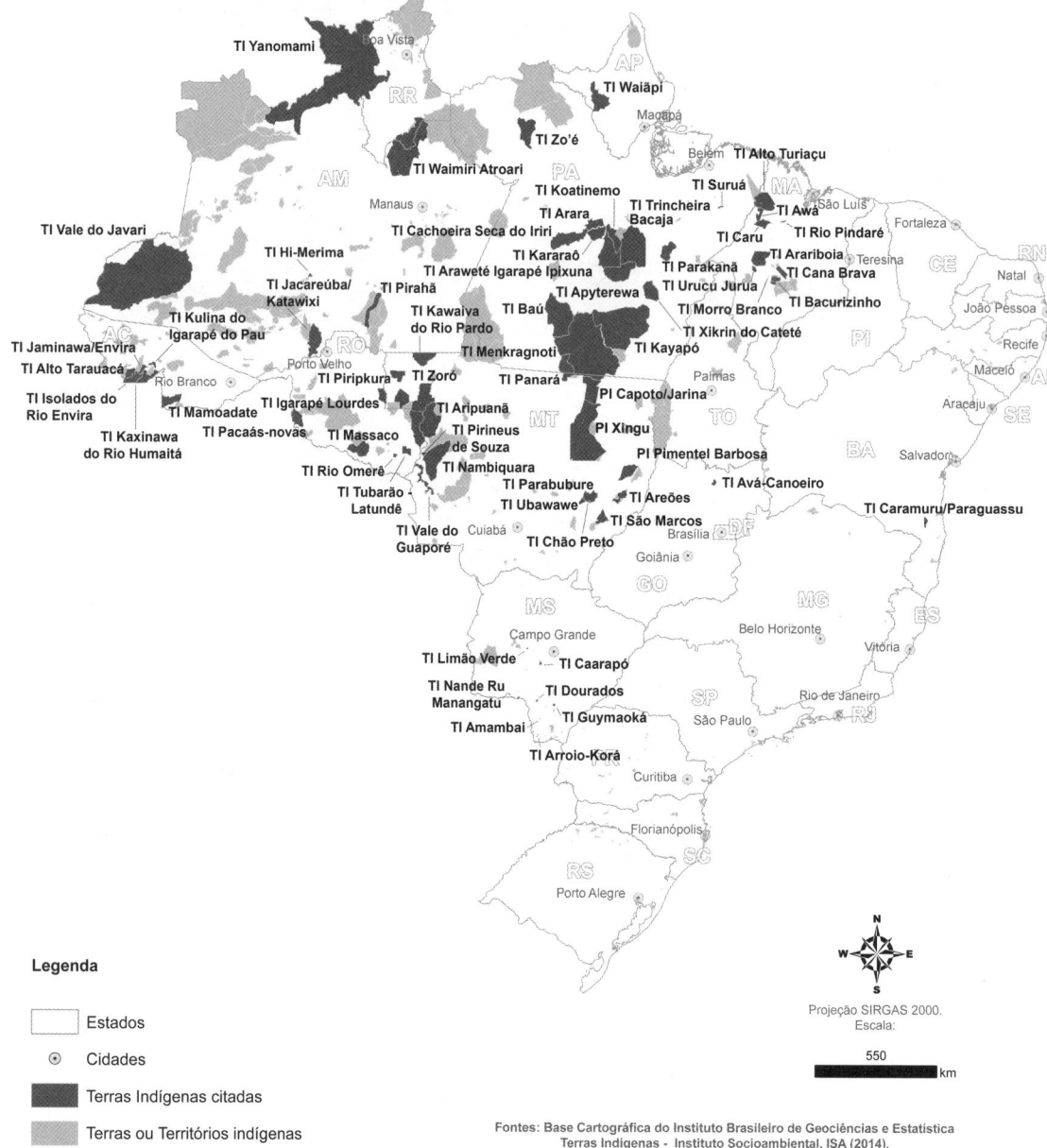

[...]
As nações erravam em fuga e terror
Tu vieste e nos encontraste
Eras calmo pequeno determinado
teu gesto paralisou o medo
tua voz nos consolou, era irmã
Protegidos de teu braço nos sentimos
O akangatar mais púrpura e sol te cingiria
mas quiseste apenas nossa fidelidade

Eras um dos nossos voltando à origem
e trazias na mão o fio que fala
e o foste estendendo até o maior segredo da mata
[...]
Ó Rondon, trazias contigo o sentimento da terra
Uma terra sempre furtada
pelos que vêm de longe e não sabem
possuí-la
uma terra cada vez menor
onde o céu se esvazia de caça e o rio é memória
de peixes espavoridos pela dinamite
uma terra molhada de sangue
e de cinza estercada de lágrimas
e lues
em que o seringueiro o castanheiro o garimpeiro
o bugreiro colonial e moderno
celebram festins de extermínio
[...]

Trecho de "Pranto geral dos índios",
de Carlos Drummond de Andrade[1]

---

1. Poema publicado em homenagem a Cândido Rondon na primeira página do jornal *Correio da Manhã*, Rio de Janeiro, em 21 de janeiro de 1958. Na tarde anterior, o marechal havia sido sepultado com honras militares no cemitério São João Batista, no bairro de Botafogo.

Entre o extermínio e a paz

Em todas as experiências que tive com povos indígenas, em algum momento surgia na conversa uma história de violência sofrida por eles. É inevitável, tal é a marca que a formação colonial do Brasil produziu e continua a produzir. O Brasil foi construído a partir de relações sociais marcadas pelo uso sistemático da violência contra populações indígenas e afrodescendentes. Violência colonial que opera não apenas na alma, como escreveu Frantz Fanon[2], mas no sangue e nos músculos. E também na memória: a história não acontece no passado, mas da maneira como a contamos. Violência é um tema presente na realidade indígena.

Quando eu trabalhava na Funai como editor da revista *Brasil Indígena*, visitei uma aldeia do povo Irantxe no norte do Estado de Mato Grosso. Era uma aldeia bonita, no cerrado, parecia um oásis de mata em meio a imensas plantações de soja – um verdadeiro refúgio para a vida na região. O motivo da visita, que incluía autoridades da Funai e algumas lideranças indígenas de outros povos, era a inauguração da Casa de Cultura, uma parceria da Funai com os indígenas que deveria auxiliar o intenso processo de retomada cultural pelo qual eles passavam. Não era uma situação em que eu esperava me deparar com uma história brutal de violência.

Em pouco tempo na aldeia percebi que as diferentes gerações eram marcadas por diversas experiências de contato com a sociedade brasileira, embora todas desastrosas.

Havia os jovens, bastante dinâmicos, interessados em reaprender a cultura de seus antepassados ao mesmo tempo em que se capacitavam para a luta por direitos e o uso de tecnologias modernas. Eram ágeis jogadores do tradicional esporte que me apresentaram como "cabeçobol", que, como mencionado por Rondon e outros que estiveram na região, era praticado também pelos povos Paresí e Enawenê-nawê. Eles participavam das discussões políticas sobre a proteção da terra, a revisão dos limites territoriais, e denunciavam os impactos da agroindústria que os cercava.

Havia uma geração de adultos que relatava o difícil período entre 1930 e 1970, décadas em que viveram na Missão Jesuítica de Utiariti, um internato religioso cujo objetivo educacional e "civilizatório" transformou-se em palco de muito sofrimento. Hoje em ruínas, seu domínio terminou com a redefinição da atuação da Igreja após a conferência do episcopado em Medellín (1968), a atuação de missionários vinculados à Teologia da Libertação, com o surgimento do Conselho Indigenista Missionário (Cimi, 1972), no Brasil. Foi essa geração que viu os invasores chegarem em suas terras após os anos 1970, durante o período

---

2. Frantz Fanon, "Les damnés de la terre", *Oeuvres*, Paris: La Découverte, 2011. Edição bras.: *Os condenados da terra*, Minas Gerais: Editora UFJF, 2006.

de ditadura civil-militar (1964-1985), e que ainda luta para demarcar seu território tradicional[3], após a Constituição Federal de 1988.

Havia ainda uma geração que contava histórias de um tempo anterior. Esses mais velhos, que guardavam a cultura que a Missão Jesuítica de Utiariti tentou apagar da memória e das práticas, portavam no nariz um ornamento que trazia uma bela pena. Um deles, Inácio Kayoli, me disse: "Naquele tempo mais antigo, a gente estava morrendo que nem bicho".

Alguns povos vizinhos foram convidados para esse encontro, entre eles, representantes dos Myky, e foi assim que fiquei sabendo que antes os Myky e os Irantxe haviam sido um único povo, ou então povos aparentados. Houve um massacre no início do século XX, e é possível que tenha sido a causa dessa divisão – fato que ainda hoje é motivo de pesquisas etno-históricas. Certo, no entanto, é que foram vítimas de um genocídio.

De volta à sede da Funai em Brasília, fui pesquisar sobre esse massacre. Ao ler o laudo de identificação da terra indígena reivindicada pelos Irantxe[4], me deparei, pela primeira vez, com um depoimento direto, em primeira pessoa, do marechal Cândido Mariano da Silva Rondon (1865-1958).

Em 1910, durante uma série de conferências proferidas no Rio de Janeiro e em São Paulo, período em que a linha telegráfica que atravessava Mato Grosso estava em construção, Rondon descreveu com precisão o massacre comandado pelo seringalista Domingos Antonio Pinto contra os Irantxe:

> Nada se deve temer da índole pacífica e até mesmo tímida dos Irantxe. Mas, apesar disso, o truculento seringueiro entendeu que era necessário expeli-los das proximidades do ponto em que se estabelecera; e como por ali existisse uma aldeia, assentou dar-lhe cerco, com o auxílio dos camaradas, todos armados de carabinas. Pela madrugada, ao recomeçar a cotidiana labuta daquela misérrima população, a celerada emboscada rompeu fogo, abatendo os que primeiro saíram das casas para o terreiro. Os que não morreram logo, encerraram-se nas palhoças, na vã esperança de encontrarem aí abrigo contra a sanha de seus bárbaros e gratuitos inimigos. Estes, porém, já estavam exaltados pela vista do sangue das primeiras vítimas e nada os impedia de darem largas à sua fome de carnagem. Então, um deles, para melhor trucidar os misérrimos foragidos, resolveu trepar à coberta de um dos ranchos, praticar nela uma abertura e, por esta, metendo o cano da carabina, foi visando e abatendo uma após a outra as pessoas que lá estavam, sem distinguir sexo nem idade. Acuados assim com tão execrável impiedade, os índios acabaram tirando do próprio excesso do seu desespero a inspiração de um movimento de revolta: uma flecha partiu, a primeira e única desferida em todo este sanguinoso drama, mas essa embebeu-se na glote do crudelíssimo atirador, que tombou sem vida. A só lembrança do

---

3. Os Irantxe, ou Manoki, vivem na Terra Indígena Irantxe, e reivindicam a revisão dos limites com a demarcação da Terra Indígena Manoki, proposta aprovada pela Funai em 2002.
4. Rinaldo Sérgio Vieira Arruda, *Relatório circunstanciado de identificação e delimitação da Terra Indígena Manoki (Irantxe)*, Brasília: Funai, 2001, p. 45.

que então se seguiu faz tremer de indignação e vergonha. Onde haverá alma de brasileiro que não vibre uníssona com a nossa, ao saber que toda aquela população, de homens, mulheres e crianças, morreu queimada, dentro de suas palhoças incendiadas?![5]

Alguns sobreviveram, e é possível que muitos estivessem fora da aldeia, em algum acampamento. Aqueles que foram atacados dividiram-se na fuga. O relato chegou a Rondon por intermédio dos índios Paresí, que trabalhavam na construção da linha telegráfica – eles haviam tido contato com os Irantxe. Uma parte desse grupo atacado, conforme estudos recentes[6], se juntou aos Myky, com os quais estive na aldeia. O massacre marcou a história dos Irantxe, dos Myky, dos Paresí e dos povos que se aliavam a eles na região. Os Myky vieram a ser encontrados anos mais tarde, em 1969, pelo padre Tomas de Aquino Lisboa, um expoente do Cimi, que conduziu uma expedição para contatá-los dois anos em seguida.

Esse relato de Rondon foi feito em São Paulo e transpunha tempo e espaço da violência no sertão para a sede do poder econômico no país. Conferências semelhantes foram proferidas por ele no Rio de Janeiro, então capital da República que nascia: os povos indígenas estavam sendo caçados como animais. E ainda mais grave: essa violência era justificada pelo imperativo da "evolução", quase como as antigas "guerras justas", que autorizavam o extermínio e a escravização de indígenas.

Rondon se incumbiu do papel de mudar a visão que se tinha do índio no Brasil, e as palestras e os artigos em jornais eram importantes ferramentas para denunciar casos como o massacre dos Irantxe. Mudar a imagem e a percepção que se tinha sobre os povos indígenas era um papel destacado na visão do antropólogo Darcy Ribeiro:

> Enquanto para a gente das cidades o índio era o personagem de romance idílico, ao gosto de José de Alencar, ou o herói épico de Gonçalves Dias, inspirados em Rousseau e Chateaubriand, no interior, o índio de verdade, era propositadamente contaminado de varíola, envenenado à estriquinina ou espingardeado. A tomada de consciência, o desmascaramento desta contradição se deve a Rondon[7].

A violência contra os índios não acontecia apenas no distante estado de Mato Grosso, terras em que Rondon trabalhava estendendo as linhas telegráficas, mas por toda a área no interior do país que recebia o avanço da colonização... Ainda

---

5. Cândido Mariano da Silva Rondon, *Conferências realizadas em 1910 no Rio de Janeiro e em São Paulo por Cândido Mariano da Silva Rondon*, Rio de Janeiro: Conselho Nacional de Proteção aos Índios, Publicação nº 68, 1922, pp. 97-8.
6. Conforme informa a antropóloga do Instituto Socioambiental – ISA Ciça Bueno, em comunicação com o autor.
7. Darcy Ribeiro, *O indigenista Rondon*, Rio de Janeiro: Ministério de Educação e Cultura/Serviço de Documentação, 1958, p. 32.

em São Paulo, um texto escrito pelo diretor do Museu Paulista, Hermann von Ihering, publicado três anos antes da conferência de Rondon, explicita a intensidade do debate em torno da questão indígena e o antagonismo que se apresentava entre salvar e proteger os índios e seu puro e simples extermínio:

> Os atuais índios do Estado de São Paulo não representam um elemento de trabalho e de progresso. Como também nos outros estados do Brasil, não se pode esperar trabalho sério e continuado dos índios civilizados, e como os Kaingang selvagens são um empecilho para a colonização das regiões do sertão que habitam, parece que não há outro meio, de que se possa lançar mão, senão o seu extermínio.
>
> A conversão dos índios não tem dado resultado satisfatório; aqueles índios que se uniram aos portugueses imigrados só deixaram uma influência maléfica nos hábitos da população rural. É minha convicção de que é devido essencialmente a essas circunstâncias que o Estado de São Paulo é obrigado a introduzir milhares de imigrantes, pois que não se pode contar, de modo eficaz e seguro, com os serviços dessa população indígena para os trabalhos que a lavoura exige[8].

Os Kaingang foram brutalmente massacrados até 1912, ano em que ocorre o primeiro contato pacífico com o Serviço de Proteção aos Índios e Localização de Trabalhadores Nacionais (SPILTN) – criado em 1910, esse órgão teve seu nome abreviado para Serviço de Proteção aos Índios (SPI) a partir de 1918. Conseguiram sobreviver. O mesmo que sucedia a eles ocorria em massacres organizados por "bugreiros" contratados para o extermínio de povos indígenas em Santa Catarina e no Paraná, ou por exércitos de seringueiros na Amazônia. Ponta de lança da expansão territorial até meados do século passado, os seringueiros provocaram sangrentos entreveros mata adentro com as populações indígenas pelo controle das zonas produtoras de látex. Raros são os velhos seringueiros que não se lembrem de um desses episódios, ao passo que os mais jovens citam com facilidade a memória de um parente ou vizinho, pacífico e benquisto entre os seus, porém afamado matador de índios. E havia quem defendesse publicamente o extermínio como uma política de Estado.

Além de Rondon, diversos positivistas, como Luis Horta Barboza, levantaram-se contra as ideias de von Ihering. No Rio de Janeiro, cientistas do Museu Nacional, entre eles Edgard Roquette-Pinto, assinaram uma petição condenando suas posições. O debate foi intenso, segundo descreve o historiador inglês John Hemming[9], chegando até o presidente da República, Nilo Peçanha. Em diversas ocasiões, como por exemplo durante um encontro do Congresso de Geografia, em que o presidente esteve presente, ele foi questionado sobre esse tema.

---

8. Hermann von Ihering, "A anthropologia do Estado de São Paulo", *Revista do Museu Paulista*, São Paulo: 1907, n. VII, p. 215.
9. John Hemming, *Die if You Must: Brazilian Indians in the Twentieth Century*, Londres: Macmillan, 2003, p. 18.

Von Ihering fazia eco a um debate presente no contexto regional, com propostas igualmente violentas contra os índios. Na vizinha Argentina, aliada do Brasil na Guerra do Paraguai, a guerra da "Conquista do deserto" (1878-85) conduzida pelo general Julio Roca levou ao extermínio dos povos da Patagônia – conquista tida como "uma necessidade histórica". Assim como sugeria von Ihering, o extermínio (classificado como genocídio no século XX) foi uma política deliberada de "civilização".

No Peru, o diplomata britânico Roger Casement investigou denúncias de escravização e extermínio de indígenas no sistema de produção de borracha, após a empresa Peruvian Rubber Company, do seringalista Julio Cesar Arana, abrir ações na bolsa de Londres. O "Relatório Casement", de 136 páginas, produzido durante uma viagem de sete semanas, em 1910, ficou conhecido na Amazônia como *O coração das trevas*, em analogia à violência do colonialismo belga no Congo, por onde Casement também havia passado. Entre 1900 e 1912, apenas no rio Putumayo, foram extraídas quatro mil toneladas de borracha, e exterminados trinta mil índios[10].

No Brasil, a violência do ciclo da borracha ficou conhecida principalmente pelo trabalho de Euclides da Cunha, que apresenta, em *À margem da história*, escrito em 1908, porém publicado postumamente, "a mais imperfeita organização do trabalho que ainda engenhou o egoísmo humano"[11]. Ele descreve correrias e massacres de povos indígenas, como dos Mashco-Piro comandado pelo peruano Carlos Fitzcarraldo. "Correrias" é como se chamavam as expedições punitivas para extermínio e captura de povos indígenas[12]. Em meio à crise internacional após o Relatório Casement, que iria agravar ainda mais a crise da borracha após o início da produção no sudeste asiático, o Brasil apresentou a experiência do SPI[13], então recém-criado, como a saída encontrada para o controle dessas regiões violentas e como um paradigma da relação com povos indígenas. Em campo, no entanto, o órgão nasciturno apenas começava a enfrentar suas primeiras dificuldades para cumprir o que se propunha.

Acontece que o embate de Rondon e os positivistas contra Hermann von Ihering ocorria em um vão legal da legislação, logo após a Proclamação da República, período em que não havia normas de proteção aos índios. De fato, havia o temor do extermínio étnico, por um processo de racialização, tornar-se política oficial de Estado. Ainda dentro do grupo daqueles que defendiam proteção aos indígenas, havia duas posições conflitantes: a dos positivistas, que viam no Estado republicano a competência privativa para promover essa

---

10. Michael Taussig, "Culture of terror – space of death: Roger Casement's Putumayo report and the explanation of torture", *Comparative Studies in Society and History*, Londres: 1984, v. 26, n. 3, pp. 467-97.
11. Euclides da Cunha, *À margem da história*, São Paulo: WMF Martins Fontes, 1999, p. 21.
12. Uma importante referência sobre o tema é o livro de Marcelo Piedrafita Iglesias: *Os Kaxinawá de Felizardo: correrias, trabalho e civilização no alto Juruá*, Brasília: Paralelo 15, 2010.
13. Cf. Antonio Carlos de Souza Lima, "Diversidade cultural e política indigenista no Brasil", *Tellus*, Campo Grande: 2002, n. 3, p. 8.

"integração"; e a dos religiosos, através da Igreja, que pregavam o trabalho de missionários católicos como mais adequado ao processo "civilizatório".

Essas diferentes visões sobre o espaço dedicado aos povos indígenas na República em construção e o papel dessa população no Brasil constituem uma breve noção do contexto político da criação do SPI em 1910. É nesse momento histórico que ocorre a "formulação de uma política indigenista de inspiração humanitária", nas palavras do antropólogo Carlos Moreira Neto[14].

Bandeirantes e sertanistas: de matadores a defensores dos índios

A chegada dos portugueses ao território que hoje se denomina Brasil foi uma verdadeira catástrofe para os índios[15]. Em diferentes momentos de contato, epidemias tiveram efeito devastador para as populações indígenas. A construção do mundo colonial representou uma das formas de dominação mais perversas de que se tem notícia, e divide o mundo até hoje. A escravidão se fez presente mesmo quando proibida: na primeira lei de 1570 sobre o tema, os Aimoré foram excluídos da proteção[16] – a própria proibição da escravatura nasceu com exceções para poder ser praticada. Se as ordens religiosas tinham o mérito de proteger os índios da escravidão imposta pelos colonos, por outro lado elas não respeitavam a cultura indígena e impunham sua conversão a ferro e fogo. Nas palavras do padre Manuel da Nóbrega, os "índios são cães em se comerem e matarem, e são porcos nos vícios e na maneira de se tratarem"[17].

Durante o período colonial, surgiu pela primeira vez a figura do "sertanista". Por muitos anos, os sertanistas eram os próprios matadores. Aqueles que se embrenhavam nos "sertões", partindo para a exploração do interior por um projeto colonial que surgia na costa. Nome que se dava aos bandeirantes, os capitães das bandeiras que invadiam o sertão atrás de riquezas minerais, de indígenas para escravizar e vender, de quilombos rebeldes para massacrar. Tornaram-se célebres[18] as sagas de "sertanistas" e bandeirantes como Antônio Raposo Tavares, Fernão Dias Pais, Manuel Borba Gato, Henrique da Cunha Gago, Bartolomeu Bueno da Silva – o "Anhanguera" – e Manuel Preto, alguns dos grandes escravizadores de índios, assim como Domingos Jorge Velho, responsável por massacrar o Quilombo de Palmares.

---

14. Carlos Moreira Neto, "Índios e fronteiras", *Revista de Estudos e Pesquisas* – Funai, Brasília: 2005, v. 2, n. 2, p. 84.
15. Utilizo a expressão catástrofe como sugerida por Boris Fausto, *História do Brasil*, São Paulo: Edusp, 1994, p. 40.
16. Boris Fausto, *op. cit.*, p. 38.
17. Serafim Leite, *Cartas dos primeiros jesuítas do Brasil*, São Paulo: Comissão do IV Centenário da Cidade de São Paulo, 1954, p. 321
18. Francisco de Assis Carvalho Franco, *Dicionário de bandeirantes e sertanistas do Brasil: séculos XVI, XVII, XVIII*, Belo Horizonte: Itatiaia, São Paulo: Editora da Universidade de São Paulo, 1989.

Marechal Cândido Mariano da Silva Rondon (1865-1958), o patrono do indigenismo republicano, em encontro com indígena.

A palavra *sertanista* muda de sentido a partir das referências feitas ao trabalho de Rondon. "Sertanista" era como a imprensa identificava as atividades dos trabalhadores da Comissão Construtora da Linha Telegráfica de Cuiabá ao Araguaia pelos "sertões" e como Rondon se apresentava em suas conferências. Como registra Elias Bigio[19], desde o Império houve comissões telegráficas que tinham tanto o caráter de zelar pela segurança das fronteiras quanto de integrar economicamente as regiões. Foi com Rondon que uma comissão ganhou caráter científico e humanitário, e quando a palavra "sertanista" passou a designar os defensores dos índios que se embrenhavam pelo sertão.

Durante os trabalhos dessa Comissão, Rondon aprendeu com o major Gomes Carneiro, mentor da expedição, uma regra que adotou como essencial ao trabalho: ordenava aos funcionários que não reagissem caso fossem atacados por índios[20]. A linha telegráfica cruzava territórios indígenas e eles o defendiam atacando os trabalhadores. Seu célebre lema "Morrer, se necessário, matar, nunca!"[21] está associado a essa regra e tornou-se referência ao seu nome como sertanista. Rondon era implacável com aqueles que desrespeitavam essa máxima e chegou mesmo a impor castigos corporais. Houve situações em que trabalhadores foram considerados culpados por seus destinos, como quando alguns foram mortos pelos Nambikwara por abusarem das índias.

---

19. Elias Bigio, *Linhas telegráficas e integração de povos indígenas: as estratégias políticas de Rondon (1889-1930)*, Brasília: Funai/Coordenação Geral de Documentação, 2003.
20. John Hemming, *op. cit.*, p. 2.
21. Esther Viveiros, *op. cit.*, p. 226.

Estender a linha telegráfica era uma forma de expandir a autoridade central, lembra o historiador americano Todd Diacon[22]. Esse processo atendia a dois interesses majoritários: as preocupações militares com a segurança do território, logo após a Guerra do Paraguai (1864-1870), e os interesses de mercado, com ênfase na borracha amazônica. De acordo com Diacon, as autoridades centrais baseadas no Rio de Janeiro queriam garantir o controle dos recursos naturais com o desenvolvimento de infraestrutura, expansão da presença militar e esquemas de colonização[23]. Esses interesses estavam sobrepostos aos interesses dos indigenistas, que formularam políticas de defesa dos índios como forma de reação a essa expansão, que se impunha como inevitável. Algo semelhante viria a ocorrer no Brasil durante a década de 1970, em meio à ditadura civil-militar e o seu Plano de Integração Nacional.

Anos depois do pioneirismo de Rondon, ao longo da "Marcha para o Oeste" a atuação dos irmãos Villas Bôas deu novo destaque à prática do "sertanismo indigenista" em oposição ao "sertanismo de bandeira". Ainda havia aqueles que "desqualificavam os índios nos relatos das próprias aventuras voltadas à constituição de uma autoimagem desbravadora"[24], e aqueles que, como os irmãos Villas Bôas, seguidores de Rondon, definiam a proteção aos índios como princípio de trabalho.

No editorial da edição número 40, da revista *National Geographic*, Bill Allen, definiu sertanista como "uma profissão típica brasileira que mistura militância indigenista, burocracia governamental, etnografia e exploração"[25]. Em distinções oferecidas pelo antropólogo Carlos Augusto Freire[26], do Museu do Índio, órgão científico-cultural da Funai, sertanista é "o servidor do Estado brasileiro que, ao longo do século XX, chefiou em campo trabalhos de atração e pacificação de povos indígenas", enquanto o indigenista é o servidor que desenvolve atividades de assistência e proteção aos índios. Sertanista tornou-se, portanto, uma especialização do "indigenista" que trabalha com povos indígenas em isolamento voluntário. A profissão foi criada formalmente nos anos 1940, para designar os trabalhadores da Fundação Brasil Central (FBC) – no caso, os irmãos Villas Bôas. Posteriormente foi regulamentada e por fim redefinida, em 1987, com a criação do Departamento de Índios Isolados (DEII), da Funai. Nes-

---

22. Todd Diacon, *Stringing together a nation: Cândido Mariano da Silva Rondon and the construction of a modern Brazil, 1906-1930*, Durham/Londres: Duke University Press, 2004, p. 3.
23. *Ibidem*, pp. 3-4.
24. Orlando Villas Bôas Filho, *Orlando Villas Bôas: expedições, reflexões, registros*, São Paulo: Metalivros, 2006, p.19.
25. Bill Allen, "Editorial", *National Geographic*, São Paulo: 2003, n. 40, p. 27. O editor cunhou essa definição no editorial da revista para apresentar Sydney Possuelo, chefe da expedição no vale do Javari, que foi acompanhada pelo repórter Scott Wallace. Posteriormente, sobre a mesma expedição, Wallace publicou o livro *Além da conquista*, São Paulo: Objetiva, 2013.
26. Carlos Augusto Freire, *Sagas sertanistas: práticas e representações do campo indigenista no século XX*, 2005, 403 f. Tese (Doutorado em antropologia social). Universidade Federal do Rio de Janeiro. Rio de Janeiro, mar. de 2005.

sa época, cabia a um sertanista, indigenista ou um antropólogo coordenar a equipe técnica de demarcação de terras indígenas[27] – função hoje restrita aos antropólogos. Nas reformas administrativas da Funai de 2009 e 2012, a palavra "sertanista" desapareceu do regimento interno. Função semelhante passou a ser exercida por funcionários das Frentes de Proteção Etnoambiental.

Além do aspecto burocrático do plano de carreira, é a ideia popular que permanece forte e em certa medida pautada pelo prestígio adquirido pelos "grandes sertanistas". Essa ideia popular é identificada com o ideal humanitário e a defesa dos povos indígenas.

Em diferentes passagens da história recente do Brasil, nos momentos em que índios foram especialmente "atacados" por projetos de desenvolvimento do Estado, ou mesmo pela violência das "frentes de expansão", eram os sertanistas que apareciam na opinião pública, na imprensa, em debates políticos e sobretudo em campo, atuando em defesa dos povos indígenas. Essa é a construção da "tradição sertanista" pela propagação das ideias de Rondon, pela qual gerações subsequentes fazem referência a ele como "patrono do indigenismo"[28]. Há retratos de Rondon nas salas de trabalho, na sala da presidência da Funai, fala-se dele para justificar ou discutir alguma proposição em defesa dos índios.

Os sertanistas sempre viveram conflitos de todos os matizes – conflitos políticos na formulação de diretrizes, conflitos com a população das cidades e com as elites regionais no entorno de territórios indígenas, conflitos internos do meio sertanista, conflitos pessoais e psicológicos, conflitos com o Estado ao qual pertencem, conflitos com os indígenas que se dedicam a defender. Conflito é uma característica perene do trabalho sertanista.

Se Rondon é reconhecido como defensor dos índios na opinião pública e entre leigos, no ambiente acadêmico há intenso conflito em torno do seu legado e da atuação dos sertanistas. Gira em torno de Rondon o que o historiador Todd Diacon[29], em influente texto biográfico do marechal, classifica como "opostos binários". O legado de Rondon é disputado por duas visões opostas: para uns é o defensor dos índios e fundador de programas de proteção, enquanto para outros é o estrategista da colonização do interior do país que propunha a integração e a conquista do índio. Entre o ufanismo e o revisionismo, Diacon observa que de tão antagônicas essas análises parecem debater a respeito de duas pessoas diferentes. O problema, explica o historiador, é que as ideias de Rondon eram mais complexas que as análises sobre ele. Além de ser imperioso

---

27. Brasil. Decreto nº 94.945, de 23 de setembro de 1987. Dispõe sobre o processo administrativo de demarcação de terras indígenas e dá outras providências (revogado pelo decreto nº 22, de 1991). Disponível em: <http://www.planalto.gov.br/ccivil_03/decreto/1980-1989/1985-1987/D94945.htm>. Acesso em: 13 ago. 2014.
28. A referência a Rondon como "patrono do indigenismo" foi feita expressamente, por exemplo, no momento da criação do Departamento de Índios Isolados, em 1987.
29. Todd Diacon, "Cândido Mariano da Silva Rondon and the politics of indian protection in Brazil", *Past and Present*, Oxford: 2002, v. 177, n. 1, pp. 157-94.

compreender as ambiguidades do positivismo de Rondon, é fundamental entender o contexto socioeconômico e político em que ele viveu.

Assim como o prestígio de Rondon se estende aos sertanistas de hoje, também estendem-se a eles muitas das críticas que a Rondon se dirigem. Críticas que também são direcionadas, e por vezes se confundem, com aquelas feitas ao Serviço de Proteção aos Índios (SPI) e sua sucessora, a Fundação Nacional do Índio (Funai), organizações que nem sempre agiram em defesa dos povos indígenas como deveriam pela lei. Por isso é imperioso rever Rondon, para ler os sertanistas.

Os próprios sertanistas chegaram a tomar decisões que posteriormente se mostraram equivocadas, ainda que a intenção fosse a defesa das comunidades indígenas em meio à necessidade urgente de agir. Essa urgência na ação é chamada de "emergencialismo", e trata-se de um desafio que acompanha o indigenismo no Brasil ao longo de todo o século: "Atua-se amenizando-se o impacto de crises, sem planos sequenciados de médio e longo prazos, como os diferentes problemas das populações indígenas demandariam"[30].

Algumas decisões podem ter sido erros de estratégia e resultaram em tragédias, como por exemplo forçar um contato, tal qual Apoena Meireles fez com os Avá-Canoeiro, em 1973, ou as transferências de povos de seus territórios tradicionais, como ocorreu com os Panará e os Ikpeng em ações conduzidas pelos Villas Bôas, ou a falta de demarcações de terras, como aconteceu com os Guarani, no atual Mato Grosso do Sul, nos tempos do SPI. No entanto, é muito difícil avaliar estas decisões sem levar em conta o contexto político e econômico em que elas ocorreram, a força das pressões contrárias nesses casos específicos e os riscos associados.

Qualquer lei, ao ser aplicada, envolve diferentes interpretações. Nem sempre os sertanistas seguiam as diretrizes determinadas pelo governo do momento. A vida e a prática sertanista são compostas de fatores múltiplos e antagônicos. Entre uma das contradições está o fato de integrar o mesmo Estado do qual precisa defender os índios. Ou então utilizar a tutela, essencialmente um instrumento colonial, para a garantia de integridade de indivíduos indígenas sob certas ameaças.

É difícil reduzir o engajamento dos "sertanistas" a um objeto de análise desconectado do contexto em que ocorreu. E são raros os trabalhos produzidos pelos próprios sertanistas que podem servir de base[31]. O ineditismo deste livro vem contribuir para preencher essa lacuna que existe na história do Brasil: aqueles que estiveram nos palcos de conflitos, atuando em defesa dos índios pelo lado do Estado brasileiro na segunda metade do século XX, especialmente durante os anos de ditadura civil-militar, ainda não haviam contado a sua versão.

30. Antonio Carlos de Souza Lima, *op. cit.*, p. 8.
31. Exceções são: a biografia de Rondon relatada por ele mesmo a Esther de Viveiros, os belos livros dos irmãos Villas Bôas, o livro-denúncia de José Fontenele Porfírio de Carvalho dos crimes militares contra os Waimiri Atroari, citados mais adiante, e as obras já citadas de Adenir Pinto de Oliveira, de Fernando Schiavini e a biografia póstuma de Apoena Meireles.

Rondon por ele mesmo: "Morrer, se necessário, matar, nunca!"

A principal obra sobre Rondon é o livro *Rondon conta sua vida*, com depoimentos do marechal transcritos em forma literária e autobiográfica por Esther de Viveiros e publicados em 1958, ano de sua morte.

Cândido Mariano da Silva Rondon nasceu em 1865 em Mimoso, uma vila perto de Cuiabá, Mato Grosso, em meio à Guerra do Paraguai. Sobre sua origem ele destaca, com orgulho, sua ascendência indígena: "É minha ascendência materna indígena – índios Terena e índios Bororo. Com os Guaná de quem descendia minha avó paterna, Maria Rosa Rondon, são três as tribos de que descendo"[32]. Órfão logo cedo, cresceu em Cuiabá, na casa de um tio, e mudou-se para o Rio de Janeiro a fim de cursar o Colégio Militar.

No Rio foi aluno de Benjamin Constant, por intermédio de quem se aproximou do positivismo de Auguste Comte, o que veio a transformar sua visão de mundo para toda a vida. Frequentou a Igreja Positivista, acreditando na doutrina humanitária da "evolução da sociedade" em três fases, experiência que trouxe para o indigenismo: teológica, metafísica e científica. "Creio nas leis da sociologia, fundada por Auguste Comte, e por isso na incorporação do proletariado e das nações consideradas sem civilização à sociedade moderna – para que possam todos fruir dos benefícios da ciência, da arte, da indústria"[33].

Rondon se formou na Escola Superior de Guerra em 1888 e em 1890, com 25 anos, tornou-se auxiliar do major Antônio Ernesto Gomes Carneiro na comissão responsável por estender linhas telegráficas que conectariam o extremo oeste do país à capital, grupo que veio a ser chamado de Comissão Rondon. Esse trabalho se estendeu até 1915 e lhe rendeu reconhecimento nacional: ele incorporou cientistas a suas expedições e produziu vasto conhecimento geográfico, geológico, botânico, zoológico e humano de uma fração imensa do Brasil, além de fotografias, filmes e registros sonoros. Durante essa experiência de ocupação territorial, Rondon formulou o que o historiador e funcionário da Funai Elias Bigio define como "estratégias políticas" de relacionamento com os povos indígenas[34].

Orientado em campo por Gomes Carneiro, Rondon estendeu as teorias do positivismo para o problema das relações com os povos indígenas, "a quem se deveria pedir licença de passagem, porque justamente a República estava passando por terras deles"[35], de acordo com palavras do antropólogo Mércio Gomes.

Rondon se via como descendente de uma tradição nacional de defensores dos índios que incluía "Marquês de Pombal, Nóbrega, Anchieta, Navarro, Antônio Vieira, Miguel Lemos, Teixeira Mendes, Nísia Floresta, Gonçalves Dias, José

---

32. Esther Vivieros, *op. cit.*, p. 18.
33. *Ibidem*, p. 612.
34. Elias Bigio, *op. cit.*, 2003.
35. Mércio Gomes, "Por que sou rondoniano", *Instituto de Estudos Avançados da Universidade de São Paulo*, São Paulo: 2009, v. 23, n. 65, pp. 173-91.

de Alencar, Guido Marlière, Azevedo Coutinho, Domingos Alves Branco, Januário Barbosa, João Francisco Lisboa, Gonçalves Magalhães, Barbosa Rodrigues, Mello Moraes, e tantos outros..."[36]. Entre todos esses, sua principal referência intelectual no trabalho indigenista era José Bonifácio de Andrade e Silva, "o glorioso arquiteto da pátria brasileira, a cujo plano... procurei dar vida, com todas as forças de que fui capaz"[37].

Os princípios indigenistas que Rondon diz terem pautado suas ações políticas foram "inspirados em ideias proclamadas em 1823 por José Bonifácio e seguidos pelos seus discípulos espirituais – em cujo número me encontro – levando-me a estabelecer a regra que norteou todo o nosso trabalho: 'Morrer, se necessário, matar, nunca!'"[38]. O SPILTN surge, segundo Rondon, inspirado nos *Apontamentos para a civilização dos índios bravos do Império do Brasil*, de José Bonifácio, no qual defendia a abolição e a liberdade dos índios e dos negros logo após a Independência. Revendo sua trajetória, Rondon aponta que agiu "quebrando a tradição dos penetradores das selvas que, em caráter de aventuras industriais ou de estudos científicos, atropelavam sempre os silvícolas da região..."[39].

A ideia de constituir uma agência de proteção é materializada em uma proposta para Rodolpho Miranda, então ministro dos Negócios da Agricultura, Indústria e Comércio, a pedido do presidente da República Nilo Peçanha. Em junho de 1910, na exposição de motivos, o ministro confirmava as denúncias de violência e massacres que ocorriam, e que era imperioso criar o SPILTN para a defesa dos índios:

> Não pode, porém, a República permanecer na imobilidade com que tem assistido, em muitos casos, ao massacre de índios e sua sujeição a um regime de trabalho, semelhante ao cativeiro, sob o fundamento de lhe ser indiferente saber até que ponto pode coadunar-se com a lei e as responsabilidades de governo...[40].

Alguns anos depois de criado, o serviço perdeu as siglas LTN e passou a focalizar apenas a questão indígena – como já mencionado, em 1918 é registrado como SPI. O enfoque à "Localização de Trabalhadores Nacionais" é transferido a partir dessa data para o Ministério dos Negócios da Agricultura, Indústria e Comércio. Apenas duas décadas após o fim da escravidão, naquele momento em que é criado o órgão indigenista, a desigualdade fundiária era um problema central e merecia especial atenção dos órgãos públicos – ainda hoje o país permanece como um dos mais desiguais do mundo com relação à posse da ter-

---

36. *Ibidem*, p. 338.
37. *Ibidem*, p. 365.
38. *Ibidem*, p. 344.
39. *Ibidem*, p. 597.
40. Rodolpho Miranda, "Exposição de motivos e decreto nº 8.072, de 20 de junho de 1910, Rio de Janeiro, Ministério dos Negócios da Agricultura, Indústria e Comércio", *Diário Oficial da União*, Rio de Janeiro: 1910, p. 2, seção I.

ra. A primeira lei de terras, de 1850, entrou em vigor 38 anos antes da abolição da escravatura e foi um mecanismo eficaz para a concentração da propriedade. É importante imaginar quem seriam esses "trabalhadores nacionais" que viviam no campo e precisavam ser "localizados", nesse período da história.

"Alguns críticos de Rondon, anos depois, consideram que ele aceitou dirigir o SPILTN porque queria ver o índio virar um brasileiro pobre, e que demarcar terra para índio e localizar (assentar) trabalhadores sem terra era a mesma coisa", escreve Mércio Gomes no texto "Por que sou rondoniano"[41]. A crítica a que Gomes se refere vem dos trabalhos revisionistas que acusam a proposta de Rondon de ser um violento projeto de conquista dos índios, como mão de obra, e seus territórios[42]. Para ele, os críticos "esquecem-se de propósito de considerar o contexto histórico em que se deu o surgimento e a permanência do SPI"[43].

A crítica revisionista acusa os depoimentos do marechal de serem discursos que não condiziam com as práticas, atribuem ao SPI o papel de formulador de um projeto de colonização e, por conseguinte, destinam um grande poder político ao órgão e a Rondon. Nesse sentido, o SPI seria o responsável por organizar a ocupação do território interior, conquistar os povos indígenas e abrir espaço para as fazendas.

No entanto, ao relembrar os feitos no SPI, ao invés de discorrer sobre um projeto acabado, Rondon apresenta um campo de batalha constante, em que o lado de defesa dos indígenas era invariavelmente o mais fraco, com parco apoio político e sempre sem recursos suficientes, o que, de certa forma, lembra a situação atual da Funai. Assim, a defesa humanitária dos índios era o aspecto moral em que se apoiava a luta ideológica na qual haviam se engajado: "Com o nosso 'Serviço', não é ao suposto interesse da civilização que visamos, mas ao interesse real, definitivo e palpável das pobres populações, a cujo serviço queremos pôr essa civilização"[44].

A ideia de "integração", de acordo com o relato de Rondon, não tinha o objetivo de trazer os índios ao Estado, mas sim usar o Estado para proteger os índios. O SPI não financiava nem incentivava a expansão das frentes de colonização, mas era o órgão mitigador que tentava evitar o massacre deliberado das comunidades indígenas. Essas ideias são expostas por Rondon: "Não é a cobiça de aumentar a riqueza do país, pelo aproveitamento do esforço de tanta gente, mas o desejo de pôr todas as riquezas e todo o poder das nossas indústrias a serviço dos índios, para lhes mitigar as asperezas da vida presente e as dores da miséria passada"[45]. Para Rondon, os índios não deveriam ser tratados como

---

41. Mércio Gomes, *op. cit.*, 2009, p. 176.
42. Cf. Antonio Carlos de Souza Lima, *Um grande cerco de paz: poder tutelar, indianidade e formação do Estado no Brasil*, Petrópolis: Vozes, 1995.
43. Mércio Gomes, *op. cit.*, 2009, p. 179.
44. Esther Vivieros, *op. cit.*, pp. 343-44.
45. *Ibidem*, p. 344.

propriedade do Estado, "mas como nações autônomas, com as quais queremos estabelecer relações de amizades"[46].

O SPI sofreu constantes e profundas mudanças nos anos em que existiu, entre 1910 e 1967. A primeira foi a retirada da incumbência de localização de trabalhadores. Depois, passou por sucessivas crises, culminando com o afastamento de Rondon em virtude da Revolução de 1930. Ele retorna apenas em 1939, momento em que assume a presidência do Conselho Nacional de Proteção ao Índio (CNPI). Nos anos 1940 ocorre o novo ciclo da borracha durante a Segunda Guerra Mundial, ocasionando novos conflitos territoriais entre comunidades indígenas e seringueiros. Nessa mesma década, com a Marcha para o Oeste decretada por Getulio Vargas, foi criada a já mencionada Fundação Brasil Central, que agia em paralelo ao SPI para a organização do território e o contato com os povos indígenas. Poucos anos depois de sua criação ocorre outra reformulação do SPI e a contratação de novos quadros, como o médico sanitarista Noel Nutels e os antropólogos Darcy Ribeiro e Eduardo Galvão.

Em 1953 Darcy Ribeiro cria o Museu do Índio, para onde vai o antropólogo Roberto Cardoso de Oliveira e o historiador Carlos de Araújo Moreira Neto, ao passo que Galvão vai pesquisar e ensinar antropologia no Museu Paraense Emílio Goeldi e nas Universidades Federais do Pará e de Brasília. O SPI passa a ser também o centro das pesquisas mais sofisticadas em antropologia à época, ao mesmo tempo em que o Museu do Índio, segundo Ribeiro, se empregava a combater o preconceito e o racismo. Ainda antes, quando Rondon convidava cientistas para integrar a Comissão Construtora da Linha Telegráfica de Cuiabá ao Araguaia, já havia uma aproximação entre o SPI e a ciência, o que é próprio da ideologia positivista. Com o Museu do Índio, o trabalho antropológico se desenvolve e forma a mais influente linhagem de antropólogos, que mudariam o padrão da ciência no Brasil, sobretudo pelo engajamento na defesa dos povos indígenas. O precursor dessa linha foi o brilhante etnólogo e sertanista Curt Nimuendajú (1883-1945), que trabalhou no Museu Paulista e no SPI.

Darcy Ribeiro, que nutria grande admiração pelo marechal Rondon, descreve quatro princípios que teriam norteado as ações do sertanista. O primeiro deles era o seu lema "Morrer, se necessário, matar, nunca!", pelo qual Rondon negava que suas tropas revidassem a agressões ao invadirem territórios indígenas. O segundo princípio, o "respeito às tribos indígenas como povos independentes", com "o direito de ser eles próprios, de viver suas vidas, de professar suas crenças e de evoluir, segundo o ritmo de que sejam capazes, sem compulsões de qualquer ordem ou princípios". O terceiro, o de "garantir aos índios a posse das terras que habitam e são necessárias à sua sobrevivência". E o quarto, "assegurar a proteção direta do Estado", "não como ato de caridade ou de favor, mas como um direito que lhes assiste por sua incapacidade de competir

---

46. Carta de Cândido Mariano da Silva Rondon de 1910, *apud* Mércio Gomes, *op. cit.*, 2009, p. 173.

com a sociedade dotada de tecnologia infinitamente superior que se instalou sobre seu território"[47]. Nas palavras do antropólogo: "Uma centena de milhares de índios não existiriam sem seu amparo"[48].

Darcy Ribeiro e o meio século de catástrofes (1910-1957)

Nos anos 1950, após a Segunda Guerra Mundial, Darcy Ribeiro foi incumbido pela Unesco de realizar uma investigação sobre a incorporação dos índios na sociedade brasileira. O trabalho foi publicado apenas anos mais tarde: *Os índios e a civilização: a integração das populações indígenas no Brasil moderno*. Na primeira metade do século XX, segundo calculou o antropólogo, pelo menos 87 grupos indígenas haviam sido levados ao completo extermínio (alguns grupos considerados por ele extintos foram, mais tarde, reencontrados, o que leva a uma imprecisão desse total). No ano de 1900 existiam 105 grupos indígenas isolados, com uma população em torno de cinquenta mil pessoas. Até 1957 Ribeiro estimou uma redução populacional em quase 75%. As mortes ocorriam por conflitos e por doenças. As grandes causas de conflitos eram as "frentes de expansão", extrativas, agrícolas ou pastoris.

A economia "extrativista", principalmente de borracha e de castanha, impunha aos indígenas "grupos instáveis extremamente agressivos e de formas particularmente arcaicas e despóticas de engajamento de mão de obra para a produção". Descrições dessa "frente extrativa" aparecem nos relatos dos sertanistas Afonso Alves da Cruz e Jair Candor. Ambos sofreram com a brutalidade dos seringais antes de se tornarem sertanistas e então passarem a trabalhar pela defesa dos povos indígenas.

Em uma análise ainda bastante atual, Darcy Ribeiro[49] registra que as "frentes de expansão" agrícolas eram (e continuam) violentas com os indígenas: "A economia agrícola não se interessa pelo índio como mão de obra e como produtor, mas simplesmente disputa as terras que ele ocupa para estender as lavouras", enquanto a "frente pastoril" desejava "limpar os campos de seus ocupantes humanos para entregá-los ao gado", sendo estas "particularmente agressivas, levando-as a promover chacinas tão devastadoras quanto as das frentes extrativistas" – tal qual o conflito entre os povos indígenas e os ruralistas que persiste no Brasil.

Todas as "frentes de expansão" – fossem elas ligadas à economia ou à colonização – que chegavam a ficar face a face com os povos indígenas eram extre-

---

47. Darcy Ribeiro, *O indigenista Rondon*, Rio de Janeiro: Ministério de Educação e Cultura, Serviço de Documentação, 1958, p. 9.
48. *Ibidem*, p. 10.
49. Darcy Ribeiro, *Os índios e a civilização: a integração das populações indígenas no Brasil moderno*, São Paulo: Companhia das Letras, 1996, p. 412, 436, 492.

mamente violentas. Elas não funcionavam como uma organização centralizada do Estado para a ocupação do território, como ocorreu com o planejamento geopolítico durante o período de ditadura civil-militar, mas como frentes privadas em disputa por terras e recursos[50].

Na análise de Darcy Ribeiro, nenhuma "intervenção protecionista", seja pelo SPI, seja por missões religiosas, havia funcionado para proteger os índios: qualquer tentativa se revelou frustrada. O SPI era efetivo apenas quando "dava solução aos problemas da expansão da sociedade nacional e não aos problemas indígenas que lhe competia amparar"[51].

No entanto, a proteção efetivamente funcionou quando a posse de um território pôde ser garantida aos indígenas. Nos locais onde as terras não foram demarcadas, ou em que o SPI foi deficiente, não pôde operar, ou esteve ausente, os dados de Ribeiro apontam para uma maior proporção de grupos desaparecidos. Isto é: sem o SPI, o risco era ainda maior[52].

Debates sertanistas entre integração e proteção: as visões de Chico Meireles e dos irmãos Villas Bôas

Os anos 1940 marcam a divisão entre duas principais linhas de atuação do indigenismo no Brasil, representadas pela divergência entre Chico Meireles, do SPI, de um lado, e pelos irmãos Villas Bôas, então na Fundação Brasil Central, de outro. Divergência que, no fundo, se resumia a distintas formas de tentar garantir os direitos indígenas diante de pressão contrária muito mais forte e urgente. Enquanto Meireles atuou na pacificação de conflitos, muitas vezes com um problema de continuidade no processo de assistência aos índios posteriormente aos contatos, no Pará, a principal estratégia política dos irmãos Villas Bôas se materializou na criação do Parque Indígena do Xingu. Conforme explica Sydney Possuelo, que se identifica como seguidor da corrente dos Villas Bôas, a divergência era o tempo da integração: "Integração apressada de Meireles, e a integração ao longo de gerações dos Villas Bôas".

Essas divergências ocorreram a partir de práticas e reflexões feitas pelos próprios sertanistas, em interação com outros agentes que também se posicionavam como defensores dos povos indígenas. E refletem uma forma de conhecimento baseada na experiência de trabalho, na vivência, fruto de intensos debates internos que sempre ocorreram no campo de atuação dos sertanistas.

Com relação à prática, o método da "atração" dos índios em isolamento desenvolvido por Rondon tem início na década de 1890. "Seus esforços para 'atrair'

---

50. Joe Foweraker, *The Struggle for Land: A Political Economy of the Pioneer Frontier in Brazil From 1930 to the Present Day*, Cambridge: Cambridge University Press, 1981.
51. Darcy Ribeiro, *op. cit.*, 1996, p. 496.
52. *Ibidem*, p. 440, 496.

as populações indígenas evoluíram para a prática de deixar os presentes, o estabelecimento progressivo de contatos e uma rigorosa política de não violência e prevenção de conflitos"[53]. Outra técnica utilizada foi o uso de intérpretes indígenas: o sertanista provocava uma situação de encontro com o povo que resistia ao contato para que desse modo se estabelecesse o diálogo. Essas formas de ação foram desenvolvidas e aperfeiçoadas, adaptadas para cada caso, mas sempre se revelaram processos trágicos para os índios.

Chico Meireles e a integração contra o extermínio

Francisco Furtado Soares de Meireles (1908-1973), o conhecido sertanista Chico Meireles, pai de José Apoena Soares de Meireles (1949-2004), ganhou grande reconhecimento nacional em 1946 pelo contato feito em Mato Grosso com os Xavante. Em 1939, orientado pelo inspetor Pimentel Barbosa, ele participou da sua primeira expedição à região[54]. Após a morte de Pimentel Barbosa pelo próprio povo Xavante, ele assumiu o comando da expedição até o contato, marcado pelas trocas de brindes. Paulo Supretaprã conta em seu depoimento como se deu esse contato a partir da visão dos Xavante.

Pernambucano, irmão do coronel do Exército e líder comunista Silo Meireles, integrou o Partido Comunista do Brasil e foi levado por Cildo, seu outro irmão (eram dois), para o indigenismo. Cildo havia trabalhado na pacificação dos Pataxó na Bahia e trabalhava, segundo informa o antropólogo Carlos Freire[55], no SPI desde os anos 1920. Freire também aponta, a partir de entrevistas com Apoena, que o engenheiro militar Antônio Estigarríbia, do SPI, como "seu maior inspirador"[56].

Chico Meireles tentava conciliar a política de expansão e desenvolvimento com a integração do índio. Ele dizia: "Ou o índio se integra rapidamente ou será exterminado".

Isso não significa dizer que Meireles pretendesse buscar índios para contatar a seu bel-prazer, mas que, dado o contexto de conflitos, não haveria outra solução. E em sua vida ele experimentou, como poucos, a incapacidade do Estado de agir em certas regiões, através de governos que cediam o poder público para elites locais em detrimento dos direitos das populações vulnerabilizadas.

Em 1971, em entrevista para o número especial da revista *Realidade* sobre a Amazônia, ele afirma: "Se o governo não tem condições para resolver o problema social dos grandes centros urbanos, como é que ele vai resolver o problema do índio na mata?". O índio, na sua visão, não conseguiria um lugar melhor

---

53. Todd Daiacon, *op. cit.*, 2002, p. 174.
54. Carlos Augusto da Rocha Freire, "Vida de sertanista: a trajetória de Francisco Meireles", *Tellus*, Campo Grande: 2008, v. 8, n. 14, p. 90.
55. *Ibidem*, p. 88.
56. *Ibidem*, p. 91.

Francisco Furtado Soares de Meireles (1908-1978), conhecido como Chico Meireles.

que os brasileiros marginalizados. A integração que propunha Meireles, um dos mais politizados sertanistas da história do Brasil, não tinha como objetivo conquistar os índios, mas atender à necessidade de prepará-los para enfrentar o mundo desigual que se apresentava.

O depoimento de Afonso Alves da Cruz, que trabalhou junto a Meireles no processo de contato com os Kayapó, no Pará, é fundamental para compreender o contexto em que Meireles atuou. Os seringalistas se armavam em milícias paramilitares e organizavam diversos massacres: não havia controle sobre os seringais que não fosse feito à bala. Seringalistas matavam-se uns aos outros em disputas territoriais, matavam os seringueiros, escravizados, e matavam povos indígenas. Foi um ciclo econômico monstruoso em termos humanos. Meireles dizia que a alternativa ao contato era deixar os índios continuarem a ser caçados.

O sertanista Cícero Cavalcanti de Albuquerque, pernambucano como Chico Meireles, falecido em 2010 aos 92 anos, foi ameaçado de morte por seringalistas em Altamira por defender os Kayapó e teve de fugir da região. Na primeira tentativa de contato com os Xikrin – um subgrupo Kayapó –, Meireles tirou o revólver e disse ao grupo à sua volta, cerca de 25 homens mandados pelos seringueiros para acompanhá-lo na expedição: "Se alguém atirar nos índios, eu vou matar com esse revólver".

Nos contatos com os Kayapó, Meireles recebia apoio dos seringalistas, que contribuíam com farinha de mandioca e homens para o trabalho. Meireles aceitava esse apoio, e inclusive, parte da inovação de sua prática sertanista foi incluir nos trabalhos o sertanejo, o seringueiro e o garimpeiro, escolhidos a partir daqueles que tivessem um "padrão mais elevado de moral"[57]. Foi assim que Afonso Alves da Cruz e seus colegas de Altamira tiveram a chance de se tornarem sertanistas.

Chico Meireles é descrito por Cruz como uma personalidade generosa, sem vaidade. Inteiramente dedicado à causa indígena, ajudou a formar sertanistas como Sydney Possuelo, que foi recebido em Rondônia para o estágio indigenista, Odenir Pinto e José Porfírio Fontenele de Carvalho, que igualmente tiveram a chance de aprender diretamente com ele em estágios e encontros. Foi Meireles que levou para o SPI, pouco antes da transição para a Funai, o sertanista Antonio Cotrim Soares, pelas relações que tinham tido no Nordeste com as Ligas Camponesas. Cotrim, em depoimento à Comissão Nacional da Verdade, relata os contatos com os Gavião, no Maranhão, em 1971, e foi demitido da Funai após o contato com os Assurini, quando havia declarado à imprensa que se recusava a continuar sendo "coveiro de índio": "Com o advento do contato, as primeiras consequências já são manifestas: moléstias contagiosas, depopulação, crise alimentar e prenúncio de sua dependência à sociedade nacional"[58].

Fiorello Parise conversou com Meireles quando partiu para a expedição de contato com os Wayapi: "Foi a primeira vez que eu vi o Chico Meireles. Foi numa sala da delegacia da Funai, em Belém", ele conta. Ficou sabendo por Meireles que o contato seria inevitável, assim como a morte eventual de metade da população, que poderia acontecer em razão de epidemias: "Era assim".

Era a emergência em razão do clima de guerra e dos massacres decorrentes das expedições de extermínio organizadas pelos seringalistas, razão que empurraria Meireles a posicionar-se "à frente das frentes". Acelerar a "integração", na forma a que Meireles se propunha, pode ser interpretado como mobilização dos povos indígenas para que defendessem os seus direitos – o sertanista não pretendia esterilizar as sociedades indígenas em sua luta por sobrevivência para que servissem como mão de obra barata e entregassem seus territórios.

---

57. Carlos Augusto da Rocha Freire, *op. cit.*, p. 92.
58. Regina Polo Müller, "Povos Indígenas no Brasil, Assurini do Xingu, histórico do contato". Disponível em: http://pib.socioambiental.org/pt/povo/asurini-do-xingu/1278. Acesso em: 16 jul. 2014.

Orlando, Leonardo e Cláudio Villas Bôas, na década de 1950.

Para ele, a "integração" era apresentada como uma necessidade para que não fossem "exterminados".

Os irmãos Villas Bôas, o Parque Indígena do Xingu e a proteção territorial

No dia 20 de março de 1948 o marechal Cândido Rondon nomeou os irmãos Cláudio, Leonardo e Orlando Villas Bôas como representantes do SPI no alto Xingu, durante os trabalhos da Fundação Brasil Central (FBC). Nesse mesmo ano, a FBC pôs fim à expedição Roncador-Xingu, que havia partido de Uberlândia em 1944 para construir pistas de pouso no interior do Brasil, e deu início à segunda etapa do projeto: a expedição Xingu-Tapajós. Em 1953 a expedição chegou em Manaus, abrindo uma nova rota aérea, e nesse ponto foi concluída. Diversas bases da expedição construídas nesse caminho vieram a constituir núcleos urbanos e cidades. A Fundação Brasil Central criou condições para o processo de apropriação de terras que resultaria na expansão da pecuária na Amazônia, com nefastas consequências para os povos indígenas, o que realça ainda mais a importância do trabalho desenvolvido pelos Villas Bôas no quadro da FBC em defesa dos indígenas que estavam nesse caminho.

Nessa rota que atravessou o Brasil, os irmãos Villas Bôas cruzaram pelo território Xavante em 1944, estabeleceram contatos com povos xinguanos – Kalapalo e Karib em 1946; Kamayurá, Mehináku e Aweti em 1947; Waurá em 1948 –, com os Juruna ainda em 1948, com os Kayabi em 1949, e com os Kayapó Txucahamãe em 1953.

Em 1946 uma forte epidemia de gripe se abateu sobre os Kalapalo e levou à morte o chefe Izarari, episódio que marcou profundamente a vida dos que a presenciaram. Dois anos depois, em 1948, pela primeira vez teria sido discutida a criação de um parque indígena naquela região: a ideia surgiu em uma conversa entre os irmãos Villas Bôas, o antropólogo Eduardo Galvão e o brigadeiro Raymundo Vasconcelos Aboim. Ainda naquele ano o médico sanitarista Noel Nutels se juntou à expedição[59], as conversas para a criação de um parque indígena prosseguiram e por fim chegaram até Jorge Ferreira, então presidente da FBC – desse ponto em diante, a Fundação Brasil Central passa a participar do processo de idealização do projeto[60].

O Parque Nacional do Xingu foi criado em 14 de abril de 1961, por decreto assinado pelo então presidente da República Jânio Quadros. Ainda que sua área fosse muito menor do que a pretendida no projeto inicial, redigido por Darcy Ribeiro, foi um dos maiores feitos do indigenismo nacional: mudou profundamente a relação do Brasil com os povos indígenas pelo fato de demarcar um território contínuo para uso exclusivo, garantindo a preservação cultural e também a ecológica: não havia "ilhas" de aldeias, recortes de fazendas ou mesmo estradas. A despeito do empenho dos Villas Bôas e da perspectiva etnológica da formação dos territórios culturais dos antropólogos da Seção de Estudos do SPI e do Museu do Índio – Darcy Ribeiro, Eduardo Galvão e Roberto Cardoso de Oliveira –, ficaram fora da área estipulada as nascentes dos rios que correm no Xingu, recursos hídricos extremamente valiosos para a sobrevivência física e cultural das sociedades indígenas.

O Xingu é resultado da força da articulação política de Orlando Villas Bôas e seu irmão Cláudio, uma inovação histórica da prática sertanista, da ideologia humanitária rondoniana. É o reflexo do sertanismo como uma prática de campo, produção de conhecimento pela experiência e ação política.

A proposta inicial era a demarcação de uma área de 25 mil quilômetros quadrados – assim ela foi apresentada por uma comitiva composta dos Villas Bôas, do médico Noel Nutels e dos antropólogos Eduardo Galvão e Darcy Ribeiro ao vice-presidente Café Filho. O projeto chegou até as mãos de Getulio Vargas, com o apoio de Rondon, que utilizou o seu prestígio para abrir portas e contribuir para a mudança da política indigenista nacional.

O Xingu estava ameaçado: a experiência das epidemias havia mostrado que os povos que lá viviam estavam vulneráveis. A violenta frente de expansão agropastoril avançava pelo Estado de Mato Grosso grilando terras – nos mapas

---

59. Orlando Villas Bôas Filho, *op. cit.*, p. 24.
60. *Ibidem*, p. 89.

Vista aérea da Aldeia Kuikuro, no Parque Indígena do Xingu, criado em 1961 pelo então presidente Jânio Quadros.

o território estava sendo negociado, e em campo havia marcações e piques de fazendas já próximo às aldeias. Em seu livro *Confissões*, Darcy Ribeiro relembra os argumentos que utilizou na reunião inicial com Getulio Vargas em 1952 para a criação do Xingu:

> Na conversa com Getulio Vargas não falei de direitos dos índios àquelas terras. Argumentei que no Brasil Central os fazendeiros derrubam a mata e põem fogo para plantar capim. [...] Em consequência, a terra vai sendo queimada e convertida num deserto. [...] A única solução possível para sua preservação era criar um extenso parque de proteção da natureza, que englobasse todas as suas aldeias, permitindo que elas mantivessem sua convivência. [...] Assim surgiu o Parque Indígena do Xingu, o primeiro desse gênero, que permitiu criar outros depois[61].

Após meio século, o Parque Indígena do Xingu é uma área de quase três milhões de hectares e lá vivem 16 etnias diferentes. Falam línguas próprias, divididas entre quatro grandes troncos linguísticos. No alto Xingu, a longa convivência de centenas de anos uniu os povos, fez com que quase se fundissem

---

61. Darcy Ribeiro, *Confissões*, São Paulo: Companhia das Letras, 1997, p. 195.

culturas. Eduardo Galvão deu-lhe o nome de "área do uluri", uma referência à vestimenta feminina.

De acordo com o antropólogo francês Patrick Menget, três princípios básicos de Rondon estavam presentes no Xingu: a proteção eficiente dos grupos indígenas, o respeito por sua identidade cultural e a assistência desinteressada.

Saúde sempre foi um dos graves problemas que se abateram sobre os povos indígenas, as "pragas europeias", como chamava Darcy Ribeiro. Em 1880, o naturalista alemão Carl von den Stein esteve no Xingu e estimou a população em três mil pessoas. Eduardo Galvão fez nova contagem em 1963 e encontrou 623 pessoas.

No Xingu essa situação começou a mudar a partir de um programa liderado pelo médico Roberto Baruzzi, a convite de Orlando Villas Bôas. O Projeto Xingu, primeiro programa de saúde indígena, teve início em 1965. Elaborado em parceria com a Escola Paulista de Medicina, uma das mais tradicionais instituições de medicina do país, o projeto contava com apoio logístico da FAB.

> Foi a primeira universidade que se abriu desse jeito, não havia isso no país, e não tem até hoje. Um projeto de assistência a índios era coisa inédita, o nosso projeto não era só pesquisa, tinha pesquisa, mas principalmente tinha assistência, com retaguarda hospitalar e vacinação, e também integrava a parte de ensino. Nós encontramos no Xingu uma situação muito difícil, morria, por exemplo, muita gente de malária[62].

Em 1963, antes mesmo de o projeto de saúde ser criado pela Escola Paulista de Medicina, Marina Lopes de Lima atendeu a um pedido de Orlando Villas Bôas: precisavam de uma enfermeira no Xingu. Marina aceitou o desafio e lá permaneceu. Com o tempo passou a conhecer melhor Orlando, com quem viria a se casar em 1969. Marina Villas Bôas é outra personagem histórica do Xingu, profissional que ao longo de anos auxiliou a salvar muitas vidas. A falta de medicamentos e recursos era superada pela dedicação em campo dos profissionais.

Carmen Junqueira, antropóloga da Pontifícia Universidade Católica de São Paulo (PUC-SP), esteve pela primeira vez no Xingu em 1965 e passou um mês entre os Kamayurá: "Foi uma experiência que não consigo esquecer. Quando eu voltei, sonhava e o cenário era só a aldeia". A experiência do aprendizado, ela se recorda, deu-se tanto junto aos povos indígenas quanto ao lado dos sertanistas e indigenistas. Meio século após a primeira ida ao Xingu, Carmen Junqueira menciona a mudança de postura dos povos indígenas: de "protegidos", no início, para defensores de autonomia política, adquirida ao longo dos anos:

---

62. Roberto Geraldo Baruzzi, "Minha marca na Escola Paulista de Medicina acabou sendo o programa do Xingu", 2011, p. 4. Disponível em: <www.unifesp.br/centros/cehfi/bmhv/.../53-roberto-geraldo--baruzzi>. Acesso em: 3 mar. 2014.

Na época do Rondon, se pensava a política indigenista no Rio de Janeiro, depois, em Brasília; hoje, são os próprios povos indígenas que participam diretamente desse processo político. No final dos anos 1970, começo dos 1980, os índios começaram a ou colaborar com, ou mesmo a se opor diretamente à Funai. Foi nesse momento que tomaram pé e passaram a participar com uma posição importante. A política que trata deles tem que ser trabalhada por eles. Mas há quarenta ou cinquenta anos isso seria impossível[63].

De certa maneira, assim havia sido idealizado o Xingu: uma "integração" gradual, ao longo de gerações. Para Carmen Junqueira, "Rondon defendia a vida das pessoas, trabalhava com a questão de salvar vidas em risco". Era a "urgência" da violência. Se não fosse a luta dos Villas Bôas, de Darcy Ribeiro, de Eduardo Galvão, "hoje o Xingu seria um conjunto de fazendas e terras da União griladas pela iniciativa privada"[64], completa ela.

Orlando Villas Bôas "abriu" o Xingu para pesquisas, visitação de personalidades internacionais, imprensa. Era necessário, pensava ele, mobilizar a opinião pública em defesa dos povos indígenas, mudar a tão recorrente imagem preconceituosa[65] que é associada ao índio como pertencente ao "passado", e a imprensa sempre foi fundamental, na visão de Darcy Ribeiro: "Em muitas circunstâncias, nessas tantas décadas em que tenho lutado pela causa indígena, eu senti que só ganhando a opinião pública, através dos órgãos de comunicação, se conseguia salvar um grupo indígena de uma extorsão ou de um extermínio"[66].

O trabalho dos irmãos Villas Bôas visava preparar os indígenas para a defesa de seus direitos e território. Nesse processo, ter longas conversas se mostrava fundamental. Essa é uma descrição comum sobre a postura de Cláudio e de Orlando, repetidas por amigos, colegas e antropólogos: "Eles sabiam falar com os índios". Afukaká, hoje chefe do povo Kuikuro, recorda-se, em depoimento para este livro, de conselhos dados por Orlando. "Nunca esqueci as palavras de Orlando Villas Bôas", conta Afukaká. "Ele falou para mim: 'Olha, Afukaká, quando você ficar grande, você vai ser chefe, tem que lutar pelos Kuikuro, mas também tem que lutar por qualquer aldeia que tenha aqui. Vocês têm que se unir'".

Há inúmeros trabalhos acadêmicos, reportagens jornalísticas, filmes e documentários sobre o Xingu. Recentemente, os próprios xinguanos passaram a produzir e a dirigir seus filmes, uma iniciativa que teve origem com o projeto Vídeo nas Aldeias, idealizado pelo indigenista Vincent Carelli. Maior exemplo é

---

63. Transcrição de depoimento concedido no seminário *Memórias sertanistas – Cem anos de indigenismo no Brasil*, e que serviu de base para a composição deste livro.
64. Ibidem.
65. O historiador John Manuel Monteiro e a antropóloga Manuela Carneiro da Cunha são dois dos estudiosos que discutem as diferentes formas pelas quais os índios são percebidos no imaginário popular.
66. Darcy Ribeiro, "Prefácio", em: Mércio Gomes, *Os índios e o Brasil*, Petrópolis: Vozes, 1988, p. II.

o premiado *As hipermulheres*, trabalho de Takumã Kuikuro junto de Leonardo Sette e do antropólogo Carlos Fausto[67].

Os primeiros documentários de repercussão internacional sobre o Xingu foram feitos pelo britânico Adrian Cowell, falecido em 2011. Cowell chegou ao Xingu em 1958, parte de uma expedição da Land Rover pelo continente sul-americano com a Universidade de Oxford e a Universidade de Cambridge, onde ele estudava história. Alguns filmes foram realizados antes da criação do parque indígena, como *No coração da floresta*[68] e *No caminho da extinção*[69]. Cowell retornou no início dos anos 1970 para filmar o processo de contato com os Panará, que resultou no premiado longa-metragem *A tribo que se esconde do homem*[70], e, em *O reinado na floresta*[71], Cowell filmou o trabalho desenvolvido pelos irmãos Villas Bôas.

Adrian Cowell, admirador e amigo dos Villas Bôas, explica que a ideia central do parque era a de que os índios continuariam, por conta própria, a se defender quando os irmãos já não estivessem mais na região. Esse seria o pensamento para o futuro. E, de fato, é o que tem acontecido, uma vez que a administração do Parque Indígena do Xingu, desde Megaron Txucahamãe (1985-1989), sempre foi conduzida pelos próprios indígenas.

> O fato de o parque ter sobrevivido deve ser atribuído largamente aos xinguanos, que lutaram para restaurar a porção norte rasgada ao meio pela BR-080, criando para si uma posição de relevo única no Brasil. Porém, tenho dúvidas de que eles conseguiriam tal proeza sem as três décadas (1940 a 1970) longe das pressões externas para melhor compreender o mundo exterior que Orlando e Cláudio batalharam para lhes propiciar[72].

Era uma questão, segundo os próprios Orlando e Cláudio Villas Bôas, de conscientização e politização para o difícil "enfrentamento de seus novos 'vizinhos'", descritos por eles como "ávidos por terras e esperançosos por encontrar no índio uma mão de obra barata, aclimatada e desprovida de direitos"[73]. A "integração" forçada nada mais seria do que "fazer com que o índio, abandonando a unidade tribal, venha a transformar-se em mão de obra nos empreendimentos surgidos nas terras que antes constituíam seus próprios domínios"[74].

---

67. *As hipermulheres*. Direção: Carlos Fausto, Leonardo Sette e Takumã Kuikuro. Mato Grosso: 2013, 80 minutos, son, color.
68. *No coração da floresta*. Direção: Adrian Cowell. BBC, 1961, 30 minutos, son, p&b.
69. *No caminho da extinção*. Direção: Adrian Cowell. BBC, 1961, 30 minutos, son, p&b.
70. *A tribo que se esconde do homem*. Direção: Adrian Cowell. ATV, 1970, 66 minutos, son, cor.
71. *O reinado na floresta*. Direção: Adrian Cowell. ATV, 1971, 26 minutos, son, cor.
72. Orlando Villas Bôas Filho, *op. cit.*, p. 150.
73. Ibidem.
74. Ibidem, p. 127.

Somos da opinião de que a ação do indigenista, no que concerne ao índio, deve consistir em fazer sua atração, quando necessário, e acomodação, sobretudo em havendo situação de conflito, para que, posteriormente, seja o mesmo preparado para um segundo passo, que consiste em habilitá-lo para a plena interação com os representantes da "sociedade nacional"[75].

Em busca dos herdeiros de Rondon: fim do SPI e a criação da Funai

Em 1963, José Maria da Gama Malcher, ex-diretor do SPI entre 1951 e 1955 e membro do CNPI, elaborou um dossiê intitulado "Por que fracassa a proteção aos índios?". Malcher considerava que o quadro de servidores do SPI estava corrompido por interesses político-partidários e que a contratação de determinadas pessoas para que ocupassem cargos-chave facilitaria o esbulho das terras e do patrimônio indígena. De acordo com Elias Bigio, a ideia de Malcher era recuperar a imagem do órgão, após uma Comissão Parlamentar de Inquérito, em 1963, e "recobrar o controle do SPI para os 'herdeiros' de Rondon"[76].

Não seria a primeira tentativa de extinção do SPI, segundo Malcher. No entanto, as tentativas anteriores não teriam obtido êxito "porque havia o idealismo, a reserva moral de Rondon e de seus companheiros". Era uma situação complexa e o SPI precisaria ser "refundado". De acordo com Malcher: "Tribos foram dizimadas não só pelas balas assassinas, mas com a conivência, embora indireta, do SPI, que as chamava à 'civilização' e as 'atraía' sem ter meios para atender aos primeiros embates, sempre danosos para a comunidade indígena"[77].

Posteriormente, as graves denúncias de Malcher vieram a ser investigadas pelo procurador do Estado Jader de Figueiredo Correia, no que ficou conhecido como "Relatório Figueiredo".

Produzido entre 1967 e 1968 para o ministro do interior, Albuquerque Lima, o Relatório Figueiredo chegou a apontar extermínio de grupos indígenas, envenenamentos e torturas dentro das instalações dos postos do SPI. Foi recomendada a suspensão de 17 e a demissão de 33 funcionários do Serviço de Proteção ao Índio. O Relatório havia constatado a "geral corrupção e anarquia total imperantes no SPI", escreveu o procurador em documento que, julgado perdido em um incêndio, apenas recentemente foi reencontrado na sede do Museu do Índio, no Rio de Janeiro, em meio aos trabalhos da Comissão Nacional da Verdade.

Além dos inúmeros casos de corrupção, escreve Figueiredo, "o índio, razão de ser do SPI, tornou-se vítima de verdadeiros celerados, que lhe impuseram um regime de escravidão e lhe negaram um mínimo de condições de vida compa-

---

75. *Ibidem*, p. 122.
76. Elias Bigio, *op. cit.*, p. 24.
77. José Maria da Gama Malcher *apud* Elias Bigio, *op. cit.*, p. 24.

tível com a dignidade da pessoa humana"[78]. Nas investigações foram descobertos casos que fizeram o procurador considerar que parecia "inverossímil haver homens, ditos civilizados, que friamente possam agir de modo tão bárbaro"[79]. De acordo com as investigações, o SPI havia se tornado um mecanismo de destruição do índio:

> A fertilidade de sua cruenta história registra até crucificação, os castigos físicos eram considerados fato natural nos Postos Indígenas. [...] Sem ironia pode-se afirmar que os castigos de trabalho forçado e de prisão em cárcere privado representavam a humanização das relações índio-SPI[80].

Dos crimes que aparecem no relatório, poucos foram punidos, mas o escândalo culminou na extinção do SPI e na criação da Funai nos primeiros anos de ditadura civil-militar.

O sertanista Chico Meireles foi acusado de 19 infrações, relacionadas principalmente a prestações de contas, como desviar recursos de um povo para o trabalho em outra região, ou apresentar prestação de contas fictícias, mas não há registros de que tenha recebido dinheiro em seu benefício para fazer os contatos. Foi acusado de má administração de recursos públicos – o que aparece nos depoimentos dos sertanistas que conviveram com ele –, mas não ficou caracterizado o crime de corrupção passiva. Mais grave seria a omissão no massacre do rio Jamanxim, e um "procedimento criminoso no episódio dos índios Pakaã-Nova e dos Xavante". Seu filho Apoena atribui a brigas internas e à perseguição do ex-diretor do SPI José Maria da Gama Malcher o fato de seu pai ter sido citado no Relatório Figueiredo e demitido[81].

A corrupção administrativa era a face perversa e exposta do órgão indigenista. Mas a crítica encontra uma série de limites no que toca à instituição e à necessidade, nesse período, de um órgão de assistência e proteção. Na opinião do antropólogo Cardoso de Oliveira, essas denúncias não poderiam ser generalizadas a ponto de obscurecer a importância estratégica do SPI na defesa dos territórios indígenas, pois "sem sua atuação, ainda que precária, os territórios indígenas de há muito teriam sido alienados em sua totalidade"[82].

Pior que a crise estrutural foi a militarização do SPI com o golpe de 1964, período no qual, conforme descreve Darcy Ribeiro, o SPI chegou "ao ponto mais baixo de sua história, fazendo-o descer, em certas regiões, à condição degradante de agente de sustentação dos espoliadores e assassinos de índios"[83]. A

---

78. Jader de Figueiredo Correia, *Relatório Figueiredo*, Brasília: 1968, p. 2. Disponível em: <http://pt.scribd.com/doc/142787746/Relatorio-Figueiredo>. Acesso em: 3 mar. 2014.
79. *Ibidem*, p. 3.
80. *Ibidem*.
81. *Ibidem*, p. 88
82. Roberto Cardoso de Oliveira *apud* Elias Bigio, *op. cit.*, p. 26
83. Darcy Ribeiro, *op. cit.*, 1962, pp. 38-9.

Funai surge, em 1967, com o argumento de se resgatar o ideal rondoniano originário do SPI.

A imagem do marechal Rondon, ele próprio um militar, pode ter sido uma resposta preparada pela ditadura civil-militar às duras críticas internacionais que o país vinha recebendo após as denúncias de Figueiredo e Malcher. Em 1969, um artigo do influente jornalista britânico Norman Lewis, no *Sunday Times*, expôs massacres em curso, o que teria provocado a fundação da organização não governamental Survival International. O título era: "Genocídio". No ano seguinte, o premiado documentário *A tribo que se esconde do homem*[84], de Adrian Cowell para a BBC, mostrou o impacto de projetos militares na Amazônia, como a construção de estrada e colonização, as ameaças aos povos indígenas, mas também a resistência dos sertanistas e o trabalho dos irmãos Cláudio e Orlando Villas Bôas, que lideraram o contato com os Panará que viviam no caminho da estrada BR 163.

Os depoimentos dos sertanistas são peças fundamentais para a compreensão dos anos de chumbo da ditadura civil-militar subsequentes a essa mudança, bem como as formas de resistência em defesa dos povos indígenas que foram mobilizadas.

---

84. *A tribo que se esconde do homem*. Direção: Adrian Cowell. ATV, 1970, 66 minutos, son, color.

PARTE II A DITADURA E
O PAÍS DESERTIFICADO

Os índios não são porcos-da-guiné, não são propriedade de meia dúzia de oportunistas. Não se pode parar o desenvolvimento do Brasil por causa do Parque Indígena do Xingu.

General Oscar Bandeira de Mello,
presidente da Funai (1970-1974)

A extinção do SPI em 1967 foi seguida pela criação da Fundação Nacional do Índio (Funai), em lei assinada pelo ditador Costa e Silva no final daquele ano[1]. A finalidade da Funai foi estabelecer as diretrizes e o cumprimento da política indigenista, exercendo "poderes de representação ou assistência jurídica inerentes ao regime tutelar do índio". A Funai foi constituída sobre o espólio do SPI, do extinto Conselho Nacional de Proteção aos Índios e do até então Parque Nacional do Xingu. Além de dotações orçamentárias, parte da renda viria do "Patrimônio Indígena", ou seja, recursos advindos da exploração do território indígena financiariam o trabalho indigenista.

As referências à política indigenista são vagas na lei de criação da Funai, porém seguem os princípios gerais do SPI, como o "respeito à pessoa do índio e instituições e comunidades tribais", "garantia à posse permanente das terras", com usufruto exclusivo, preservação do equilíbrio cultural no contato com a sociedade nacional, e "resguardo à aculturação espontânea do índio, de forma a que sua evolução socioeconômica se processe a salvo de mudanças bruscas". Nos anos seguintes grandes mudanças ocorreriam.

O Estatuto do Índio foi assinado no final de 1973 (lei nº 6.001) e o texto continua em vigor. Esse documento legal ao mesmo tempo determina a proteção e registra como objetivo nacional a "integração" dos índios, "assimilando-os de forma harmoniosa e progressiva". Nele, os indígenas são classificados em três categorias: isolados, em via de integração e integrados. Alguns direitos surgem

---

1. Brasil. Lei nº 5.371, de 5 de dezembro de 1967. Autoriza a instituição da Fundação Nacional do Índio e dá outras providências. Disponível em: <http://www.planalto.gov.br/ccivil_03/leis/1950-1969/L5371.htm>. Acesso em: 4 ago. 2014.

nesse momento, sobretudo de ordem territorial, assim como a primeira regularização da exploração das terras indígenas.

Essa mudança na concepção dos povos indígenas durante a ditadura civil-militar seguiu os planos traçados pela geopolítica expansionista em direção ao interior, e especialmente à Amazônia, conforme desenhado pelo estrategista militar general Golbery do Couto e Silva (1911-1987). Nessa visão, a Amazônia é um "desertão"[2], lugar vazio a ser "incorporado" em um violento plano para "inundar de civilização a hileia amazônica"[3].

Em 1966 é lançada a Operação Amazônia e criada a Superintendência de Desenvolvimento da Amazônia (Sudam), e alguns anos depois, o Plano de Integração Nacional – instituído pelo decreto-lei nº 1.106, de 1970, e assinado pelo ditador Emílio Garrastazu Médici –, nele estava prevista a construção das quatro principais estradas na região: BR-230 (Transamazônica), BR-163 (Cuiabá-Santarém), BR-210 (Perimetral Norte) e a BR-319 (Manaus-Porto Velho). Nessa norma, foi reservada faixa de terra de até cem quilômetros à esquerda e à direita das rodovias projetadas para projetos de colonização, que seriam organizados tanto pelo Estado quanto pela própria iniciativa privada.

Médici justificou a abertura da Transamazônica para salvar da seca os pobres do Nordeste. Mas esse plano foi colocado em prática pela aliança militar com investidores privados, idealizado não apenas pela geopolítica militar, mas junto da perspectiva desenvolvimentista da Comissão Econômica para a América Latina e Caribe (Cepal) ou o plano político e ideológico do Instituto de Pesquisas e Estudos Sociais (Ipes)[4]. A estratégia geopolítica militar de controle do território veio casada com a expansão capitalista para a acumulação de capital.

A "maior diáspora da humanidade" iria assentar quinhentas mil pessoas com o uso de slogans como "terra sem homens para homens sem terra", e "Amazônia: chega de lendas, vamos faturar". A transferência da população serviu momentaneamente para aliviar a pressão por terras e a consolidação de latifúndios e grandes propriedades rurais, ao mesmo tempo em que se destinariam novas áreas para o mercado de terras utilizando o braço pobre como desbravador. Segundo estimativas feitas pelo Instituto Nacional de Pesquisas Espaciais (Inpe), 742.782 mil quilômetros quadrados haviam sido desmatados até 2010, o que representa mais de 15% das áreas de fisionomia florestal da Amazônia Legal[5]. Cerca de 67% dessa área devastada foi substituída por pastagens para a

---

2. Golbery do Couto e Silva, *Conjuntura política nacional – o poder executivo e geopolítica do Brasil*, Rio de Janeiro: Livraria José Olympio, 1981, p. 73.
3. *Ibidem*, p. 92.
4. A participação do Ipes é tema de pesquisa da historiadora Elizabeth Cancelli: *O Brasil e os outros: o poder das ideias*, recurso eletrônico, Porto Alegre: EdiPUCRS, 2012.
5. A Amazônia Legal é uma área que corresponde a 59% do território brasileiro e engloba a totalidade de oito estados (Acre, Amapá, Amazonas, Mato Grosso, Pará, Rondônia, Roraima e Tocantins) e parte do Estado do Maranhão (a oeste do meridiano de 44ºW), perfazendo cinco milhões de km². Disponível em: <http://www.ipea.gov.br/desafios/index.php?option=com_content&id=2154:catid=28&Itemid=23>. Acesso em: 8 nov. 2014.

Abertura da Transamazônica (BR 230) em 1970, que marca a colonização da região, promovida durante a ditadura civil-militar.

pecuária, e algo em torno de 90% do desmatamento está localizado em áreas distantes de até cem quilômetros das principais rodovias.

A Comissão Nacional da Verdade estima que oito mil indígenas tenham morrido. Somente o trajeto da Transamazônica causou impacto direto em quase trinta povos indígenas – destes, cerca de dez ainda viviam sem contato. O relato do sertanista Wellington Gomes Figueiredo sobre o processo de contato com os Arara, a epidemia de gripe que se abateu sobre eles e a transferência de suas terras é uma breve ilustração da catástrofe. Alguns povos foram tão brutalmente massacrados durante esse regime político que não conseguiram se recuperar. É o caso dos poucos sobreviventes Akuntsu – restam hoje cinco membros –, ou dos povos Kanoê e Piripkura, ambos com apenas três pessoas cada um. A história da tragédia de cada um desses povos é narrada por Marcelo dos Santos, Altair Algayer e Jair Candor. Esses povos encontravam-se no caminho de projetos de desenvolvimento do governo federal.

Vastas áreas de terras públicas foram destinadas à iniciativa privada – frequentemente demarcadas em extensões ainda muito maiores que os lotes obtidos dos órgãos fundiários. E o Estado apoiava a grilagem: muitas apropriações contestáveis foram regularizadas e criaram-se mecanismos legais para expulsar os antigos moradores[6]. "As populações indígenas eram consideradas obstáculo ao desenvolvimento por não possuírem as 'capacidades de decisão e de investimento' necessárias à decolagem econômica das zonas rurais do Norte do país"[7]. Suas contribuições específicas à cultura e à economia foram simplesmente ignoradas pelas políticas públicas durante décadas, explica o antropólogo Roberto Araújo, pesquisador do Inpe, sobre o processo de ocupação na região da Transamazônica, no Pará.

Não foi apenas na Amazônia que os povos indígenas foram esbulhados de seus territórios e seu patrimônio durante a ditadura, mas em todo o país. No Mato Grosso do Sul foi intensificada a ocupação das terras dos Guarani, os Pataxó foram expulsos de seus domínios na Bahia para que suas terras fossem entregues a cacaueiros, conforme relato do sertanista Odenir Pinto, e os governos do Sul empurraram os pequenos proprietários que não foram à Amazônia para as terras indígenas, como a terra Nonoai, dos Kaingang, no Rio Grande do Sul, símbolo da retomada das terras no final dos anos 1970.

De acordo com a demógrafa Marta Azevedo, a população indígena foi estimada em 360 mil pessoas em 1840, antes do ciclo da borracha (1879-1912). Chegou a setenta mil pessoas em 1957. Ainda que a curva demográfica comece a virar nos anos 1970 e 1980, o grande aumento da população indígena ocorre apenas entre 1991 e 2000. Em 2010, segundo o Instituto Brasileiro de Geografia e Estatística (IBGE), foram registradas 817 mil pessoas – das quais quinhentas mil vivem em aldeias.

Os sertanistas na ditadura

O Estatuto do Índio criou um paradoxo para a aplicação da legislação nos tempos autoritários: ao mesmo tempo em que foi pensado para controlar politicamente as atividades e as formas de acesso ao território dos índios, promovendo sua assimilação, ele também era utilizado em defesa dos indivíduos e povos indígenas. Ao surgir uma tendência dentro do indigenismo do Estado, que seguia a tradição rondoniana, distintas formas de resistência e alianças com os povos indígenas tornaram-se possíveis na sociedade brasileira. Uma sensibilidade às pressões internacionais e o preconceito dos militares com os indígenas abriram a possibilidade de canalização de interesses contrários à ditadura. Através da imprensa, as críticas eram mais toleradas se direcionadas ao "problema indígena".

6. Assim, por exemplo, as medidas provisórias números 005 e 006, de 6 de junho de 1976, da Casa Militar da Presidência da República, cf.: Araújo *et. al.* "Estado e sociedade na BR-163: desmatamento, conflitos e processos de ordenamento territorial", em: Castro (org.), *Sociedade, território e conflitos: BR-163 em questão*, Belém: Naea/UFPa, 2008, pp. 13-83.
7. Cf.: Araújo & Alves, "Mudanças ambientais na Amazônia e as particularidades da construção institucional", em: Mateus Batistella; Diógenes S. Alves (orgs.), *Amazônia, natureza e sociedade em transformação*, São Paulo: Edusp, 2008, pp. 221-40.

A partir de 1970 a Funai começa a realizar concursos públicos e a promover um curso de indigenismo – formando sertanistas oriundos do meio urbano. A Funai passa a ser capacitada e reconfigurada para a construção da "política indigenista": há um incremento substancial em seu orçamento e suas atividades.

José Porfírio Fontenele de Carvalho faz a primeira viagem para a área Waimiri Atroari, com o sertanista Gilberto Pinto, ainda no final dos anos 1960, e na sequência Sydney Possuelo passa a trabalhar na Funai a convite de Orlando Villas Bôas, já tendo visitado antes o então Parque Nacional do Xingu. Odenir Pinto, filho e neto de sertanistas, fez o primeiro curso da Funai em 1970. Em 1971 se juntam ao grupo José Meirelles, vindo de São Paulo, e o italiano Fiorello Parise, que já fazia trabalhos esporádicos na regional maranhense da Funai. Wellington Gomes Figueiredo, de Goiânia, fez o sexto curso de indigenismo, em 1974, e Marcelo dos Santos, de São Paulo, o sétimo curso da Funai, em 1975.

Os cursos eram duros e havia dificuldade em recrutar os sertanistas[8] – poucos ficavam. No último curso realizado, em 1985, somente um quarto dos alunos permaneceu na área[9]. Além do isolamento, das dificuldades pessoais, havia os riscos: em 1974, 11 funcionários da Funai foram mortos nas frentes de atração[10].

Após terem completado o curso de indigenismo, eles eram enviados para cumprir um estágio de campo, etapa em que conviviam com sertanistas mais experientes para aprender a prática do trabalho. Os cursos em Brasília eram politizados e ministrados por antropólogos como Roque de Barros Laraia, Julio Cezar Melatti, George Zarur, Olympio Serra e Alcida Ramos, entre outros profissionais: lecionava-se legislação indigenista, noções básicas de antropologia, de primeiros socorros, de sobrevivência na selva, de administração pública. Em campo, os novos sertanistas acompanharam grandes nomes da tradição, como Chico Meireles, os irmãos Villas Bôas e Gilberto Pinto – experiência que permitia não apenas a transmissão de conhecimento da prática, mas também do engajamento moral e ideológico.

A sanha desenvolvimentista e assimilacionista dos anos de ditadura civil-militar era aplicada de maneira heterogênea: não se conseguiu impor, no vasto território, uma ação política que correspondesse exatamente à sua ideologia. Havia diversas formas de resistência ao projeto político ditatorial – resistências cotidianas. Havia brechas e contradições no aparelho estatal. Como explica Marcelo dos Santos em seu depoimento, a estratégia era saber medir os períodos favoráveis com os mais negativos, e saber agir com essa sutileza para não ser expulso do órgão – o que, nessa percepção, seria ainda pior para os índios:

---

8. Carlos Augusto Freire, *op. cit.*, p. 101.
9. *Ibidem*, p. 102.
10. *Ibidem*, p. 98.

Quando estava ruim o ambiente político, eu sumia no mato, e ninguém aparecia por lá. E, quando o cenário era positivo, a gente incorporava o espaço para conseguir o que não se conseguia quando o ambiente era desfavorável. Era preciso ter a sabedoria para não provocar tanto para ser afastado. Se fosse afastado, não faria nada. E os índios poderiam desaparecer. E se com a gente presente ainda assim fizeram aquilo tudo contra os índios, com ausência total do Estado não haveria mais nenhum índio, por exemplo, em Corumbiara, no Omerê, o "Índio do Buraco". Teriam sido completamente exterminados.

Durante o processo de abertura, Marcelo dos Santos construiu alianças para agir, seja por intermédio do Poder Judiciário, da Justiça Federal e, posteriormente, do Ministério Público Federal, e também entre associações e organizações não governamentais que começavam a surgir, tendo a organização Kanindé, o Cimi e a CPT como aliados em campo e o documentarista Vincent Carelli para ajudar a divulgar os crimes que investigava.

Sydney Possuelo relata episódios em que utilizava o apoio do próprio Exército para impedir a entrada de invasores nas terras dos Arara, na Transamazônica – ao custo de conseguir realizar o contato pacífico com os índios. Enquanto o mesmo Exército, relembra José Porfírio Fontenele de Carvalho, forçou a entrada do Batalhão de Engenharia e Construção no território Waimiri Atroari, que resultou em uma das maiores tragédias do último século. Os depoimentos contidos neste livro podem ajudar na compreensão desse momento e das estratégias políticas formuladas por essa geração de sertanistas.

Resistências do movimento indigenista e a imprensa

Através das Comunidades Eclesiais de Base e da formação de sindicatos, os movimentos sociais se organizaram no campo durante o período da repressão. A Conferência Nacional dos Bispos do Brasil constituiu comissões específicas, como a Comissão Pastoral da Terra (CPT), em 1975, para fornecer assessoria jurídica e organizacional aos pobres envolvidos em conflitos fundiários, liderada por dom Tomás Balduíno, e do já mencionado Conselho Indigenista Missionário (Cimi), em 1972, impulsionados por Antonio Iasi Jr., Egydio Schwade e dom Pedro Casaldáliga, para auxiliar os povos indígenas a se organizarem. Ainda antes, em 1969, Schwade havia criado a Operação Anchieta (Opan, hoje chamada de Operação Amazônia Nativa)[11].

Também surge nesse período, em 1974, o Centro Ecumênico de Documentação e Informação (Cedi), envolvendo outras igrejas cristãs e com forte atuação

---

11. Instituto Humanitas Unisinos – IHU *on-line*, "A atual política indigenista brasileira permanece nos moldes deixados pela ditadura militar. Entrevista especial com Egydio Schwade", *Instituto Humanitas Unisinos – IHU*, São Leopoldo – RS, 02 mar. 2014. Disponível em: <http://www.ihu.unisinos.br/entrevistas/528748-evangelizacao-e-o-que-ajuda-los-a-lutar-pelas-suas-terras-entrevista-especial--com-egydio-schwade>. Acesso em: 5 jun. 2014.

na defesa dos direitos indígenas. Como aconteceu com grande parte do movimento social no Brasil durante a ditadura, é através dessas organizações de base de cunho religioso que o movimento indígena ganha força.

Ao mesmo tempo em que tentavam emprestar novo significado à tarefa da evangelização com um forte caráter político e lutavam internamente dentro da Igreja, representantes da Teologia da Libertação tiveram um papel fundamental na organização das populações indígenas para a defesa de seus direitos em meio ao autoritarismo. A publicação do documento *Y-Juca Pirama – O índio: aquele que deve morrer*, em 1974, de autoria de Schwade, Iasi, Balduíno, Casaldáliga, padre Ivo Polleto e frei Eliseu Lopes, teve um efeito marcante na denúncia da violência do projeto da ditadura com forte repercussão internacional. Conforme relembra dom Tomás Balduíno: "*Y-Juca Pirama* é um documento datado. Ele surgiu no exato momento histórico em que os índios, que ainda não tinham morrido, estavam já sendo marcados para morrer, pela própria política oficial, a fim de não serem um estorvo ao badalado progresso econômico do milagre brasileiro"[12].

O surgimento do Cimi é o germe da formação de uma esfera de resistência à própria política dita "oficial". "Nosso trabalho consistia em ajudar os índios a se conhecerem entre si, a conhecerem as lideranças de diversos povos", explica Schwade[13]. As assembleias organizadas pelo Cimi promoviam o debate entre lideranças indígenas, auxiliando na tomada de consciência e formação de alianças, "descobrindo que o inimigo do índio não é o outro índio", nas palavras de Balduíno[14]. A recuperação das terras e das culturas foram pontos que emergiram como prioritários nesses encontros. E, conforme Schwade, os jornalistas foram fundamentais:

> Nesse período de tensão com a ditadura, uma das nossas estratégias – talvez até de sobrevivência – era recorrer à imprensa, aos jornalistas, e tínhamos jornalistas de peso do nosso lado. Quando entrávamos nas cidades, éramos cercados de jornalistas – Iasi e eu principalmente –, porque sempre tínhamos o cuidado de não expor demais os leigos, que geralmente eram a parte mais frágil[15].

A imprensa, durante o período autoritário, era a possibilidade de um espaço para gritar, e ter, inclusive, repercussão internacional em um governo sensível ao "efeito bumerangue" de denúncias – quando uma pressão nos Estados Unidos poderia ter impacto interno, por exemplo, sobre o financiamento de grandes projetos de desenvolvimento.

---

12. Dom Tomás Balduíno, texto escrito em 2003 para releitura de *Y-Juca Pirama*. Em *Povos indígenas: aqueles que devem viver – manifesto contra os decretos de extermínio*. Brasília: Cimi, 2012, p. 153.
13. Instituto Humanitas Unisinos – IHU *on-line*, "A atual política indigenista brasileira permanece nos moldes deixados pela ditadura militar", *op. cit.*
14. Dom Tomás Balduíno, *op. cit.*, p. 155.
15. Instituto Humanitas Unisinos – IHU *on-line*, "A atual política indigenista brasileira permanece nos moldes deixados pela ditadura militar", *op. cit.*

Alguns jornais, como *O Estado de S. Paulo*, tinham um editor para temas de "Terra, Índio e Igreja", ou seja, a "questão indígena", os conflitos fundiários, e representantes da Teologia da Libertação. Entre os jornalistas de maior destaque dessa cobertura havia Lúcio Flávio Pinto, coordenador da cobertura sobre a Amazônia no *Estadão*, e Eliana Lucena, da sucursal do jornal em Brasília. Em outros veículos, apenas para citar alguns exemplos foram Memélia Moreira, no *Jornal de Brasília* e depois na *Folha de S.Paulo*, por onde também passaram Ricardo Kotscho, Ricardo, Arnt, Rosane Garcia e Mário Chimanovitch, que também trabalhou para o *Jornal do Brasil (JB)*, assim como Edilson Martins, que foi colaborador do *JB* e também no *Pasquim*, e é autor do influente livro *Nossos índios nossos mortos: os olhos da "emancipação"*[16], de 1979. Os jornais e revistas investiam na cobertura da Amazônia, como o especial da revista *Realidade*, de 1971. Havia correspondentes em todos os lugares e uma grande cobertura de conflitos fundiários, desenvolvimento e temas relacionados aos povos indígenas e ao trabalho dos sertanistas. Os fotógrafos Luigi Maprim, Pedro Martinelli e Etevaldo Dias acompanharam expedições junto dos sertanistas da Funai, e Cláudia Andujar tornou-se ícone da luta em defesa dos povos indígenas pelo seu trabalho com os Yanomami. Fora da grande imprensa, Élcio Martins, do jornal acreano *O varadouro*, amplificava a "voz da floresta". Altino Machado, no Acre, até hoje mantém esse mesmo engajamento.

Por vezes, diferentes veículos, lembra Eliana Lucena[17], dividiam os custos de transporte para realizarem a cobertura nas regiões distantes dos grandes centros. Havia solidariedade entre os colegas, construída em razão da repressão da ditadura, para realizar as coberturas sobre a violência contra as populações indígenas e conflitos por terra.

Possidônio Cavalcanti Bastos foi um jornalista que, após conhecer Apoena Meireles, em Rondônia, tornou-se ele mesmo um sertanista. Seguindo o mais nobre lema sertanista, "Morrer se preciso for, matar nunca", ele foi morto em 1971, junto do servidor da Funai Acrísio Lima, pelos próprios índios Cinta-Larga que defendia, indígenas que estavam acuados por invasões de seu território organizadas pela Cia. Colonizadora Itaporanga. Segundo a antropóloga Denise Maldi Meireles, que foi casada com Apoena, Possidônio foi morto "por uma incompreensão advinda do momento em que ainda não era possível a esses povos distinguirem seus heróis"[18].

Enquanto havia censores dentro do jornal *O Estado de S. Paulo*, a jornalista Eliana Lucena recorda que possuía espaço para a cobertura da questão indígena e do meio sertanista. Inclusive liberdade para textos de fortes críticas a

---

16. Edilson Martins, *Nossos índios nossos mortos: os olhos da "emancipação"*, Rio de Janeiro: Editora Coderci, 1979. Nesse livro consta uma influente entrevista com o líder xavante Mário Juruna, que havia sido publicada no jornal *O Pasquim*.
17. Em comunicação com o autor.
18. Denise Maldi Meireles, *Guardiões da fronteira: rio Guaporé, século XVIII*, São Paulo: Ed. Vozes, 1989, p. 214.

projetos que ameaçassem direitos indígenas, como a construção da BR 80 no Parque do Xingu: "A rodovia BR-80, que cortou o Parque do Xingu ao norte, deveria chamar-se 'Estrada Sebastião Camargo Júnior'. Não como homenagem ao homem público inexpressivo, mas para marcar o executor da etapa inicial de um novo processo de extermínio das sociedades indígenas brasileiras"[19] . Em 29 de março de 1973, uma matéria de sua autoria que cobriu uma reunião, na Universidade Federal do Mato Grosso, onde missionários discutiam junto de antropólogos e sertanistas "o problema do índio brasileiro face ao programa de desenvolvimento da Amazônia" – o resultado desse encontro iria integrar o já mencionado documento do Cimi: *Y-Juca Pirama – O índio: aquele que deve morrer.*

Esse espaço inédito na cobertura das lutas indígenas durou até o processo de abertura, quando o conservadorismo da imprensa reemerge e passa a excluir o tema das páginas. O mesmo *O Estado de S. Paulo* passou a veicular uma campanha deliberadamente anti-indígena durante a Constituinte, como "parte das pressões das grandes mineradoras privadas para introduzir na Constituição um dispositivo que facilitaria suas pretensões de avançar sobre terras indígenas"[20]. Essa campanha difamatória também visava o Cimi e a atuação de seus representantes de maior destaque, como dom Pedro Casaldáliga, por meio de pautas dirigidas contra o ativismo da Igreja.

O Estatuto do Índio de 1973 determinava a demarcação das terras indígenas, e isso era uma garantia que passou a ser reclamada, de diversas formas, em defesa das comunidades indígenas, em um paradoxo da lei. "Com efeito, a partir da lei nº 6.001, o Estatuto do Índio, dezenas de povos indígenas, que pareciam sepultados para sempre, começaram, surpreendentemente, a emergir das cinzas, revelando sua existência e sua identidade", relembra Balduíno[21].

O argumento da garantia das terras foi utilizado, por exemplo, em denúncias internacionais contra o financiamento do Banco Mundial para a construção de estradas, que causariam impacto bastante negativo em terras indígenas que não estavam demarcadas.

Foi assim que os relatórios de avaliação do Programa Polonoroeste, coordenado pela antropóloga Betty Mindlin junto da Fundação Instituto de Pesquisas Econômicas da USP, associados ao movimento indígena, organizações indigenistas, à pressão internacional e à influência de Maritta Koch-Weser, antropóloga do banco, provocaram pela primeira vez a interrupção do empréstimo do Banco Mundial ao governo brasileiro no Programa Polonoreste, em 1985, por três meses, até a retirada de invasores das terras dos Zoró, Gavião/Ikolen, Arara e Nambikwara e a demarcação da terra dos Uru-Eu-Wau-Wau. O Programa Polonoroeste previa ajuda às comunidades indígenas, mas o dinheiro não

---

19. Eliana Lucena, "Parque do Xingu ainda ameaçado", *O Estado de S. Paulo*, São Paulo, 14 set. 1975.
20. Ver arquivo.
21. Dom Tomás Balduíno, *op. cit.*, p. 155.

era utilizado pelo governo. Somente após essa pressão é que houve resultados. Quase 60 povos eram impactados, sendo diversos isolados, como os Piripkura, encontrados em 1984. Os índios, nesse programa do governo, escreveu Mindlin, "são os grandes perdedores"[22]. Foram conseguidas não apenas as demarcações, mas também a expulsão dos invasores de diversas terras indígenas.

Após ver frustrado um projeto de assimilação completa das sociedades indígenas, o então Ministro do Interior do governo Ernesto Geisel, Rangel Reis, a quem a Funai estava subordinada, propôs em 1978 a "emancipação dos índios". Em uma entrevista, questionado sobre a queda da população indígena, que caminhava para o fim, o ministro disse que em vinte anos não haveria mais índios, estariam todos "integrados". Esse era o objetivo do projeto indigenista do período de ditadura militar: a integração, a assimilação e, por fim, a emancipação dos territórios e da mão de obra: "[...] a pretexto de emancipar índios de qualquer tutela, [o ministro do Interior Rangel Reis] queria 'emancipar' as terras indígenas e colocá-las no mercado"[23]. Essa suposta emancipação surgia no exato momento em que os povos indígenas começavam a lutar politicamente na arena institucional. A emancipaçãoo era, no dizer de José de Souza Martins, a "emancipação da terra indígena e a forma de fazê-la entrar no circuito de troca": "A bondade emancipacionista do funcionário, do ministro ou do presidente não é outra coisa senão outra modalidade de repressão ao fato subversivo da diferença"[24].

No mesmo ano, 1978, foi fundada a Comissão Pró-Índio em São Paulo (CPI-SP), reunindo as antropólogas Carmen Junqueira, Lux Vidal e Manuela Carneiro da Cunha, e advogados como Dalmo Dallari e Carlos Marés. A primeira ação da CPI-SP foi o Ato Público contra a Falsa Emancipação das Comunidades Indígenas no dia 8 de novembro daquele ano, realizado no teatro da PUC-SP (Tuca), onde Carmen Junqueira era professora, que reuniu mais de duas mil pessoas, com destaque para as participações de Darcy Ribeiro e dom Tomás Balduíno. A repercussão desse ato público é tida como fundamental para o fim do processo da falsa "emancipação".

Durante o ato, Darcy Ribeiro explicou de maneira irônica o problema em discussão: "Não há, propriamente, uma questão indígena. Há uma questão não indígena. Nós não índios é que somos o problema". A ideia era semelhante a um refrão de Juruna, amigo de Darcy: "Não existe o problema do índio, o que existe é o problema do branco".

---

22. Betty Mindlin, "Avaliação da situação indígena da área de Influência do programa polonoroeste", Centro Ecumênico de Documentação e Informação – Cedi, *Povos Indígenas no Brasil, 1984*, São Paulo. Disponível em: < http://pib.socioambiental.org/pt/c/downloads>. Acesso em: 19 set. 2014.
23. Manuela Carneiro da Cunha. "O futuro dos índios". Entrevista concedida a Guilherme Freitas. *O Globo*, "Suplemento Prosa & Verso", 16 fev. 2013. Disponível em: <http://oglobo.globo.com/blogs/prosa/posts/2013/02/16/o-futuro-dos-indios-entrevista-com-manuela-carneiro-da-cunha-486492.asp>. Acesso em: 3 mar. 2014.
24. José de Souza Martins, *Expropriação e violência: a questão política no campo*, São Paulo: Editora Hucitec, 1980, pp. 148-50.

Alguns anos depois, em 1981, durante a "Semana do Índio" em Santos, o então ministro do interior, Mário Andreazza, defensor da falsa "emancipação", falou de improviso e foi bastante claro sobre os objetivos do regime civil-militar: "Buscamos conscientizar as comunidades indígenas para a necessidade de uma convivência com a economia da acumulação". Para ele era imperioso, ao lado de "sua cultura, hábitos e tradições", "ensinar" os índios a "acumular", para "tornar cada indivíduo útil"[25]. Ou seja: problema político da "integração" das sociedades indígenas era tido como um problema econômico para a expansão do capitalismo.

Diversas organizações da sociedade civil surgiram na década de 1980, principalmente a partir da base formada pelo Cimi, CPT e Cedi, e na década de 1980 começaram a ganhar visibilidade as manifestações indígenas e suas próprias organizações e associações, com bases em comunidades e regiões, e grandes federações nacionais, como a Federação das Organizações Indígenas do Rio Negro (Foirn), em 1987, a Coordenação das Nações Indígenas da Amazônia Brasileira (Coiab), de 1989, até a mais recente Articulação dos Povos Indígenas do Brasil (Apib), em 2002. Hoje são quase 500 organizações no Brasil.

Resistências no cenário político institucional

Os anos 1970 também marcam a emergência de lideranças indígenas no cenário político nacional, não apenas como vozes representativas de seus povos, e sim também de uma articulação panindígena – Mário Juruna, ou Dzururã, (1942/3-2002) foi o primeiro indígena, e até hoje o único, a ser eleito deputado federal (PDT, 1983-1987). Ângelo Cretã Kaingang, morto em 1980, foi o primeiro indígena a exercer um cargo político eletivo no Brasil – como vereador (MDB) do município de Mangueirinha, no Paraná, em 1976. Um ano antes de se filiar ao PDT, Mário Juruna enfrentou o veto do governo para sua participação no Tribunal Bertrand Russell, em Roterdã, na Holanda, como representante dos índios brasileiros – para poder participar dos debates, ele recorreu à lei dos "brancos" no Superior Tribunal Federal. Juruna estreou no Congresso Nacional em 19 de abril de 1982, data comemorativa do "Dia do Índio". Eleito com 34 mil votos no Rio de Janeiro, sua fala foi fiel à história de seu povo: ele começou pedindo a renúncia do general presidente João Baptista Figueiredo, que os militares voltassem para os quartéis e deixassem a Funai para os índios. Os militares passaram a tentar caçar o mandato de Juruna.

Darcy Ribeiro, que promoveu a candidatura de Juruna no Rio de Janeiro, destaca o papel do líder Xavante:

---

25. Jornal *Cidade de Santos*, 14 abr. 1981. Arquivo do Centro Ecumênico de Documentação e Informação (Cedi).

Graças à mobilização que ele fez de todos os Xavante e à declaração de guerra que impôs à sociedade brasileira, ele recuperou para o seu povo mais da metade do território tribal, roubado com a conivência de funcionários da Funai. Como esquecer as célebres reuniões do Conselho de Segurança Nacional, onde se colocava em discussão se se devia mandar tropas e canhões acabar com os Xavante, à moda americana, ou se era mais ajuizado mandar demarcar as terras que lhes haviam sido furtadas[26].

A trajetória política de Juruna é marcada pelo uso que a imprensa fez de suas falas e o papel midiático que ele teve – o que muitas vezes serviu para desviar atenção da sua luta pelas terras indígenas. Armado de um gravador em Brasília a registrar funcionários prometendo devolver as terras aos Xavantes, ele construiu um espaço de críticas duras contra a ditadura. É possível que essas críticas passassem pela censura em razão do preconceito de censores – que não levariam a sério a opinião de um índio. Destemido, como descreve o sertanista Odenir Pinto, Juruna enfrentava altivamente os militares. E, ao denunciar a Funai, condenava todo o governo da ditadura.

Juruna era um herói com falas duras na imprensa. Mas após chegar ao Congresso Nacional, durante o processo da abertura, no entanto, ele passou a ser ridicularizado pela mesma imprensa que antes amplificava sua voz. A antropóloga Laura Graham mostra que:

> a grande imprensa usou Juruna – em particular suas declarações desafiadoras contra o Estado – para sinalizar ao público em geral a existência de discórdia civil. Em seguida, quando as circunstâncias políticas mudaram e as críticas de Juruna deixaram de promover os interesses da elite, a grande mídia deu um giro de 180 graus em seu influente peso representacional, virando do avesso a imagem positiva de Juruna[27].

Nos anos 1980 ocorre a aproximação do movimento indígena com o ambientalismo internacional: surge primeiramente a União das Nações Indígenas (UNI), liderada por Ailton Krenak, Álvaro Tukano e Marcos Terena, e então a União dos Povos da Floresta, representada pela aproximação da UNI com o Conselho Nacional dos Seringueiros, liderado por Chico Mendes. Adrian Cowell, que filmava a série *A década da destruição*, foi figura-chave na aproximação dos ambientalistas americanos com a luta local em defesa da Amazônia[28].

---

26. Darcy Ribeiro, "Prefácio", em: Mércio Gomes, *Os índios e o Brasil*, Petrópolis: Vozes, 1988, p. 12.
27. Laura R. Graham, " Citando Mario Juruna: imaginário linguístico e a transformação da voz indígena na imprensa brasileira", *Maná*, Rio de Janeiro: 2011, v. 17, n. 2, p. 271.
28. Orlando Villas Bôas Filho, *op. cit.*, p. 152. Além de intermediar a relação entre indígenas e seringueiros, Cowell também fez a ligação internacional dessa luta, de acordo com Mary Alegretti: "Nem o Chico Mendes, nem eu, nem ninguém do movimento entendia isso – a questão internacional das florestas. Era apenas uma questão local, de sobrevivência deles. Não havia nenhum outro nexo. Ninguém fazia a conexão maior. Foi o Adrian Cowell que deu o toque. Mesmo assim ele explicou muitas vezes até eu entender". *Apud* Nilo Diniz, *Chico Mendes: um grito no mundo*. Dissertação (Mestrado). Universidade de Brasília – Faculdade de Comunicação. Brasília, 2001, p. 84.

Os sertanistas e os indigenistas, sobretudo atuando em campo, nos postos indígenas, na formação das bases, tiveram participação destacada nesse processo. Os depoimentos de José Porfírio Fontenele de Carvalho e José Meirelles apresentam a ação inicial no Acre, no final dos anos 1970, com o reconhecimento das comunidades indígenas que viviam sob o domínio dos seringais. Odenir Pinto, que trabalhou no gabinete de Juruna, lutou ao lado dos Xavante nas intensas lutas pelas demarcações de terra nos anos 1970 e 1980, e também ao lado dos Mura-Pirahã, tentando liberar as comunidades submetidas ao regime do aviamento.

Essa movimentação de resistências tem início na década de 1970, torna-se fundamental durante o processo de abertura política e culmina nas pressões para a inserção de direitos indígenas na Constituição Federal. Diversas organizações que hoje são importantes articuladoras em defesa dos direitos indígenas surgiram nesses anos.

Criado em 1974, o Programa Povos Indígenas no Brasil, do Centro Ecumênico de Documentação e Informação (Cedi), que junto do Núcleo de Direitos Indígenas (NDI), de 1988, é incorporado mais tarde ao Instituto Socioambiental (ISA), fundado em 1994. Não havia uma documentação consolidada sobre os povos indígenas no Brasil, e produzir essa informação, a partir de iniciativa do antropólogo Beto Ricardo, um dos fundadores do ISA, serviu ao empoderamento das comunidades. A já mencionada Comissão Pró-Índio surge em São Paulo (1978), e também no Acre (1979). Em 1978, a fotógrafa Cláudia Andujar, com intensa atividade indigenista e engajamento na defesa dos direitos dos Yanomami, lidera a criação da Comissão Pró-Yanomami (CCPY), então chamada de Comissão pela Criação do Parque Yanomami – a terra indígena foi demarcada em 1991 e homologada em 1992. O Centro de Trabalho Indigenista (CTI) foi fundado em 1979 por antropólogos e indigenistas, a Associação Nacional de Ação Indigenista (Anaí), também em 1979, e no ano seguinte, em 1980, o "sindicato" dos indigenistas e sertanistas é fundado com o nome de Sociedade Brasileira de Indigenismo (SBI), como uma forma de reação política dos sertanistas e indigenistas: sua criação significou a demissão de 68 indigenistas e sertanistas e o enquadramento de diversos deles na Lei de Segurança Nacional. Em São Paulo, nos anos 1980, surge o Instituto de Antropologia e Meio Ambiente (Iamá), com Betty Mindlin, Mauro Leonel e Carmen Junqueira, com grande influência nas demarcações de Rondônia.

No plano acadêmico, a comunidade de antropólogos, organizada na Associação Brasileira de Antropologia (ABA), fundada em 1955, produziu trabalhos com engajamento na defesa das sociedades indígenas que contribuíram para as demarcações dos territórios – ainda que seja uma comunidade bastante heterogênea nas formas de atuação e perspectiva política.

As violências contra os aliados dos índios

Nos depoimentos aqui apresentados constam diversas denúncias de violências praticadas contra povos indígenas, seja antes, durante ou depois da ditadura. Não foi com os militares no poder que a guerra contra os Waimiri Atroari teve início. Durante o regime civil-militar ela é intensificada e praticada com armamento pesado, inclusive com bombardeiros, mas há relatos de conflitos sangrentos anteriormente. A violência da economia da borracha e do sistema de aviamento atingiu os povos indígenas antes da abertura das estradas e a chegada dos latifúndios para ocupar o espaço do seringal. Mas também fizeram-se presentes aqueles que defendiam os povos indígenas.

Desde que foi criado o SPI, os sertanistas que defendiam os índios passaram a sofrer pressões ao lado deles, sobretudo ameaças e atos de violência física organizados pelas elites locais com as quais os povos indígenas disputavam território. Foram ameaças de morte de grileiros em Mato Grosso direcionadas aos Villas Bôas ou, como já registrado acima, ameaças de morte de seringalistas do Pará a Cícero Cavalcanti por defender os Kayapó. Os sertanistas mais dedicados sempre estiveram na mira daqueles que veem os povos indígenas como inimigos e obstáculos a seus interesses.

José Porfírio Fontenele de Carvalho relata, tanto em seu depoimento como no livro *Waimiri Atroari: a história que ainda não foi contada*[29], as ameaças e perseguições políticas que sofriam os inspetores do SPI que lutavam contra a exploração de castanha em territórios Waimiri Atroari no Amazonas. O maior exemplo foi o do indigenista Luís José da Silva, defendido pelo SPI contra as acusações do castanheiro Edgar Penha, da firma Penha & Bessa, em 1926[30]. Sem força política, o indigenista não conseguia proteger aquela área, e como resultado os castanheiros continuaram invadindo os territórios indígenas. Em consequência, diversos trabalhadores foram mortos em um ataque dos Waimiri Atroari, incluindo o sócio da empresa, Cândido Bessa. As informações e os detalhes desse caso constam em relatório do SPI, elaborado a partir do testemunho do servidor Sebastião Gomes de Lima, que chegou ao local logo depois do ataque indígena.

Após a reação dos Waimiri Atroari, Luís José da Silva manteve a defesa dos índios perante o crescente ambiente "anti-indígena" de Manaus. O funcionário seguiu sofrendo pressões políticas e físicas, ameaças de morte, até que foi atacado em um barco, junto de sua família, no trajeto para o posto em que trabalhava. De acordo com os documentos da época, o ataque foi organizado por Penha. Em seguida, Penha foi até o posto, onde morava o funcionário, e destruiu a casa e os pertences do servidor do SPI. Silva foi a Manaus "bastante doente em

---

29. José Porfírio Fontenele de Carvalho, *Waimiri Atroari: a história que ainda não foi contada*, 2. ed., Brasília: edição do autor e colaboradores, 1982. [2009 – Amazon, 2013 – eBook, Kindle].
30. *Ibidem*, pp. 18-21.

consequência das agressões físicas que sofrera", tendo forças ainda para relatar o que havia acontecido na inspetoria do SPI. "Poucos dias depois de sua chegada a Manaus, faleceu em consequência dos maus-tratos e agressões de Edgar Penha", relata Carvalho. Após a morte do indigenista, e com a destruição do posto do SPI, o território foi invadido e "centenas de índios foram mortos".

A intensificação dos conflitos durante a ditadura civil-militar atingiu diretamente os sertanistas ditos "idealistas". Localizados nos postos, em campo, nas comunidades, eles foram vítimas das mesmas ações perpetradas pelos inimigos que visavam os indígenas, fossem eles madeireiros, fazendeiros ou militares, expondo como operava a aliança civil-militar da repressão do regime.

Marcelo dos Santos relata perturbantes intimidações e ameaças que enfrentou em Rondônia por defender os Nambikwara e os povos isolados do Omerê, com os quais entrou em contato em 1995 e 1996. Fiorello Parise foi alvejado por seis tiros numa tentativa de assassinato e por pouco não morreu. Ele impedia a entrada de garimpeiros no Amapá. Wellington Gomes Figueiredo conta como escapou da mira de uma espingarda apontada para o seu peito quando realizava a demarcação do território dos Awá-Guajá. No Maranhão, José Porfírio Fontenele de Carvalho relata um atentado a metralhadora cujos suspeitos seriam integrantes da Polícia Federal. Odenir Pinto ficou refugiado em uma aldeia Xavante, cercado por milícias de fazendeiros, e saiu apenas em uma operação de resgate acompanhado de deputados. José Apoena Soares de Meireles foi morto a tiros em Porto Velho, Rondônia, em 2004, em um latrocínio permeado pelas suspeitas de tratar-se de uma morte encomendada.

Em anos recentes, Jair Candor e Altair Algayer desviaram de emboscada e enfrentaram pistoleiros para defender os Piripkura no Norte do Estado do Mato Grosso. José Meirelles decidiu se aposentar após intensas ameaças em Rondônia e o pavor de ser assassinado. Como relata em seu depoimento: "Vou ser atropelado às oito horas da noite, em alguma esquina dessas. Vão me matar e não vai mudar nada. Eu vou-me embora".

Não foram apenas os sertanistas os ameaçados nesse violento processo de exploração, mas todos aqueles que defendiam os povos indígenas e as populações vulnerabilizadas, as populações "tradicionais". Missionários do Cimi, que praticavam um indigenismo independente do Estado, como Vicente Cañas e Rudolf Lunkenbein, foram mortos por defenderem os povos indígenas – e ainda hoje missionários do Cimi são ameaçados de morte em áreas de conflito, como no Mato Grosso do Sul. O padre jesuíta João Basco Burnier foi morto em 1976, no Mato Grosso, a irmã Adelaide Molinari foi morta no Pará, em 1985, e padre Josimo Tavares foi morto em 1986, no Tocantins, todos por defenderem pequenos agricultores. Mais de 1.700 pessoas foram assassinadas em conflitos por terras no Brasil, desde que a Comissão Pastoral da Terra começou a registrar sistematicamente os dados dessa violência, em 1985. Apenas 10% dos casos foram a julgamento e somente 28 mandantes foram condenados. Essa violên-

Apoena Meireles (1949-2004), filho de Chico Meireles, cresceu em expedições acompanhando o pai. Dedicou toda a sua vida ao indigenismo.

cia no latifúndio atinge tanto os povos indígenas quanto os camponeses e as populações tradicionais.

Além dos riscos enfrentados ao defender indígenas de seus inimigos, muitos funcionários do SPI e da Funai também foram mortos em ataques indígenas. Vários deles sobreviveram às flechadas, como Afonso Alves da Cruz e José Meirelles contam em seus depoimentos. Ao serem feridos, não necessariamente estavam pensando no célebre lema de Rondon, mas tinham plena consciência de que estavam sendo confundidos pelos invasores – eles estavam sendo atacados "por engano", como se referem aos episódios. Essas reações agressivas são apenas um exemplo das experiências traumáticas que os povos em isolamento voluntário tiveram no passado, e sabem do risco que correm ao se aproximarem do "mundo dos brancos".

Neodesenvolvimentismo e a transição incompleta

A primeira década do novo século provoca reminiscências dos anos tensos do regime civil-militar. Na Amazônia, e especialmente nos territórios indígenas por todo o país, se refazem fronteiras de *commodities* para alimentar um acelerado metabolismo global. Com a Iniciativa para a Integração da Infraestrutura Regional Sul-Americana (IIRSA) e o Plano de Aceleração do Crescimento (PAC), uma nova configuração dos projetos de Estado aliado ao grande capital atinge os povos indígenas. Em sua defesa, os indígenas passam a reivindicar o cumprimento de tratados internacionais e da Constituição Federal de 1988. De acordo com essas normas superiores, as comunidades devem ser consultadas, de forma livre, prévia e informada, sobre quaisquer projetos que causem impacto em seus territórios – o que não tem ocorrido. Os próprios indígenas devem deliberar diretamente – devem organizar suas formas de representação e ser protagonistas. A Funai atua hoje, nesse sentido, como órgão auxiliar, não mais como tutor.

O problema da representação tutelar permanece com relação aos povos indígenas que não podem deliberar por si mesmos, e desse modo necessitam ser representados – são povos considerados "isolados", isto é, por opção vivem de forma autônoma, não há relacionamento com agentes do Estado. Esses indígenas estão sob a responsabilidade de proteção da Coordenação Geral de Índios Isolados e Recém-Contatados (CGIIRC), sucessora da Coordenação Geral de Índios Isolados (CGII) a partir de 2009, que por sua vez substituiu o Departamento de Índios Isolados (DEII) criado em 1987 por Sydney Possuelo.

As sociedades que decidem se manter em isolamento agem desse modo como uma forma de defesa – a experiência lhes mostrou em algum momento que o contato foi destruidor. Escreve o sertanista Antenor Vaz: "A decisão de isolamento é manifestada por atos de resistência com armas, com armadilhas, símbolos e sinais de advertência e de ameaça dirigidos a invasores, mas principalmente pela fuga sistemática em direção a territórios cada vez mais distantes das frentes de expansão da 'civilização ocidental', onde tentam manter suas formas tradicionais de reprodução social e material"[31]. Em expressão cunhada pelo antropólogo do Museu Paraense Emílio Goeldi, Glenn Shepard Jr., eles vivem em "isolamento voluntário".

Existem setenta referências de grupos indígenas isolados e 15 referências de grupos indígenas considerados de recente contato, segundo os dados mais atualizados da Funai. De 114 empreendimentos propostos no quadro do Programa de Aceleração do Crescimento – PAC, 42 afetam regiões com presença de povos indígenas nessa situação[32].

Até 1980 os postos indígenas, localizados geralmente próximo das aldeias, instituídos na época do SPI, permaneciam como uma instituição, momento em

---

31. Antenor Vaz; Paulo Augusto André Balthazar, "Povos indígenas isolados, autonomia, pluralismo jurídico e direitos da natureza, relações e reciprocidades". *Boletín Onteaiken*, Córdoba: 2013, n. 15, p. 85.
32. Antenor Vaz, "Povos indígenas isolados e de recente contato no Brasil: políticas, direitos e problemáticas". Documento elaborado para o Comitê Indígena Internacional para a Proteção dos Povos em Isolamento e Contato Inicial da Amazônia, Gran Chaco e Região Oriental do Paraguai (Cipiaci), 2013, pp. 19-20.

que os sertanistas começam a discutir as frentes de atração para mudar a política em vigor: em vez da atração e do contato, apenas mapear onde estavam os índios, evitando a obrigatoriedade do contato. Em grande parte, o conhecimento que se construiu foi colhido por relatos, relatórios e informações dos sertanistas em campo. A criação da CGII, capitaneada por Sydney Possuelo, objetivava verificar em que territórios habitavam os indígenas e de que espaço precisavam para viver sem que fosse necessário estabelecer contato com agentes do Estado. Essa foi provavelmente a maior transformação da política indigenista desde a criação do Parque Nacional do Xingu, em 1961. Como reflete Fiorello Parise: "Nós conseguimos modificar a postura do governo em relação aos índios isolados, praticamente extinguindo a figura do contato".

No ano 2000 as frentes de contato passaram a ser chamadas de frentes de Proteção Etnoambiental. A alusão contida nesse nome, além de propor que se evite a obrigatoriedade do contato, como objetivo principal, envolve a nova perspectiva de mapear como os grupos indígenas em isolamento voluntário ocupam etnicamente o território e então proporcionar a eles a proteção ambiental para a sua sobrevivência. Cabe às frentes "proteger os povos indígenas isolados, assegurando o exercício de sua liberdade, cultura e atividades tradicionais"[33].

O advento do PAC organizou uma nova estratégia de controle e de acesso aos recursos naturais com a abertura de novas estradas, o afastamento de antigas rodovias, a construção de centenas de usinas hidrelétricas – entre grandes e pequenas – gasodutos, exploração de petróleo e gás, incentivos para a agroindústria e agricultura em larga escala, além de centenas de planos de mineração também em larga escala. A legislação foi transformada para favorecer esses projetos: um novo Código Florestal foi promulgado, o Código de Mineração foi posto em debate, editaram-se novas regulamentações sobre as competências da Funai e do Instituto Brasileiro do Meio Ambiente e dos Recursos Naturais Renováveis (Ibama) em processo de licenciamento, além do surgimento de vasto leque de projetos legislativos que, na prática, resultam em retrocesso dos direitos indígenas adquiridos. Bigio estava à frente da CGII quando o PAC foi lançado:

> *O Estado assumiu a responsabilidade de garantia dos direitos dos índios. E deveríamos fazer isso. Um dos resultados foi ampliar o número de Frentes de Proteção Etnoambiental, que passaram de seis para 12. Acontece que o custo cobrado da parte desenvolvimentista do governo era muito pequeno comparando com outros momentos históricos. A Funai vive a contradição, certamente como o SPI viveu, de ter sido criada para assegurar o direito dos índios, e passar a ter que mitigar os impactos causados pelo chamado "desenvolvimento". Outro resultado do PAC foi o concurso para novos servidores, ainda que*

---

33. Brasil. Decreto nº 7.778, de 27 de julho de 2012. Aprova o Estatuto e o Quadro Demonstrativo dos Cargos em Comissão e das Funções Gratificadas da Fundação Nacional do Índio. Disponível em: <http://www.planalto.gov.br/ccivil_03/_Ato2011-2014/2012/Decreto/D7778.htm>. Acesso em: 4 ago. 2014.

para um número ínfimo diante da necessidade da Funai. Eu me pergunto o que esses novos servidores vão poder fazer diante do que está vindo, com as pavimentações, reabertura de estradas, novos processos de colonização.

Elias Bigio assumiu a CGII em julho de 2007, na sequência de Marcelo dos Santos, que por sua vez assumiu a coordenação após a demissão de Sydney Possuelo, em 2006. Bigio foi sucedido por Carlos Travassos em 2011. Ao longo dos anos, a coordenação cresceu, teve o aumento exponencial de seu orçamento e tem agora 130 cargos. O desafio de Travassos, que nasceu justamente quando os sertanistas lutavam na Sociedade Brasileira de Indigenismo, é conseguir fazer a transição do conhecimento da geração anterior para a sua. A Funai hoje se apoia no trabalho de Jair Candor, Altair Algayer e Rieli Franciscato, os mais experientes em atividade. "Os conhecimentos se perdem, é uma preocupação grande", diz Travassos. Há inovações tecnológicas, GPS, bancos de dados com vestígios, *tablets* para sistematizar as informações, máquinas fotográficas e filmadoras digitais. Mas, segundo ele, não basta. "É preciso saber andar no mato, ouvir histórias, e aprender como reagir no encontro com os índios".

Muitas das metodologias utilizadas no trabalho com os povos indígenas em isolamento foram desenvolvidas a partir da experiência sertanista acumulada como uma epistemologia sertanista. Como exemplo, no relatório da expedição realizada por Marcelo dos Santos e Altair Algayer na Terra Indígena Uru-Eu--Wau-Wau, em 1999, eles assim descrevem a metodologia: "Trabalho de campo: levantamento de vestígios de ocupação indígena, meios de acesso, coleta de cultura material dos isolados e registro fotográfico, além de entrevistas com regionais objetivando levantar o histórico de ocupação e problemas de invasões".

A conclusão do trabalho de Santos e Algayer traz a confirmação da presença de índios isolados na região, assim como sua vontade de permanecer distantes da sociedade brasileira:

> É muito remota a possibilidade desse povo manter ou desejar contato com a nossa sociedade. Todos os depoimentos que colhemos dos regionais são unânimes. Não se mostram, e conforme o comportamento dos seringueiros, se tornavam agressivos. Não respeitavam os Amondawa, grupo Uru-Eu muito aguerrido, com quem mantinham uma animosidade permanente, ocupando simultaneamente a mesma região num passado relativamente recente. Aparentemente os Amondawa migraram para esta região, espremidos pelas frentes colonizadoras, lá encontrando esse povo indígena, com quem passaram a disputar território[34].

Rondon usou a linguagem da época para construir a defesa possível diante das circunstâncias. Sem o contexto político e econômico é difícil estabelecer

---

34. Relatório da Expedição Miqui/Cautário, junho de 1999.

um paradigma geral de crítica – a antropóloga Manuela Carneiro da Cunha identificou[35] que mesmo a tutela, instrumento colonial por excelência, foi utilizada, muitas vezes, para a legítima defesa dos direitos indígenas.

Em 20 de janeiro de 1958, durante o enterro de Rondon no Cemitério São João Batista, no Rio de Janeiro, Darcy Ribeiro leu um texto em que o classificava como filósofo: "Um pensador original, na medida em que, interpretando as condições peculiares de existência da sociedade brasileira e sua larga experiência de convívio com nossas populações indígenas, formulou uma filosofia própria".

Estas memórias sertanistas podem ser lidas como referências filosóficas para compreender o passado e mudar o futuro. Ler os sertanistas é a possibilidade de viver momentos de angústia e de luta ao lado de grandes brasileiros que dedicaram suas vidas a defender os povos indígenas, e também a chance de aprender com essa experiência para criar novos mecanismos de resistência, hoje em conjunto com o protagonismo dos indígenas, em busca de exercer a autodeterminação e alcançar a emancipação real diante de um futuro desafiador.

---

35. Manuela Carneiro da Cunha, "O futuro da questão indígena", *Instituto de Estudos Avançados da Universidade de São Paulo*, São Paulo: 1994, v. 8, n. 20, p. 128.

PARTE III   O LADO INDÍGENA

Carlos Fausto

Afukaka Kuikuro

Legenda

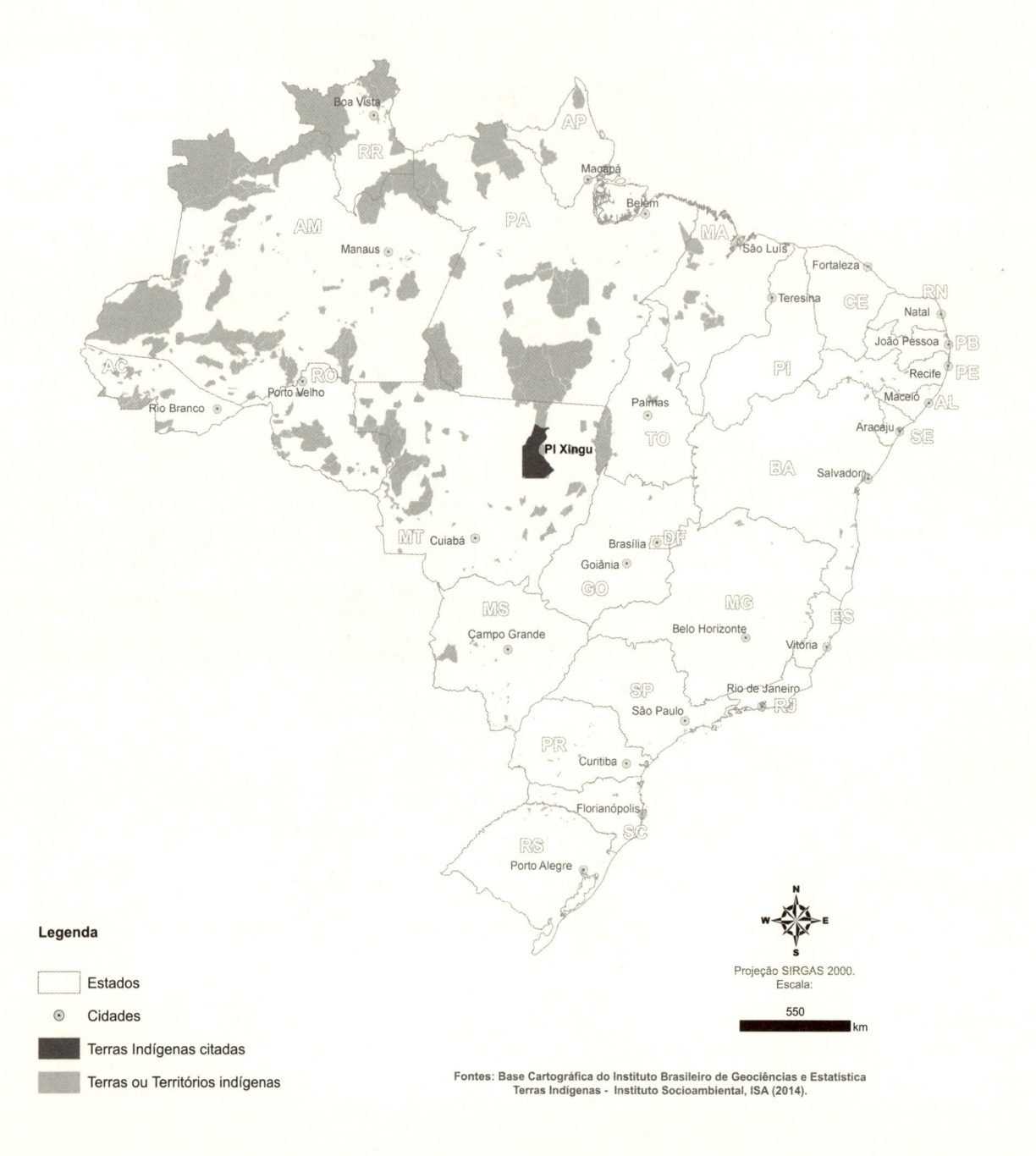

☐ Estados
⊙ Cidades
■ Terras Indígenas citadas
▨ Terras ou Territórios indígenas

Projeção SIRGAS 2000.
Escala:
0 — 550 km

Fontes: Base Cartográfica do Instituto Brasileiro de Geociências e Estatística
Terras Indígenas - Instituto Socioambiental, ISA (2014).

Afukaka Kuikuro é cacique da aldeia Ipatse. É um dos mais tradicionais líderes do alto Xingu, e, ao mesmo tempo, um sofisticado estrategista das possibilidades de modernização das relações com o mundo exterior. Enviou seu neto para estudar em São Paulo; estabeleceu parceria com a organização Vídeo nas Aldeias para treinar cineastas; articulou relações importantes com o arqueólogo americano Michael Heckenberger, com o antropólogo Carlos Fausto e com a linguista Bruna Franchetto, do Museu Nacional, para desenvolver um trabalho científico sobre a história do seu povo, e juntos publicaram artigos na prestigiosa revista científica *Science*.

Na aldeia não há álcool, as tradições são mantidas com muita força, a língua é uma das mais faladas em todo o Parque Indígena do Xingu, e o cacique discute, na comunidade, os problemas de quem vai tentar a vida na cidade, uma das grandes preocupações hoje dos xinguanos. Afukaka aprendeu a política na tradição milenar dos Kuikuro, mas Orlando Villas Bôas foi fundamental para auxiliá-lo a compreender o mundo exterior, conforme ele explica no depoimento sobre o sertanista que conheceu.

Este depoimento foi relatado por Afukaka diretamente em português e contou com o apoio do antropólogo Carlos Fausto.

Naquela época em que o Orlando e o Cláudio Villas Bôas apareceram, eram pequenas as aldeias no Xingu, tinha pouca gente. Só Kuikuro e Kalapalo que ainda tinham bastantes pessoas. Mas, depois, apareceu a doença, o sarampo, matou quase metade. Matou muita gente.

Quando o Orlando e o Cláudio apareceram lá no Xingu, o grupo Yawalapiti era espalhado. Os Yawalapiti estavam todos divididos, era pouquinha gente, estavam espalhados. A família do Aritana, os dois irmãos filhos do Kanato, foi lá para os Kuikuro, lá na minha aldeia. O Mapukayaka foi para os Mehinaku. E o Mapi Yawalapiti foi casar com Kamaiura. Dividiu o povo todo. Assim que eu entendi a minha mãe contar para mim.

Depois, chegou o Orlando e juntou a aldeia de novo. Meu tio, pai do Kedi, foi junto com eles abrir a aldeia, quando os Yawalapiti estavam saindo dos Kuikuro. Meu tio estava junto, ajudando o Orlando e os Yawalapiti a montar a aldeia de novo.

Nessa época, a terra ainda tinha pouca invasão. Tinha pescador e caçador que entravam lá. Não tinha fazenda, fazenda era longe naquela época. Entrava caçador pelo rio. Caçador que vinha matar onça. A gente não mexia com o pessoal que entrava. Depois eu cresci, e o pessoal de fora vinha fazer expedição, fazer picada, demarcar terra dentro da nossa terra.

Contatos

O Nilo Veloso veio no Xingu antes do Orlando e do Cláudio. O Nilo veio, mais ou menos, que vocês falam, em 1944, 1945, e o Orlando chegou em 1946. O Nahu, meu tio, foi o primeiro a aprender português, com ele. E antes veio o Luís, que recebeu esse nome no Posto Simões Lopes, que foi quem deu pela primeira vez roupa para o povo xinguano. Anzol, tesoura, todo esse material, machado, enxada. Levou muita coisa, miçanga, colar. Faquinha pequena. Foi assim que a gente conheceu essas coisas.

O Orlando apareceu quando ele fazia a viagem, passando pelos Xavante, por todas as etnias no caminho. Quando entrou no Xingu, viu que era diferente dos outros parentes, que era diferente do que ele já tinha visto. Tinha muita

Afukaka Kuikuro, durante um ritual Jawari, no filme de Adrian Cowell *O reinado na floresta*, de 1970.

festa, o quarup[1], a luta do *uka uka*. Ele ficou impressionado e falava para os meus velhos parentes: "Como é bonita a cultura do xinguano". Eram todos os povos juntos, povos diferentes, mas com a cultura bonita. Daí ele se preocupou com a terra, e começou a luta dele para demarcar o parque.

A gente não sabia como é que era o mundo dos brancos. Ele começou a lutar sozinho para demarcar. O meu tio mais velho, o Nahu, que aprendeu a falar português, o ajudou a falar com a gente. Dizia que, para tirar pescador ruim, caçador ruim, fazendeiros, tinha que demarcar a terra ali.

Se o Orlando não tivesse chegado no Xingu, não estaria tudo igual ao que é hoje. Ele que ajudou a segurar a nossa tradição. Demarcaram a terra, para evitar a chegada dos brancos, das fazendas. A demarcação terminava na aldeia Tanguro, e tiraram um pouco da terra dos Kalapalo, parte das aldeias dos Kalapalo ficou de fora dos limites do parque.

Um dos lugares sagrados dos Kuikuro ficou dentro do parque: a lagoa Tafununu. Ali, nessa área, parou a invasão. Porque tinham tomado de nós até a nossa lagoa. Mas as cabeceiras da lagoa, de onde vem a água dela, ainda estão

---

1. Quarup ou Kwaryp é um ritual dos povos indígenas xinguanos em que se celebram os mortos. Uma cerimônia intertribal, de cunho religioso e social, ligada ao mito do herói Mavotsinim. [N.E.]

de fora da área demarcada. É a maior lagoa que tem na região toda. É o lugar principal para pescar para as festas. A demarcação do parque protegeu a gente, mas uma parte grande do território não.

Futuro

Agora está apertado, tem fazenda por todos os lados. Alguns de nossos lugares sagrados ficaram de fora do parque, e a gente quer recuperar, quer proteger. Mas a política do governo não deixa mais recuperar nossa terra. Querem mudar a lei, estão enfraquecendo a Funai. Não estamos conseguindo recuperar lugar sagrado, nem proteger. Governo constrói usina em lugar sagrado. Fazendeiro limpa tudo, planta soja. Isso é uma preocupação muito grande minha. Antes era tudo mato. Hoje é tudo fazenda, nessa área antiga do povo Kuikuro.

O Michael Heckenberger é um arqueólogo americano que trabalha junto com a gente há muito tempo. Ele me falou que tem bastantes sítios arqueológicos no mundo todo que são bem preservados. Fazendeiro não pode limpar aquilo ali, aquela área que é protegida, sítio arqueológico. Porque se tem trabalho arqueológico, fazendeiro não pode derrubar e jogar soja em cima. Tem que proteger e respeitar.

Quando a gente foi com esse arqueólogo visitar nossa aldeia antiga, que estava fora do parque, lá tinha muita cerâmica que estava inteirinha. Tinha pequi ainda, plantado, pequi dos antigos que viveram lá. Dava para ver no chão a marcação inteirinha da aldeia.

Mas o fazendeiro limpou tudinho plantando soja. Era nossa aldeia antiga que ficou de fora do Parque do Xingu. Ali, acabou tudo. Tiraram tudo. Não tem mais a cerâmica. Mas em Lahatua, Ipatse, esses lugares a gente conseguiu proteger para o trabalho dos arqueólogos, e para o futuro. Algumas foram destruídas, mas outras a gente está conseguindo salvar.

A bacia do Xingu está toda cheia de fazendeiros. Antes era só mata. Hoje, só fazenda. Soja, muita soja.

Dentro da aldeia, a minha luta agora é para os jovens Kuikuro não tomarem álcool, não fumarem. Quem fuma mais lá é o pajé, ele pode fumar, mas é o nosso fumo tradicional. Essa é minha luta para a saúde do povo Kuikuro.

Não tenho medo do pessoal jovem não querer mais aprender nossa cultura. Porque o pessoal jovem anda todo mundo pintado quando é hora de fazer festa. Eu estou lutando para ensinar mais, para ensinar a usar a vida do branco, palavra do branco, mas na nossa tradição. Mas tenho medo da cidade. Quando jovem vai para a cidade, procurar trabalho, aí eu tenho medo. Um menino Kalapalo, Kuangi, que vivia aqui na aldeia, foi para a cidade, foi trabalhar num silo de soja. E ele morreu. A soja matou ele. Caiu soja em cima dele em um acidente de trabalho. Isso é muito triste. Muito triste. A cidade é um problema muito grande, quando o índio deixa a aldeia para ir para a cidade.

A nossa vida e a nossa comida

Ainda hoje, nós plantamos a nossa própria comida. Não abandonamos aquilo que a gente planta para comer. A gente continua fazendo o nosso beiju, o nosso sal de Aguapé e comendo o nosso peixe. Por isso, a gente se preocupa muito com as cabeceiras dos rios da nossa terra, como o rio Buriti, que estão de fora dos limites do Parque do Xingu. Os brancos já fecharam o rio Kuluene com barragem, fizeram uma usina. E eles quererem fechar outros rios nossos para fazer energia.

No rio Kuluene a água já mudou muito. Não só por causa da barragem, mas também pelos venenos que os fazendeiros jogam na lavoura de soja. Os peixes estão morrendo. Isso nos deixa muito preocupados.

Cada família que tem casa tem também suas roças. Todos nós plantamos para nos alimentar. Plantamos muita mandioca. Um tipo de mandioca que só serve para fazer mingau, algumas outras variedades para fazer beiju. Muita mandioca diferente. Tem uma que a gente chama de mandioca de verdade, depois tem também a mandioca da traíra, a mandioca do pacuzinho... A gente tem 45 nomes de mandioca, só na nossa tradição. O antropólogo Robert Carneiro fez um estudo sobre essa variedade, em 1957, e também o Carlos Fausto, recentemente.

Nossos avós sempre usaram a terra preta para plantar o milho. A plantação que é feita de abóbora, batata, milho, é na terra preta que foi aldeia no passado. A terra preta, que é terra que foi ocupada no passado antigo, é melhor. Tem quatro tipos de milho diferentes que nós plantamos, e eles só crescem na terra preta. A gente planta também três variedades de batata diferentes, a batata vermelha, a clara e a verde.

Quando acaba a plantação da mandioca – que é assim: plantou, arrancou, plantou, arrancou – aí a terra fica fraca. Como a terra já está fraca, a gente planta a semente do pequi para os nossos netos ali. Os avós deixam pros netos, pro futuro.

Para plantar o pequi, primeiro a gente faz um desenho de um jacaré na terra, e dentro dele a gente planta várias sementes de pequi. Aí o pequi cresce bem. Quando sai muda, a gente tira a muda do jacaré e vai plantar na roça. A gente tem muitas variedades de pequi que não existem fora do Parque do Xingu. Uma delas é um pequi que não tem espinho. É muito bom, a gente gosta muito. Só tem no parque. Mas agora a Embrapa quer patentear esse nosso pequi. Mas isso é produto nosso, do nosso manejo, dos índios da região, dos nossos antepassados e da gente que continua usando. A gente gosta muito de pequi. Tem pequi que a gente usa para fazer óleo, e a castanha para comer.

Na roça velha, quando fica capoeira, tem muito remédio. É muito importante para nós também. Quando a roça acaba, ali fica com muito remédio, muita planta, cipó, que a gente usa como remédio. Os mestres do remédio, que a gente chama *Embuta oto*, usam toda essa área que era floresta e virou roça, para pegar remédio.

Então, a gente usa a nossa terra assim: quando a gente derruba uma mata, a gente faz comida. Depois, ali, a gente planta pequi, vai ter um pequizal para os netos. Quando a gente não planta pequi, essa área se torna produtora de remédio, fica uma mata de remédio. Se não for mata de remédio, daí ali mesmo cresce o sapé, uma planta que a gente usa para fazer o teto da casa. Depois de mais um tempo, ali vira floresta de novo. Essa área que foi roça, que a gente usou, volta a ser floresta. A floresta que nunca foi cortada também é muito importante para nós, a gente usa a copaíba, também colhe material para construção de casa.

Mas quando eu vejo a soja, eu não entendo. Aquilo me preocupa muito. Eles tiram, jogam veneno. Tiram, jogam veneno. Todo ano, jogam veneno, tiram. Como é que vai fazer? Branco chega lá e fala "isso é meu, minha terra", e trata assim a terra.

Os chefes políticos dos brancos hoje são fazendeiros

Os fazendeiros, que eu vi chegar lá, porque antes era tudo mata e não tinha fazenda, eles dizem que eles compram a terra, e que eles têm papel para mostrar. E ninguém pode mais ir lá dentro da terra. Com a gente, na nossa tradição, não é assim. Tem muitos povos diferentes no Xingu. E a gente pode ir para a mata dos outros, a gente pode ir para a roça. A gente respeita, mas se precisar de alguma coisa, pode ir lá buscar. Se a gente precisar ir em outra aldeia, Kamaiura, Yawalapiti, se a gente for lá pescar, caçar algum bicho, não é errado. Mas na terra dos brancos não.

Antigamente, os brancos tinham chefes também, os políticos. Mas agora são os fazendeiros que estão virando deputados e senadores. Eles estão lá, todos juntos. Por isso é que estão fazendo essa política só para eles. Essas novas leis contra os direitos dos índios, são os fazendeiros que estão fazendo, para eles mesmos. Não é como quando foi feita a Constituição Federal, que garante os nossos direitos.

A nossa luta é para o nosso neto, nosso filho, levar adiante a cultura, a nossa tradição. Eu não quero perder a nossa tradição, que tem lá no Xingu. A gente luta junto. Nunca esqueci as palavras de Orlando Villas Bôas. Ele falou para mim: "Olha, Afukaká, quando você ficar grande, você vai ser chefe, tem que lutar pelos Kuikuro, mas também tem que lutar por qualquer aldeia que tenha aqui. Vocês têm que se unir".

Felipe Milanez

Paulo Supretaprã Xavante

Legenda

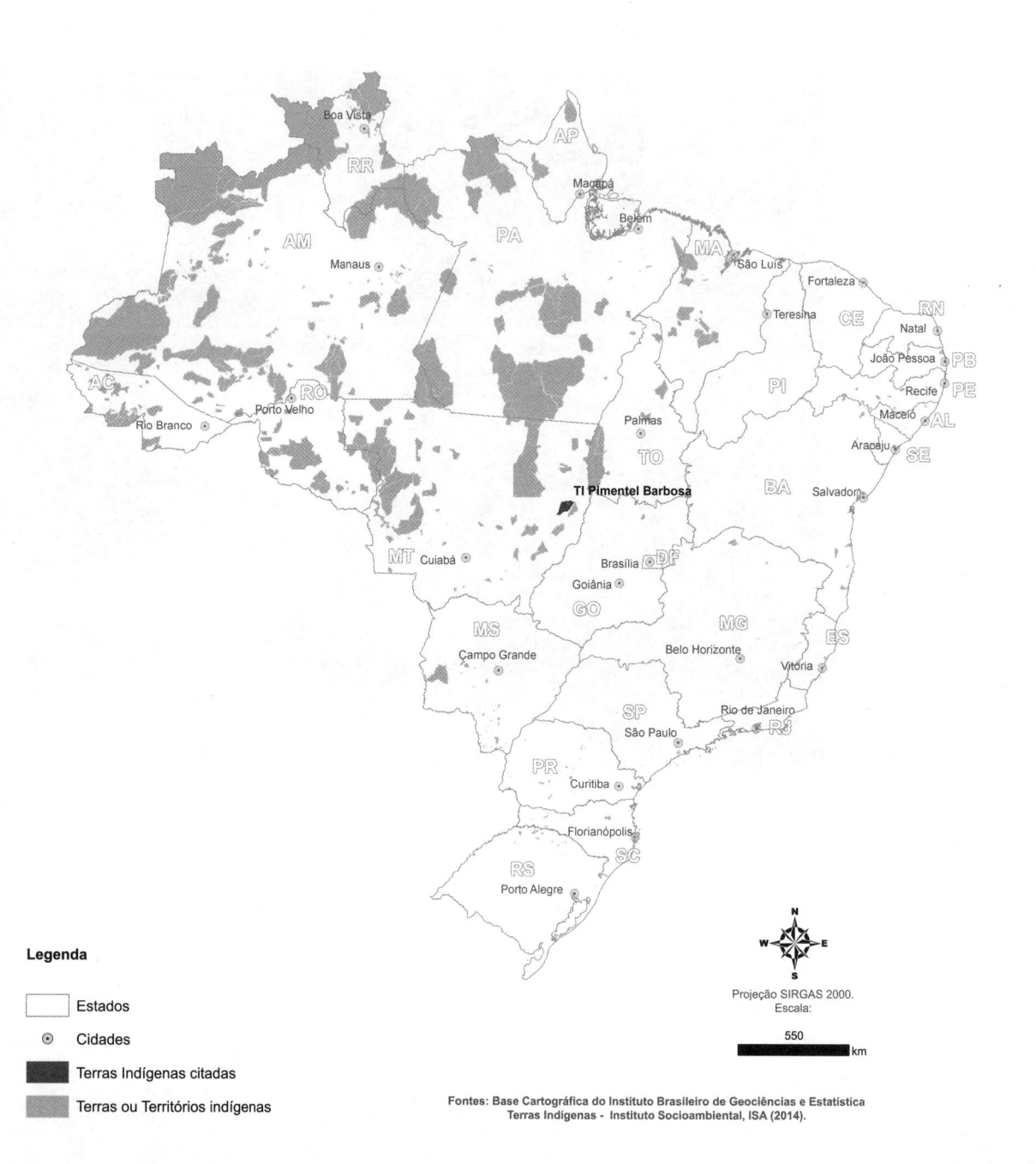

☐ Estados

⊙ Cidades

▬ Terras Indígenas citadas

▬ Terras ou Territórios indígenas

Projeção SIRGAS 2000.
Escala:
550 km

Fontes: Base Cartográfica do Instituto Brasileiro de Geociências e Estatística
Terras Indígenas - Instituto Socioambiental, ISA (2014).

Paulo Supretaprã vive na aldeia Etenhiritipá, na Terra Indígena Pimentel Barbosa. Influente liderança e reconhecido intelectual do povo Xavante, Supretaprã foi viver, logo quando criança, com os *warazu*, como seu povo chama os "não indígenas", para conhecer esse mundo que os cerca. Foi enviado para a cidade de Ribeirão Preto (SP) por decisão dos mais velhos da aldeia, como parte da "estratégia Xavante". Aprendeu a falar português ainda jovem e se tornou um interlocutor fundamental entre esses dois universos. Foi intérprete do grande chefe Ahöpöwê e de Warodi nos intensos debates políticos durante os anos 1970 e 1980, que culminaram com a demarcação do atual território.

Supretaprã pertence ao clã Öwawê. Na cosmologia Xavante, povo que fala língua da família jê e vive no Cerrado, o mundo é dividido em dois. O sistema dual é incorporado nas relações sociais na divisão em duas metades, os clãs Öwawê e Poreza'õno. No processo de contato com o Estado brasileiro, formalmente ocorrido em 1946 e liderado pelo sertanista Francisco Meireles, houve um intenso debate interno entre representantes desses dois clãs para organizar as estratégicas de pacificação dos "brancos".

Supretaprã foi cacique na aldeia Etenhiritipá e foi vice-cacique na aldeia Pimentel Barbosa. Ele conta que tradicionalmente os Öwawê garantem a segurança no aspecto militar da aldeia, enquanto os Poreza'õno possuem como característica geral o aspecto político, com controle da política interna nas aldeias dessa região Xavante (o que pode mudar em outros grupos Xavante). A decisão do contato com Chico Meireles foi fruto de intensos debates liderados por Ahöpöwê e Parapsê, que eram os chefes dos Poreza'õno, contra a resistência de parte dos Öwawê, que não queriam o contato. Alguns anos antes, em 1941, os A'uwê Uptabi, como se autodenominam atacaram a base do sertanista Pimentel Barbosa, do SPI, tarefa organizada pelos Öwawê.

Supretaprã hoje se dedica a trabalhar para construir um modelo educacional que respeite a cultura de seu povo e ajude as próximas gerações a aprender a se relacionarem com o mundo exterior que os envolve, quase sempre hostil. É um grande sonhador, ou *rósawêrê'wa*, que domina a relação espiritual do mundo dos sonhos, o que confere respeito e poder em seu povo. É um intenso defensor da cultura Xavante. Para ele, o "contato" não foi bom para o seu povo. O contato oficial, independentemente de ter sido feito por Chico Meireles, sertanista pelo qual os Xavante nutrem grande respeito, não foi bom. E hoje, como reflete Supretaprã sobre as histórias contadas pelos mais velhos, a vida é pior do que antes.

O outro lado da história

Nos 100 anos do Serviço de Proteção ao Índio, que hoje é a Funai, o debate no fundo é sobre a gente, sobre a questão indígena, os índios. Entre os sertanistas, no caso do meu povo, os Xavante, como falam os não indígenas, A'uwê uptabi, como nós nos chamamos, cabe falar do sertanista Francisco Meireles, o Chico Meireles. Foi ele quem fez o contato com o meu povo. Mas antes dos sertanistas, antes da chegada do Chico Meireles, houve muita história. Teve o Pimentel Barbosa, outro sertanista. E é por causa dele que a terra onde nós moramos hoje é chamada de Terra Indígena Pimentel Barbosa, uma homenagem que os brancos, que nós chamamos de *warazu*, deram ao Pimentel Barbosa. Antes dele nós também tivemos encontros com outros *warazu*.

No mundo dos *warazu*, os Xavante eram vistos como o empecilho para entrarem no interior do Brasil. Até nós chegarmos nesse território onde estamos hoje, viemos caminhando de longe, e encontramos muitos *warazu* nesse nosso caminho.

No passado, a gente foi estrangeiro onde hoje é o nosso território, que era território dos Karajá, era território dos Bororo, era território onde viviam outros povos. A gente, A'uwê Uptabi, era nômade. Os antepassados não tinham isso de ficar fixo, de ficar parado. Eles iam atrás das comidas, das frutas, da caça, por isso o nosso pessoal fazia essas mudanças de lugar. Esse era o dia a dia. E vieram andando, saindo de perto dos *warazu*, e viemos parar aqui, no Estado de Mato Grosso. Eu ouvi muitas histórias dos anciões do nosso povo.

O que eu vou contar é a versão que é falada oralmente dentro das nossas casas. Nós vivemos, crescemos e convivemos com o outro lado da história do Brasil.

Os encontros com os warazu *ao longo do tempo*

Eu sou Öwawê. A gente ouviu a história que os mais velhos, contam. E essa é a história para nós.

O nosso povo, à vista dos *warazu*, primeiro fugia. Fugiam. Fugiam para evitar esse contato. Não queriam esse contato. E os *warazu* tinham esse pensamento de poder nos "atrair". Mas eram muito violentos. Esse era o pensamento dos antigos. Os *warazu* eram vistos como um povo muito violento. Por isso, meus antepassados fugiam dos brancos. E começaram a atravessar os rios, e vinham se afastando do Cerrado, que é onde o povo gosta de viver. Fugindo.

Depois que atravessaram o lugar onde os *warazu* chamam de rio Araguaia, para nós, *öpré*, "o maior rio", montamos a primeira aldeia. Essa aldeia não tinha nome, não foi um período muito demorado, eles não ficaram muito tempo lá nesse lugar.

Mas não tinha nada que nos perturbasse, não havia *warazu*, éramos só nós, os A'uwê Uptabi. Até que os brancos chegaram.

Nosso povo tinha os fiscalizadores do território, que andavam longe e viam os *warazu* se aproximando, cada vez mais. Esses fiscalizadores do território, os *wazuri'wá*, davam notícias na aldeia quando os inimigos se aproximavam. Quando viam os *warazu* chegando, se afastavam. E por isso saíram da aldeia que ficava na beira do *öpré*.

A gente vinha assim, andando, e fugindo, e até que os antepassados pararam e fizeram uma aldeia no öwawe, que é o rio das Mortes. Essa aldeia se chamava Wedezê. Ali eles ficaram muitos anos. Vivemos muitos anos lá, muitos mesmo. Os antepassados ficaram muito tranquilos vivendo ali em Wedezê.

Até que veio um tempo e então os "brancos" começaram a chegar lá também. Na nossa história, contam que vieram *warazu* e conviveram primeiro com a gente lá em Wedezê. Por algum tempo, meu povo não fugiu mais dos brancos. Viveram ali e até contam que um branco conquistou um índia casada. Dizem que ele atraiu uma índia com milho, com coisas para dar para ela, aí foi se relacionando com ela, e aí ela gostou e viveu com ele. Mas aí ela largou do marido Xavante para viver com o branco. Com isso, quando viram, quando se deram conta, os nossos antepassados ficaram com medo, e alguns grupos começaram a sair e atravessaram o rio das Mortes. A aldeia Wedezê fica onde hoje é o Estado de Goiás. Foi nessa época que os meus antepassados atravessaram para onde é Mato Grosso.

Contam que eles diziam que se vivessem sempre na aldeia Wedezê eles iriam perder todas as mulheres para os brancos. Mas alguns ficaram na parte do Wedezê. E metade do povo foi para o outro lado do rio e montaram a aldeia do Sõrepré.

Em Sõrepréé ficaram um longo tempo. Essa aldeia é onde surgiu a criação de cultura, criação de dança. Foi no Sõrepré. Foi lá que começou a iniciação espiritual, de poder e a revelação de segredos espirituais do nosso povo. Muita coisa foi criada enquanto os antepassados viviam na aldeia Sõrepréé. Alguns sonhavam uma dança e depois faziam. Essas danças que foram sonhadas, que foram criadas lá na aldeia Sõrepré, são como a iniciação do ritual *wai'á*, para entender o sonho, sonhar para encontrar um bom caminho ou perceber a indicação de coisa ruim vindo, tudo aconteceu lá. É a referência espiritual do meu povo.

Aquela parte do povo que tinha ficado no Wedezê, depois também se mudou. Foram atrás para o Sõrepré e abandonaram Wedezê, porque estava chegando ainda mais brancos. Isso aconteceu muito antes do Chico Meireles chegar, antes do Pimentel Barbosa também, é uma história mais antiga. É uma história que os mais velhos, que não estão mais vivos, viveram.

Um dia, quando viviam no Wedezê, nesse tempo, um *warazu* prendeu um adolescente A'uwê porque ele tinha matado um porco do *warazu*. Foi por isso que eles decidiram sair, com medo de serem presos todos eles, e vieram se juntar com os outros A'uwê no Sõrepré.

Todo mundo atravessou o rio para sair de perto desses *warazu*. O povo nosso ainda não era dividido, era todo mundo junto, tiveram aqueles que atravessaram antes, mas eram unidos. Viveram juntos no Sõrepré. Lá não tinha doença. Não tinha cárie nos dentes, os velhos só gastavam os dentes por serem velhos. A vida era muito boa. É um lugar muito importante para nós, espiritualmente.

No Sõrepré, uma vez, um *warazu* apareceu lá. Ele estava falando sozinho. Apareceu assim, falando sozinho. E o povo antigo ouviu a fala do branco, eles ouviram essa conversa. Eles pensaram que tinha muita gente vindo junto, mas era só uma pessoa, um *warazu*, levando uma cabaça, aquele pote que a gente usa para beber água, pendurado no pescoço. Ouviram esse barulho de *warazu* falando e meu povo começou a fugir com medo. Mas viram que ele estava sozinho.

Daí veio um intérprete. Na verdade, era um adivinhão, um adivinhão A'uwê. Todo mundo estava preocupado, porque agora o branco estava aqui, no meio da gente, e alguém tinha que ir lá perguntar para ele o que é que ele tinha vindo fazer aqui no meio da gente. Contam que o pessoal queria fugir com os filhos antes que algo ruim acontecesse. Porque, sempre que vinha branco, algo ruim acontecia.

Um velho foi chamado na roça, era esse o adivinhão. Ele veio para traduzir para o povo o que esse *warazu* foi fazer lá. E aí ele traduziu a fala do branco. Mas não é falar como eu estou falando agora, em português, falando as duas línguas, era outra coisa. Ele estava tentando mesmo adivinhar o que o *warazu* falava. Porque ele não entendia a língua do *warazu*. E dizia para o resto do povo coisas como: "Ele veio porque estava com saudade". Aí o *warazu* falava algo como "hummm", e o velho traduzia: "Ele está falando que ele está com fome". E de novo: "hummmm". Daí perguntavam pro velho: "O que falou?". E o velho traduzia que ele tinha vindo porque estava com muita saudade, por isso ele veio dormindo no meio do caminho e estava cansado.

Esse velho A'uwê que estava "traduzindo" acolheu ele, adotou esse rapaz *warazu*. Foi o primeiro *warazu* que viveu no meio da gente. Foi adotado pelo "tradutor" dele. E esse branco começou a viver lá e viveu muitos anos com o meu povo. Não teve nada de ele mexer com as meninas, esse *warazu* daí respeitava as meninas do meu povo. E estava sendo programado para que ele fosse iniciado no *waiá*, ritual que é uma parte da nossa iniciação espiritual, chamada de *darini*.

Na nossa história existe esse rapaz *warazu* que veio e viveu um tempo entre a gente. Eu queria saber mais sobre isso, e tento pesquisar esse fato nas histórias que contam, e ainda quero descobrir quem era esse velho que traduziu e adotou esse *warazu*. Na nossa história, só falam que ele era o "adotador" do branco. Mas ele não tem um nome.

Esse rapaz *warazu* concordou em participar da iniciação e preferiu o papel do *wedehöri'wa* no ritual. Ele preferiu esse porque é o que manda, que não corre, ele que manda com o grupo deles, por isso, para não sofrer muito no ritual, ele escolheu o *wedehöri'wa*. Esse "branco", quando começou a iniciação para receber o nosso conhecimento espiritual, os fiscais do ritual não deixavam nem sequer ele beber água, ele seguia tudo à risca mesmo, como deve ser. Ele tinha que aguentar todas as provas, inclusive quando judiavam dele.

Esse *warazu*, que também não tem nome, criou a música que é usada na finalização da iniciação. Ele colaborou muito com o nosso povo nessa parte espiritual. Ele viveu muitos anos com o povo Xavante. E ele aprendeu muita coisa no ritual de que ele participou e também contribuiu. Ele tinha poder de cura. Fazia massagem nas pessoas que estavam doentes e curava elas.

Até que um dia ele disse para o pai dele de criação que sentia saudade da sua família, decidiu ir embora. Ele falou isso para o pai dele que o adotou. E esse branco partiu, foi embora da aldeia Sõrepré.

Tem um canto sobre ele na nossa história. E ele já é um grande orientador espiritual em um ritual nosso. Mas foi embora. Partiu, dizendo que ia voltar para a família *warazu* dele. Foi um *warazu* que viveu no meio do nosso povo, antes do contato oficial com o Chico Meireles, bem antes.

O avião passa em cima de Arobonhipo'opa

Depois desse período no Sõrepré, começou a nossa divisão. O meu povo era todo mundo junto. Não havia ainda as aldeias de Parabubure, Marãiwatséde etc., era todo mundo junto e vivia todo mundo em Sõrepré. Mas começou a política interna. Entravam em conflito entre eles. E assim um grupo pequeno começou a fugir. E cada grupo que fugia começou a fazer aldeia deles. Primeiro quem saiu foi a família que depois foi massacrada pelos fazendeiros. Foi o avô do Damião Paridzané, ele saiu primeiro, para Marãiwatséde. Depois foram saindo outros, andando para fazer outra aldeia.

Ö'á é onde o meu avô fez uma aldeia, e a família foi toda dividida, entre Ö'á e Arobonhipo'opa. A aldeia Sõrepré foi abandonada, e aqueles que estavam lá se mudaram para Arobonhipo'opa. Depois meu avô, que se chamava Serenhi'ômo, abandonou Ö'á e se juntou em Arobonhipo'opa. Enquanto viviam lá em Aroponhipo'opa foi quando teve a expedição do Pimentel Barbosa, que tentou fazer o contato, e foi quando o meu povo Xavante atacou ele.

Nessa aldeia também foi quando os *warazu* sobrevoaram a gente. Aquela foto que ficou famosa, do avião passando em cima da aldeia do meu povo, os guerreiros apontando as flechas, que saiu em revistas[2]. Foi quando o *warazu zaribi*, que é nome que a gente dá para o avião, veio para cima da gente. *Warazu hötede* é como eles chamaram o barulho dos brancos sobrevoando em cima dessa aldeia Arobonhipo'opa. Começou a sobrevoar e começou o povo a fugir de novo de medo. Hoje em dia, eu vejo as fotos que os *warazu* tiraram, aquelas fotos do meu povo com medo, assustado, tentando se defender, preocupado. E hoje a gente vê que os *warazu* falavam que a gente é que era violento e selvagem.

O sertanista Pimentel Barbosa invade o território

Depois do avião passando em cima da gente, os brancos chegaram mais perto, e veio a expedição chefiada pelo sertanista Pimentel Barbosa, do SPI. Ela acontece quando o meu povo, a família do meu pai, ainda estava morando no Arobonhipo'opa.

Nosso povo não parava de fiscalizar o território. Eles nunca paravam de fiscalizar o território, andavam longe para proteger a aldeia. E aí viram essa barraca do *warazu*, que é quando o Pimentel Barbosa fez a expedição para poder entrar em contato com o pessoal do Arobonhipo'opa. Os antepassados começaram a espionar eles, e já viram onde eles estavam. Era na beira de cá do riozinho – um lugar que hoje a gente chama de riozinho, não tem nome. Estava a casa construída e haviam começado a fazer a roça.

Meus antepassados ficavam espiando tudo. Ele saía para deixar as coisas para poder atrair os meus avós, deixar os presentes, os brindes, e eles viam tudo isso. Quem fazia essa expedição era aquela gente que tinha essa imaginação de "atrair", essa ideia de "atrair" os índios, de querer ser o grande conquistador. Mas os fiscalizadores, os guerreiros, viram onde eles moravam, onde os burros e os animais estavam, viram tudo como funcionava lá naquela base.

Aqueles brindes que ele deixava iam atraindo, e o pessoal ia se aproximando. Fazendo igual como nós domesticamos bichos. A gente tem que dar pro bicho o que ele come, indo devagar. Como animal. Igualzinho. E como somos animais para eles, os brancos fizeram isso para atrair o meu povo.

A equipe do Pimentel Barbosa atravessou o rio e foi levando os mantimentos para poder conquistar o nosso povo. Vinha vindo atrás da gente. Mas os antigos viram esse movimento antes, e ele não chegou até a aldeia. Estava perto. E no meio do caminho, na metade, foi atacado. Foram atacados todos os que estavam lá. Os guerreiros foram lá onde eles estavam acampados e começaram a atacar. Eles já estavam quase na aldeia, o que hoje vai dar uns 25 quilômetros de distância mais ou menos. Era como sair da aldeia de madrugada, em umas quatro horas de viagem, e chegar lá de manhãzinha. Era muito perto da aldeia. Isso, para o meu povo, é muito pertinho. E muito perigoso, naquele tempo.

---

2. Fotografia de Jean Manzon, publicada na revista *O Cruzeiro*, em 1944.

Os guerreiros foram até lá e começaram a atacar o Pimentel Barbosa, os peões dele. Quando eles iam pegar as armas, o Pimentel começou a gritar que podiam atirar para o alto. E os peões dele foram flechados, os burros que eles tinham foram flechados também. Eles falavam que o Pimentel era um gigante, um homem grande, mas ele não teve reação de matar os índios, ele não reagiu contra os guerreiros. A imaginação dele deveria ser que a gente era mau, essa era a ideia dele, e ele não reagiu como bruto, não gritou para os peões "podem acabar com os índios". Ele foi morto. E o SPI homenageou o Pimentel Barbosa dando o nome da nossa Terra Indígena. Hoje a gente respeita o Pimentel, mas o nosso território, para nós, se chama Etenhiritipá.

Depois desse ataque, os antigos continuaram vivendo na aldeia Arobonhipo'opa, até que saíram de lá e fizeram a aldeia onde eu estou hoje: Etenhiritipá. Etenhiritipá é a nossa quarta aldeia nessa sequência. Lá o povo viveu muitos anos, e daí começaram a se dividir de novo, mais uma vez. Foi nessa aldeia que o meu pai se formou na geração que se chama Etepá.

Dali saiu aquele que vai ser o grupo de Areões, onde hoje é a Terra Indígena Areões. Quem chefiava isso era Ahöpöwê e Serenhi'ômo, que são Poreza'õno, junto do meu avô, Parapsê, que é pai da minha mãe. Eles comandavam a aldeia Aserere, a aldeia que foi formada onde hoje é Areões, após a divisão em Etenhiritipá. De lá a gente saía para acampar. Havia um acampamento em um buritizal. Meu povo era nômade e fazia acampamentos que chamamos de *zömori*. Foi o grupo da Aserere quem primeiro entrou em contato com os brancos.

O contato com Chico Meireles

O Rupawê foi o primeiro índio que recebeu os facões do Chico Meireles no buritizal, na savana. Eles estavam acampados na savana. Estavam num acampamento *zömori*, perto de Etenhiritipá, há uns 15 quilômetros mais ou menos. O Chico Meireles começou a entrar em contato com o Rupawê, primeiro com o facão que ele recebeu. Mas daí, logo em seguida, os outros que estavam por lá, que é o meu grupo, Öwawê, que são os guerreiros, queriam atacar. E os outros, do outro grupo, começaram a dizer "não". Aconteceu uma disputa. Mas os Öwawê obedeciam os Poreza'õno nisso. Obedeceram, e não atacaram.

O contato na beira do rio, que aparece filmado, quando dão roupas, mais um monte de presentes, em um barranco na beira do rio das Mortes, aconteceu depois que o Rupawê recebeu esse facão no buritizal. As duas aldeias, Aserere e Etenhiritipá, se juntaram e formaram um grupo para poder ir lá onde estavam o Chico Meireles e os outros funcionários dele. Primeiro, tinha um depósito na mata fechada, que chamamos de *ripré*, onde os brancos escondiam as mercadorias para o meu povo não pegar, e a gente já tinha encontrado.

Antes desse encontro com o Chico Meireles, aconteceu uma grande discussão interna entre os antepassados. Foi uma discussão política. O grupo dos Poreza'õno discutiu muito, argumentou e falou para não matar mais os brancos. Essa era a fala de quem estava comandando o povo, o Ahöpöwê. E os mais velhos obedeceram. Foi o Ahöpöwê quem falou para o meu povo não mais atacar os *warazu*, que era hora de fazer a paz, de pacificar os brancos. Assim foi feito o contato, recebendo os presentes – e tinha junto desses presentes as doenças nas camisas que davam para a gente.

Quem estava mais valente e contra essa ideia eram os Öwawê, que não queriam que *warazu* se aproximassem do A'uwê. Mas os Poreza'õno não quiseram isso, não queriam que se fizesse de novo o ataque, como tinham feito antes com o Pimentel Barbosa. E começaram a se aproximar do Chico Meireles, ele com o facão, chegou cumprimentando o nosso povo, os peões dele. Dando a mão. Dando facão, machado. Foi assim que ficaram amigos.

Aquela imagem da documentação, o filme que fizeram, mostra isso, e depois eles vindo devagar, entrando. Os *warazu* estavam acampados pertinho da aldeia antiga, Wedezê, que nós tínhamos abandonado. As imagens mostram o encontro na beira do rio das Mortes, que aconteceu alguns dias depois do brinde do facão ao Rupawê. O Ahöpöwê não foi no encontro do rio das Mortes, ele mandou seus assessores.

Primo, na nossa cultura, é como irmão. Então eu sou neto deles também, Ahöpöwê e Serenhi'ômo, os dois chefes que fizeram uma parceria na liderança do povo. Mas o meu avô mesmo, e essa informação faz diferença interna na nossa cultura, se chamava Parapsê. Eles são primos, não de primeiro grau, são primos de segundo grau. Eles eram todos aliados, parceiros. O meu avô também concordou com o contato. O Ahöpöwê é mais conhecido através dos brancos, ficou famoso no mundo dos brancos, mas entre os índios, tem outra maneira de reconhecer ele, a história é bem mais complexa. A história é muito grande, aqui não tem espaço para entrar muito em detalhe.

A vida depois do contato

Para nós, A'uwê Uptabi, não foi bom o contato. Antes, não havia tantos problemas quando a gente vivia só entre nós mesmos. Eu não fui rapaz naquele tempo, não vivi aquele tempo, mas eu imagino, do jeito que eles contam a história, pensando em hoje, eu imagino que a nossa vida era despreocupada, se for comparar como é a vida agora. A gente tem que se preocupar muito, se preocupar em não ser passado para trás através dos nossos inimigos. Não foi bom esse contato com o mundo dos brancos. Eu vejo isso. Eu vejo assim.

O Chico Meireles podia ser igual ao Orlando Villas Bôas, mas a história seria essa também. O pensamento do Meireles também era de proteger o território dos Xavante. Mas o pensamento dele não viveu. O sonho dele era fazer mais. Tinha muita gente viva ainda no nosso povo que viveu aquele tempo, e eles falam sempre que não foi bom esse contato com os brancos. Eu imagino que naquele tempo era boa a vida da gente. Agora, a vida é muito preocupante.

Em qual sentido que eu estou falando nisso? É no sentido de que tudo era mais tranquilo, a vida do meu povo. Não se preocupava tanto como hoje, que a gente está convivendo com o *warazu*. Tem muita coisa para pensar. No passado, os ancestrais não se preocupavam tanto. Hoje, tem gente má que pode levar para o mau caminho. Se um rapaz viver na cidade, ele pode ir para o mau caminho dentro da cultura do branco, que não é a nossa cultura. Agora que aprendemos a cultura do branco, alguns rapazes já estão nesse caminho errado. Minha preocupação é nesse sentido. Tem coisa ruim dentro da cultura do branco. Não é tudo, mas tem muita coisa ruim.

Eu não sei como o contato podia ser melhor, naquele tempo. Hoje é que eu estou imaginado, vendo esses documentários, documentação do tempo da ditadura. Primeiro, nosso território não podia ser demarcado naquela época, porque era um povo ruim que mandava no Brasil. Tiraram de fora a nossa área quando fizeram o Parque do Xingu. Depois, até 1985, era ditadura. A ditadura era um povo ruim, um político ruim. Mas só que nesse tempo, mesmo sendo a ditadura, meu avô, meus pais, ele conseguiram conquistar esse território do Pimentel Barbosa.

Mas e agora na democracia?

Até hoje, se é democracia, essas políticas que estão fazendo, não fizeram nada em nosso favor.

O Chico Meireles foi uma pessoa que desafiou o povo mais valente, os Xavante. Ele teve coragem de vir até a gente, em paz. O Orlando não, ele não teve coragem, foi mais para a Amazônia, com os parentes xinguanos. O Chico teve coragem de ficar no lugar do Pimentel Barbosa, que a gente tinha matado. Ele foi corajoso.

Acontece que o contato ia ser de algum jeito. A gente não ia ser protegido. Ia ter alguém intermediando, como Chico Meireles, o Pimentel Barbosa, os sertanistas, para entrar em contato com o nosso povo. E cada um quer a sua imagem, quer fazer a sua imagem nessa hora do contato com um povo indígena.

Na minha opinião, a coisa foi boa na parte de proteger o povo. Porque o sertanista tinha o interesse de defender o povo indígena. Com isso, serviu, valeu. Se não fosse, o que ia ser da gente hoje? O contato deu algumas garantias. Mas até hoje nós estamos na luta. Os sertanistas foram levando as informações para o governo, e criando leis para defender os direitos indígenas. Leis como o Estatuto do Índio, que ainda segura um pouco de garantia e de respeito. Um pouco. Mais para a frente, criaram outras leis para proteger os índios, veio a Constituição Federal. Mas os brancos não estão cumprindo. Os brancos criam as leis e depois desmancham. Não cumprem.

A luta para demarcar o território

Os brancos começaram a se aproximar mesmo da gente nos anos 1970. Foi em 1974, quando eu estava com 13 anos, que começaram os ataques. Em 1975, uma fazenda dos brancos se aproximou. Nessa época, eu era rapaz, não podia ouvir muito. Mas fiquei sabendo a informação, a decisão dos velhos, que estavam preocupados. Diziam que esse povo que estava construindo fazenda não podia ficar perto da gente. E decidiram atacar, botar fogo nas fazendas, para irem embora. Começaram a atacar. Atacaram a Fazenda São José, Fazenda Gengibre. Foram dois ataques no meu tempo. Depois, o resto, os que ficaram mais perto da aldeia, conseguiram expulsar os fazendeiros de dentro do nosso território. Eram 13 fazendeiros, todos ricos, que estavam invadindo o nosso território. Essa decisão foi interna dos Xavante, eles mesmos pensando em como resolver a situação dos brancos invadindo o território. É uma estratégia. Meu povo fez uma estratégia para atacar a fazenda e chamar a atenção dos responsáveis pelo povo indígena, Funai, para virem até a comunidade.

Os fazendeiros se reuniram. Foi mais ou menos na base de 1977, 1978, que o meu povo começou a atacar as outras fazendas. O sertanista Odenir Pinto e o indigenista Fernando Schiavini, foram grandes guerreiros que quase foram mortos pelos fazendeiros, e foram protegidos pelo nosso povo. Vai ser difícil esquecer deles. Teve alguns funcionários da Funai, alguns sertanistas, que foram nossos aliados, pelos quais a gente tem muito respeito. Mas também teve alguns outros que, na hora de fazer a demarcação da terra, receberam dinheiro, aceitaram corrupção, começaram a nos enganar para diminuir o nosso território dando terra para os fazendeiros. Também aconteceu isso. Nós nunca desistimos de lutar. Nunca deixamos ser invadido o nosso pequeno território. Por isso que nós conseguimos o território onde vivemos hoje.

Tem a história, a minha própria, com o respeito dos anciões que eu ouvi e me passaram. Sobre isso, eu estou começando a fazer uma pesquisa. Um trabalho, junto dos velhos, para que possa mais tarde servir para os nossos netos. A pesquisa que eu estou fazendo é interna entre a gente. O que eu estou contando é importante, é uma história dos nossos ancestrais que fizeram um papel bonito. Não foi fácil conseguir o território, foi com muito suor e muita luta.

O futuro nosso é dialogar com as políticas públicas, com o Estado, com os políticos, dentro do nosso município, o nosso estado e do país. Temos que ser reconhecidos e aceitos para dialogar.

Hoje, a gente tem que se organizar. Temos que organizar o nosso povo, e entender. Entender o que está acontecendo. Porque o que está acontecendo hoje com a gente, os velhos falaram lá atrás que isso iria acontecer. E, realmente, está acontecendo. Nós estamos firmes para entender a língua do *warazu*. E para entender os *warazu*.

PARTE IV AS MEMÓRIAS

Acervo Afonso Alves da Cruz

Afonso Alves da Cruz, o Afonsinho, durante contato com indígenas da etnia Arara na Cachoeira Seca do Iriri, em 1987.

Afonso Alves da Cruz

Legenda

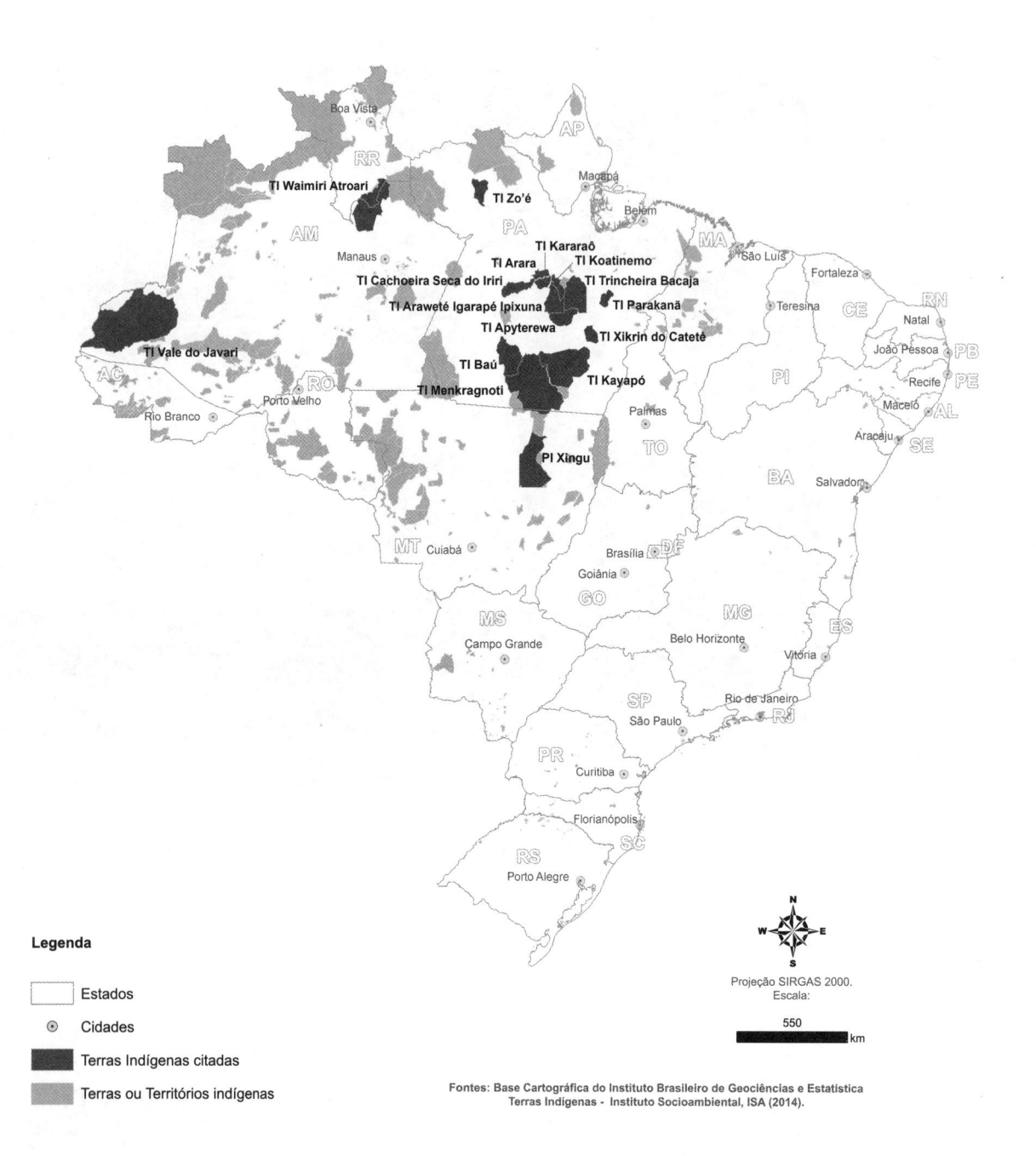

☐ Estados

⊙ Cidades

■ Terras Indígenas citadas

▨ Terras ou Territórios indígenas

Projeção SIRGAS 2000.
Escala:
550 km

Fontes: Base Cartográfica do Instituto Brasileiro de Geociências e Estatística
Terras Indígenas - Instituto Socioambiental, ISA (2014).

Afonso Alves da Cruz ao longo de 52 anos de vinculação ininterrupta ao SPI e à Funai participou de diversas frentes de contato: trabalhou com Chico Meireles, participou de expedição junto de Orlando Villas Bôas, ajudou a mudar a política de proteção aos povos indígenas em isolamento voluntário, na reunião de 1987, em Brasília, momento em que foi criado o Departamento de Índios Isolados, depois foi à frente de expedições de Sydney Possuelo e se tornou um dos principais ícones entre os sertanistas em atividade.

O depoimento a seguir tem origem na apresentação realizada no Sesc Consolação. No entanto, foram acrescentadas informações de uma série de quatro entrevistas realizadas em Altamira, entre 2010 e 2012, e o texto foi revisado por Afonso Alves da Cruz, com novas informações. A intenção foi aproximar ao máximo as memórias de um momento da região de Altamira e o Xingu sobre o qual há um grande vazio de informações.

A trajetória de Afonsinho, como ele é conhecido, é também a impressionante história da transformação da Amazônia no século passado: de 1% de desmatamento, até o início dos anos 1970, para a perda de quase 20% de sua cobertura florestal nas quatro décadas subsequentes – o ciclo da borracha, que manteve a mata, mas provocou caos social e o genocídio de diversos povos, como conta Afonsinho; a chegada dos ideais de desenvolvimento nos anos 1950; o autoritarismo e a violência da ditadura militar; e a construção da Usina Hidrelétrica de Belo Monte, atual desafio que enfrentam hoje a região de Altamira e os povos do rio Xingu. Cruz, afetado diretamente pelas obras da usina, será removido com sua família da casa onde viveu toda a sua vida. Ele foi demitido, em 2010, após a reforma administrativa da Funai.

A infância, o seringal e os índios

Eu sou Afonso Alves da Cruz e vim de Altamira para contar a minha história.

Não tenho muito conhecimento de onde eu nasci. Meu pai era cearense, minha mãe era maranhense, e eles se mudaram para a Amazônia na época da borracha. Foi antes da época do "soldado da borracha" (1943-1945) que eles vieram. E eu nasci em um seringal, o Flor do Ouro, no rio Xingu. Sou paraense, do município de São Félix do Xingu, nascido em um lugar já quase na divisa com o Estado de Mato Grosso.

Eu me lembro, quando eu entrei no SPI, que uma vez eu subi o rio Iriri com o sertanista Chico Meireles, e passei por um seringal lá. Isso me trouxe lembranças da minha infância. No rio Xingu nunca teve muito seringal, era mais no rio Iriri. Eu conheci os patrões do Iriri na época da borracha, quando fui trabalhar com os índios. Mas eu sou do Xingu.

A vida era dura no seringal. Só se comprava dentro do valor que se produzisse. Se não produzisse, não comprava nada. Eles pesavam a borracha e daí calculavam o valor do que saiu da borracha, e o patrão vendia a mercadoria para o seringueiro. Se produzisse, por exemplo, o equivalente a cem reais naquele tempo, nunca se comprava igual aos cem reais. Sempre se comprava menos, e tudo era muito mais caro. Mas compraria em torno de noventa reais, e dez reais deixava de "saldo". E o saldo ficava com o patrão. Sempre era assim, o seringueiro sempre saía perdendo.

A vida era sofrida. Só tinha direito a comprar as coisas que se precisava pagando com a seringa. A partir do mês de dezembro para a frente, quando não tirava mais seringa, daí só dava para comprar se produzisse castanha. Não se tira seringa na época da chuva, e é quando cai a castanha. Se não produzisse castanha, daí não comprava nada.

Na época do meu pai, o seringal era diferente da época dos "soldados da borracha", porque era antes, e a borracha valia menos. Meu pai mexia com seringa, mas mexia mais era com lavoura, com roça, essas coisas de subsistência do seringal. A gente morava na beira do Xingu, no Seringal Belo Horizonte, para onde a gente se mudou depois que acabou o Seringal Flor do Ouro. Lá no

Belo Horizonte tinha uma população de cem a 150 pessoas. O patrão foi preso. Ele matou 13 pessoas, sendo nove índios.

Uma vez, alguns índios saíram para atacar dois seringueiros. Os seringueiros voltaram embora, conseguiram escapar. No outro dia, o Inácio Silva, o patrão, um paraense, juntou um pessoal e foi atrás dos índios.

Os índios não haviam ido embora, eles tinham ficado próximo, na beira do rio. Eram Kayapó. Kayapó isolado, não tinham contato. Os seringueiros pegaram os índios e levaram, de barco, para uma ilha. Nessa ilha o patrão matou todos os índios, junto do pessoal dele. O nome do lugar onde ocorreu esse massacre é rio Pardo.

Esse mesmo patrão, o Inácio Silva, também mandou matar o patrão desse seringal. O Inácio Silva arrendava as terras, isso acontecia, de patrão arrendar as terras de outro. E o Inácio Silva matou, mandou matar, o Pedro Lemos, que era o dono. Nessa época, o governador Magalhães Barata era padrinho de casamento do Pedro Lemos, e daí ele mandou prender o Inácio Silva no Seringal Belo Horizonte. Foi preso por causa do seringalista que ele mandou matar, e, por causa disso, alguns outros também foram presos pelo massacre dos índios.

No Seringal Belo Horizonte havia sessenta seringueiros, dessas 150 pessoas que viviam lá, mais ou menos. Havia também as mulheres, crianças, gente que trabalhava no barracão, nas roças. Desses sessenta seringueiros, vinte homens foram presos quando a polícia foi lá. O Inácio Silva levou um bocado de gente, e a polícia foi lá e prendeu todo mundo. Por conta da morte do Pedro Lemos, foram presos o Inácio Silva e mais três outros seringueiros que eram pistoleiros dele. Esses outros seringueiros foram presos por causa do massacre dos índios, que só se ficou sabendo por conta da morte do patrão Pedro Lemos. Depois disso, o seringal foi vendido para outro seringalista. E a minha família continuou lá até meu pai ser morto.

Eu não tenho muita lembrança de quantos anos eu tinha quando meu pai faleceu, mas devia ter uns seis anos. Lembro pouca coisa, meus irmãos também não lembram. Eu não lembro que ano foi, é muito difícil, para mim, lembrar.

Meu pai foi morto pelos índios. Ele tinha muita roça, esse era o principal trabalho dele lá no seringal. Quando ele foi olhar uma roça, os índios flecharam ele. Foi só uma flecha. Uma flechada dos Asurini. O pessoal na época chamava de "Assurini", o nome que a população dava para esses índios. Ninguém sabia que índios eram, que povo que era, só chamavam "Assurini". Na época, era menino, não sabia. Depois eu descobri que foram os Assurini mesmo.

Quando meu pai morreu, uma tia minha morava em Altamira e mandou nos buscar. Eu vim com a minha mãe e mais seis irmãos. Moramos em Altamira um bocado de tempo. Até que uma irmã minha casou, e o meu cunhado foi morar com os Kayapó, na aldeia Gorotire, e daí eu fui junto para lá.

Gorotire

Ele trabalhou um pouco no posto do SPI, pediu as contas, saiu e foi morar em uma vila para os lados de lá no sul do Pará. Depois, um funcionário do SPI, o sertanista Cícero Cavalcanti de Albuquerque, me chamou para trabalhar lá no posto. O Cavalcanti, pernambucano, era o chefe do posto. Ele me chamou e eu fui trabalhar com ele lá nos Kayapó. Nessa época também outro irmão, o Raimundo, mais novo do que eu, que faleceu em 2013, trabalhou lá nos Kayapó. A gente era funcionário no Posto do SPI. A gente mexia com agricultura, plantava mandioca, milho, arroz, essas coisas de subsistência do posto.

Eu era de menor, tinha 16 ou 17 anos nessa época que cheguei lá no Gorotire, e não poderia trabalhar no SPI, pois tinha que ter 18 anos, ser maior de idade. Mas daí o Cavalcanti trocou o meu registro de nascimento, para eu poder trabalhar. Foi então com o Cavalcanti que comecei a trabalhar com a questão indígena, foi ele quem me ensinou a trabalhar com os índios. Mas eu só aprendi a falar Kayapó quando fui para os Kubenkrankren.

Comparando com hoje, era uma época boa, os índios viviam quase isolados naquele tempo. Cavalcanti era uma pessoa muito boa, tratava muito bem os índios. Ele dava muito conselho. Mas não só pra mim, ele aconselhava as pessoas, falava como a gente devia fazer para crescer na vida. O Cavalcanti era o chefe, trabalha muita gente com ele naquele tempo, mais ou menos vinte homens lá trabalhando.

Kubenkrankren

Após o contato com os Kayapó Kubenkrankren, 1953, por aí, feito pelo Cavalcanti, ele me chamou para ir trabalhar lá. Eu não estava nessa expedição de contato, eu fui para a área depois do contato com os índios. Mais ou menos uns dois anos depois do contato.

Os Kubenkrankren eram índios muito brabos. Recém tinham sido contatados quando eu cheguei. Eram brabos. Eles mataram muita gente no Xingu, eram índios violentos. A aldeia era grande, tinha mais de seiscentas pessoas. Kayapozão brabos, muito fortes, com rodelas de pau grandes no lábio, altos. Os seringueiros todos tinham medo deles. Quem mais massacrou seringueiros naquela região, de todos aqueles povos, devem ter sido os Kubenkrankren. Eram muito temidos.

Eles também eram muito atacados. Teve um pessoal que participou do ataque que trabalhou no SPI também. Mas eles não falavam nada para os índios. Os índios também tinham arma de fogo. Porque eles matavam o seringueiro e levavam a arma do seringueiro. Então teve um funcionário do SPI que tinha sido baleado pelos Kubenkrankren. Ele tinha participado do massacre, do ataque que os seringueiros fizeram. Depois ele pediu as contas e foi embora. Não sei o ano, mas eles pegaram o caminho dos índios e foram atrás até a aldeia.

Naquele tempo tinha gente que *rastejava* os índios, ia atrás pelo rastro, pelas pisadas. Os Kubenkrankren tinham atacado o Seringal Porto Seguro. E o patrão mandou o pessoal atrás, 25 homens, seringueiros. Os seringueiros atacaram de dia, umas dez horas da manhã. A aldeia era grande demais, eles saíram do seringal e contaram oitocentas pessoas. Nunca disseram quantas pessoas eles mataram. Não falaram. Isso ficou impune também.

Passei uns três meses e não me acostumei. Saí, e depois voltei de novo. Era muito isolado. Era muito difícil. Fizemos um campo de pouso e a FAB fazia a linha aérea para lá. Eu fui lá para construir o campo de pouso. Foi lá que eu aprendi a falar Kayapó. Não tinha quem falasse português. Tinha um enfermeiro que estava há um ano e me ensinou, era enfermeiro do Gorotire, e depois do contato foi para os Kubenkrankren.

Essa mudança de vida que eu tive, pra mim, de ter nascido e crescido no seringal, e depois ir trabalhar com índio, foi tranquila. Para mim, foi tranquila. A única coisa que acontecia é que tinham me perguntado se eu tinha medo, quando me chamaram para trabalhar, o Cavalcanti me perguntou. E eu falei que não tinha medo de índio, não. Só que eu nunca contei nada para ele. Eu não gostava de comentar a história do meu pai. Eles perguntavam por isso, mas eu não gostava de comentar. Eu nunca gostei de comentar esse assunto. Só que eles sabiam do que tinha acontecido. Eu nunca esqueci, mas nunca levei isso para um lado pessoal.

Os Kayapó e os massacres, os seringais e os contatos

O pior tempo de massacres dos índios era na época da borracha. Um dos piores que eu ouvi falar foi quando massacraram os Kayapó do Kararaô. E eu conheci o patrão que ordenou esse ataque. Foi o Frizan, o patrão. O seringal se chamava Praia do Frizan, ou só Praia. Eles foram lá na aldeia dos índios e atacaram lá. Eu conheci índio que sobreviveu ao massacre, que tinha bala no couro.

O massacre aconteceu no Riozinho do Anfrísio, mas eu não sei o ano. Conheci duas seringueiras que os índios tinham raptado. Uma de Porto de Moz e a outra eu não sei. Uma se chamava Raimunda. A outra não sei o nome, mas os índios botaram o nome dela de Notu. As duas escaparam do massacre. Eu conversei muitas vezes com elas lá no posto. Elas contaram que só ouviram o pessoal atirando, se esconderam, entraram no mato quando ouviram o barulho dos tiros. Quando voltaram viram um horror de gente morta. Esse que eu conheci que escapou, escaparam nove, entre eles o Tronto, que era um cacique da aldeia. Ele falou que não conseguiram enterrar todos os corpos. Ficaram dois dias enterrando os corpos, começaram a apodrecer, a feder, e teve que deixar a aldeia.

Conheci um homem que participou e me contou que mataram noventa e poucos índios nesse ataque. Eram também 25 homens, mesma quantidade do ataque nos Kubenkrankren.

Os índios atacavam na época do verão, quando começava a chover. Porque o mês de agosto eles não cortavam seringa, começavam a trabalhar em setembro. E era quando os índios atacavam. Teve um ano que o pessoal não queria trabalhar mais, porque os índios mataram muita gente e estavam com medo. Foi quando o sertanista Francisco Meireles foi chamado para vir para Altamira para fazer os contatos. A situação estava em pé de guerra. Os patrões, financiados pelo Banco da Borracha, compravam muita munição, muita arma de fogo.

Nessa guerra, os seringueiros levavam vantagem, porque atacavam com mais arma de fogo. Os índios só tinham as que eles levavam depois de matar os seringueiros. Era mais usado a borduna (tacape) e flecha.

Altamira, na época que eu cresci, só se falava de árvore de seringal. Seringa, seringueira, borracha. Era só isso. Nessa época não existia a questão da pele, do couro de animais, que começou mais ou menos nos anos 1960 nessa região.

Quando o Meireles chegou, ele formou equipes para fazer os contatos, pacificar a região, e eu participei, junto com o Meireles, daquelas equipes dele. Junto do sertanista Meireles, eu participei dos contatos dos Kayapó do Menkragnoti, do rio Bacajá, e em Porto de Moz.

O sertanista Francisco Meireles

O Chico Meireles foi uma pessoa muito boa comigo.

Seu Meireles tinha problema na perna, era aleijado de uma perna, ele andava de muleta. Se a expedição ia muito longe, daí não dava para ele. Ele não andava longe no mato. Coordenava tudo na Base. Ele vinha de Belém, estava lá com a gente, só não ia no mato nas expedições por causa do problema na perna. Ele andava a cavalo. Tinha a perna quebrada, não mexia, era dura.

Nessa época dos contatos com os Kayapó, os seringalistas às vezes davam alguma coisa para ele fazer os contatos. Mas não é que pagavam ele, que ele ganhava dinheiro com isso, ou que os seringalistas pagavam o trabalho do contato. Davam alguma coisa de suprimentos, como farinha e arroz. Era isso que os patrões davam. Mas mais era farinha. Arroz quase nem davam. Era farinha mesmo. E homens: os seringueiros para irem junto.

Naquele tempo, o SPI era fraco. Não tinha dinheiro, e muita gente ficava devendo. Muita gente que trabalhava no SPI depois ficava sem receber. Muita gente trabalhou dois ou três anos e nunca recebeu um centavo. O Corró (Antônio Ferreira Barbosa) mesmo, sertanista meu amigo que trabalhou muito comigo, ele trabalhou uns dois anos sem receber nada. Uma vez ele chegou a ir em Belém para receber o que deviam para ele, e diziam que não tinham dinheiro para pagar o serviço.

As expedições que fizemos nesse período variavam de uma região para a outra. As regiões aqui são muito diferentes uma da outra, mais seco, ou mais água, a mata mais fechada, outra tem a mata mais aberta. Geralmente a gente saía abastecido só por 15 dias. Calculava o rancho, aquilo que dava para alimentação por dez, 15 dias. Mais era farinha, açúcar, café, essas coisas. Às vezes iam quatro, cinco pessoas e calculava o rancho, a alimentação. Almoçava uma vez no dia. Tomava um café reforçado de manhã e saía. Daí continuava, e no caminho matava alguma coisa para comer, no mato, algum jacu, pegava um jabuti.

Eu aprendi muita coisa com seu Meireles. Nós éramos quatro que íamos acompanhando o seu Meireles. Eu e mais três: o Fontenelle (José Dumont Fontenelle), o Camiranga (Júlio Reinaldo de Moraes) e o Eurico (não lembro o sobrenome). Hoje só sobrou eu e o Camiranga, os outros faleceram. Eles contratavam o pessoal por dois, três meses, enquanto faziam algum trabalho, e depois dispensava. Os patrões davam seringueiros para ajudar. Eles se interessaram muito pelo trabalho dos contatos, das pacificações. Eles davam transporte e seringueiros para ajudar no trabalho. E os seringueiros não recebiam mais por isso. Nós éramos contratados, nós quatro, e o resto da equipe eram seringueiros fornecidos.

Seu Meireles foi uma pessoa que me ajudou muito. Tudo o que eu precisava, falava com ele, e ele ajudava. Uma vez eu estava aperreado, fui em Belém falar com ele, e ele me deu dois mil cruzeiros. Falou que eu não devia nada depois. Eu tinha um problema nos dentes e ele mandou eu fazer o trabalho em um dentista, para me ajudar. Ele viajava muito, para o interior. Em Belém, a sede da SPI, chamava inspetoria. Ele deixava entregue para o pessoal na inspetoria e eles bagunçavam todas as contas.

Para ir à Belém era preciso ir de barco, um barco do governo, que se chamava "Inasi", que fazia duas viagens por mês, de 15 em 15 dias, esse barco vinha para Altamira. Quer dizer, o barco vinha para Vitória do Xingu, parava em Vitória, e a gente pegava um caminhão dos patrões em Altamira e ia até Vitória. Cada patrão tinha um caminhão para transportar borracha para Vitória. Lá pegava o barco e levava quatro dias para Belém. Era preciso ir até lá para resolver as questões de trabalho, era muito difícil.

Contatos com os Kayapó

Lá no Gorotire, onde eu comecei a trabalhar, tinha um prisioneiro, um rapaz chamado Vicente, um branco, que os índios pegaram, e foi através dele que fizeram o contato. Eu encontrei esse rapaz, ele ficou preso nove anos. Até que saiu em Conceição do Araguaia, no sul do Pará. Deixou os índios. Foi uma festa, passou a noite pintado. Dia seguinte falou para os índios que tinha vontade de sair do mato. E apareceu em Nova Olinda, uma vila. Ele que fez o contato com os brancos.

Pegaram ele no rio Curuá, um afluente do Iriri, quando ele era pequeno, tinha uns 11 anos, e o levaram para o Xingu. Ele cresceu na aldeia, tinha o beiço furado, as orelhas. Aí ele ficou morando na aldeia. Um dia, foram fazer um massacre, e ele desistiu do massacre, saiu no meio do pessoal. Teve uma festa, ele passou a noite na festa, e daí ele se lembrou da sua história e decidiu sair. Ele voltou para a aldeia, chamou os índios e conversaram. Os índios iam matar os brancos. Mas esse rapaz levou os índios, saiu numa localidade lá, e aí contou a história dele. Ele nunca esqueceu de falar português.

O primeiro contato com os Kubenkrankren foi feito pelo Cavalcanti, para onde eu fui e onde eu aprendi a falar Kayapó. Depois os Kubenkrankren se dividiram.

Aconteceu o contato com os Kokraimôro, no rio Novo. Depois, seu Meireles subiu o Iriri e fez o contato com os Kararaô, no igarapé Limão. Após o contato no Limão, foi feito o contato com os Kayapó no igarapé Bom Futuro, que depois foram transferidos para o Baú. Eu não estava em nenhuma dessas expedições. Foi depois desses contatos que eu comecei a trabalhar no SPI. O seu Meireles me chamou quando eu estava no Kubenkrankren, depois que o Cavalcanti me contratou, lá no Gorotire, e o Meireles me chamou para trabalhar na expedição para fazer o contato com os Menkragnoti.

Nessa época do contato com os Menkragnoti o Cavalcanti já não estava mais em Altamira. Ele havia sido transferido para Pernambuco. Os seringalistas queriam matá-lo. Os patrões, os donos dos seringais, tentaram matá-lo uma vez em Altamira, e daí ele nunca vinha em Altamira. O Cavalcanti não gostava dos patrões.

Não sei direito como começou essa briga dos patrões com o Cavalcanti, mas a razão é porque ele defendia os índios. Como os índios atacavam os seringueiros, os patrões diziam que era o Cavalcanti que estava mandando os índios atacarem os seringueiros. Mas isso não era verdade. Foi um boato que começou a circular na região quando ele comprou 16 mil tiros, cartuchos de bala, em Belém. Uma vez o Cavalcanti foi a Belém e comprou muita munição, mas porque precisava, no posto. Quando ele chegou em Vitória, prenderam a munição que ele trazia. Começaram a falar que essa munição era para os índios atacarem os seringueiros no Iriri. Criaram esse boato e o povo todo lá acreditou. Mas os índios que estavam atacando não tinham contato com o Cavalcanti, com o SPI, era isolados.

Havia quatro grupos Kayapó isolados nessa época, na região do rio Iriri: tinha os Rontuiarô (que são os Kararaô), no igarapé Limão, o grupo do igarapé Bom Futuro, um grupo no rio Novo (que são os Kokraimôro), e os Menkragnoti, que viviam em um braço do Iriri. Esses grupos ainda não tinham sido contatados.

O contato com os Menkragnoti (1958)

Em geral, as expedições de contato duravam menos de um mês. A que demorou mais tempo foi a do contato com o grupo dos Menkragnoti. Levamos 14 dias para chegar na aldeia. E depois mais 14 para voltar. Ficamos nove dias lá na aldeia. O pessoal queria abandonar a expedição. Os índios que participavam queriam ir embora. Foi muito difícil.

O pessoal, os patrões diziam que era perto do Iriri, mas não era, era diferente. Achavam que era perto. Naquela época não tinha mapa. Pegamos o caminho deles. Chegamos no dia Sete de Setembro na aldeia. Ficamos lá e depois eu fui em outro grupo, que estava separado. Caminhei uns quarenta dias. O contato aconteceu no rio Iriri, em um lugar que se chama Cachoeira do Sangue.

O seu Meireles mandou pegar cinquenta homens para ir atrás, porque achavam que tinham nos matado. Nós éramos 26 pessoas e achavam que os índios tinham matado todo mundo.

Essa foi a expedição mais difícil que já fiz. Acabou a alimentação depois de dez dias. Nós vínhamos comendo palmito, tirando palmito de palmeira inajá, no mato. E comendo. Alimentando com palmito. Com o básico mesmo que a gente conseguia tirar da mata.

Café, ninguém tinha café. Nem arroz. Nem farinha. Não tinha nada, acabou tudo. Era só mesmo o palmito. Nem sal tinha. Sem sal, era muito ruim a comida. Os índios da expedição, um grupo tirava palmito e dava para nós. Caça não dava para alimentar, pouca coisa acabava logo. Depois de tanto tempo de caminhada, não tinha mais como retornar. Era preciso achar a aldeia e fazer o contato. Não tinha alimentação para voltar.

Nós chegamos de manhã na aldeia. Os índios iam para o caminho da roça quando encontramos eles. Um dos índios da expedição, o Botí, intérprete, falou com eles. O Botí andava na frente. Eles falaram, e os Menkragnoti convidaram para ir até a aldeia.

Na chegada na aldeia estava todo mundo armado, flecha, borduna, nos receberam com arma de fogo. As armas que tinham pegaram todas e ficaram de prontidão.

Eles tinham feito um massacre no Iriri e pensaram que iam ser atacados de volta. Mataram um seringueiro no Iriri, e estavam com medo de represália. Nós fomos seguindo o caminho que eles fizeram quando foram atacar. Por isso eles estavam com medo, achavam que eram os seringueiros. Mas quando viram os índios falando a mesma língua, se acalmaram.

Ficamos nove dias na aldeia, os Menkragnoti não deixavam a gente sair. Eles eram quase oitocentos e nós éramos 26 homens. Ficamos nove dias presos. Eles não deixavam a gente sair. Nove dias, lá. Depois de tanto tempo na mata. Eles davam comida para nós. Quando chegamos na aldeia, o cacique mandou preparar comida para nós. Foram fazer mingau de banana. Não tinham carne. Mandaram cozinhar banana e jerimum. Todos os dias davam comida para nós.

Enquanto a gente estava na aldeia, dava medo. Dava, sim. Porque sempre tinha uns índios que eram muito agressivos, como são os Kayapó. Uma vez um índio do Baú que estava na equipe, o Matinó, disse para mim: "Você fica atrás de mim, fica comigo aqui. Se der algum problema, nós corremos para o Curuá, nós dois". Os Kayapó já contatados, da equipe, estavam com medo dos Menkragnoti, porque era muita gente.

As casas eram de palha de açaí, casas baixinhas. A aldeia era redonda, grande. Tinha mais ou menos umas quarenta casas.

O Matinó me disse para ficar sempre junto dele. Eu fiquei com ele. Eu via eles todos de arco empunhados, borduna, arma de fogo, e diziam que não tinham medo de ninguém. Eles falavam isso toda hora. O cacique se chamava Rairuntí.

Não se falava em dar tiro, em nenhum momento. Não se falava em revidar se atirassem flecha. Os Kayapó do Gorotire tinham alguns parentes lá nessa aldeia dos Menkragnoti. Na primeira noite, ninguém dormiu. Nós demos para eles as nossas armas, para ganhar confiança. Não duvidava que a gente podia ser morto.

Mas, no convívio, perdemos o medo. Não adiantava ter medo. Não tinha jeito, ali, naquela situação, com a distância que a gente estava e com tanta gente. Até que eles resolveram nos liberar e nós viemos embora. Ficamos quase presos, e eles diriam quando a gente poderia sair. Marcavam: vamos amanhã. E não iam. Todo dia diziam que iam no dia seguinte, até que resolveram vir.

Depois desses dias lá, duzentos índios voltaram com a nossa equipe até um lugar chamado Candota, a localidade onde estava o Meireles.

Eu só voltei na aldeia de avião, quando o campo de pouso ficou pronto, uns dez anos depois, mais ou menos. Daqueles do contato que eu conheci, quase todos tinham morrido. Principalmente de malária e gripe. Era difícil medicamento. Eles iam para a cidade e voltavam gripados. Nesses dez anos que eu fiquei sem ir, morreram muitos índios.

Contato com os Kararaô (1965)

Os Kararaô, no Porto de Moz, era um grupo de 48 índios.

Eles tinham atacado um grupo de trabalhadores, mataram três, no rio Jaraucu. Os trabalhadores estavam tirando maçaranduba para fazer borracha, o leite da árvore, derrubavam ela para tirar o leite, quando foram atacados. Morreram três. O prefeito de Porto de Moz foi em Belém, e o Jarbas Passarinho era o governador. O seu Meireles disse que não tinha recursos para fazer o contato, e o governo do Estado forneceu.

Na expedição, fomos eu, o Osmundo, em um grupo de dez pessoas. Seguimos o rastro dos índios, a partir do acampamento do pessoal da maçaranduba. Pegamos a picada, o caminho. Nessa, não havia índios na equipe. Só eu que falei com eles. Chegamos na aldeia e eu falei com eles. Era uma aldeia benfeita, com roça, com tudo. Havia 48 pessoas vivendo lá.

Depois do contato o Osmundo foi embora, e veio outra pessoa, o Joaquim. Um dia, brincando, um índio baleou um funcionário. O funcionário foi para a cidade, e o índio foi junto, mas ficou no rio Jaraucu, na casa de um colono. A aldeia tinha uma picada. Levaram o índio para acompanhar, e era para ele voltar para a aldeia. Só que ele não foi, ficou lá, e lá tinha sarampo. Quando voltou para a aldeia, já tinha pegado sarampo, daí espalhou. Contaminou os outros. Morreram quase todos. Ficaram só oito, que escaparam. Dos 48 índios.

Depois disso, os índios foram transferidos para Marabá. Já era Funai nessa época. Foram para uma aldeia de outro grupo de Kayapó, no rio Itacaiunas.

Uma expedição junto de Chico Meireles e Orlando Villas Bôas

Quando foi em 1967, estavam abrindo uma estrada que ia de Altamira até Santarém, um projeto da prefeitura. A picada para fazer a estrada chegou até perto de uma aldeia indígena e os índios reagiram e atacaram o pessoal. E aí houve um massacre.

Eram cinco trabalhadores que estavam fazendo a topografia. Dois deixaram o serviço, ficaram três, quando os índios os atacaram.

Nesse momento, um pouco antes, o Chico Meireles, que estava em Belém, me mandou para acompanhar a topografia. O prefeito, Frizan da Costa Nunes, que era o dono do Seringal da Praia, era amigo do Meireles. Eles já tinham visto os índios. Os trabalhadores tinham avisado que tinham visto índios. E por isso o Meireles me mandou para acompanhar o trabalho da topografia para ver se tinha índio no caminho. Assim que eu cheguei em Altamira, deu dois dias, eu, o Arnoldo e mais um rapaz estávamos indo para a área quando encontramos um dos trabalhadores voltando, correndo. Eram sete horas da noite quando ele chegou no nosso acampamento. Ele vinha com a arma nas costas, tinha abandonado tudo. Vinha de noite mesmo. Ele foi embora e eu continuei. Ele nos informou que tinham sido atacados, os índios tinham matado o Zé Manel e flechado o Chagas, que ainda estava lá.

No outro dia, fui até lá e encontramos o Chagas. Colocamos ele numa rede e ele foi transportado para Altamira. Estava todo inchado. A flecha pegou do lado esquerdo, debaixo do braço, ao lado do coração. Ele conseguiu tirar a flecha, mas quebrou a costela.

O corpo do Zé Manel estava no acampamento. Eu voltei para Altamira e o prefeito mandou mais 15 homens junto comigo para buscar o corpo do Zé Manel, uma semana depois da morte. Quando chegamos lá, só estavam os ossos: os índios tinham descarnado ele todinho, haviam tirado a carne. E também cortado a cabeça e tirado os dentes. Foi uma comoção na cidade, e o clima estava anti-índio. A aldeia ficava muito longe, a setenta quilômetros de Altamira, contando depois que a Transamazônica foi aberta. Mas naquela época fomos a pé, nem sabíamos a distância. O Chagas explicou: depois de um igarapé grande, uma hora, chega no lugar. Então depois que a gente atravessou o igarapé, fomos caminhando devagar e encontramos os ossos dele.

Na época do contato com os Kararaô, eu tinha ido na aldeia desses índios, e eles haviam jogado flecha na gente. Isso foi em 1964, a gente tinha ido atrás de um grupo de Kayapó. Os Arara tinham atacado um grupo de pescadores no rio Penetecal. Atacaram várias vezes lá, no rio. E um funcionário que o SPI contratou, um dos pescadores, de nome Edson, ele foi nos mostrar o caminho até a aldeia. O Edson andava atrás de um garimpo, e um colega dele tinha sido flechado pelos índios. Quando a gente chegou na aldeia, jogaram flechas em nós, duas vezes. Eu disse para o responsável que não era Kayapó, e não adiantava insistir no contato. Pelas casas da aldeia, quando eu vi, na hora percebi que não era Kayapó. Eu e um índio Kayapó tentamos falar com eles, e eles responderam com flecha. O Kayapó deu um tiro, de volta, mas não acertou. Daí nós voltamos, descemos o rio e fomos atrás dos Kayapó que estávamos procurando, e foi quando fizemos o contato com os Kararaô.

Então, como eu sabia que não eram Kayapó, eu trouxe também uma flecha que tinham usado para matar o Zé Manel. O Orlando e o Cláudio Villas Bôas vieram para Altamira e trouxeram junto um índio Juruna e um Kayabi, do Parque do Xingu. Eles olharam a flecha e disseram que não era do povo deles. Chico Meireles também estava em Altamira. Foi muita gente que veio para Altamira, junto estavam o Adrian Cowell, documentarista, o Jesco von Puttkamer, câmera e fotógrafo.

Como eu já sabia onde era o local, pois eu tinha ido lá na aldeia deles, decidiram fazer uma expedição. Nós descemos para Porto de Moz, e de lá subimos o Jaraucu, de barco. Depois do Jaraucu, pegamos o Penetecal, um afluente, e subimos o rio. Fomos até perto da aldeia, deixamos o barco e fomos a pé, mais ou menos dois dias de viagem.

Quando chegamos na aldeia, ela estava abandonada, os índios tinham se mudado. Nós seguimos, passamos a aldeia abandonada e fomos procurar outra aldeia. Havia muita roça. Lá o Orlando desistiu, decidiu terminar a expedição, pois não se sabia que índios eram, já que não eram Kayapó, nem Kayabi, nem Juruna. Ele achou que poderia ser perigoso. Nessa expedição estávamos em 16 homens, durou mais ou menos um mês.

Eu conheci o Orlando e o Cláudio nessa viagem. Eram pessoas muito boas. Mas no mato eles eram muito devagar, o Orlando era meio gordo e o Cláudio tinha problema de vista, era meio cego. Eles conversaram muito comigo, eram muito simpáticos.

Eles se davam bem todos os três. Na expedição, o Meireles conversava muito com o Orlando e o Cláudio, eram amigos. Tinham um pensamento diferente, um do outro, mas naquele mês juntos eles se deram bem.

Depois, todos foram para Brasília. Quando chegaram, o Meireles foi preso no aeroporto. Passou quarenta dias preso. Quem mandou prender foi o coronel Heleno Augusto Dias Nunes, do Exército, que tinha sido diretor do SPI e estava mudando para a Funai. O coronel Heleno mandou prender um bocado de gente, como por exemplo o João Fernandes Moreira, no Maranhão. Era por causa das investigações do "Relatório Figueiredo".

E quem mandou soltar foi o coronel do Exército Jarbas Passarinho, que tinha sido governador do Pará e naquela hora era ministro. Foi quem mandou soltar. E foi o Jarbas Passarinho que tinha arrumado os recursos para ele pacificar os Kararaô, quando foi governador do estado. O trabalho de pacificação dos Kayapó tinha feito o Meireles ficar mais conhecido, e eles se aproximaram, tinham ficado amigos. Assim é a história que a gente sabe.

Quando o Meireles esteve no Iriri, ele levou o Apoena, filho dele, com mais ou menos 12 anos nesse tempo. Fomos juntos até o Curuá.

Depois, eu não vi mais o Orlando nem o Cláudio Villas Bôas.

Quando acabou o trabalho no Penetecal, vim trabalhar no Bacajá, com os Xikrin. Quando surgiu a Transamazônica, eu estava no Bacajá. Voltei para o Penetecal em 1970.

Os Xikrin do Bacajá

Em 1959, os Xikrin atacaram e mataram dois garimpeiros na Ilha da Fazenda, que fica na Volta Grande, no rio Xingu. Depois, reuniram um grupo e foram atrás dos índios, os seringueiros e os garimpeiros, para atacar. Na chegada, eles ouviram o barulho dos índios, e desistiram. Eles tinham sido pagos e organizados pelo patrão do seringal, o Luís Neto.

Eu estava em Belém, com o Meireles, e ele veio para Altamira para ir atrás do grupo. Chegou na Ilha da Fazenda e pegou 25 seringueiros e garimpeiros. Eram 25 homens, e saíram atrás dos índios. Pegaram o caminho e seguiram. Antes de começar a expedição, ele se reuniu com o grupo. Ele sempre fazia isso, para explicar como é que ia ser feito o trabalho. Daí ele pegou o revólver dele e mostrou. Quem me falou isso foi o Corró, que estava com ele e viu. O Meireles falou para o pessoal: "Se alguém atirar nos índios, eu vou matar com esse revólver". Os seringueiros e os garimpeiros estavam todos muito armados. Alguns abandonaram e foram embora.

Fizeram a expedição, não acharam a aldeia, e voltaram. Os índios não tinham aldeia, eram nômades, e o pessoal começou a desistir e o Meireles voltou. Foi quando eu e mais seis ou sete homens seguimos o caminho dos índios e encontramos com o Meireles voltando. Ele falou que ia voltar porque não tinha mais rancho, nada para comer, e os seringueiros tinham que trabalhar.

Nós seguimos a expedição, nesse grupo menor. Ficamos um dia no acampamento do Meireles, e no dia seguinte seguimos viagem. Meireles voltou em um barco do Bacajá, e nós fomos pela picada no Bacajá grande. Seguimos o caminho dos índios.

No terceiro ou quarto dia os índios atravessaram o Bacajá, e nós atravessamos atrás. Acampamos no Bacajá. No dia seguinte os encontramos. Nós éramos 13 pessoas, e eles eram 155 pessoas. O Corró estava junto comigo.

Havia dois índios Kayapó conosco, e três Xikrin que eram parentes deles, que estavam no Gorotire e o SPI mandou para nos acompanhar na expedição. Os índios eram: Aiembi, Ingremaií, que era Xikrin, Nikarono, mais o Beprê, Kayapó do Baú, e Nodjuro, do Kokraimôro. No contato, eles falaram com os índios. Um dos Xikrin conhecia o cacique, os Xikrin eram desse grupo. Eles falaram e responderam.

A gente estava na aldeia. Na hora que a gente chegou, um índio veio com a borduna para me matar, eu acho. E um dos índios da aldeia mesmo dele tomou a borduna dele e falou para não atacar. Daí começaram a falar com os índios da expedição. O Aiembi, que é Kayapó do Gorotire, foi no meio da aldeia e fez um discurso. Os Xikrin já tinham ido uma vez no Posto do SPI Las Casas, perto de Conceição do Araguaia. Eles já sabiam um pouco, já tinham certo conhecimento da gente, do SPI.

Depois do contato, nós voltamos para a beira do rio e mandamos avisar o Meireles, que ainda estava no Bacajá, e ele foi lá para o acampamento nos encontrar. Ficou lá uma semana, mais ou menos. Veio para Altamira e trouxe cinco Xikrin junto.

Foi embora para Belém e mandou o pessoal do SPI deixar os índios no posto. Mas não fizeram isso, deixaram os índios no meio do caminho. Eles estavam gripados, sem medicamentos, e, quando chegaram onde nos estávamos, no acampamento, estavam todos doentes. Eu fiquei lá com eles uns dez a 15 dias, e não havia medicamentos, não havia enfermeiro, não havia nada.

Eu vim para Altamira na Ajudância do SPI e informei o chefe, o Fernando. Ele me disse que não tinha dinheiro para comprar medicamento, e ficou por isso mesmo. Morreram 55 índios.

Os índios abandonaram onde nós estávamos e foram para a mata. Quando voltaram, estavam todos diferentes. Choravam muito pelo pessoal todo que tinha morrido.

Eu fui na aldeia e vi uma criança mamando numa mulher morta. Tirei a criança e levei para o acampamento onde nós estávamos. Os índios tinham fugido e tinham abandonado a mulher morta e a filha. Os índios queriam matar a criança, mas eu disse para não matar, e deixar ela viva. Dei ela para a mulher do chefe do posto do SPI. A criança ficou com ela. Quando saiu de lá, deu a menina para uma família na Ilha da Fazenda. Depois deram essa menina para uma família que morava no Rio de Janeiro ou em São Paulo.

Três anos atrás, agora, recentemente, essa menina veio aqui em Altamira querendo saber a história dela. Ela foi na Funai e falaram de mim. Ela queria saber quem tinha sido a pessoa que tinha dado ela. Ela veio me ver e eu não estava, e, quando eu fui lá, ela já tinha viajado. Não me lembro em qual desses dois estados ela mora. Nunca mais encontrei com ela.

Trabalhei nos Xikrin uns quatro anos, até chegar a Transamazônica, em 1970.

A chegada da Transamazônica, BR-230 (1970)

Quando foi em 1970, surgiu a Transamazônica. Como eu conhecia a região, me mandaram para trabalhar ali.

Eu estava no Bacajá, e o pessoal de Belém me mandou para a direção da topografia para ver os grupos de índios próximo. Andei uns 15 dias e não tinha visto nada. Voltei e falei para eles que não tinha visto nada, e em seguida saiu a equipe da topografia. Por um sobrevoo, eles tinham visto uma aldeia, e a topografia ia passar lá.

Para um coronel que se chamava Rondon, eu falei que eu só conhecia pelo caminho do Penetecal, por Porto de Moz. Quando eu cheguei lá, os índios já tinham abandonado as aldeias. A Topografia passou bem no meio da aldeia, tinha aldeia de um lado e do outro da estrada.

Eu fui, entre 1970 e 1975, para Manaus, trabalhar na pacificação dos Waimiri Atroari, mais ou menos um ano e meio lá. Eu estava na equipe com Francisco Montové. O Porfírio de Carvalho tinha saído de lá, vindo para Altamira, e o sertanista Gilberto Pinto já tinha sido assassinado. Estavam construindo a estrada que vai de Manaus para Roraima (BR-174).

Em abril de 1975, os índios mataram três funcionários da CPRM – Companhia de Pesquisa de Recursos Minerais no quilômetro 100 da Transamazônica. Eles me chamaram de Manaus para ir lá. Agora, era para tentar o contato.

O Exército tinha ido retirar os corpos. Os índios tinham tirado as cabeças dos corpos também, como o Zé Manel.

Quando eu cheguei, a "frente" para tentar o contato com os Arara funcionou três meses e parou, por falta de recursos.

Os Arara e a Transamazônica

Quando iam abrir essas estradas aqui na Amazônia, sempre acontecia violência. Quase todos iguais.

Nessa área da Transamazônica, havia três grupos Arara. Um no quilômetro 80, um no 120, e outro no Iriri, na Cachoeira Seca.

Eles estavam pressionados, e atacaram para se defender.

Primeiro foi o caso do Zé Manel, que os Arara mataram, que eu fui recolher a ossada. Depois, no quilômetro 115, mataram um colono que eu conheci.

Haviam posto o apelido nesse colono de Pedro "Nó Cego". Ele dizia que tudo com ele era "Nó Cego", usava essa expressão, e botaram esse apelido nele. O pessoal da Funai foi lá avisar do risco que ele estava correndo por causa dos índios. E o "Nó Cego" dizia: "Eu não tenho medo dos índios". Era isso que ele falava. O "Nó Cego" foi morto no quilômetro 115. Ele estava sozinho, em uma casinha, um acampamento que tinha feito só para dormir. Os índios vieram, mataram ele, tiraram as mãos, a cabeça, as pernas, esquartejaram ele todinho, e depois botaram fogo na casa. Também só estavam os ossos, tinham tirado a carne toda.

Quem encontrou ele foi outro colono, que tinha ido caçar. E quando chegou de volta, o colega dele estava morto.

Fomos na picada, pegamos a trilha dos índios que vieram matar ele. Estava tentando fazer o contato. Chegamos em uma aldeia, que estava abandonada, só tinha algumas coisas deles lá, como algumas cabeças de gente enfeitadas. Tinha três cabeças. Peguei elas, uma estava toda enfeitada, transformada numa flauta. Eles tinham cozinhado, tirado tudinho, e enfeitado. Botavam uma taboca no nariz, para fazer uma flauta.

Eles tinham feito um balaio, onde estavam as cabeças. Nós tiramos para ver, depois botamos no mesmo lugar. Trouxe só as fotografias. Dei as fotos na Funai, e o general Ismarth de Araújo Oliveira, que era o presidente, pediu para ficar com as fotos. Eu não quis mexer, trazer as cabeças, porque poderia dar problema, os índios iriam ficar chateados e isso poderia dificultar o contato, causar mais problemas. Hoje, não se tem nenhuma cabeça. Depois do contato, os índios me contaram que eles comiam o miolo da cabeça. Não sei explicar para que eles usavam.

Quando eles morriam, eles não enterravam. Botavam o corpo para secar. Faziam uma casa, botavam lá o corpo e deixavam secar, em meio a rituais.

Hoje eu não sei se ainda tem alguma dessas cabeças.

No Penetecal, quando os encontramos, naquela tentativa de contato, estavam com uma sacola cheia de ossos, cabeças, tudo pintado de urucu. Pernas, braços, cabeças, numa sacola de palha.

Não fiquei com medo de ir atrás deles na picada. Quando a gente começa a andar na mata, perde o medo. No começo, eu ficava receoso. Mas depois que começa a andar, daí perde o medo. A gente não tinha medo, não.

Os colonos viam vestígios dos índios, e nos avisavam. Uma vez um colono, o Paulo Medeiros, nos informou que tinha visto vestígios. Mas acontece que os índios andavam muito, e não paravam. Ficavam andando para todo lado, com medo da Transamazônica. Eles estavam em um lado, deixavam um sinal, a gente ia lá, depois apareciam em outro travessão. Era assim: eles nunca ficaram parados num travessão, varavam aquelas entradas de colonos todinhas ali, ficavam varando aquilo tudinho. E eu atrás deles. As equipes eram de dez, 12 homens, e todo mundo andava armado. Só que ninguém tinha ordem de atirar. Tiro, nenhum. Ninguém atirava.

A flechada (3 de junho de 1979)

Antes de mim, flecharam um índio Waiwai no braço, o Pedro Waiwai, um índio que trabalhava na Funai, vindo da aldeia Mapuera, na Calha Norte. Nós estávamos fazendo um acampamento, e ele foi tirar umas frutas. Ele estava com o rifle na mão, e flecharam para derrubar o rifle. Acertaram o braço e caiu o rifle. Foram duas flechas, na primeira não caiu o rifle. Quem flechou ele foi o Mutê, hoje a gente sabe, ele me contou. Isso foi a duzentos metros do acampamento. Nós escutamos os gritos, corremos para lá e os índios correram.

Afonso Alves da Cruz mostra a foto em que ele aparece ferido e a caminho do hospital.

Nós continuamos fazendo tentativas de contato. Alguns anos depois, fomos novamente atacados.

O ataque foi violento.

Nós tínhamos colocado uns brindes e fomos lá olhar. Quando a gente estava saindo do acampamento, eu vi uma pessoa, só que não dei muita atenção. Todo pintado de vermelho. Hoje eu sei quem é o índio, era o Mutê, ele me contou que estava nos observando. Naquela hora, no entanto, eu não entendi direito, achei que era um veado. Foi perto do acampamento. Seguimos. Seguimos caminhando para ir lá ver os brindes que tínhamos deixado. Quando chegamos mais na frente, eu ouvi um assopro. Eu vi que assoprou no chão, muito baixo. Falei para o Corró: "Rapaz, esse é um assopro diferente".

A gente conhece assopro de bicho do mato e assopro de pessoa. Falei para o Corró ir na frente, que eu iria para o lado olhar o que estava assoprando, se era um bicho que estava lá. O Corró falou que eu estava mentindo, que não tinha sido nada, e eu saí do caminho. O Corró falou que não ouviu nada, e o Gerson disse que era surdo. O Gérson (Gérson Reis de Carvalho) era meio surdo, então ele não tinha ouvido. Até que voltou assoprar de novo, e pensamos que era inhambu, um pássaro. Caminhamos mais umas dez passadas e escutamos a zoada de flecha.

A primeira flecha que me acertou ela furou minha camisa, eu desviei. Aí eu vi o índio, e me atirei no chão, para me abaixar, e foi quando entrou a primeira no meu corpo. Pegou do lado do pescoço. Quando caí no chão, daí veio a outra, que pegou na minha costela.

No meu corpo entraram duas flechas. Elas duas atravessaram. Primeiro eu tirei a taboca, e ficou só o bico em mim, dessa que entrou do lado do pescoço. Quando eu fui me levantar, ela enganchou nos paus e eu caí de novo no chão. Aí eu puxei para a frente, e a ponta ficou. Eu fui aberto todinho. Entrou do lado do pescoço, entre o pescoço e o ombro, e saiu nas costas, passando pelo meu pulmão. A outra pegou do outro lado, na costela, e também varou e saiu nas costas. A primeira atingiu o meu pulmão, e a segunda, o rim.

O que aconteceu foi o seguinte: eu achava que eu não ia escapar. Pensávamos que não tinha como nos tirar de lá. Estávamos na base de uns trinta quilômetros de distância da Transamazônica. Eu ainda conseguia andar. Mas o João Carvalho, em quem a flecha pegou na barriga, não andava. O João Carvalho levou a flechada na barriga. Era uma taboca larga e, quando ele puxou, o intestino dele caiu pelo buraco. Saiu o intestino dele todinho. Arriou as tripas todinhas. A flecha ficou no meio da barriga, quando bateu. Ele era gordão, barrigudo, buchudo. E daí botou as mãos na barriga e segurou o intestino. Era uma flecha grande, quase dois metros de comprimento. O Corró também foi flechado, na barriga, e atravessou a barriga, de lado a lado. Mas pegou entre a carne e o couro. E outra flecha foi na mão. Mas quem ficou pior mesmo fui eu.

Nós tínhamos feito uma clareira grande no acampamento. E nessa clareira pousou o helicóptero. Eu mesmo falei no rádio, avisei que tínhamos sido flechados. Falei a distância que nós estávamos da estrada, a localidade, passei a referência de uma fazenda, e o piloto falou: "Está bem, eu acerto". Ele passou numa fazenda, descendo em direção ao rio Xingu, e acertou a clareira certinho. A gente tinha feito uma fumaça, e pela fumaça ele veio.

Chegamos em Altamira, fui direto para o hospital. E o problema é que o médico me deu água. Ele me deu água gelada, eu não tinha bebido nada, até então. E quando eu bebi a água que o médico me deu, eu tive hemorragia. O médico me deu água, e eu cuspi sangue. Até então eu não estava com hemorragia. Eu tinha tomado injeção antitetânica lá no acampamento. Nós tínhamos falado com um médico em Belém, pelo rádio, e ele mandou a gente tomar uma injeção antitetânica e não mexer com as flechas, não mexer em nada.

De Altamira eu fui de avião para Belém. Era de noite, precisava de uma autorização especial. Pousou oito e meia da noite. O piloto falou que tinha 18 horas de voo noturno. Fui direto para o Hospital Adventista e fiquei 21 dias no hospital internado. Fiquei quase quatro meses em Belém, para me recuperar.

Nós estávamos a quinhentos metros do acampamento quando fomos atacados. Os índios fizeram a agressão e depois se afastaram.

Era tanta picada dentro da área deles que os índios não tinham mais para onde ir, e eles tinham que apelar mesmo. Tinham que apelar. Era só o que sobrou para eles fazerem.

E comigo, bom, é o trabalho, não é?

A gente tinha arma, mas nunca pensamos em usar contra os índios. Não era pra isso que eu andava armado.

Os Arara do Laranjal, os que me flecharam, eu sei quem foi a pessoa que me flechou, foi o Bakariwa e o Timi. Hoje, eu já fui lá e sempre que eu passo por lá eu converso com eles, mas eles pedem para não falar daquele assunto. Pensavam que nós queríamos matar eles, como faziam os colonos e os seringueiros. Não sabiam qual era a minha finalidade, a razão de estarmos atrás deles. Pedem para não falar porque eles dizem que sentem vergonha do que fizeram. Eu explico para eles que não tem problema, não. Fui lá uma vez com o pessoal da TV Globo, mas eles falaram que não queriam falar porque se sentem envergonhados. Não sabiam o que os jornalistas queriam. Não é bom mexer nisso porque dói.

O Corró depois voltou e fez o contato com eles, em 1981. Ele me contou que eles apareceram, gritaram, ele pegou algumas coisas e foi lá falar com eles. Não reconheceram o Corró.

Eu não fui nessas expedições seguintes. Depois desse ataque no Laranjal, em 1979, eu levei um tempo para me recuperar, um ano. E depois eu fiquei afastado da equipe que fez o contato no Laranjal e no PVI[1]. O Sydney Possuelo, que montou a equipe, disse que tinha medo que os índios me reconhecessem e isso pudesse causar algum problema, eles acharem que estaria lá para revidar, alguma coisa assim. Uma vez, eu fui lá, depois do contato, e um índio pediu para levantar a camisa, para olhar a minha barriga, ver se tinha marca de flecha. Mas eu não deixei não.

O contato com os Arara na Cachoeira Seca, rio Iriri (1987)

A equipe que tinha sido montada para o contrato dos Arara na Transamazônica, no PVI e no Laranjal, em 1980, 1981, continuava trabalhando para tentar o contato no Iriri. Mas em 1986, 1987, que é quando aconteceu o contato, já não tinha mais dinheiro.

A Funai não tinha recursos, e deixava umas poucas pessoas lá num posto de vigilância para ninguém invadir a área. Eu ficava lá, ficava bastante lá. Ficáva-

---

1. Leia o depoimento do sertanista Wellington Gomes Figueiredo, p. 253.

mos uma equipe de cinco a seis pessoas. Passei o Natal de 1986 e o ano-novo lá no mato, eu tinha ficado mais ou menos um mês. O contato aconteceu no dia 2 de janeiro de 1987.

Um dia, retornei para a base da Funai e, chegando lá, chamei o Gérson e fomos em cinco homens olhar para ver se os índios estavam pegando os brindes que a gente vinha deixando.

Fomos num lugar meio perto do rio, e quando chegamos arriamos as coisas que a gente vinha carregando no chão, e cinco minutos depois eu olhei e vi duas pessoas. Pensei que fosse pessoal nosso, o Gugu e o Xagá. Eu fiquei olhando e vi que esse pessoal estava com um negócio diferente nas costas – era o arco! Saíram do mato, ficaram me olhando, na beira no rio Liberdade.

Eles ficaram me olhando, e daí eu fiz um gesto para eles com a mão, chamando eles, abanando. Aí eu os vi com as flechas na mão, e eu não quis sair, porque poderiam me flechar. Fiquei atrás de um pau, tinha uma mangueira ali, e pensei que, se eles flechassem, eu poderia me proteger atrás da árvore. Fiz outro sinal com a mão. Eles me olharam, olharam de novo, aí olharam, aí um correu. Eu fiquei atrás do pau. E o outro correu.

Eles tinham se dividido. Não estava o grupo todo ali, nessa hora. Alguns tinham ido para a roça e os outros estavam ali no rio. Dava para ouvi-los gritarem da roça, um gritando para o outro.

Eu estava sozinho nessa hora.

Voltei para a base e chamei o Gérson, que trabalhava no posto. Nós estávamos em seis pessoas. O pessoal ficou e eu fui sozinho de novo, sem chamar mais gente, para não fazer zoada. Aí o Gérson, que falava um pouco a língua dos Arara, disse que ia arriscar falar alguma coisa. Até então, naquela época, diziam que podia ser índio do povo Munduruku. A gente não sabia que tinha mais Arara. E não tinha quem falasse a língua dos Munduruku no meio da gente. O boato da região é de que eram Munduruku. Por isso, o Gérson foi tentar falar em língua arara para ver se eles respondiam.

Os índios correram. Nós tínhamos um bocado de brinde, fomos lá e colocamos para eles. Tínhamos banana madura nas roças, tiramos e colocamos lá. No outro dia, no dia seguinte, eles vieram e começaram a pegar as coisas. Daí viemos colocando as coisas mais perto do posto. E eles vieram pegando. Daí, uma vez, deixaram coco bacaba e um jabuti para nós. Pegamos e botamos outras coisinhas lá.

Eles andavam por outro caminho, não o do brinde, e daí nós mudamos de lugar, mais próximo de onde eles passavam. Quando foi um dia, eles vieram. Ficaram olhando para nós. Falei pros companheiros fingirem que não era nada, ignorar, deixar eles para lá. Aí o Gérson pescou um bocado de peixe, assou e deixou lá para os índios, na frente do posto. Os índios vieram e começaram a comer o peixe, ali mesmo, no acampamento. Falei para todos fingirem, de novo, que não era nada e deixar para lá.

Afonso Alves da Cruz

Quando foi no quinto dia, aí dois homens apareceram lá e começaram a gritar. Eu fui lá ver, mas eu estava vestido, e eles correram. Deixamos eles correrem, não fomos atrás. Voltei.

No dia seguinte, eles voltaram novamente, os mesmos dois índios, e começaram a gritar. Fui lá e vi que eles iam correr de novo, mas daí decidi ir só de calção, porque eles poderiam pensar que eu estava armado. Eles pararam, quando me viram só de calção. Eu peguei umas panelas, mostrei para eles e eles vieram.

Esses dois índios estavam tremendo. Pegaram as panelas, pararam ali, conversaram, e alguma coisa eu entendi porque já tinha entendido dos outros Arara. Eu entendi eles falarem em chuva. *Campó* é chuva, ele mostrou para mim. Vimos que eram Arara. Conversaram, conversaram com a gente, saíram e foram embora, levaram as panelas. Antes de sair, contou nos dedos assim, querendo dizer que em cinco dias estaria de volta. Nós tínhamos muitas coisas ali e demos para eles. Só que a gente achava que eram cinco dias, na verdade, foram cinco meses.

Eles saíram e montaram um acampamento na beira do rio Iriri, ali perto. Eram dois índios que dormiram lá, um casal. Quem veio foi a Tibi e o Ipó.

Quando ele contou nos dedos, eles falavam *Nonó*, que é lua. Mas não entendi na hora. Cinco meses depois eles vieram até a beira do rio. E o Gérson estava lá. Nessa vez, vieram todo mundo, os 31 índios que formavam o grupo.

Depois do contato, daí começou a ter apoio da Funai de novo. Esse grupo da Cachoeira Seca que eu contatei, tivemos muito apoio depois do contato. Nunca faltou nada para eles quando eu estava lá. Logo depois do contato mesmo, eu passei um rádio para Brasília, e o Sydney Possuelo mandou recurso, fui em Altamira, comprei o que precisava. Quando tinha alguma doença, mandavam remédio na hora, utilizavam um campo de pouso de uma fazenda ali perto. Depois que saiu da Funai e passou para a Funasa – Fundação Nacional de Saúde, a questão da saúde indígena mudou. Teve uma índia que morreu por descuido dos enfermeiros que assumiram a função, nos anos 1990. Mesmo já depois de um ano do contato, tinha índio que falava português no meio deles. Não havia quem falava a língua deles entre a gente, só o Gérson, um pouco, e tivemos que aprender.

Na época do contato, eles eram 31 índios. Hoje, eles estão em torno de noventa. Esse contato com os Arara, na Cachoeira Seca, foi o único grupo que não morreu nenhum depois do contato. Consegui isolar a área. Teve um índio que veio para a cidade, mas só dois anos depois, e ainda porque uma enfermeira disse que não podia tratá-lo lá. E a primeira gripe que pegaram foi só três anos depois. Sarampo, essas coisas, eles nunca tiveram, e foram vacinados.

Foi uma situação muito diferente do primeiro grupo de Arara contatado na Transamazônica, no Penetecal. Eles acabaram indo para a cidade muito no início, e pegaram gripe. Por isso, decidimos deixar esse grupo da Cachoeira Seca isolado ali dentro, protegido.

Eu trabalhei até fevereiro de 2010 lá no posto, direto, só saindo para folga e para férias. Até quando eu fui dispensado. Muita gente foi dispensada da Funai de Altamira, onde eu trabalhava. O administrador, Benigno, meu amigo, foi dispensado. Fomos dez pessoas que saíram, todas em um processo de reestruturação que fizeram em Brasília. Eu estava lá na Cachoeira Seca, no posto, com os índios, quando ouvi a notícia, na Rádio Nacional da Amazônia, de que a Funai ia fazer uma reestruturação. Mas não entendi bem, não. Depois, quando eu vim pra cidade, ia sair de férias uns dias, vieram me avisar que eu tinha sido demitido, tinha perdido a minha função. Eu já era aposentado, como sertanista, e daí tinha só função (cargo de confiança DAS 1).

Hoje em dia, a minha relação com os Arara da Cachoeira Seca é muito boa. Quando eles vêm em Altamira, passam lá em casa para me visitar. Eu converso com eles. Falo, dou conselho, mas não é como quando eu estava no posto, que eu podia controlar a entrada do que iria fazer mal para eles. Agora, eu sei que tem bebida lá. Antes, eu não deixava entrar bebdia alcoólica. Eles estão envolvidos com pescaria, pescadores ilegais que vão lá roubar peixe deles. Um dia desses mesmo, um deles veio em casa e me contou das coisas ruins que estão acontecendo. Pescaria ilegal, cachaça. Eles não vendem madeira, mas os madeireiros invadem a terra deles e roubam madeira. Foi o Iau que veio aqui me contar isso. E eu falei pra ele: "Hoje, não posso fazer nada. Agora é com a Funai, que deve fazer alguma coisa por vocês".

E agora tem a usina, Belo Monte. Eles estão sempre aqui na cidade, negociando as compras que querem. Já não tem mais roça, nem roça tem mais. Está muito feia a situação, muito triste.

A aldeia é longe da cidade, fica a uns 250 quilômetros de Altamira, dois dias de voadeira. Quando o rio tem água, é um dia e meio de viagem. Eu ia de barco, e daí eram quatro ou cinco dias, porque o barco anda mais devagar. E ficava cerca de três meses lá. Agora, já não tenho saudade de trabalhar lá, e estou mais velho.

Lembranças

As coisas estão difíceis no Xingu. Estão muito diferentes de antes. Para quem é pescador, está muito difícil. E o rio onde eu vivi a vida inteira hoje está acabado. O Iriri também está acabado.

Na Terra Indígena Cachoeira Seca do Iriri, dos Arara, ela ainda não foi demarcada. A área está invadida. O Exército, com Ibama e Funai, já foram lá. Uma vez, eu e o Benigno organizamos uma operação, e tiraram todos os madeireiros. Mas depois voltaram.

Eu não tinha medo. Os madeireiros ameaçavam, mas eu não tinha medo. Uma vez falaram que iam matar eu, o Benigno e mais um cara, mas não fizeram nada disso. Hoje, está tudo invadido de novo, estão tirando madeira de novo de dentro da área.

Aqui na cidade ninguém gosta muito de índio, mas eu não andava muito aqui na cidade. Não tenho muita ligação aqui na cidade com ninguém. Enquanto eu trabalhava em posto da Funai, eu gostava muito de aconselhar os índios. O Benigno me defendeu muito. Mandou prender gente lá na aldeia dos Arara. Foi ameaçado. Uma vez queriam matá-lo lá na Bannach, uma madeireira. Tinham armado uma emboscada, queriam matar ele, botar fogo no carro e afundar o barco. Mas ele não tinha medo não.

Quando eu fui flechado, esse foi o momento mais difícil que eu passei na minha vida. E também quando eu vi a índia Xikrin morta, que morreu dando de mamar para o bebê. Foi triste. Depois que eu tirei a menina, eu fazia mingau e dava para ela beber. Ela tomava aquele mingau. Até quando eu cheguei no posto, onde estava o pessoal, no Posto Cachoeirinha, eu entreguei para a senhora que trabalhava lá, para adotar. Ela chorava de noite. Tinha no máximo três anos. Fiz uma cama para ela no barco, e essa menina chorava demais. Foi muito triste.

Os Arara da Cachoeira Seca nunca me contaram de massacre, mas eu sei que eles foram atacados na época da borracha. Lá na área onde eles viviam, na Cachoeira Seca, não havia colonos, era uma área meio isolada. Esse grupo não tinha muito confronto, como o do Penetecal, que foi impactado pela Transamazônica.

O pior momento para os índios, o mais difícil para eles, eu acho que está sendo agora. Esses índios que estão aí hoje, aqui na região de Altamira, nem roça eles têm nas aldeias. Os Arara lá da Cachoeira Seca não têm mais roça, não plantam mais a mandioca e a banana para comer. Acabou tudo. Estão dependentes. O que fica pior com a usina de Belo Monte. A situação desses índios está feia. Muito feia. Vai acabar com a vida deles. E vai alagar tudo.

Quando eu trabalhava lá no posto, eu os aconselhava a trabalharem na roça, na vida deles, a não beber, a não deixar se iludir com essas mentiras dos brancos. Um dia desses vi um bêbado até na televisão. Foi uma cena muito triste, de um índio Arara aqui em Altamira. Com Belo Monte, pode ser o fim dos índios mesmo. É um problema muito grande. Muito difícil para eles lidarem. A usina está destruindo toda a região e o que está acontecendo com os índios é pior do que tudo o que eu já vi na minha vida. Pior até do que na época do seringal, mesmo. Porque vai alagar tudo.

Iriri é onde tem mais peixe, sempre teve mais do que o Xingu. Mas, hoje, o Iriri já está sem peixe. Acabou o peixe, no Iriri e no Xingu. Hoje, não dá nem para imaginar o que virou a cidade de Altamira. E até a casa onde eu vivo com a minha família vai ser alagada e querem nos tirar daqui.

Acervo Programa Waimiri Atroari

José Porfírio Fontenele de Carvalho

Legenda

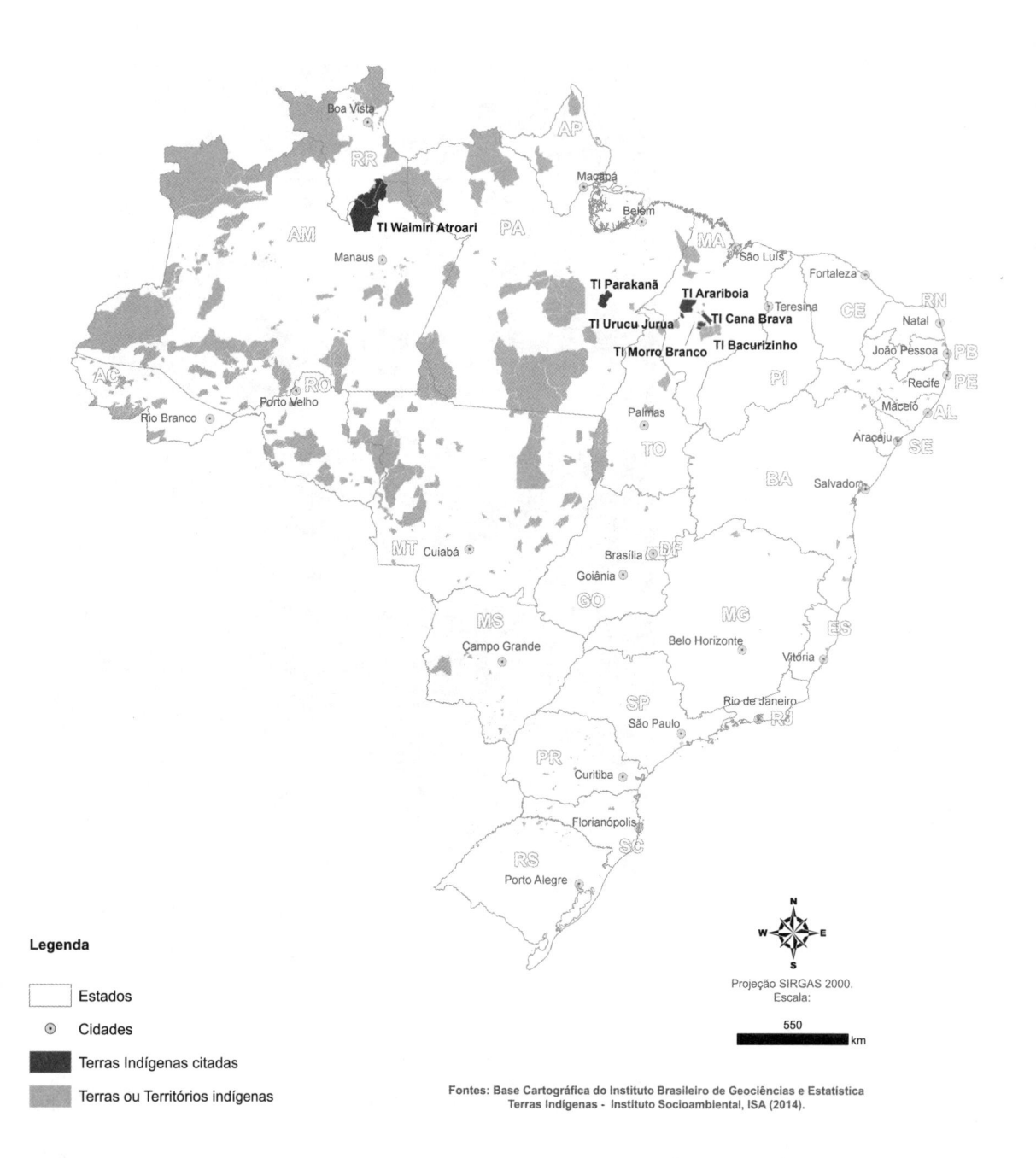

☐ Estados

⊙ Cidades

■ Terras Indígenas citadas

▨ Terras ou Territórios indígenas

Projeção SIRGAS 2000.
Escala:
550 km

Fontes: Base Cartográfica do Instituto Brasileiro de Geociências e Estatística
Terras Indígenas - Instituto Socioambiental, ISA (2014).

José Porfírio Fontenele de Carvalho começou a trabalhar com indigenismo no final dos anos 1960, logo a partir da criação da Funai em substituição ao SPI. Sua primeira experiência foi com os Waimiri Atroari, no Amazonas, povo com o qual trabalha até hoje. Houve, no entanto, descontinuidade ao longo de sua vida no trabalho com os Waimiri Atroari. Ele foi retirado da área nos anos 1970 e enviado para Altamira, depois para o Acre, numa curta passagem, daí para o Maranhão e, em seguida, novamente o retorno aos Waimiri Atroari. No período em que esteve impedido de entrar no território dos Waimiri Atroari, pela ditadura civil-militar, Carvalho publicou o livro *Waimiri Atroari: a história que ainda não foi contada*, no qual mostrou documento que comprovava o uso de arma de fogo pelo Exército contra os índios. Em razão dessa publicação, ele foi enquadrado na Lei de Segurança Nacional.

O depoimento para este livro teve origem no encontro *Memórias sertanistas* e foi complementado com sucessivas entrevistas posteriores. Durante o encontro no Sesc Consolação, a antropóloga Betty Mindlin, que também participou da conversa com Carvalho, assim apresentou o sertanista:

> *Eu estou muito emocionada de estar aqui ao lado do Porfírio, um acervo vivo do indigenismo, da história dos índios e, portanto, da história do Brasil. E é um homem de uma coragem física e moral ímpar. Ele, junto de Gilberto Pinto, arriscou a vida para buscar companheiros desaparecidos. É uma pessoa fundamental na defesa dos direitos dos índios. Hoje, dirige dois programas indigenistas, que eu considero um exemplo de indigenismo para o Brasil e para o mundo: o Programa Waimiri Atroari e o Programa Parakanã. Carvalho conseguiu reverter o processo de desaparecimento que estava em curso e, de alguma forma, reconstituir a vida desses índios. Em seu depoimento, conta como eles foram massacrados e a tragédia de suas histórias.*

O contexto histórico do contato com os Waimiri Atroari

As primeiras aldeias dos Waimiri Atroari ficam hoje a duzentos quilômetros de Manaus. No final do século passado ficavam ainda muito mais próximas. No território deles, o SPI estabeleceu o primeiro posto indígena no rio Jauaperi. A ideia era tentar um contato amistoso com os Waimiri Atroari. Esse é um rio muito importante para os índios, que nasce dentro da terra delas. Os Waimiri Atroari são índios ligados diretamente às águas. As aldeias deles, as atividades produtivas, a cultura deles, as festas, os rituais, são todos ligados aos rios.

Acontece que o local onde eles vivem é muito rico em produtos naturais e de grande interesse ao extrativismo econômico. Desde o século passado ocorre exploração dessa riqueza, as "drogas do sertão", como eram chamadas a castanha, a balata, o buriti, o pau-rosa, além de ser um local muito rico em animais silvestres. A fauna é muito diversa e abundante. Até a década de 1970, o Brasil exportava peles de animais silvestres. Esse era um dos principais produtos na pauta de exportações brasileiras. E a maioria desses produtos era tirada do território dos Waimiri Atroari, que era a área mais próxima de Manaus. Para garantir essa exploração, eram organizadas empresas para invadir a terra indígena e, de lá, matar animais para a pele, tirar a castanha, tirar a balata, tirar borracha. Era um local muito próspero e muito rico. Os seringueiros e os castanheiros faziam de tudo para ir lá e tirar esses produtos. E sempre enfrentavam a resistência dos índios. Daí a grande ação criminosa perpetrada contra os Waimiri Atroari.

Na história do Amazonas, os índios Waimiri Atroari ganharam destaque pela quantidade de índios mortos dentro de suas próprias aldeias. Expedições militares, expedições de comerciantes, expedições de aventureiros, todos retornavam trazendo orelhas, escalpo – o cabelo dos índios –, como prova de que teriam matado o maior número de índios. Essas pessoas criavam uma fama muito grande, como heróis locais. Ao longo dessa história, os índios, por outro lado, foram criando uma resistência tremenda à presença de não índios na região deles, por mais que alguns desses não índios fossem lá com a intenção de ter contato amistoso com eles e tentar defendê-los. Como ocorreu, muitas vezes, no caso do SPI e da Funai. Era impossível para eles fazer diferença entre quem ia lá para matá-los e quem ia lá para defendê-los.

Grandes sertanistas do SPI se estabeleceram nesses postos e nas tentativas de contato. Primeiro, foi Luís de Carvalho, que trabalhou no Posto Mahaua. Ele enfrentou uma família poderosa que comandava uma empresa seringalista em Manaus, e terminou sendo assassinado pelos invasores. Não foi morto pelos índios, mas pelos invasores da terra dos índios. E os índios assistiram a essa violência. Nessa situação, não morreu só o chefe do posto, mas morreram também os índios que ali estavam.

A história dos índios, e principalmente a dos índios Waimiri Atroari, com relação aos não índios, no Amazonas, foi muito dura.

Em um desses massacres, em 1926, depois de atacarem uma aldeia, matando praticamente todos os que lá estavam, foram trazidos presos vinte índios para a cidade de Manaus. Ficaram presos na praça da Polícia Militar, praça Heliodoro Balbi, expostos à visitação pública para sua humilhação. As pessoas faziam filas para ver os famigerados, os grandes criminosos, assassinos, como eram considerados os Waimiri Atroari. Desses vinte que foram levados presos, voltaram apenas cinco – 15 índios morreram em Manaus. Até que um tenente da polícia se apiedou deles e levou esses cinco de volta para a mata e lá os soltou. Não há dúvida de que esses cinco sobreviventes devem ter contado o que aconteceu com eles para o resto do povo, quando se encontraram. E os índios Waimiri Atroari, até a década de 1970, eram tidos como os índios mais violentos da história da nação brasileira. Quando, na realidade, eles é que eram as vítimas, eles é que haviam sido os mais violentados da história do Amazonas. Sofriam os ataques, mas quando podiam eles se defendiam.

Em 1946, depois da Segunda Guerra Mundial, um destacamento militar norte-americano inventou de subir o rio Jauaperi e o rio Alalaú e fazer observações astronômicas dentro do território dos Waimiri Atroari. Era tempo de disputa geopolítica no mundo, de grandes explorações, do início da Guerra Fria. Coisas de americanos, do imperialismo. Os índios Waimiri Atroari não os deixaram voltar. Morreram todos lá. Isso criou um problema diplomático, porque o Exército americano quis se vingar dos índios e chegou até Belém, em um navio cheio de militares americanos, para enfrentar os índios Waimiri Atroari. Foi preciso a atuação da diplomacia brasileira para impedir que os norte-americanos fizessem esse tipo de intervenção dentro do território brasileiro. A história dos Waimiri Atroari é um registro muito triste e muito violento.

O SPI tentava estabelecer esses contatos pacíficos e, infelizmente, as equipes do grupo do SPI também tombavam sem vida. Os índios reagiam, pensando que eles faziam parte de alguma estratégia dos não índios para atacá-los. Então, os postos indígenas de atração, como eram chamados na época, foram atacados sistematicamente pelos índios. Entre funcionários do SPI e da sua sucessora, a Funai, até 1974, os índios mataram 64 pessoas. Foi muito difícil o relacionamento dos índios com o SPI e a Funai. No entanto, não há registro, que se possa comprovar hoje, de que algum índio tenha sido morto por algum funcionário do SPI ou da Funai. Pode até ter ocorrido, mas não há registro. Uma das razões é que, quando os índios vinham para o ataque, eles não davam chance para que houvesse uma reação.

Chegada à área dos Waimiri Atroari

Foi no meio desse cenário de conflito que eu cheguei na região. Quando conheci o sertanista Gilberto Pinto, eu tinha acabado de entrar na Funai. A Funai foi fundada em 1967, e eu o conheci mais ou menos em 1968, 1969. Foi quando eu participei de uma viagem com ele na área Waimiri Atroari. Foi a minha primeira viagem para o território dos Waimiri Atroari, subindo o rio Alalaú.

Naquele tempo, era muito difícil as pessoas quererem trabalhar na "frente de atração" aos índios Waimiri Atroari, em função de que eles rejeitavam o contato. E rejeitavam o contato de uma forma muito peculiar. Muitos dos nossos companheiros que estiveram lá na "frente" morreram. E o Gilberto era uma pessoa também muito ligada ao sertanista Chico Meireles, e era uma pessoa que nasceu, também, dentro do serviço de índios – como chamavam o trabalho no SPI.

Nessa primeira viagem para a área, subi o rio Uatumã, com o Gilberto.

O objetivo da viagem era explicar aos Waimiri Atroari e pedir autorização para implantarmos um Posto de Fiscalização no rio Uatumã, próximo à foz do seu afluente Abonari, pois entendíamos que a instalação daquele posto impediria a entrada de invasores por aquele rio. Íamos com muito cuidado, pois ainda não tínhamos conseguido explicar a eles sobre a possibilidade da construção da estrada atravessando as suas terras.

Gilberto Pinto foi um dos grandes homens que o SPI e a Funai produziram, que, realmente, deu a vida dele aos índios, e aos índios Waimiri Atroari. Eu tive a felicidade e a honra de conviver com ele, de aprender com ele e ser seu companheiro. Eu pertencia a uma faixa etária do indigenismo que vinha chegando, e ele de uma geração anterior, com uma visão um pouco diferente, um pouco distorcida daquilo que a gente imaginava. Junto comigo, naquela época, chegaram outros indigenistas, que tinham uma visão mais moderna com relação ao contato com os índios. Uma atração, um processo de atração, naquela época, era muito complicado, era muito difícil. Para as pessoas que tinham mais vontade e mais interesse de se relacionar com a comunidade indígena, faltava a elas preparo, faltava a elas visão de mundo.

A nossa sociedade, de forma geral, imaginava que os índios deveriam se acabar – "se acabar" queria dizer serem integrados na sociedade, que eles teriam que sair do que chamavam de pobreza, sofrimento, que é como a sociedade brasileira achava que os índios viviam. E alguns sertanistas compartilhavam dessa ideia. Poucos eram os que achavam que deveriam respeitar a cultura, respeitar a forma de viver, e respeitar que eles não precisariam ser integrados à nossa sociedade. A legislação brasileira, e as leis brasileiras principalmente durante a ditadura militar, determinavam que os índios fossem integrados à nossa sociedade. O então ministro do Interior, a quem a Funai estava subordinada, num certo momento ele deu um prazo de dez anos para que os índios se acabassem, para que todos os índios fossem emancipados – como diziam – e integrados à sociedade. Isso foi o Mário Andreazza quem falou. E tudo seria feito para que aquilo acontecesse, para tornar mais rápida essa "integração". Mas existiam sonhadores dentro da Funai e dentro do SPI, pessoas que pensavam diferente e lutaram para que os índios se mantivessem enquanto índios. Não foi diferente com os Waimiri Atroari.

Os Waimiri Atroari, o contato que nós iniciamos – e eu participei desse processo, mas o Gilberto já estava há mais tempo – era um contato diferente. Não se buscava ali que eles viessem morar conosco, ou que nós fossemos morar com eles. A nossa ideia era que eles se mantivessem a distância, e que eles soubessem que o convívio conosco, com o não índio, não era uma atividade interessante para eles. Nossa ideia era que os índios tivessem sempre a opção de dizer o "não" ao contato, de se afastar de nós mesmos. Isso fez com que mudássemos o sistema de visitas, do processo de contato, daquela estratégia dos brindes, dos presentes, do espelhinho. Foi uma tentativa que fizemos.

Era um desafio fazer esse contato de forma diferente, naquela época. Nós não queríamos deixar os famosos brinquedinhos ou ferramentas penduradas para que eles viessem buscar. E, da mesma forma, nós não tínhamos nada escrito na nossa testa que dissesse a eles que nós tínhamos boas intenções, que éramos diferentes de todos aqueles que foram lá para massacrá-los, e que era melhor que ficassem longe da gente, por isso que estávamos lá. E eles tinham a curiosidade muito grande no plano material do que dispunha a nossa sociedade, das ferramentas, da tecnologia.

Mas por que é que nós íamos lá se nós não queríamos que acontecesse essa intervenção do contato? É porque nós queríamos ficar entre o colonizador e os índios, para que essa faixa de fricção fosse amortizada, não tivesse essa violência que existia até então. Mas nós éramos poucos.

A nossa ideia era muito sonhadora, utópica, como diziam. Na época, o jovem que se agregava com essa ideia era tido como quem entrasse para uma causa perdida. Diziam que não existia "esse negócio de índio permanecer índio. Isso é uma perda de tempo. Essa causa é uma causa perdida". E nós não acreditávamos nisso que nos falavam. E nós estávamos certos.

Nós montamos postos indígenas nas entradas da área, nas vias de acesso, nas bocas dos rios, para evitar que os brancos entrassem, mas de uma forma que ao mesmo tempo não deveríamos estimular a presença dos índios naqueles locais onde nos estabelecíamos.

Hoje, a política da Funai é de não fazer o contato. Mas, há 45 anos, nós já tínhamos essa mesma visão. Essa visão do não contato já existia, não com o apoio oficial, não como uma política estabelecida pela Funai, mas sim estabelecida na prática pelo grupo de pessoas que conversavam entre si e que discutiam entre si o destino dos seus trabalhos em campo. E que tentavam fazer diferente do que eram mandadas fazer.

Junto com o Gilberto Pinto, tentei fazer com que eles entendessem que estavam muito próximos de uma civilização que tinha como objetivo o progresso e que isso seria o aniquilamento deles. Nós tínhamos que explicar isso para eles. Mas nós não conseguimos. Existia uma falha muito grande da nossa parte. Nós não falávamos a língua Waimiri Atroari. E isso criava uma grande dificuldade para o trabalho.

Tentamos aprender, tentamos fazer cartilhas, frases colhidas em eventualidades, para tentar nos comunicarmos com eles. Mas cometemos várias falhas, e essa da comunicação foi uma delas. Porque a língua com que eles tentavam se comunicar conosco não era a mesma língua que eles realmente falavam. Era a língua que eles falavam para os estrangeiros. E aquela língua não tinha uma sustentação, ela não se segurava, ela não tinha uma sequência para um aprendizado. Hoje, conversando com eles, eles riem da minha cara, de como é que nós falávamos, naquela época, com eles. E eles, conosco. Eles riem, é irônico na lembrança, dizendo que aquilo não era a sua língua verdadeira.

Eles falavam uma língua que parecia muito com o nheengatu e algumas palavras do nheengatu, que é a "língua geral" na Amazônia, de origem tupi. E eles diziam que tinham aprendido aquilo com aquelas pessoas que atacavam a eles, com os seringueiros, com aquelas palavras soltas. E eles tentavam se comunicar conosco para poderem se fazer entender para nós. Era o inverso. Assim como nós queríamos falar com eles, eles queriam falar conosco. Mas a língua não era nem a deles, nem a nossa. Aí, eles falavam da forma como eles achavam que nós entenderíamos.

Nós estávamos nessa fase de contato, de se conhecer mutuamente, quando surge uma onda de empreendimentos na Amazônia. Na época da ditadura militar, desenvolveu-se uma teoria das construções das grandes estradas, das grandes rodovias na Amazônia, como a Transamazônica, a Perimetral Norte e a BR-174 que ligava Manaus a Caracaraí. Naquela época, Boa Vista era uma pequena cidade, de três a quatro mil habitantes, com acesso pela hidrovia Rio Negro-Rio Branco e que funcionava perfeitamente. Mas existia o plano das estradas e a pressão que vinha com elas. De lá, a estrada seguiria rumo ao norte. Esse plano fazia parte de um acordo internacional, e o Brasil teria que transformar em viável uma viagem por rodovia, ligando a Patagônia, sem passar pela Cordilheira dos Andes, aos Estados Unidos. Era um plano pan-americano. Nesse caminho, teriam que passar pelas terras indígenas, pelo território dos Waimiri Atroari.

A regra, que já é uma tradição do Estado brasileiro, mas também dos brasileiros, individuais, em função das terras indígenas serem terras da União, é que a Funai sempre era chamada para afastar os índios, no caso de algum empreendimento que passasse na terra indígena. Simplesmente assim: chamavam a Funai para afastar os índios. E a Funai deveria afastar os índios da rota da estrada que os militares haviam traçado.

A estrada e a resistência aos contatos

O traçado da estrada BR-174 foi definido para passar bem no meio do território Waimiri Atroari. Esse território que eles tinham conseguido preservar, porque fizeram uma espécie de barreira nos rios Alalaú e Uatumã. Ali era um local dos Waimiri Atroari. E não existia nenhuma tecnologia de construção de estradas no Brasil, na Amazônia, que desse conta de construir uma estrada num terreno tão difícil. Eu, inclusive, não acreditava que eles conseguissem fazer a estrada. Eu achava que eles iriam desistir nos primeiros vinte quilômetros fora de Manaus. Mas não. Eles continuaram com o objetivo de passar dentro da terra dos índios Waimiri Atroari, como se esses índios fossem impertinentes, que não queriam conversar, e que eles não estavam entendendo a dinâmica do progresso. Esse era o discurso militar, na época.

A primeira tentativa de falar sobre essa estrada para os índios foi feita por uma comissão de militares, de tenentes – não do Exército, mas da Polícia Militar – e fizeram lá uma comissão para ir pelo rio Alalaú, explicar para os índios, para eles virem, para convidar eles para virem trabalhar na estrada, para serem empregados dos construtores. Não encontraram os índios. Os Waimiri Atroari usavam uma estratégia de afastamento: toda vez que eles sentiam que o número de pessoas que adentrava os rios era muito maior do que aquele que eles poderiam resistir, enfrentar, eles sumiam. Eles não apareciam, não se encontravam. E, às vezes, os visitantes iriam encontrar uma maloca vazia, que os brancos tocavam fogo. Mas os índios tinham estratégia militar mesmo, pensada, calculada, estratégia de não ter o confronto direto com pessoas que tentavam entrar no território deles se eles não tivessem a possibilidade de ter controle dessa situação, de vencer uma batalha.

A Funai recém fundada, havia sido criada, em 1967, com o fim do SPI, e teve como primeiro presidente José de Queiroz Campos. O Queiroz Campos era um pernambucano muito ligado à Igreja Católica, era muito devoto e muito amigo dos padres, a ponto de criar uma diretoria colegiada e formada só por padres, somente por pessoas ligadas à Igreja. Esse pessoal entendeu que nós, os sertanistas da época – eu era auxiliar do auxiliar do sertanista, não tinha, ainda, experiência suficiente –, não tínhamos condições de ter esse contato com os índios. Por isso, foi contratado um padre.

Contrataram um antropólogo e padre italiano chamado padre Calleri, da Prelazia de Roraima, que era sido recém-formado e tinha vindo para o Brasil. E esse padre Calleri tinha como objetivo, que incluía um contrato assinado com o Departamento de Estradas de Rodagem do Amazonas (Deram), amansar os índios – essa era a expressão usada naquela época, e por ele, "amansar". Depois, a expressão mudou de "amansar" para "pacificar".

O padre Calleri queria "amansar" os índios Waimiri Atroari. Mas não era só isso, ele queria também colocá-los para trabalhar na construção da estrada. Havia muita carência de mão de obra, e era tradição tentar transformar os índios em mão de obra. Ele dizia: "Esses índios estão muito bravos, mas eu sei fazer eles amansarem em três meses e, depois, botar eles para trabalhar na estrada". Porque a estrada era vista como o progresso que estava chegando, era vista como algo necessário, e os índios deveriam fazer parte desse processo.

Padre Calleri veio conversar conosco, na época. Nós dissemos a ele que ele estava completamente enganado com relação aos seus planos. Mas a Funai aceitou essa proposta, por pressão da Igreja, para que entregasse a responsabilidade do contato com os Waimiri Atroari àquele padre. Nós, sertanistas, fomos afastados. Ficamos afastados desse processo de contato, de atração como eles chamavam, e tudo o que aconteceu em decorrência dessa decisão.

A tentativa de contato e a morte de padre Calleri

Segundo consta nos anais da Prelazia de Roraima, a prelazia passava por dificuldades financeiras, e tinha uma dificuldade imensa de arrecadar dinheiro para se sustentar. E, como havia interesse do Departamento de Estradas de Rodagem do Estado do Amazonas, o Deram, em construir essa estrada, acharam que o padre seria uma boa solução. O padre "amansaria" os índios Waimiri Atroari e os colocaria para trabalhar na estrada. Era tudo o que eles precisavam. A nossa substituição foi muito rápida. E ele assinou esse contrato com o Deram e a Funai e se preparou para fazer o contato – para "amansar" os índios, como ele dizia.

Eu conheci esse padre Calleri. Era um italiano, descendente de alemão, um sujeito muito alto, muito forte, e muito arrogante. E ele foi lá falar conosco, lá na Funai, em Manaus. Não foi nos encontrar para saber de informações, assim, de nossa experiência em como lidar com os índios. Não. Ele queria saber era a logística, como chegar lá, no local onde os índios viviam. E nós explicamos tudo para ele. Inclusive, eu mesmo, eu falei para ele que ele estava totalmente equivocado, e que o nosso trabalho era um trabalho sério e que nós éramos contra aquilo que ele estava querendo fazer, que era errada essa ideia de "amansar" os índios. Nós não queríamos amansar os índios e nós não iríamos participar desse trabalho. Ele tentou cooptar alguns dos nossos, para fazer parte da equipe dele, mas quase todo mundo caiu fora. "Nós não vamos", foi o coro geral. No entanto, teve gente que foi junto. E um deles sobreviveu.

Pensamos que o padre Calleri não iria durar trinta dias. E ele não demorou nem um mês sequer. Morreu em 25 dias de expedição.

Eu falei com eles um dia antes de todos morrerem. O padre me chamou no rádio – rádio do Deram, que funcionava na sede do órgão em Manaus. E estávamos eu e o Gilberto, juntos, nessa hora. Ele nos disse que havia cometido muitos erros e que ele achava que Deus o estava chamando. Era uma situação muito difícil de lidar. Sabia que estava em risco de vida. E sabia que havia cometido erros na condução do diálogo com os índios. Eu fiz votos para que ele não morresse, embora eu estivesse discordando dele, mas o padre Calleri e os membros da sua expedição morreram, no dia seguinte. Foram 11 pessoas mortas.

Voltamos para a área para buscar os corpos, junto do grupo de socorro de selva da FAB, o Parasar. O Parasar foi chamado para tentar resgatar os corpos da equipe do padre Calleri.

Na Igreja Católica, e no mundo cristão em geral, isso foi um desastre.

As pessoas nas igrejas passaram a rezar muito – mais ainda do que rezavam – e colocaram lá o padre de corpo presente na missa, a querer santificar o padre. Depois que o corpo chegou em Manaus, levaram o corpo para Roraima e, de lá, fizeram procissões e velaram ele por mais de uma semana. Ao velar o padre com esse imenso clamor, o ódio aos índios Waimiri Atroari pela população católica da região aumentou ainda mais.

Depois desse massacre, a população de Manaus, e a população de Roraima, católicas, ficaram revoltadas com aqueles índios "assassinos" que mataram o padre. Se dizia: "Só acabando com os Waimiri Atroari". Chegava a ter passeata lá em Manaus, de pessoas, assim, voluntários, querendo ir acabar com os índios. E nós, que defendíamos os índios, de outro lado, querendo evitar que isso acontecesse. Porque poderia alguém, sem avisar ninguém, simplesmente subir o rio e atacar os índios.

A estrada BR-174 e o Exército

Após as mortes, o processo do contato aos Waimiri Atroari retornou para a Funai e para os funcionários da Funai, já agora com um incidente dos mais desagradáveis para lidar. Para recrutar pessoas, naquele tempo, o sistema de contratação era diferente, não havia concurso público. Eu acho que, se tivesse concurso para ir lá nos Waimiri Atroari, dificilmente iriam aparecer candidatos. Mas havia jovens idealistas que, embora sabendo do risco, toparam, e nós conseguimos reforçar a nossa equipe. Eu conto a história de um paulista, um jovem paulista que, até hoje eu não sei o nome dele, e ele morreu lá, nos Waimiri Atroari, uma história muito triste. Um jovem que insistiu em ir, e eu não ia levar, mas eu ia fazer só uma viagem, ia voltar, e ele insistiu de ir junto. Nós precisávamos fazer número para que os índios não nos atacassem. E ele foi conosco. E ele não voltou. Até hoje, eu não sei dele. Nem o nome dele eu não sei. Nada, nenhum registro. Um fato muito triste.

Acontece que a construção das estradas passou a ser de incumbência do 2º Grupamento de Engenharia e Construção do Exército Brasileiro e, precisamente, foi criado o 6º Batalhão de Engenharia e Construção. Um batalhão para construir estrada. E, por mais que nós tentássemos impedir a construção da estrada – nós éramos contrários –, a estrada marchava, rumo à terra indígena dos Waimiri Atroari.

Um fato interessante é que até para as equipes de desmatamento nós fazíamos uma palestra para falar sobre os índios. E, cada vez mais, iam se aproximando da terra indígena. Nós nos oferecemos para conversar com eles, como eles deveriam se comportar diante dos índios que aparecerem, para essas equipes que iam na frente. E nesse processo também fazíamos uma triagem nas pessoas que trabalhavam no desmatamento, não só de saúde, mas também uma triagem política. Se o cara fosse um conhecido matador de índios, nós tirávamos ele. Às vezes, tirávamos pessoas por nada, só para fazer valer a nossa autoridade. Alguns que nós excluíamos ficavam alegres. Ficavam alegres porque haviam sido excluídos da turma que corria o risco de morrer dentro do território Waimiri Atroari.

Muitos morreram, alguns dos trabalhadores da estrada. E morreram os índios. Pois o Exército resolveu entrar com toda a sua força.

Outro fato interessante da época: nós tínhamos um colega que trabalhava lá, conosco, em campo, e quando o Exército se aproximou, ele pegou um rifle e ficou na beira do rio para não deixar o Exército passar. Era um homem sozinho contra o Exército. E o Exército ia matá-lo, porque ele enlouqueceu, surtou. E ele lá, com o rifle, atrás de uma castanheira e dizendo que dali ninguém passava. Nós entendemos a visão dele. Mas ninguém se aproximava e eu fui a pessoa escolhida, porque eu era muito amigo dele e ele trabalhava comigo. Fui encarregado de convencê-lo a largar o rifle. Não para deixar o Exército passar, mas para ele não morrer de tiros do Exército. E nós tivemos que fugir com ele pela mata para que o Exército não o achasse, nem o identificasse.

A situação era muito tensa. Era a ditadura militar, e, na época, também havia a Guerrilha do Araguaia. A Guerrilha do Araguaia fez com que os militares achassem que atrás de toda árvore da Amazônia tinha um militante escondido. Eles acharam que existiam militantes da guerrilha entre os Waimiri Atroari. E que precisavam acabar com a guerrilha. Houve campanhas, eles lançaram, de avião, folhetos em cima das aldeias. Eu cheguei a encontrar um desses folhetos, dizendo: "Guerrilheiro, te entregas, tu estás cercado. Não adianta resistir. Teu passaporte é este folheto. Tua vida está em tuas mãos, larga disso. O Brasil é uma beleza e nós, militares, somos muito bons". A suposta guerrilha também foi uma justificativa do Exército para a violência que eles praticaram contra os índios.

A entrada do Exército aumentou a tensão na área. Os índios foram atacados pelo Exército. Aldeias foram bombardeadas, foram atacados na mata, com o uso de arma de fogo. E revidaram a esses ataques. Revidaram contra quem estava lá, que eram os funcionários da Funai.

Ataques e pacto de vida

Eles atacaram nosso posto. E mataram, também, todos que estavam lá.

Na tentativa de salvar algum deles porque, coincidentemente não estávamos na hora, tanto eu como o Gilberto, nós fomos buscá-los lá, no local onde os índios estavam, na hora. E chegamos na hora em que haviam sido mortos. Foi muito emocionante para nós, transportar os nossos colegas e trazer os corpos deles para Manaus, depois de um ataque desses. Principalmente daquelas pessoas com quem, minutos antes, nós estávamos falando, via rádio. E, de repente, isso aconteceu. Isso na época foi muito emocionante, muito duro para nós, nos marcou muito.

Fizemos um pacto naquela hora e, depois, ainda aconteceram mais mortes. O próprio Gilberto – que estava comigo –, mais tarde, ele morreu.

Nosso pacto era de que quem escapasse, se nós sobrevivêssemos, um de nós dois teria a obrigação de cuidar dos índios Waimiri Atroari. Fazer com que eles não repetissem a sina que outras comunidades indígenas sofreram depois do contato.

Naquele tempo, a causa indigenista, o indigenismo, era tido como uma causa perdida. Quem se dedicava a trabalhar com índios escutava coisas como: "Esse aí está numa causa perdida". A mim foi dito isso várias vezes: "Carvalho, larga isso, rapaz. Isso aí é uma causa perdida".

Nós fizemos um pacto. Chegamos em um hidroavião, e, ao descer do avião, fizemos um pacto. Olhamos, e a cena do ataque estava lá – há poucos minutos, nós estávamos falando com a turma lá, e lá estavam as canoas dos índios. A porta do posto estava aberta. Sabíamos que o ataque havia ocorrido. O piloto falou: "Podem descer".

Descemos e falamos para ele descer também. E o piloto respondeu: "Não, eu só desço o avião se vocês me deixarem um papel me autorizando, que eu deixo vocês e vou embora. Eu não fico". E nós fizemos uma cartinha, nesse tempo eu era muito novo, solteiro ainda. Deixei um bilhete para a minha família. E o Gilberto também deixou um bilhete para a família dele. O avião pousou na água e nós nos jogamos na água, como se fosse a última vez das nossas vidas. O último nado, o último mergulho. Nós tínhamos combinado: se um de nós fosse flechado, o outro precisava tentar voltar. Não era para tentar socorrer. Porque não valeria a pena voltar para o socorro, porque morreria também.

E nós descemos. Felizmente, os índios não nos flecharam. Mas encontramos alguns dos nossos colegas mortos já ali, naquela hora. E ainda estavam sangrando, ainda. Fazia pouco tempo.

Pensamos que alguém ainda estaria vivo. E tinha ainda gente viva, mas nós não sabíamos na hora. Saímos atrás de encontrar. Havia uma roça ali perto, nós tínhamos feito uma roça e tinha um caminho para lá, onde nós tínhamos preparado, inclusive, uma rota de fuga. Nós tínhamos canoas afundadas para se os índios tentassem atacar, era para nós usarmos essa rota de fuga e pegar essa canoa e ir embora. E eu imaginei: "Eles devem estar na rota de fuga, vamos atrás deles".

Tinha lá uma cachorrinha do posto. Pequenininha, vira-lata pequena. E a cachorrinha corria no mato e voltava. Corria no mato e voltava. Aí eu falei: "Gilberto, ali deve ter gente. O nosso pessoal deve estar lá". Fomos atrás da cachorrinha, mas com muito cuidado.

Eu ia na frente. O Gilberto vinha depois. Eu solteiro, ele casado. Então, a opção de morrer primeiro era minha. Isso era com convicção. Nós estávamos bem claros da nossa responsabilidade. E, logicamente, estávamos temendo morrer.

Mas tínhamos que tentar encontrar os nossos colegas. Eles estavam ali porque acreditavam em nós, em nosso método. E nós não podíamos deixá-los ali, se eles tivessem uma chance de estar vivos, nós iríamos socorrê-los.

Caminhamos no rumo, acompanhando a cachorrinha. Eu ia na frente, a cachorrinha ia um pouco mais na frente. Em poucos minutos, a cachorra calou-se. E eu, ao chegar próximo, vi que a cachorra estava varada com uma flecha. Morta. Ou seja, os índios estavam ali. E ali, naquela hora, eu senti que eu estava morrendo. Era meu último passo.

Eu falei: "Gilberto, a cachorra está morta. Para aí". Ele parou. E eu digo: "E agora, o que é que fazemos?". Ele diz: "Vamos embora, vamos voltar".

Voltamos de costas. Caminhando de costas. Era uma ilusão, porque eles podiam nos flechar, tanto de frente como por trás. Mas acho que nós não queríamos morrer com uma flechada pelas costas.

Voltamos. Nós dois, até o posto. E, como nós tínhamos mandado o avião embora, não podíamos ficar só sentados esperando. Saímos atrás de novo. Por outro caminho. Aí, encontramos o lugar onde tinham sido flechados os outros colegas nossos. Aquilo nos aproximou ainda mais, eu do Gilberto.

Naquela noite, o avião devia voltar à tarde e não voltou. Algum problema que houve. Talvez o mau tempo. Nós ficamos, nós dois, lá no posto, com os mortos do ataque.

Tivemos a ideia de sair de perto do posto, para dar tempo dos índios voltarem e pegarem as canoas deles irem embora, sem nos molestar. Porque eles estavam ali, os índios estavam ali escondidos em algum lugar.

Descemos. Fomos para a beira do rio, e passamos a noite, nós dois, um bem perto do outro, conversando bem baixinho para que ninguém nos ouvisse. Para que os índios não ouvissem. Torcendo para que uma teoria que dizia que os índios não atacavam à noite fosse verdadeira. O que não é verdade. Porque eles atacam à noite, também.

Ali, nós fizemos os nossos pactos de vida que eu acabei de contar. Se ficássemos vivos, depois daquilo, de contar a história para os outros, uma história complexa. E não largar mais os índios Waimiri Atroari. Defender eles. Nós amanhecemos o dia vivos.

Ficamos, eu e o Gilberto, com esse pacto de vida para cuidar dos Waimiri Atroari. Mais tarde, no outro posto, o Gilberto morreu. E eu fiquei.

A morte de Gilberto Pinto

Na tentativa de afastar os índios da beira do eixo da construção da estrada, os nossos postos indígenas acabaram sendo atacados pelos índios. Praticamente toda a minha equipe foi morta. Não foram todos de uma vez, mas terminou sendo todos os meus companheiros, todos os que faziam parte da minha equipe, sendo mortos. Inclusive o Gilberto.

A morte do sertanista Gilberto Pinto é uma morte muito estranha para mim. Uma morte mal explicada, envolta de mistérios, de fatos ainda não explicados. É possível que tenham sido os índios, o que eu acho difícil. E é possível que os autores da morte de Gilberto Pinto tenham sido outras pessoas.

Estive conversando com Gilberto Pinto horas antes de ele morrer. E o cenário que estava lá, na hora, não indica que tenham sido os índios que o atacaram. E isso, até hoje, é um mistério. Nós tínhamos lá no posto quatro colegas e o único corpo que veio a Manaus, que veio com tempo recorde, foi o dele. Às 11 horas da manhã do dia em que ele foi morto o corpo dele estava em Manaus. Mas se ele tivesse sido morto às seis horas da manhã, lá, no posto, não daria tempo de o corpo estar às 11 horas em Manaus. Mas o corpo dele estava em Manaus nesse tempo recorde. E só o corpo dele. É uma história muito nebulosa ainda, até hoje. Mas dá a entender que não foram os índios.

Os índios não gostam de falar nesse assunto, e com muita razão. E, agora que eles já conhecem mais o nosso mundo, que eles conhecem a nossa história, eles se reportam ao Gilberto como se eles não tivessem matado o Gilberto. Se reportam a esse fato como se eles não tivessem sido os autores, e não há razão para eles não estarem dizendo a verdade. É uma história que ainda não está esclarecida.

Com a morte do Gilberto, a Funai foi afastada desse processo de contato – inclusive eu fui afastado da área, e fui mandado para Altamira, no Pará. Naquele tempo, existia uma espécie de presídio nas cidades, em que você era obrigado a ficar em uma cidade, sem sair dela. Tinha que se apresentar todo dia no quartel. Esse era o meu caso. E todo dia eu tinha que me apresentar lá, no quartel, em Altamira, como outras pessoas estavam nessa mesma situação.

Por que os militares simplesmente não demitiam os funcionários que se rebelavam contra eles? Qual a razão deles tolerarem isso? Eles eram bons? Não. É que se entrava com mandado de segurança na Justiça e eles eram impedidos de demitir a pessoa. Você provava que estava sendo perseguido politicamente e havia juízes que garantiam alguns direitos. Até no Supremo Tribunal Federal, como foi o meu caso. Foi o advogado que fez com que eu garantisse alguns anos a mais na Funai, com esse mandado de segurança. Mas a Funai foi afastada dos Waimiri Atroari e o Exército tomou conta de lá, da construção da estrada. E o Exército terminou a estrada, construiu a estrada.

As mortes Waimiri Atroari

Os Waimiri Atroari sofreram um genocídio. Nesse processo violento, quem mais sofreu foram os índios.

O que aconteceu lá: aldeias inteiras foram bombardeadas e sumiram do mapa. Simplesmente assim: sumiram. Bombardeadas por caças. Eu conheci os índios. E não existem mais esses índios que eu conheci. E é muito simples provar isso. Basta levantar a árvore genealógica, que você vai encontrar a falta deles, desses que foram mortos. Você vai ver: Cadê fulano? Acabou. É assim quando pergunto a eles por parentes. É uma situação muito complicada. Houve um genocídio. E eles temem que se repita. Não é medo só traumático, eles temem mesmo que isso volte de novo, quando há uma ameaça do Exército contra eles. Fatos que até hoje ocorrem.

Em 1971 eu fiz um censo da população Waimiri Atroari. Eu contei 15 aldeias e fiz a estimativa de viverem cem índios em cada aldeia, uma média que já havíamos calculado. Cheguei ao número de aproximadamente 1.500 pessoas. Isso foi em novembro de 1971. Fiz uma estimativa de existirem, no mínimo, 1.500 índios Waimiri Atroari.

Após a morte de Gilberto Pinto, eu passei a ser proibido de visitar a área. E, mesmo assim, eu ia lá clandestinamente, nos postos da Funai, na entrada da área. Havia um documento dizendo que eu era proibido de entrar na área. Nesse período, os índios sumiram. Os índios se refugiaram de 1974 a 1981. Eles se esconderam de tal maneira que parecia não existir mais os índios Waimiri Atroari nesse período. Eu cheguei a pensar que não existia mais os Waimiri Atroari. Achei que tinham sido extintos, porque não se via mais eles. Por várias vezes eu tentei ir lá na área. Andei na área, mas não via mais os índios, nem sinais deles. Eu achava que os índios teriam sido completamente extintos. Mas não. Eles estavam lá. Menos, mas escondidos. Em 1981 eles começaram a voltar, a ter contato. Nessa mesma hora – que saiu o Exército do trabalho de construção da estrada e entrou o pessoal da Funai para trabalhar nos postos.

Nesse período, a turma da Funai que entrou visava ao contato com os índios, mas não conseguia. Aí, houve alguém que os orientou: "Olha, não sai do eixo da estrada". Ficaram algumas pessoas lá, para o contato, esperando os índios aparecerem. E quando apareceu, apareceu um índio doente. Há um registro de um caso que apareceu mais de cinquenta índios de uma só vez, que chegavam da mata. Em menos de um mês, morreram 21 índios de sarampo. Houve falta de atendimento. O pessoal que estava trabalhando na época se recusou a fazer o atendimento aos índios. Recusaram-se a atender os índios com medo de os índios terem uma reação violenta contra eles.

Daqueles 1.500 que eu havia contado, quando a estrada foi concluída, e ela só foi concluída em 1977, restaram somente 374 pessoas, em 1986. E estavam morrendo. Eles se entregaram, digamos assim. Quando eles viram que não tinham mais chances de sobreviver, e eles usam essa expressão, que é: "se entregaram aos brancos". Se entregaram para tentar escapar. E escaparam. Hoje, esses 374 somam 1.659, em 11 de setembro de 2013. De pelo menos 1.500 que eram em 1971, restaram 374 em 1986. Houve um genocídio. Hoje, felizmente, se recuperaram em termos populacionais, e já são 1.659 pessoas.

Nesse período em que estive afastado da área, publiquei um livro que se chama *Waimiri Atroari: a história que ainda não foi contada*. Esse livro deu alguns problemas pessoais para mim, como o enquadramento na Lei de Segurança Nacional. Nele, expus um documento onde o Exército dizia que era para atacar os índios, se fosse necessário. Entre as ações do Exército que denunciei, jogar bombas nas aldeias e dar tiros de metralhadoras contra os índios.

Morte de Maruaga, líder Waimiri Atroari

Sumiu, o Maruaga.

No dia em que o Gilberto morreu, o Maruaga estaria com ele no posto. E eu falei com o Gilberto e ele disse que o Maruaga estava lá, com ele. E, depois disso, nunca mais vi o Maruaga. Depois da morte do Gilberto, nunca mais eu vi o Maruaga. Não sei como o Maruaga morreu. É um mistério ainda.

O Maruaga era uma liderança muito importante. Era uma espécie de rei. Ele tinha uma auréola, o pessoal andava com ele assim: chegava de canoa, vinha um grupo na frente, para preparar a chegada do Maruaga, um negócio muito ritual. E ele era muito simpático, era um sujeito muito alto e forte.

Sua morte é um mistério. Um dos grandes líderes do povo Waimiri Atroari sumiu durante esse conflito com o Exército. E nada se sabe, até hoje.

Morte de Comprido, líder Waimiri Atroari

O Comprido era impertinente, era um sujeito muito dinâmico. A liderança dele era mesmo militar. Era uma liderança convicta, muito firme. Ele queria manter a guerra com os brancos. E, por isso mesmo, ele não sobreviveu.

Eu não sei, exatamente, o ano em que ele morreu. Mas tudo indica que foi pertinho de 1976, 1977. Foi no mesmo período do intenso conflito com o Exército.

Uma vez, eu levei ele para Manaus. Sua chegada lá causou até um alvoroço, teve notícia na imprensa. O Comprido foi a Manaus, e conheceu tudo. Ele olhava para tudo e parecia se assustar com tudo que via.

Eu prefiro não falar na morte do Comprido. É uma história muito complexa. Ela pertence só aos Waimiri Atroari. É por isso que as pessoas não entendem por que os Waimiri Atroari não querem falar sobre o assunto. Faz parte de uma história deles e que eles não contam para ninguém. Eu sei como é que foi o desenlace do Comprido, como ele morreu. Mas eu não estou autorizado a falar. Os Waimiri Atroari pedem para eu não falar.

Os projetos de desenvolvimento e os impactos nos Waimiri Atroari

Na Terra Indígena Waimiri Atroari ocorreram três grande impactos. Primeiro foi a estrada. Depois, uma empresa de mineração, chamada Paranapanema, que invadiu a Terra Indígena Waimiri Atroari e o governo Figueiredo extinguiu a reserva. E o terceiro é a Usina Hidrelétrica de Balbina, que inundou trinta mil hectares da terra indígena.

A reserva tinha sido criada em 1971 e, para que a empresa de mineração pudesse explorar o minério lá, a cassiterita, o Figueiredo extinguiu a reserva e interditou a área pela metade. Normalmente as terras indígenas são interditadas e posteriormente são criadas as reservas, com as homologações. Ele inverteu esse processo.

Nós protestamos contra essa redução da área, na época. Entramos com uma ação junto do Ministério Público. Naquele tempo, o Ministério Público não tinha a mesma prerrogativa que ele tem hoje, depois da Constituição. Mas trabalhamos com o Ministério Público, e fizemos algumas campanhas. Houve alguma participação, na época, de protesto feito pelo Conselho Indigenista Missionário (Cimi). E esse processo de revisão da área ainda existe. Ele já anda num carrinho de supermercado, lá no Supremo Tribunal Federal, de tão grande que está.

Na época, os protestos ocorreram de todas as maneiras. Inclusive eu, nesse livro que eu lancei na época, falo que sou contra a usina. E protestei. Achei, inclusive, que quando eu publicasse o livro, não existiriam mais índios Waimiri Atroari. E que a usina seria o fim.

Essa hidrelétrica foi um desastre horroroso. Ela inundou trinta mil hectares das terras dos índios, inclusive aldeias inteiras. A mineradora Paranapanema não inundou terra nenhuma deles, mas sozinha tomou 726 mil hectares dos Waimiri Atroari. E a BR-174 matou os índios, usou o Exército para matar os índios. Dos 1.500 índios que eu havia contado, em estimativa, foram reduzidos a 374 pessoas nesse processo de construção da estrada. E a estrada nada fez em compensação pelo impacto que causou ao povo. A única entidade responsável por um desses três grandes impactos a eles, que financia um projeto junto aos índios, é a empresa da hidrelétrica, a Eletronorte. E a ela, hoje, eu presto os meus agradecimentos. Não pelos impactos que causaram, evidentemente, mas em reconhecer e em proporcionar um projeto de recuperação. Porque, sem ele, os índios iriam se acabar se não houvesse sido feito esse projeto para os índios.

Compensação pela Usina de Balbina

Quando eu retomei o contato com os Waimiri Atroari, em 1986, havia somente jovens entre eles. Os velhos já tinham, todos, morrido. E eles se apegaram a mim, muito. E eu a eles. Então, nós fizemos vários pactos. Discutimos: o que é que nós queremos? É ver vocês bem? Foi quando pensei em uma proposta de um programa de compensações em razão dos impactos que os índios sofreram.

A ideia foi de fazer um projeto de vida para eles. Um programa indigenista amplo para a recuperação do povo, com ações de saúde, educação, de defesa e proteção do território, da cultura, e dialogando sempre com eles. E nada foi feito sem conversarmos com eles. E respeitando sempre essas organizações internas deles.

Fiz essa proposta em vários locais, sempre tentando conseguir dinheiro para ajudar os índios. Andei perambulando em vários locais. Não consegui dinheiro, nem recursos, nem apoio. Achavam que o projeto era inviável. A Funai não aceitava o projeto, via ele como uma interferência indevida nas ações indigenistas. Até que, em 1986, eu consegui um sinal verde em função da construção da hidrelétrica de Balbina. A Eletronorte estava sendo liquidada publicamente e ela queria se agarrar em qualquer coisa que pudesse salvar sua imagem. Acharam que financiando esse projeto para os índios que eu propus, isso poderia salvá-la.

Muita gente, meus colegas e meus amigos, foram contra essa iniciativa. Achavam que eu não deveria fazer aquele projeto, que através dele eu estaria ajudando a Eletronorte a construir Balbina. Mas, na minha frente, ficaram os índios, primeiro plano. E eu sabia que, se nós não fizéssemos aquele projeto, os índios Waimiri Atroari não iriam sobreviver. Eu pensei que essa usina de Balbina seria a pá de cal em cima dos índios. O fim. Mas, contrariando a mim mesmo, assumi esse projeto, com recursos de Balbina. E esse projeto está vivo até hoje. E os índios também. Só que, com outra feição.

Aqueles índios que estavam morrendo, se acabando, hoje são 1.659. Eram 374. Hoje, são 1.659. Eram seis aldeias na época e agora são 29 aldeias. Toda a terra indígena está homologada. Não há invasor. Não transformamos os índios em brancos. Eles não foram "integrados", nem deixaram de ser índios. Aquele sonho daquela turma de jovens, que sonhava de, no contato com a comunidade indígena, não alterar o sistema da vida deles, embora eles conhecessem tecnologia, conhecessem o nosso sistema, aprendessem o que achassem importante aprender, mas se mantivessem como índios. Nós conseguimos. A minha intenção foi, é e sempre será defender os índios.

Quero dizer que eu dediquei e dedico a minha vida a esse trabalho. E não só com os Waimiri Atroari. Dedico minha vida ao trabalho indigenista.

Desse projeto com os Waimiri Atroari e Balbina, surgiu a ideia de um modelo, que poderia ser também aplicado para a hidrelétrica de Tucuruí, que já tinha sido feita. Ela estava construída, já tinha inundado as terras dos índios. E fizemos uma proposta para estender também aos índios Parakanã, no mesmo modelo da compensação de Balbina.

Eu conheci os Parakanã quando fui transferido para Altamira. E, também nesse caso, a população havia sido reduzida a 247 pessoas. Eles estavam em uma situação tão difícil que esteve lá, na Terra Indígena Parakanã, uma equipe do PNUD, da ONU, e que na conclusão do seu relatório de visita havia dado como certo que naquele povo não havia mais capacidade de sobreviver. Eles estavam reduzidos a um acampamento de doentes e de candidatos à morte. Morriam, em média, 20% ao ano.

Conseguimos fazer um projeto junto com a Funai. Dessa vez, a Funai participou, alguns indigenistas e antropólogos da Funai me ajudaram, na hora, contrariando, inclusive, a linha de ação da Funai na época. E nós fizemos esse outro programa, que é mais ou menos a mesma linha, segue o mesmo fundamento do Programa Waimiri Atroari. É um processo diferente, no entanto. Foi uma espécie de parceria, de terceirização, para também instalar organizações não governamentais em defesa dos Parakanã e em defesa dos Waimiri Atroari, com parceria da Funai.

Esses dois projetos, fizemos em parceria com a Funai. Uma pessoa da Funai é nomeada para participar como gerente do programa, dos dois programas. Não há uma exclusão do órgão indigenista, ao qual eu sempre estive ligado, e pelo qual eu recebo a minha aposentadoria, que é do que eu vivo.

Para a gestão, montamos um Conselho Consultivo, formado entre a Eletronorte, a Funai e os índios. No caso dos Parakanã, os índios não estão participando, ainda. Mas, nos Waimiri Atroari, já estão participando desse conselho. E temos conseguido obter resultados muito bons. Com relação às terras, que é fundamental para a sobrevivência dos índios, a Terra Indígena Parakanã já estava demarcada, mas a Terra Waimiri Atroari ainda não estava demarcada, e nós conseguimos demarcar a área, em 2.585.611 hectares. Com o decorrer do tempo, recuperamos algumas áreas que foram perdidas para a mineração. Conseguimos contribuir para criar a Reserva Biológica do Uatumã, que nada mais é do que uma parte da terra indígena dos Waimiri Atroari que foi inundada, perdida e que foi entregue à Paranapanema. Hoje, há um convênio com o ICM-Bio, no qual somos responsáveis pela fiscalização da terra indígena e da Reserva Biológica do Uatumã. Em outras palavras, nós já recuperamos novamente uma grande parte daqueles 726 mil hectares que foram entregues para a mineração.

Ainda há mineração. E a mineração tem uma estrada que passa por dentro da terra indígena demarcada. Conseguimos, depois de muita briga também, fazer com que essa empresa pague o uso dessa estrada. Já disseram que cobramos pedágio na estrada, a BR-174, o que não é verdadeiro. Cobramos da empresa mineradora pelo uso do acesso. E amarramos, numa tentativa de, um dia que sair uma legislação sobre a mineração em terra indígena, nós já tenhamos um experimento de como isso pode acontecer.

A empresa não está tirando minério da terra indígena, hoje demarcada, mas da terra indígena antiga, da área que foi excluída pelo Figueiredo durante a ditadura militar. Cobramos 0,5% de todo o minério que sai por aquela estrada. E mais: se, por acaso, não atingir determinado patamar de valores, eles são obrigados a completar. Se passar do valor mínimo, eles são obrigados a acrescentar mais. Mas a estrada, hoje, a estrada BR-174, ela é fiscalizada pelos próprios índios. Nós temos um sistema de controle ambiental, objeto de protesto, que é o fechamento da estrada em determinadas horas. Às seis e meia da tarde, a BR-174 é fechada e só abre no dia seguinte, às cinco horas da manhã. O pessoal de Roraima protesta todo dia, toda hora, contra isso. Ora com discursos, ora com ações da polícia. De repente, a polícia vem tentar abrir, na marra. Ora através de processo no Supremo Tribunal Federal e do uso da Justiça. Há dois processos rodando no Supremo Tribunal Federal, com relação a essa abertura ou não da estrada. Os índios tomam conta desse processo. A fiscalização é necessária. Há atropelamento de animais, risco de atropelamentos de pessoas, riscos de invasões. Há inúmeras razões para se ter o controle do fluxo da estrada que corta o território Waimiri Atroari.

Praticamente, hoje o Programa Waimiri Atroari é comandado pelos índios Waimiri Atroari na área. Nós vamos, na medida do possível, tirando os não índios que trabalham lá, deixando apenas os índios, que estão sendo capacitados para isso.

Aquele povo Waimiri Atroari que estava fadado a ser extinto, assim como o Parakanã, hoje não está mais nessa linha da extinção. Eles não estão sobrevivendo, eles estão vivendo. Os índios Waimiri Atroari e os Parakanã estão vivendo.

E não sai caro. Custa R$ 425,00 *per capita* para fazer tudo isso, por mês. É nada. Dividido por trinta dias, dá pouco mais de R$ 13,00 por dia. Não é nada, para o que se gasta hoje com os próprios índios em outras atuações, em outras áreas. A questão é saber gerir recursos e ter um viés indigenista no processo. Lá, se comemora o nascimento de cada criança. Quando nasce uma criança, é motivo de festa, de alegria. Por quê? Porque é importante. Um ser humano é muito importante. E espero que esse projeto, que essas atividades que nós desenvolvemos sirvam de modelo ou, se não de modelo, de inspiração a outros para salvar os índios, não só da extinção física, mas da extinção enquanto povo, enquanto etnia. E que continuem orgulhosos de serem donos de um sistema de vida.

O fundamento é simples: o respeito. É a palavra que nós usamos como bandeira. O respeito ao outro, aos índios. Como ele é, como ele deve ser, o território dele, a forma dele ser. Não tentar alterar. Lá, não tem Igreja Católica, não tem Igreja Protestante. Lá, nós não andamos armados. Não temos armas. Não temos motivo nenhum para andar armado. E eu lembro demais que, quando assumimos, que fomos fazer a transição entre o que estava antes estabelecido, o pessoal dizia: "Vai morrer todo mundo de novo. Os índios vão se sentir muito à vontade e vão flechar de novo todo mundo. Vai morrer todo mundo". Não morreu ninguém. E não tem arma. Não existe arma, não se ameaça ninguém.

O que eu fiz foi o que eu aprendi na Funai, o que eu aprendi com os outros indigenistas. Não foi nada que eu criei sozinho. Eu dei prosseguimento ao que aprendi e tive a chance de dar continuidade.

Violência continuada

Recentemente, o governador de Roraima, ele pegou um barco, encheu desse pessoal do Gate, da polícia, dessa polícia especializada, sob o comando de um coronel chamado Granjeiro, à guisa de que estava tendo um conflito. Ele criou um gabinete de crise, porque estava havendo um conflito entre os índios Waimiri Atroari e os ribeirinhos, no rio Jauaperi. Que não era verdade, não estava tendo conflito nenhum. Encheu um barco com esse pessoal e saiu arrebanhando moradores na beira do rio, para legitimar o ataque deles aos índios Waimiri Atroari, lá no Posto Mahaua.

Esse Posto Mahaua nada mais é do que o primeiro do SPI, que os índios reabriram no Jauaperi. E ele se encontra na margem esquerda, mas fechando uma boca do rio Macucuau. Então, saiu esse grupo para atacar os índios Waimiri Atroari. Um negócio maluco, à guisa de mandá-los acabar com o posto e voltar para a beira do rio Alalaú. A sorte é que alguém nos avisou. Era um sábado. Eu falei com o procurador da República, que estava em Fortaleza. E esse camarada apoiou os Waimiri Atroari, e daí em diante, ele entrou em contato com o governo de Roraima, se deslocou para Boa Vista. Eu fiquei em Manaus, depois fui para o posto. Eles subiram com esse barco para atacar. Chegaram a desembarcar, alguns deles. A força policial ficou andando de barco, toda armada. E os índios dialogaram diretamente com esse coronel Granjeiro e nós conversando, por telefone via satélite, com o procurador. E o procurador foi falar ao governador em exercício, num fim de semana. Falou com ele e falou comigo. Eu dizendo como é que era a roupa do coronel, como é que era o nome do coronel e quantas pessoas estavam lá. Porque ele dizia que era mentira o que nós estávamos dizendo. E o coronel estava com uma ordem de atacar. Ocorreu poucos anos atrás. E deram a ordem para ele voltar.

Todo feriado prolongado nós nos preocupamos. Todo mundo fica em alerta, porque pode haver tentativas dessas. Ainda hoje. Os Waimiri Atroari temem um ataque dessas autoridades malucas. Teve agora, ano passado, uma operação chamada "Puraquê", das Forças Armadas. Denunciamos também. Estavam entrando com tanques de guerra. Entraram na área com tanques de guerra e iam parando os tanques. Como quem vai passando. Tanques de guerra. E com a Força Aérea Brasileira, com aqueles aviões Mirage e Tucano. Eles bicavam no rumo da maloca dos índios. Assim: *tuuummm*, pertinho. Faz pouco tempo isso. Chegava perto da maloca, levantava, fazia a subida deles. E nós denunciamos isso, na hora. Falamos com a procuradora em Manaus. E o general negava: "Não existe isso. Aqueles tanques não têm bala. É só o treinamento. E aqueles aviões não estão passando lá em cima, não". Eu não conseguia fotografar. É tão rápido. Você via, vem, mas eu não conseguia fotografar um fazendo o *looping*. E tem uma serra lá na frente. E eu fiquei torcendo para aquele avião acertar a serra. Mas ele não acertou a serra. Fotografamos e mandamos as fotografias dos tanques e dos aviões. Isso foi agora. Imaginem em 1974, 1975, o que aconteceu.

Com relação ao nosso trabalho nestes 25 anos junto aos Waimiri Atroari, ele se fundamentou numa simples palavra: *respeito*. Todas as nossas ações foram feitas objetivando mantê-los independentes do nosso sistema cultural e financeiro. Não os incentivamos a serem consumidores dos nossos produtos. Valorizamos tudo o que fazem. Não introduzimos nossa alimentação, não participamos de caçadas, pescarias etc. Não retiramos nada da Terra Waimiri Atroari. Todos os produtos novos que eles conheceram foi explicado a eles como se fabricava, quanto custava e o que era útil a eles. Hoje eles estão independentes quanto a alimentação. Tudo que consomem eles produzem.

E tudo isto está associado à cultura deles. Foram mantidos todos os costumes tradicionais de sua cultura, a sua língua a sua estrutura familiar, formas de viver e de se relacionar um com outro.

Enfim, apesar das tentativas externas de influência na vida deles, conseguimos junto com eles fazer com que todas as manifestações culturais fossem mantidas.

O trabalho com índios no Acre

Após a morte de Gilberto Pinto, nos Waimiri Atroari, eu fui exilado em Altamira. Também fiz alguns trabalhos em diferentes regiões do país, pela Funai, na parte administrativa e contábil, como no Maranhão. Passei um tempo trabalhando com os Guajajara no Maranhão e na administração em São Luís.

Em Altamira, eu briguei com um coronel chamado Nogueira. Esse coronel chefiava um projeto de castanha com os Kayapó. E eu fiz uma estatística lá de que, em cada safra de castanha, morriam, em função da safra, cerca de seis Kayapó. Aquilo era muito forte para mim. Eu não fui treinado para ser castanheiro. Eu fui treinado para ser indigenista. E eu não ia cuidar de castanha se a castanha estava prejudicando os índios.

Uma história complexa, e briguei com esse coronel, e ele me transferiu para o Acre. E por que é que me mandaram para o Acre? Nas informações da época, não havia índios no Acre. Toda a bibliografia dizia que não tinha índio no Acre. Tinha índio no Amazonas e tinha índio no Peru. Mas lá, no Acre, não tinha. E fui para lá. Sem nenhuma missão. "Vai lá e fica lá. Quando a gente precisar de ti, eu te chamo." Fui, mas eu não me aquietei. Saí atrás dos índios, pelos rios, subindo os rios, por minha conta. Os índios lá estavam, mas não eram chamados de índios, eles eram chamados de caboclos. E eles ficavam sempre no fundo dos seringais.

Consegui levar o sertanista José Carlos Meirelles, meu amigo, e que trabalhava no Maranhão, junto comigo para o Acre[2]. E invertemos o processo. Co-

---

2. Leia o depoimento de José Meirelles, p. 287.

meçamos a conversar com os índios e a identificar uma série de coisas. Conseguimos criar a Funai no Acre.

Diziam que não havia índios no Acre, e diziam que eu pegava os cearenses, pintava de urucu e dizia que era índio. Mas tinha tanto índio que não tinha mais era lugar para botar os índios. Eram tantos, quando nós descobrimos os índios, que havia muito problema, questão de saúde e tudo. E nós fomos tomando as terras. Tomando, na expressão real, mesmo. Tomando dos grileiros.

Retomada das terras e das identidades no Acre

O nosso trabalho no Acre começou quando encontramos os índios desaldeados, vivendo nos fundos dos seringais, sem nenhum acesso a Rio Branco, Cruzeiro do Sul, a Feijó, a não ser aqueles índios que moravam praticamente nas cidades. Nossa mudança de política foi dar responsabilidade a eles. Tínhamos que induzi-los a se autorreconhecerem. Não instalamos os postos indígenas da forma como a Funai instalava, dentro das aldeias. Procuramos colocar pessoas em áreas que ficassem tomando conta de uma região. Tratamos eles diferente, porque não existia a tradição que vinha do SPI. O SPI tinha uma política de apoio, mas que se fundamentava numa interferência direta nas atividades dos índios. A nossa posição foi diferente, trazê-los para a discussão e a participação no dia a dia, com relação a tudo o que nós devíamos fazer com eles. Foi o começo de um processo que, até hoje, no Acre, houve a continuidade.

Os índios do Acre não têm uma vinculação dependente da Funai ou de quem quer que seja. Eles buscaram encontrar a forma de se manterem sozinhos, sem nós. Então, a forma revolucionária foi essa: de não colocá-los na vala daqueles índios que viviam subordinados à estrutura da Funai.

Retomada das terras indígenas no Acre

A primeira grande luta foi a tomada do quilômetro 45. A tomada do 45 e, depois, a do Kamikuã. A do 45 era uma fazenda – era um loteamento. Eles pegavam a terra dos índios, que os índios ocupavam e loteavam. Nesse tempo, a Funai nunca tinha agido por lá, não existia terra indígena. E, aí, o cara chegou e fez um loteamento em cima da aldeia. Pegou dois lotes, deu para os índios, achando, dando – os índios já eram donos da terra e eles ganham dois lotes –, que a terra era deles. Descobri que o loteamento era totalmente ilegal, não eram donos de terra coisa nenhuma, a terra era dos índios. E montamos uma estratégia e tomamos a fazenda toda, do João Sorbile, que era conhecido como João Cabeça-Branca. E, daí, a mesma coisa fizemos com o Kamikuã. E Apurinã também, na Boca do Acre.

No Kamikuã, fizemos o dia "D". Estavam todos morando nos seringais. Não tinha aldeia. Conseguimos tirá-los dessas fazendas e criar uma aldeia, a aldeia

Kamikuã, baseado em um livro escrito por Mário Diogo, que era a história da chegada do pai dele na área. E onde ele, na chegada, encontrara, na praia, um grande índio amistoso. Ali, tinha uma aldeia, e aquele índio que estava esperando era o Kamikuã. E quando eu estava lá, já não tinha mais. Já não tinha mais nenhum índio ali, onde era a sede da fazenda dele. E ali era a aldeia do Kamikuã.

Baseado nisso, conversei com os índios, acertamos um "Dia D". Nesse dia, todos os índios saíram de casa, tocaram fogo nas suas casas e iam para lá. Assim nós tomamos a sede da fazenda e os índios passaram a morar lá. Não na sede em si, mas foram fazendo barracos, fazendo coisas. Mudaram de vida. Foi de um dia para o outro. Isso foi uma revolução.

Maranhão, os índios Guajajara e a Polícia Federal

Do Acre, fui para Barra do Corda, no Maranhão. Para Barra do Corda ninguém queria ir. Um lugar muito violento.

A Funai já tinha sido fechada lá, e o SPI também já tinha sido fechado na sua época. E não funcionava nada. E, aí, me colocaram para lá dizendo: "O Carvalho, chegando lá, termina – no mínimo, os índios matam ele". Porque os índios são muito bravos, os Guajajara etc. E lá tinha um problema sério – como ainda tem. Era que, lá, os índios têm o hábito do uso da maconha. E a Polícia Federal fazia uma repressão gigante contra os índios. E eu, na minha linha de conduta, sempre defendi o direito das pessoas fazerem o que quiserem. E, se os índios acham que a maconha é – da forma como eles usam – um processo cultural, eu respeito. Não fumo. Nunca fumei. Não sou daqueles que até para ser amigável, diz: "Não, eu já dei uma pitadinha daquilo lá". Não. Eu nunca fumei e nem fumarei. Está certo? Muito bem. Não que eu tenha preconceito contra quem fuma ou quem não fuma. Mas é desse jeito. E, lá, encontrei torturados. Índios torturados pela Polícia Federal. Vocês imaginam o índio chegar para você e dizer: "Você é da Funai?". "Sou, sou da Funai." "Você veio fazer o que aqui?" Eu digo: "Não, eu estou vindo para cá, mas, se vocês acharem que eu não devo, eu não fico. Eu vou embora". Aí: "Não, você é ladrão, também. E você é torturador". "Epa, torturador? O que é que é isso?" Aí, ele me contou a história e mostrou os sinais da tortura que tinha acontecido há poucos dias. Aí, eu vi, e disse para mim: "Não, eu não posso renunciar a isso, não. Eu não serei mais eu se eu ouvir isso como eu ouvi e cruzar os braços". Naquele tempo, falar a palavra "tortura" era sentença. Sentença de morte.

"Eu vou ter que enfrentar esse pessoal, de novo", eu pensei.

E fiz a denúncia contra a Polícia Federal. Hoje fazer uma denúncia contra a Polícia Federal ainda é complicado. Imaginem naquela época.

A repressão veio direto em cima de mim. Fui demitido mais uma vez, por causa dessa denúncia. As pessoas que foram nomeadas para fazer uma investigação inverteram os fatos. Disseram que eu tinha inventado aquela história.

Eu protestei, terminei voltando. E as pessoas que torturaram os índios foram punidas, demitidas da Polícia Federal. Consegui provar que tinham torturado os índios.

Quem chefiava a Funai naquela época, em São Luís, a quem eu era subordinado, era um coronel da polícia. Era famoso porque disseram que mandava matar pessoas. E mandou me matar. Não mataram porque não conseguiram. Mas a minha vida, lá, não valeu nada. Eu não sei como é que eu consegui sair vivo do Maranhão. Foi um drama. Passei muito tempo com medidas de segurança. Podiam me matar. Houve tentativas, atiraram em mim, fizeram de tudo. Mas consegui escapar.

A Sociedade Brasileira de Indigenismo

A Funai me demitiu de novo. E me transferiu para Marabá.

Paulo César, que era o delegado da Funai, me mostrou uma carta da Presidência da Funai para o major Curió. Dizia: "Toma conta dele. Ele é um comunista". Aí, eu sabia.

Nessa hora, em Brasília, eu fui eleito presidente da Sociedade Brasileira de Indigenistas.

É a candidatura mais interessante de que eu já participei na minha vida. Eram duas chapas. Quando eu cheguei em Brasília para participar dessa eleição, da criação da sociedade, eu estava candidato nas duas chapas. Quer dizer, não porque eu era tão querido assim. É porque todo mundo sabia que, quem fosse o presidente, estava demitido, era uma coisa segura. E como eu já tinha prática, disseram: "Então, é o Carvalho, mesmo". E lá eu fui, fui demitido mesmo. E preso também.

O certo é o seguinte: a história está viva ainda aqui, várias pessoas que assistiram e participaram, junto com a gente, de todo esse drama, de toda essa história, ainda estão por aqui. É uma história muito complicada. Nunca foi só. Não é uma história solitária.

Na época, era proibido fazer qualquer associação. Não podia fazer associação, sindicato. Era proibido, enquadrado na Lei de Segurança Nacional quem tentasse. Mas nós sentíamos o que estava acontecendo contra os índios. Não era, simplesmente, o emprego, nosso. Que o emprego, nós ganhávamos muito pouco, está certo? O salário era de passar fome, mesmo. Não era o salário, era a dignidade que nós tínhamos. Então, nós começamos a ter colegas sendo perseguidos e nós conseguimos ter uma ideia: vamos nos organizar, mesmo que isso venha contra nós. E nos organizamos e fizemos a Sociedade Brasileira de Indigenistas. Fizemos uma linha de conduta e um manifesto muito sério. Porque não poderia acontecer nenhuma coisa contra os índios, sem passar pela SBI. E nem contra os funcionários. A ideia era essa.

Em outras palavras, seria um verdadeiro sindicato.

Um sindicato, mas não para pleitear aumento de salário ou coisas semelhantes para a classe, como cargos. Era para que o indigenista pudesse exercer o seu trabalho com dignidade, em defesa dos índios. Esse era o objetivo, foi bem colocado e todo mundo assinou. Nós sabíamos que aquilo poderia ser a nossa sentença, nossa sentença de demissão e de afastamento do mundo indigenista. E, para nós, era a perda da nossa vida. Porque nós nos dedicamos tanto e, de repente, seríamos demitidos. Foi o que aconteceu. Primeiro, aconteceu um problema com o sertanista José Carlos Meirelles. Demitiram o Meirelles e nós protestamos contra a demissão do Meirelles. Aí, fomos demitidos e, simultaneamente, presos. Quando eu fui demitido, aí o pessoal se reuniu. "Agora, vamos protestar pela demissão de todos." E lá se foi, todo mundo que assinou aquele manifesto foi demitido. Demitido com "justa causa" e sem poder fazer nada. Não tivemos chance nenhuma, nem de defesa, nem de consultar se aquela assinatura era nossa – que poderia não ser, eventualmente, de alguém ali. Mas, não. Fomos demitidos, da forma mais dura. Depois, fizemos campanha, fizemos outras confusões, endoidamos os dirigentes da Funai, fizemos um bocado de coisas depois disso.

Hoje, a SBI não existe mais, porém algumas atitudes que estão sendo feitas agora, nesse governo dos últimos anos, a gestão de Dilma Rousseff, caberia uma nova SBI para promover a resistência. Os indigenistas, os funcionários, principalmente os funcionários da Funai, deveriam protestar. Hoje, a polícia está instalada dentro da Funai, está lá para fazer represálias aos índios. Isso não é certo. O governo faz uma série de medidas protelatórias para a demarcação de terras indígenas, isso ao longo do governo Lula e Dilma, nesses últimos anos, praticamente não demarcaram nenhuma terra indígena. Com exceção da Terra Indígena Raposa Serra do Sol. Mas a Raposa Serra do Sol não é tudo. Não é correto ficar com terras paradas na gaveta, com os processos de demarcação parados, agindo em nome de uma política de promessa verbal e apoio, mas sem resultado. Isso não é honesto.

Na minha visão de indigenista, é que é necessário que os que fazem parte da Funai protestem. E dizer para eles que estão errados. Isso eu fiz no passado, e hoje precisa ser feito novamente.

De 1967 para cá já tivemos vários presidentes da Funai, tivemos vários governos que já mudaram. O pior governo para os índios é este atual governo. É o que menos demarcou terras indígenas desde a Constituição Federal, um número que só se compara aos piores anos da ditadura militar. Quem quiser que diga o contrário, mas tem que provar. Nesse sentido, a Funai nunca teve uma postura política pessoal de partido, de ser ocupada por gente de partido. Mas agora tem. O SPI, quando estava nos seus tempos finais, ele também optou por esse viés de partidarizar o órgão. E não foram muito felizes. E, agora, estão politizando de novo o órgão indigenista. As chefias da Funai são levadas por determinados partidos.

Eu gostaria que a Funai ficasse isenta de politicagem, dessas coisas pequenas, dos interesses contrários aos interesses dos índios. Mas vivemos uma situação muito grave, onde a Funai manipula determinadas lideranças para que elas se manifestem a favor do que está acontecendo. Realizaram uma reforma administrativa, que era necessária, mas de maneira alguma da forma como fizeram, abandonando os índios nas aldeias, com a extinção dos chefes de posto. A chefia de posto era uma instituição antiga, um cargo que vinha dos tempos do SPI, era o funcionário que ficava próximo da aldeia, para estar sempre disponível para dar assistência aos índios. Hoje, com a reforma administrativa que fizeram, não há mais essa figura.

Roraima, o entorno anti-indígena dos Waimiri Atroari

Boa Vista, capital de Roraima, era uma cidadezinha muito pequena, com cinco mil habitantes. Era totalmente ligada ao Ministério do Interior. Só tinha funcionário público. E os índios, principalmente os Macuxi e os Wapixana. Não havia fazendeiros, e tinha muito poucas pessoas. A Grande Fazenda São Marcos, que era do SPI, era uma fazenda de gado que tinha mais de cinquenta mil cabeças, e quem tomava conta eram os índios e os funcionários do SPI. Era a principal fonte econômica da região. Todo ano fazia um leilão de gado e descartava lotes de trezentas, quatrocentas cabeças. Era uma cidade que não tinha antipatia aos índios.

Aí, a cidade inchou. Depois se transformou em estado. Enquanto era território, era pequena e limitada. Era um departamento do Ministério do Interior, com o governador nomeado pelo ministro. Todo mundo era funcionário do Ministério do Interior. Com a criação do estado, foi intensificado um processo migratório, e veio muita gente do Maranhão, do Piauí, do Nordeste. De 1988 para cá.

Na primeira eleição, um deputado federal era eleito com dois mil votos. Eram cinco deputados federais e, em média, precisavam de dois mil votos para eleger um deputado federal. Passou a receber investimento com intenção de levar gente para se eleger. Se o cara levasse dois mil eleitores para lá, estava eleito. De avião ou de barco pelo rio Branco.

A estrada ainda não era uma reivindicação. Havia poucos carros em Boa Vista. Não se imaginava uma estrada asfaltada. Imaginava-se uma estrada carroçável, seria uma viagem longa, não tinha a ponte do rio Branco, era muito complicado. Além da estrada, construíram a ponte do rio Branco, a ponte do rio Alalaú, a ponte do rio Abonari. E, aí, veio o asfalto. E a cidade inchou. O asfaltamento foi concluído em 1997, e trouxe impacto para os índios.

O primeiro impacto foi a construção da estrada. O asfaltamento, depois, aumentou a circulação de veículos, e traz mais impactos, perigo de invasões, atropelamentos.

Roraima é anti-indígena.

Um dos motivos que influenciou esse sentimento contrário aos índios foi a morte do padre Calleri. A Igreja fez da sua morte uma bandeira e queria, inclusive, transformá-lo em santo. Santo ou mártir, alguma dessas definições internas da Igreja. Essa movimentação em torno da morte de Calleri provoca efeitos até hoje.

Em Roraima, são anti-indígena contra todos os índios. Os Waimiri Atroari foram vistos como os inimigos no início, em razão da resistência deles. Depois, se viraram contra os Macuxi e os Wapixana, Yanomami, e outros, que os receberam muito bem, todos que lá chegaram. As autoridades no poder local sempre foram pessoas de fora, pessoas que já vinham com uma carga anti-indígena. E difundiram isso.

No caso do sentimento contra os Waimiri Atroari, isso veio com o caso de padre Calleri e com o fechamento da rodovia, após a saída dos militares. Pois os índios fecham a estrada, todo dia, às seis e meia da tarde. E abrem apenas pela manhã. Isso tem provocado uma ira santa em parte da população, que se vira contra os índios. Há duas ações em andamento contra essa medida dos índios, uma na Justiça Federal e outra no Supremo Tribunal Federal. Argumentam que os índios não poderiam fechar a estrada e nem poderiam proibir as pessoas de subir o rio Jauaperi. Mas há razões para que os índios façam isso e protejam seu território.

A Comissão da Verdade e os crimes contra os Waimiri Atroari

Não vejo condição nenhuma para a Comissão da Verdade apurar mais do que já foi apurado.

Esse papo de indenização, eu não falo com essa linguagem. Eu vejo o seguinte: Será que as pessoas seriam punidas? Isso é o que eu vejo – não, não serão. Então, os índios não querem discutir o assunto.

Tem gente que deve ser punida, sim. Os generais que comandaram os ataques, que deram a ordem e que comandaram as ações. Soldado não tem que ser punido, pois eram pessoas que faziam as ações por ordem. Mas os generais têm que ser punidos pelos crimes que praticaram.

Muitos estão vivos. Os que comandavam o 2º Grupamento de Engenharia e Construção, por exemplo. Um dos generais mora no Ceará, se chama Gentil Paes. Eu falei com ele, na época, sobre o que eu estava prevendo, o que estava para acontecer com os índios. Ele havia dito para mim: "Não tem disso. Comigo é assim. Eu tenho uma ordem para continuar uma estrada, eu sou soldado e vou obedecer e vou construir. E se os índios tentarem interromper, eu meto a bala".

Não é preciso dizer mais coisas sobre o que aconteceu depois que ele comentou isso comigo.

Iore Parise

Fiorello Parise

Legenda

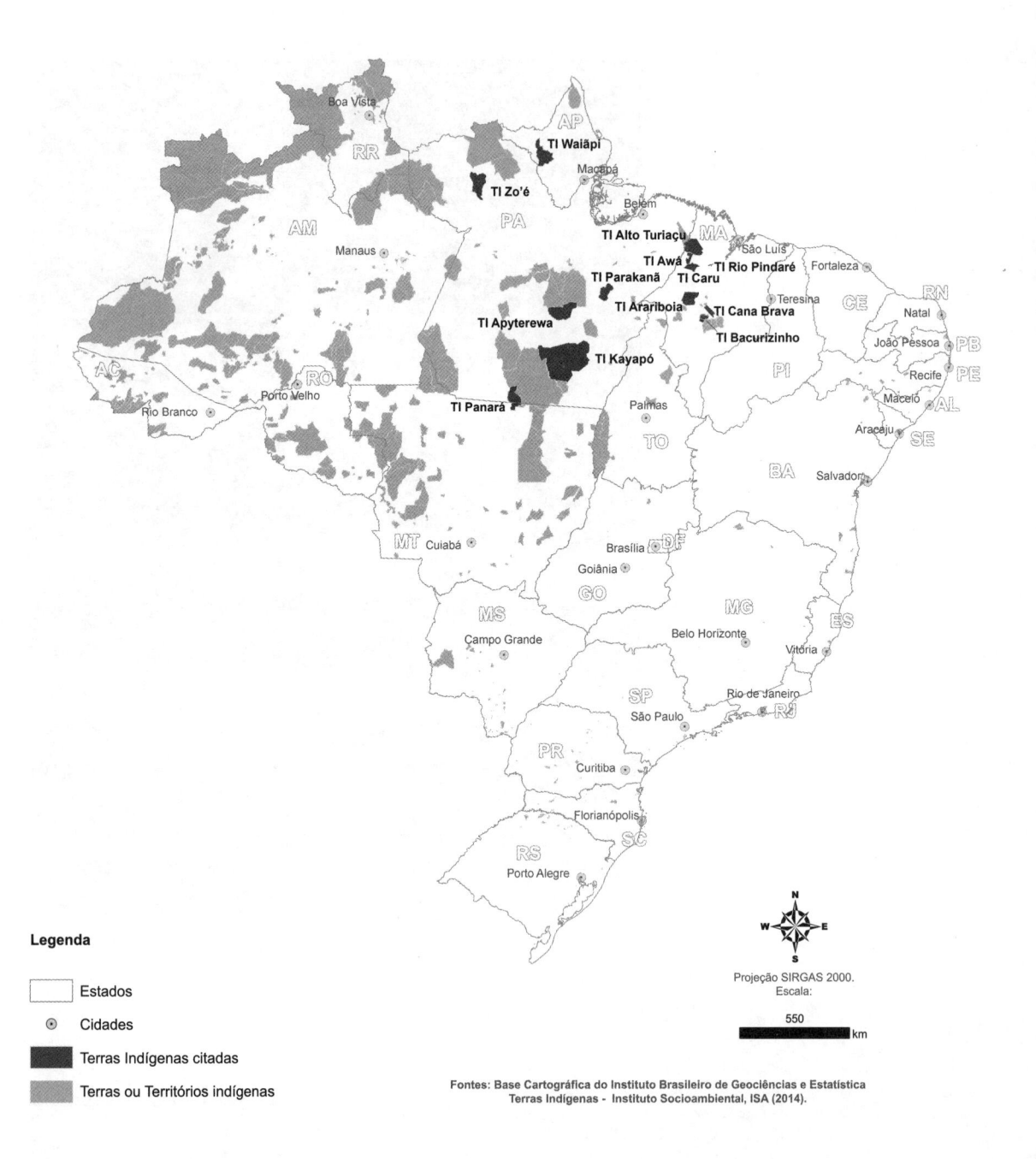

☐ Estados

◉ Cidades

■ Terras Indígenas citadas

▨ Terras ou Territórios indígenas

Projeção SIRGAS 2000.
Escala:
550 km

Fontes: Base Cartográfica do Instituto Brasileiro de Geociências e Estatística
Terras Indígenas - Instituto Socioambiental, ISA (2014).

Fiorello Parise nasceu em Vicenza, na Itália, e veio ao Brasil em outubro de 1968 fazer trabalhos de campo para o curso de antropologia social que fazia em Paris, na École Pratique des Hautes Études (EPHE), e desde então permaneceu no país. Não deu continuidade à pesquisa acadêmica e, após mais algumas experiências de campo, migrou para o sertanismo.

Nasci na Itália, em Vicenza, e fui estudar em Milão, onde cursei etnologia. Em 1964, fui para Paris e me inscrevi na École Pratique des Hautes Études (EPHE), por influência de minha irmã, Valéria Parise, que também cursava antropologia social na EPHE. Ela se tornou antropóloga. Eu gostava de aventuras, essas coisas, mas fui influenciado por ela. Quando chegou a hora de fazer o *mémoire*, a dissertação do final do curso, eu tive duas possibilidades. Uma era fazer uma pesquisa bibliográfica, em bibliotecas, a outra era um trabalho de campo. Por sugestão do nosso orientador, escolhemos fazer o trabalho de campo. Isso foi no meio das revoltas, de Maio de 68, com todo o agito que estava acontecendo em Paris. Participei do movimento, mas depois fiquei decepcionado com o desfecho, e escolhemos vir para o Brasil.

Chegamos a Belém em novembro de 1968 e ficamos sob a orientação do antropólogo Eduardo Galvão, então diretor do Museu Paraense Emílio Goeldi, que ficou sendo nosso orientador de estudos no Brasil. Escolhi como grupo para estudo os Guajá, ainda sem contato, enquanto a Valéria ficou com o povo Tembé. Realizamos juntos a primeira expedição, de dezembro de 1968 a março de 1969, no Maranhão, subindo o rio Pindaré e depois o Caru, seu principal afluente, só encontrando vestígios dos índios.

O nosso primeiro contato com um povo indígena aconteceu na aldeia Januária, dos Guajajara, logo no começo da expedição. Ficamos no Posto Indígena Gonçalves Dias e nos deparamos com uma situação alarmante. A comunidade estava com um surto de gripe e sarampo e o funcionário encarregado estava de férias. Permanecemos alguns dias medicando a comunidade com bastante dificuldade. Por falta de meios e uma coisa muito estranha que percebemos: no posto da Funai tinha fichário do gado, mas não tinha um fichário com informação dos índios que viviam lá, os Guajajara.

Os Guajá e o Maranhão

Em 1969 fizemos um contato com um pequeno grupo Guajá, era um grupinho, apenas uma família remanescente de um ataque que sofreram. Eles estavam protegidos por uma família de agricultores locais. Haviam sido atacados por jagunços, sobreviveram três índios Guajá desse ataque que sofreram. Resgatei essa família e os levei para a aldeia Guajajara do rio Pindaré.

Nessa época, a Funai no Estado do Maranhão ainda estava em criação. Era o período de mudança do SPI para a Funai, a qual ainda não tinha estrutura de campo e de quadros.

Eu não tinha condições de fazer pesquisa etnográfica só com os três sobreviventes, tinha acabado com quase todos os meus recursos, e com uma semana lá eu fui embora. Em São Luís conheci um sertanista de nome Antonio Cotrim Soares e ficamos amigos. Ele estava ajudando a organizar a nova delegacia da Funai no Maranhão e me convidou para coordenar um curso para auxiliar de enfermagem. Aceitei e fui para o Pará, casar, e retornei com minha esposa para o curso.

Uma observação: quando retornei para a região, vinte anos mais tarde, já na época do Projeto Carajás, da Vale, tomei conhecimento de que, daquele grupinho de Guajá, a mulher e o filho morreram pouco tempo depois da minha saída, e o homem ainda estava vivo e tinha se casado com uma Guajajara.

Depois desse contato com essa família, em 1971, minha irmã Valéria, então antropóloga no governo do Maranhão, e José Carlos Meirelles, sertanista da Funai, fizeram contato com um grupo grande de Guajá, no rio Turiaçu[3].

Eu já queria ficar no Brasil, e queria continuar trabalhando com os índios. Mas, nessa época, não exitia essa figura do auxiliar de enfermagem nos postos indígenas, e me animei com a chance e fui para o curso.

Nesse curso de enfermagem, eu fiquei como se fosse um dos inscritos, alunos, junto com minha esposa, apesar de que eu era um dos que orientava. Junto disso, ocorreu uma mudança na Funai, em Brasília. Saiu o primeiro presidente da Funai, o jornalista José de Queiroz Campos, e assumiu o Oscar Jeronymo Bandeira de Mello, um general da reserva que tinha participado do inquérito que acabou com o SPI. Quando entrou o Bandeira de Mello, estava se formando o núcleo que seria depois transformado na delegacia regional da Funai em São Luís, a administração local do órgão.

Quando acabou o curso, para mim e para a minha esposa, fomos lá na Funai, em São Luís, e eu dei uma de "joão sem braço", porque estava sem dinheiro, não sabia para onde ia, e a pesquisa que eu tinha feito, com um grupo muito pequeno de Guajá, não ia dar em muita coisa na área acadêmica naquela hora. Foi quando me colocaram para trabalhar na Funai como auxiliar de enfermagem, na região do Arariboia, no Maranhão. Eram quatro mil índios, em mais de vinte aldeias, e, além dos Guajajara, a gente tinha que cuidar também dos Gavião, dos Parakateje. Não havia transporte. Tivemos que comprar um animal para andar pela região, um burro, para podermos nos deslocar. Nessa época, eu ainda consegui tirar alguns invasores da área, e fiz um primeiro projeto de demarcação da terra indígena.

---

3. Leia o depoimento do sertanista José Meirelles, p. 287.

A estrutura era muito precária. Conheci um padre na cidade de Grajaú, diretor de um hospital, que me prometeu apoio para melhorar a saúde dos Guajajara, principalmente a tuberculose. Eu construí, juntamente com as comunidades locais, uma estrutura para atender os tuberculosos perto de suas famílias e ao mesmo tempo isolados. A Funai me prometeu transporte para os doentes até o hospital para fazer os exames e receber a medicação, mas me deu o cano, e daí decidi ir embora.

A Funai não deu suporte para essa iniciativa, e isso causou um clima ruim com os índios, que estavam com expectativa de ver as coisas melhorarem. Nessa época não havia rádio, e a comunicação eram muito difícil. Era na base do recado mesmo, passava recado por algum telefone longe.

Pensei em ir embora. Eram muito difíceis, as condições de trabalho, sem apoio mesmo. E, quando estava indo viajar, encontrei um grupo em Barra do Corda, alguns funcionários, e um me chamou. Disse que estavam criando uma equipe médica de saúde na Funai para fazer vacinação, e que eu já conhecia os grupos indígenas no Maranhão e isso seria importante, e me convidaram para acompanhar eles.

Pensei que as coisas iriam melhorar, e decidi ficar.

Assim, acompanhando a equipe médica de saúde, eu conheci quase todas as aldeias da região de Barra do Corda e Grajaú.

Quando voltei desse trabalho, passou um avião em São Luís e nele tinha um diretor da Funai de Brasília. Ele me convidou para fazer um curso de chefe de posto, o curso que formava técnicos indigenistas. Falou que tinha vaga e que era pegar ou largar. Eu subi no avião e fui para Brasília.

O indigenismo e o trabalho de sertanista

Eu fiz o segundo curso de indigenismo em Brasília. Fiz o processo de formação, cursos, e depois me mandaram para trabalhar como chefe de posto, e técnico indigenista, na região do Oiapoque. Lá na fronteira do Brasil com a Guiana Francesa. Conheci os Wayapi do Camopi na margem francesa do Oiapoque. Conversando com eles, tomei conhecimento de que do lado brasileiro, nos altos rios Amapari e Araguari, no Amapá, tinha algumas aldeias de Wayapi isolados e que grupos de garimpeiros oriundos da Guiana estavam invadindo essa mesma região, abrindo garimpos de ouro. Eu apresentei um relatório informando da invasão de garimpeiros e de que não havia nenhuma condição de reativar o antigo posto do SPI, da época de Rondon, e da comissão de fronteiras, para o qual eu tinha sido designado.

Os índios do lado francês viviam outra situação, recebiam auxílio em dinheiro, e até votavam nas eleições na França. E o que eu ia fazer lá? Olhar para o outro lado do rio, nesse posto avançado, sem nenhum poder para conseguir mudar a situação de invasão dos garimpeiros? Foi uma passagem rápida por essa área.

Eu saí do Oiapoque e fui para os Kayapó. Eles me colocaram como coordenador nos Kayapó, na aldeia dos Kayapó Gorotire e em outras aldeias na região também. Trabalhava ajudando na produção da castanha, algumas atividades lá com os Kayapó.

Certa vez, quando estava no Pará, nessa época, eu fui a Belém e um coronel, que era o delegado regional da Funai, me convidou para falar sobre os meus conhecimentos do Oiapoque. Ele já conhecia o meu relatório e os meus trabalhos lá.

Nesse encontro estava o Chico Meireles, o famoso sertanista, que faleceu um pouco depois. O tema da conversa era sobre a abertura da estrada Perimetral Norte, que estava acontecendo lá, e que iria passar bem nessa área onde moravam os Wayapi isolados. Eles me convidaram para assumir essa parte do trabalho, tentar fazer o contato, na área do traçado da Perimetral Norte. Eu aceitei, acho que foi em 1973.

Foi a primeira vez que eu vi o Chico Meireles. Foi numa sala da delegacia da Funai, em Belém. Eu fui coordenar a frente de contato no Amapá, e me passaram para o cargo de sertanista nessa ocasião. Foi quando me tornei, oficialmente, um sertanista.

Retorno para o Amapá

Fui para o Amapá e comecei a montar uma equipe para a frente de contato. Queriam que tivesse uma base da Funai em Macapá, além da de Belém, mas eu pensei em fazer uma só no campo, vinculada diretamente a Belém. Sobrariam mais recursos para a atividade-fim. Aceitaram. Era a minha equipe lá na frente de contato, com cinco ou seis pessoas. Passamos lá na mineradora de manganês que tinha na época, a Incomi. Eu estava procurando informações, conversando com quem vivia por lá. E logo na primeira expedição encontramos os Wayapi num afluente do rio Jari. Antes de nós, os garimpeiros tinham entrado na área dos índios. Nesse contato, entre os Wayapi e os garimpeiros, boa parte do grupo veio a falecer de gripe e sarampo.

Chegamos à aldeia seguindo os rastros dos índios. Naquele tempo, havia o pensamento de fazer o contato. Depois é que se viu todo o estrago que causa o contato, o desastre para os índios. Quando fizemos o contato, ficamos um tempo com eles, colhi a história dos índios, e vim embora para Belém. Voltei para construir a frente de contato, uma Base da Funai. Nesse período de tempo também veio outro grupo Wayapi, e os índios foram se juntando, vindo outros grupos que estavam pela região.

Para fazer o contato, eu levei junto da expedição um dos garimpeiros que já tinham invadido a aldeias deles. Foi junto na equipe. Ele sabia o caminho, pois já tinha ido lá. E os Wayapi não eram hostis, não eram violentos. Os garimpeiros fizeram eles de "gato e sapato", judiaram das mulheres, espalharam doenças, e mesmo assim os índios não eram hostis. A questão é que os índios não faziam uma ligação entre as pessoas e as doenças que elas espalhavam. Eles não sabiam que eram os garimpeiros os responsáveis pelas epidemias. Por isso, fizemos a expedição guiados por um garimpeiro. O contato foi pacífico. Foi uma experiência muito bacana.

Depois do contato, eu voltei, e marquei outro encontro, já para montar equipe e um posto para assistência e fiscalização. Porque iria passar a Perimetral Norte lá perto, com todos os problemas junto dela, um impacto muito grande, e seria preciso ter uma estrutura local. Pedi a interdição de toda área por eles habitada, montei a frente de contato e tudo o mais, inclusive um programa de vacinação. Mas em começo de 1974 fui chamado de urgência para Brasília, e de lá para Mato Grosso, onde estavam acontecendo alguns problemas com os Panará, escândalos na mídia sobre suposto abuso sexual entre um sertanista da Funai e os índios.

Foi quando a minha irmã, que trabalhava como antropóloga da Funai, em Brasília, me convidou para ir lá resolver o problema.

Saí do Amapá e fui para a região da estrada BR-163, conhecida como Cuiabá-Santarém, assumir a Frente de Contato Kreen-Akarore, como eram conhecidos na época os Panará. Fiquei lá até a transferência dos índios para o Parque do Xingu, em 1975.

A chegada nos Panará

Quando eu cheguei na Frente Peixoto de Azevedo, encontrei três funcionários e duas mulheres Panará num casarão. Estava lá o funcionário da Funai chamado Nilo, que depois veio a morrer afogado no Amazonas. O Nilo começou a me falar as histórias que tinham acontecido por lá, mas não falou tudo. Até que um dia chegou um grupo de Panará, todos pintados de jenipapo, para a guerra, com bordunas, que são os tacapes deles. Consegui me comunicar, um pouco com a ajuda do Nilo, e com um pouco do que eu sabia da língua kaiapó, que é diferente, mas tem algumas semelhanças. Eles me perguntaram: "Cadê o Pará?". Queriam saber do Pará, queriam saber onde é que estava o Pará.

Pará, chamado Antônio Campinas, é o sertanista que foi acusado de abusar deles, de praticar sexo com os índios, que foi um escândalo. As índias Panará que estavam no acampamento me falaram que estavam lá aguardando o retorno do Pará, para se casarem.

Os Panará dormiam no chão, todos juntos, encaixados, um atrás do outro por causa do frio. Isso causou um equívoco por parte de um jornalista, que esteve lá e denunciou que o Pará estaria abusando dos índios. Porém, também havia o problema de outros funcionários índios (das etnias Umotina, Xavante, Bororo), e que se achavam no direito de abusar das índias, um problema bastante comum nas frentes de contato.

Daí, os guerreiros me perguntaram: "Cadê o Pará?".

Eu falei para os Panará que eu o tinha matado e jogado o negócio dele (o pênis) no rio, e que as mulheres estavam lá para eles as levarem. Eles resgataram as mulheres da Base e as levaram para a aldeia. Soubemos, mais tarde, que elas foram maltratadas.

Não demorou e veio outro grupo Panará, também para a Base, pedindo socorro. Estavam todos doentes, muito fracos. Eles passavam pela estrada que ia para Alta Floresta, e se contaminavam de gripe e outras doenças. Morreram quase todos. Eu tentei salvar muitos, um bocado, mas foi muito difícil.

Junto deles, comecei a fazer uma aldeia no braço norte do rio Peixoto de Azevedo, próximo da base militar do Cachimbo. Fomos plantando roça, montando uma aldeia e o posto da Funai, e começamos um programa de vacinação, e o povo começou a se refazer, depois de todo esse sofrimento pelo qual tinha passado. Mas quando as coisas estavam começando a se equilibrar, veio a ordem para levar os índios embora dali, de se fazer a transferência da terra onde estavam para dentro do Parque Indígena do Xingu.

Eu considero que a situação já estava começando a se equilibrar, que já estava equilibrada. A enfermeira tinha ido lá, todos os índios já estavam vacinados. Já tinham vacinado todo mundo. E também já estava se falando em fazer uma expedição, para esse lugar mítico denominado Tugrenten, e para onde os espíritos deles vão quando morrem, em um afluente do Teles Pires, também chamado rio São Manuel. Essa área, hoje, está dentro do território atual.

A transferência dos Panará

Quando consegui equilibrar as coisas, veio a ordem de transferência, de cima.

O Cláudio Villas Bôas era uma pessoa muito bacana. Ele dizia para mim: "Se não quiser ir, não vai, mas, se quiser ir, tem esse lugar onde os índios podem se estabelecer". Deixava aberto para a escolha dos índios e de quem estava lá trabalhando com os índios. E dizia que ele estava preparando as roças, um lugar para recebê-los, deixando isso como um apoio, em caso de necessidade, não uma imposição. Eu levei dois índios Panará comigo, uma vez, para conhecerem o local. E, depois, o Orlando Villas Bôas decidiu levar os índios, fazer a transferência.

A razão dessa transparência não é muito clara, mas eu acho que é porque isso teria um efeito jornalístico, midiático, uma repercussão.

Para mim, que era contra, me diziam: "O que é que vem esse italiano, que ele vem fazer aqui, se meter nesse negócio de índio?". Tentavam me tirar fora. Na Funai eu tinha falado que diria para os índios ficarem lá onde estavam, que era para os Panará ficarem na terra deles. Mas tinha uma pressão muito grande da imprensa, havia muitos jornalistas, e muita gente interessada nas terras onde eles estavam.

Um jornalista me falou que o Villas Bôas estava cotado para ganhar o Prêmio Nobel da Paz, e, se conseguisse fazer a transferência, isso ia ter um grande efeito na imprensa, poderia ajudar ele.

Conseguiram levar os índios. Todo mundo chorou. Muitos não queriam ir.

Os Panará eram quatro clãs, e eles não queriam entrar no mesmo avião juntos. Um clã rival não queria entrar com o outro. O comandante da FAB estava ficando doido, pressionando. Até que dividimos o grupo e fizemos a transferência em duas viagens, e conseguimos mandar todos. Foi muito triste.

Eu nem fui nessa viagem de avião. A transferência, uma ordem de cima, foi coordenada pelo Orlando Villas Bôas.

Não era preciso ter sido feita essa transferência dos índios, eu estava lá e sei disso. A situação da saúde deles já estava começando a ficar equilibrada, depois das mortes e das epidemias. Foi muito triste. Eles sofreram muito. Foram colocados ao lado de grupos rivais. Eram humilhados, ouvi histórias terríveis do que eles passaram. Eu não fui ver os Panará no Parque do Xingu. Saí da área logo em seguida, após a transferência. Eu nunca mais os vi.

Outras marcas das estradas: a Perimetral e os Wayapi

Depois desse trabalho nos Panará, no Estado de Mato Grosso, eu voltei para o Amapá, para os Wayapi. E aqui também muita coisa tinha mudado nesse tempo em que estive fora, mais ou menos um ano.

A estrada Perimetral Norte tinha passado bem no meio, entre o acampamento da frente de contato e as aldeias, quem ficou no meu lugar foi omisso e os índios começaram a frequentar as margens da estrada. Mudei a frente de contato de local, na margem da Perimetral ficou um acampamento de apoio, enquanto o Posto Amapari ficou, localizado junto das principais aldeias. Assim, conseguimos ao menos controlar os contatos indiscriminados. Registramos um aumento demográfico de 8% ao ano. Logo depois, em 1976, as obras da Perimetral pararam, deixando centenas desempregados, e um grupo deles, perambulando na mata, seguindo umas das trilhas dos índios, achou uma jazida de ouro, e montaram um garimpo.

Realizamos uma operação de desintrusão desses garimpeiros de dentro da terra indígena, junto da Polícia Federal. Nela foi apreendido mais de um quilo de ouro e fechado o garimpo. No processo que se seguiu, o juiz liberaria o ouro para os Wayapi se o garimpo estivesse em área indígena. Para isso, a decisão dele dependia do meu testemunho como sertanista.

Foi quando começaram as ameaças de morte por parte dos garimpeiros. Primeiro, me ofereceram 10% dos resultados do garimpo se eu falasse que não era área indígena. Caso contrário, disseram para que eu pensasse na minha família. Depois do meu depoimento a favor dos Wayapi, na primeira vez que fui a Macapá, em agosto de 1978, sofri um atentado em que quase morri. Num restaurante, fizeram uma emboscada. Dois pistoleiros entraram. Deram cinco tiros, quatro me acertaram.

Não eram pistoleiros, eram donos de garimpo mesmo, as próprias pessoas que me faziam chantagem. O juiz iria acatar a minha palavra. Se eu dissesse que não era terra indígena, o juiz não interditaria. Foi o dono do garimpo e mais um parente dele. Eu estava em um restaurante, perto da delegacia. Acho inclusive que foi o delegado que avisou eles da minha presença ali.

Fiquei muito tempo ruim. Passei mais de seis meses em recuperação. Depois, saí da área, voltei para a Funai e dava expediente em Belém. Acabei virando um "bombeiro": onde tinha problemas, eu ia apagar o fogo, e assim fiquei até 1983.

A região de Altamira: Arara, Kayapó e Parakanã

Durante esse período, de 1978 a 1983, inicialmente eu retornei para os Kayapó, depois fui para os Parakanã, segui novamente para os Kayapó, sempre no Pará. Até que, durante uma ação de retirada de madeireiros ilegais de dentro da área dos Kayapó, tomamos conhecimento de que havia um grupo Parakanã isolado, e que havia uma ameaça de fazendeiros os atacarem, em começo de 1983. Estavam em risco de serem atacados por jagunços. Contatamos e resgatamos o grupo para a aldeia Parakanã do Cajazeiras, que fica perto de Marabá (PA).

Em 1985 fui para a cidade de Altamira (PA) chefiar a Frente de Contato Arara, na região da Transamazônica, e logo em seguida fui encarregado de unir, administrativamente, a Frente de Contato Arara com a ajudância da Funai de Altamira. Mais tarde foi criada a administração regional, que passei a chefiar, isso em 1986.

Altamira, nos anos 1980, era um lugar calmo, e o grande problema eram os madeireiros. Seguidamente era preciso fazer expedições para retirar madeireiros que invadiam as áreas indígenas pela Transamazônica, pela estrada Transiriri, Vicinal 185 Sul, que naquele tempo era um ramal.

Na área de índios isolados, o principal trabalho era o contato com os Arara. O sertanista Afonso Alves da Cruz, o Afonsinho, estava trabalhando no contato do terceiro grupo Arara, na região da Cachoeira Seca, no rio Iriri. Acompanhei o Afonsinho como apoio, e, em umas duas viagens, com expedições na frente. O contato foi feito em janeiro de 1987.

No início, o problema maior era dentro da própria Funai. Eram duas Funai, administrativamente falando. Havia a Base Arara, da frente de contato, que era coordenada de Brasília pelo Sydney Possuelo e havia sido criada para os contatos com os Arara e, depois, mais tarde, com os Parakanã, onde hoje é a Terra Indígena Apyterewa. E a outra Funai era a que cuidava da região, com os índios com contato. O tratamento era diferenciado, criava inveja, raiva. Isso nos meados dos anos 1980. Eu fiquei por lá, e o Sydney Possuelo pediu para eu assumir a Base Arara. Logo em seguida, o Apoena Meireles assumiu a presidência da Funai e modificou a estrutura interna do órgão, criou as superintendências e administrações regionais, e coube a mim o encargo de juntar a Base Arara com a administração regional em Altamira e fazer ali só um órgão. Aí fui nomeado o administrador.

No campo, os principais problemas ali na região de Altamira eram os madeireiros. Havia invasão de madeireiros dentro da área dos Arara, bastante madeireiros lá, e também já havia um começo de exploração, acima da terra Arara subindo o rio Iriri, na terra dos Kayapó da região do Baú.

De forma geral, Altamira não era tão violenta nesse tempo. O sul do Pará, como Marabá e Paragominas, era um lugar muito mais violento. A estrada Transamazônica não funcionava direito e a dificuldade de acesso empatava as coisas. Tampouco havia o afluxo de gente que a hidrelétrica de Belo Monte veio a trazer hoje em dia.

Com relação aos planos do governo, havia justamente as hidrelétricas. Não era só Belo Monte, que estão fazendo hoje. Naquele tempo eram várias hidrelétricas que estavam sendo pesquisadas, projetos ligados à Eletronorte. Eram seis ou sete hidrelétricas planejadas no Xingu, e, se saíssem, muita terra seria alagada. Principalmente pela segunda hidrelétrica, que seria construída perto de Altamira, só ali seriam mais de quatrocentos quilômetros ao longo do rio Xingu, e se chamava Kararaô. Era um absurdo ainda maior que o lago de Tucuruí. Cancelaram essas grandes. Na época em que ocorreram os grandes protestos dos índios contra as usinas eu já havia saído de lá. Hoje mudaram de nome, estão fazendo Belo Monte onde era Kararaô.

Muitos índios viviam na periferia da cidade de Altamira, mas não chegamos a fazer um levantamento. Os da região da Volta Grande se consideravam, na época, como ribeirinhos, pescadores, depois que retornaram às origens. E eles nunca apareciam lá na Funai, no máximo fazíamos vacinação. Depois foi uma equipe fazer levantamento da ocupação territorial deles. Era um grupo pequeno.

Uma desgraça

Neste tempo aconteceu uma desgraça no Posto Apyterewa, onde viviam os índios Parakanã. Um pesquisador que atuava em várias aldeias do Xingu conseguiu uma verba da empresa Vale para a construção de um poço artesiano na aldeia Apyterewa, dos Parakanã, só que esse poço ficou inacabado. Num domingo, quando todos os funcionários estavam escutando jogo de futebol no rádio, eles ouviram um alvoroço vindo da aldeia, alvoroço em torno do poço abandonado. Foram correndo para lá. Viram uma criança lá no fundo do poço, desmaiada, dentro da água, e foram descendo rápido pela corda para tentar salvá-la. Mas, na medida em que iam descendo, iam também desmaiando, e ficando lá embaixo. Um por um. O chefe do posto conseguiu impedir que o terceiro fosse também, pois o mesmo já estava desmaiando: era o gás metano que estava acumulado no fundo do poço.

Na madrugada da segunda-feira, eu estava dormindo na Casa do Índio, em Altamira, quando recebi um telefonema de uma delegacia de Mato Grosso, noticiando um pedido de socorro do Apyterewa. Liguei o rádio, que utilizávamos para nossa comunicação, e tomei conhecimento do acontecido. Foi muito triste, foram três mortes.

A transferência dos Parakanã

Houve uma divisão interna entre os Parakanã, antes do contato. Dividiram-se em grupos diferentes. Um dos grupos atacou os Xikrin (subgrupo Kayapó) do rio Bacajá. Foram atacados depois, com muita violência e morreram muitos Parakanã. Mais tarde, mexeram também com os Araweté, no rio Ipixuna, feriram alguns índios.

O grupo daqueles que guerrearam atravessou a serra, a grande serra da região lá de Carajás, e foi "invadir", entre aspas, foram mexer em uma fazenda que tinha muitos hectares, muito grande, e atacaram os funcionários, que fugiram, foram embora dali. Nessa mesma época, eu estava passando, casualmente, por uma madeireira na área Kayapó. Estávamos fazendo uma operação, junto da Polícia Federal, para combater a extração de madeira ilegal na terra indígena. Foram aprendidos oito mil metros cúbicos de mogno. Era muita madeira, e só mogno.

Passando por lá ouvimos alguém falando de índios, um dos funcionários. Fui conversar com eles, puxar conversa, saber o que era. Foi aí que descobrimos que estava ocorrendo uma situação de tensão. Os madeireiros, o pessoal da grande Madeireira Bannach, eles estavam se preparando para alguma coisa. Eu acho que eles queriam ir nesse lugar onde os índios atacaram. Quando passei lá, sendo da Funai, abriram o jogo comigo. Disseram que os índios haviam ido lá. Haviam batido nos funcionários, deram um susto neles para expulsá-los, mas não quiseram matá-los, não flecharam ninguém. Os funcionários saíram com muito medo, e fugiram, gastaram uns quatro dias escondidos no mato. Ele disseram: "Vocês estão aí agora e podem ajudar a gente...". Mas o clima era de tensão, e eu senti que o negócio era pesado para os índios.

Esse não era o território tradicional deles. Estavam migrando, porque haviam atacado outro grupo. Por isso, eu programei um resgate desses Parakanã. Preparei uma equipe para uma expedição de contato, descemos no campo de pouso da fazenda. E ficamos andando pela região até que fizemos contato. Após o contato, transferirmos esse grupo para a aldeia Marudjevara. Eram cerca de quarenta índios com quem havíamos feito o contato.

Esse grupo Parakanã, perto de Tucumã, estava sendo massacrado. Levei os índios para junto dos Parakanã que estavam saindo do lago de Tucuruí, os índios que estavam sendo deslocados em razão do impacto da usina hidrelétrica lá.

Nós preparamos um lugar afastado, para que esses que chegassem ficassem separados, de quarentena. Esse era o plano. Mas o chefe de posto local da Funai fez uma casa para receber os índios bem no meio da aldeia. Logo que chegaram pegaram uma epidemia, malária e gripe. Morreram oito índios. Um havia sido muito machucado por um ataque de uma onça, mas sobreviveu a esse fato, e não teve relação com a transferência em si, como as epidemias.

Nessa mesma epidemia entre os Parakanã alguém trouxe uma diarreia poderosa de Carajás. Violentíssima. Até a enfermeira quase morreu. Tivemos que fazer uma pesquisa sobre qual antibiótico usar.

Os Guajá e o retorno ao Maranhão

A mudança no trabalho com os índios isolados ocorreu em 1987, e eu fui para Brasília participar da criação da nova estrutura administrativa e uma nova política, com o Departamento de Índios Isolados. Nele, instituímos a figura da frente de contato, a equipe móvel de vigilância e de contatos, o contato passando a ser sempre a última alternativa, seria mais em caso de resgate. Resgate no sentido de resgatar grupos ou famílias que sofreram massacres. No caso dos Guajá, fizemos alguns resgates. Falamos assim pois lá não é contato, mas resgate de grupos em via de serem extintos, exterminados.

De Altamira, em 1987, eu fui para Belém, trabalhar na superintendência, como assessor para índios isolados. Fui encarregado de reorganizar a Frente de Contato Guajá, no Maranhão. Nesse período, desde que conheci os três Guajá em 1968 até então, nessas duas décadas, haviam ocorrido contatos com diversos grupos Guajá, e ainda havia muitos outros isolados, todos correndo risco de serem atacados por fazendeiros. Até hoje há grupos Guajá isolados.

A Vale tinha cortado a verba que repassava para a Funai, e aí eu criei uma "frente" diferente. Já não era uma "frente" para fazer o contato. O objetivo dessa "frente" era o de proteger, ou no máximo resgatar, com equipe de vigilância móvel, uma equipe de contato.

Já havia alguns postos Guajá, um localizado na beira do rio Pindaré. Lá tinha um grupo estabelecido, que havia sido contatado, no Caru, em trabalho do Sydney Possuelo e do Wellington Gomes Figueiredo. E no Turiaçu, onde ocorreu o primeiro contato com o sertanista José Carlos Meirelles, em que minha irmã participou.

Mas ainda havia muitos grupos isolados em tudo quanto é parte da região. Dentro da estrutura administrativa, foi quando senti a necessidade de criar equipes móveis. A mobilidade era muito grande e a pressão de todos os lados, com ocupação e invasão muito rápida das áreas indígenas, tanto por invasores colonos quanto por madeireiros. Nessa época, já tínhamos ajuda de imagens de satélite, coisa que antes não havia. Foi com essas ferramentas que descobrimos a quantidade de buracos de desmatamentos e invasores nas terras indígenas Caru, Turiaçu, e começamos a fazer ações com a Polícia Federal.

A Vale tinha paralisado as verbas, pois havia tido muito mau uso e desvios. Fizemos uma estrutura que era apenas um ponto de apoio em Santa Inês, algo menor, pequeno, pois uma base com muita gente gastava dinheiro que faltava na "frente", na atividade-fim. Só um núcleo para fazer licitações, comprar remédios, combustíveis, alimentação... Criamos três postos, uma equipe de fiscalização e uma equipe móvel de contato e de vigilância. Os Guajá eram nômades em meio a uma invasão muito grande. Havia muitos pequenos agricultores, e também grandes fazendeiros. No alto Turiaçu, uma vez, teve um fazendeiro, conhecido na região como "Paulista", que em uma só vez desmatou sete mil hectares. De uma só vez. Tudo virou cinza, inclusive vestígios e referências da presença de índios. Na imagem de satélite aparecia um buraco enorme no meio da floresta.

Nosso trabalho principal era localizar todos os grupos isolados. Localizar onde estavam e tentar proteger as áreas do entorno. Um dos problemas mais sérios foi na Terra Indígena Araribóia, onde localizamos um grupo Guajá. A terra é ocupada pelos Guajajara, e eles começaram a negociar a entrada de madeireiros bem onde havia um grupo isolado de Guajá. Tentamos várias vezes fazer o resgate desse grupo, mas nunca conseguimos. É uma área difícil para andar, seca, com bastante dificuldade logística. E os índios assustados, fugindo. Os índios isolados viviam assustados por causa dos madeireiros. Por exemplo, os madeireiros que entraram com autorização dos índios Guajajara, eles soltavam foguetes antes de começar a desmatar. Era uma orientação até dos Guajajara: ao invés de gastar tiros, soltavam foguetes. Isso assustava os Guajá, que fugiam.

Conseguimos ajeitar mais ou menos as coisas por lá. E a Vale voltou a financiar o trabalho. Nesse tempo, deu para resgatar dois grupos Guajá pequenos, criar mais um posto, o Tiracambu, totalizando nessa época quatro postos de fiscalização. E isso já dentro do sistema de proteção aos índios isolados que havia sido criado pelo Sydney Possuelo, com um mapeamento de localizações.

Os Zo'é

Trabalhando com os índios isolados, saí do Maranhão e voltei para o Pará, para a região de Santarém, onde fui para a área dos índios Zo'é. Lá nos Zo'é o grande problema que eles enfrentavam é que a missão evangélica norte-americana Missão Novas Tribos do Brasil (New Tribes Mission) havia feito o contato com esse povo, contato feito à revelia da Funai. Sem experiência para realizar o contato, os missionários causaram uma grande mortandade desse povo.

A Missão Novas Tribos criou uma estrutura no território dos Zo'é. Construíram um espaço onde os "beneméritos" passavam longos períodos, tendo os Zo'é para lhes oferecer artesanato, servirem-lhes caça, pesca e outros serviços mais. Quando os garimpeiros tentaram invadir a área, esses missionários pediram socorro para a Funai. Chegando lá, conseguimos retirar a missão e montamos a Frente Cuminapanema.

A base da missão era bem estruturada, com várias casinhas, um conjunto de casinhas de madeira, benfeitinhas, e um campo de pouso. Mas não era feita para servir aos índios. Os índios ainda estavam vivendo nus, e os missionários falavam a língua deles, havia tradutores no meio deles. Afinal, eles estavam lá para traduzir a Bíblia. Os índios que encontramos primeiro no posto não estavam "pele e osso", como o que eu já havia visto em outras epidemias. Ao menos, estes que encontramos na missão. Sempre havia umas quatro ou cinco famílias lá em volta desse lugar que os missionários construíram.

Quando chegamos lá, imediatamente fomos até a aldeia mais próxima, em expedição liderada pelo sertanista Sydney Possuelo. Nós éramos uma equipe de oito ou nove pessoas. E nas aldeias a situação era muito ruim, muito pior do que o que se via na Base. Estavam todos gripados. Havíamos levado medicação. Nessa primeira vez, foi um médico da Funai junto. Depois, foram feitas outras parcerias para promover atendimento médico para controlar a epidemia que se alastrou.

Nesse aspecto, o que eu mais estranhei na missão evangélica, até pelo fato de eu ter trabalhado com saúde indígena e enfermagem no início da minha carreira, é que lá só havia medicamento para uso dos próprios missionários. Eles tinham material para curativos, para machucados de quando eles saíam para caçar, esse tipo de coisa, de primeiros socorros para eles. Mas nenhum microscópio sequer para ver casos de malária, que se tornou uma epidemia com a chegada deles. Nenhum medicamento para os índios. Nenhuma vacina, remédio para gripe, nada. Os medicamentos que havia lá eram de interesse e uso para os próprios missionários.

Havia uma discussão sobre se a malária já havia na área ou se tinha sido trazida pelo contato com os missionários. Eles, para se defenderem, diziam que a malária havia lá na mata já. Mas não é verdade, e eu insistia que tinha sido levada para lá. Os índios só pegaram malária depois que a missão chegou. E foi uma epidemia muito forte.

Eu tive uma experiência sobre epidemia com malária entre os Parakanã, como contei. Nesse grupo que foi transferido, todos os índios estavam sem malária. Mas quando chegaram lá, todos pegaram malária.

Tanto estavam errados os missionários da Novas Tribos que, depois dessa nossa primeira visita, da qual fizemos um relatório sobre a situação, quando retornamos para a área eles haviam tentado cobrir essas falhas que nós havíamos citado. Montaram uma farmacinha, esse tipo de coisa, quando se deram conta dos erros que nós havíamos denunciado. Tudo isso consta em relatórios da Funai.

O sertanismo e a mudança histórica que fizemos

A nossa linhagem é uma linhagem nova em termos históricos, em termos da história do indigenismo e do sertanismo no Brasil. Nós conseguimos modificar a postura do governo em relação aos índios isolados, praticamente extinguindo a figura do contato. O contato é quando a Funai estabelece o primeiro contato, e de forma estável e pacífica, com um grupo indígena que até então estava isolado da nossa sociedade.

Antes, o sertanista era a figura utilizada para tirar o "problema do índio" do caminho do "progresso". A escolha que se tinha era: ou fazer a guerra, matar os índios, massacrar, com o Exército, ou com jagunços, ou pacificar e dominar. Naquele tempo, durante a ditadura militar, a escolha oficial foi para a segunda opção. Mas o verdadeiro objetivo sempre foi a ocupação do território através de estradas de acesso, estradas de penetração, construção de cidades, desmatamentos etc.

Como é que funcionava esse processo: um empresário do Sul compra uma terra na Amazônia, terra que ele via no mapa, comprava só pelo mapa. Ele então providenciava a infraestrutura, financiava a abertura de estradas, a instalação de fazendas e a construção de aeroportos. Depois de um tempo, comunicava ao SPI ou à Funai, posteriormente, que havia índios que estavam matando o gado nas suas fazendas, que os índios estavam roubando as coisas, ameaçando os funcionários. Aí, então, ia um sertanista lá para fazer o contato e liberar a fazenda para o fazendeiro. Acabou o índio, daí havia acabado o problema.

O fazendeiro ligava e mandava tirar os índios da área. Muitas vezes, inclusive, eram os fazendeiros que financiavam o trabalho dos sertanistas, como aconteceu no Pará. Se havia índios na terra, a terra não valia mais. E o que acontecia é que, quando o fazendeiro não avisava a Funai, muitas vezes ele mandava matar os índios, para garantir a terra e recuperar os seus investimentos.

Historicamente, é assim que acontecia.

Esse processo mudou, tanto com a criação do Departamento de Índios Isolados e, depois, com a Constituição Federal de 1988. Agora, tira-se a fazenda e cria-se uma área indígena de proteção ao índio isolado, que vai permanecer isolado enquanto ele quiser. A gente teve que mudar essa politica. Mas isso provocou uma série de problemas para readaptar o trabalho da instituição.

Essa foi a grande contribuição da minha geração de sertanistas.

Foi por isso a ideia da criação do departamento que fosse especializado em proteger os índios isolados, cujo trabalho fosse voltado para confirmar que havia índios lá, reconhecer o território ocupado e tentar proteger. Não fazer o contato, mas proteger. Nesses casos, se os índios ficassem sozinhos, eles iriam se acabar.

O SPI estava a serviço do desenvolvimento e da ocupação. Segundo eles, os índios eram brabos. E para fazer o contato ou "pacificação" enganavam os índios oferecendo um bocado de presentes, e a doença fazia o resto.

Quando eu conheci o Chico Meireles, ele me falou que, depois dos contatos, cerca de 50% a 60% dos índios morriam de doenças. E isso era normal, acontecia. Não significa que ele não se importava, não é isso. É que não havia outra solução na época, outro pensamento. Eu só escutei o que ele falou para mim. Ele era famoso, o grande sertanista, o grande defensor dos índios e, naquele tempo, cheio de general, não se podia ter divergência. Essa orientação do Chico Meireles me foi passada para a preparação do contato com os Wayapi. Ele me disse: "Você vai lá, faz o contato, e pode acontecer uma grande redução populacional". Todo mundo falava assim naquela época. O João Evangelista de Carvalho, outro sertanista famoso, também falava isso. E é o que acontecia mesmo.

Nos trabalhos posteriores, já pensamos em ir a campo com médicos, para combater logo o impacto inicial. Isso fizemos no caso dos Zo'é. Os Zo'é não tinham malária. Foram os missionários da Novas Tribos que trouxeram a malária até eles, com o contato. Eles nos diziam que a malária já existia no mato, que naquela região malária é endêmica, que já havia malária. Não existia nada. Foram os missionários que levaram.

A situação era desesperadora. Os missionários ficaram assustados, não sabiam como lidar, e não era para eles terem feito o contato. Fizeram isso apenas para evangelizar os índios. Quando os índios começaram a morrer, eles pediram auxílio para a Funai. Os índios já não tinham mais nem filhos, de tanta mortandade, de tanta mortalidade que estava acontecendo entre eles.

Ligia Camargo

Odenir Pinto

Legenda

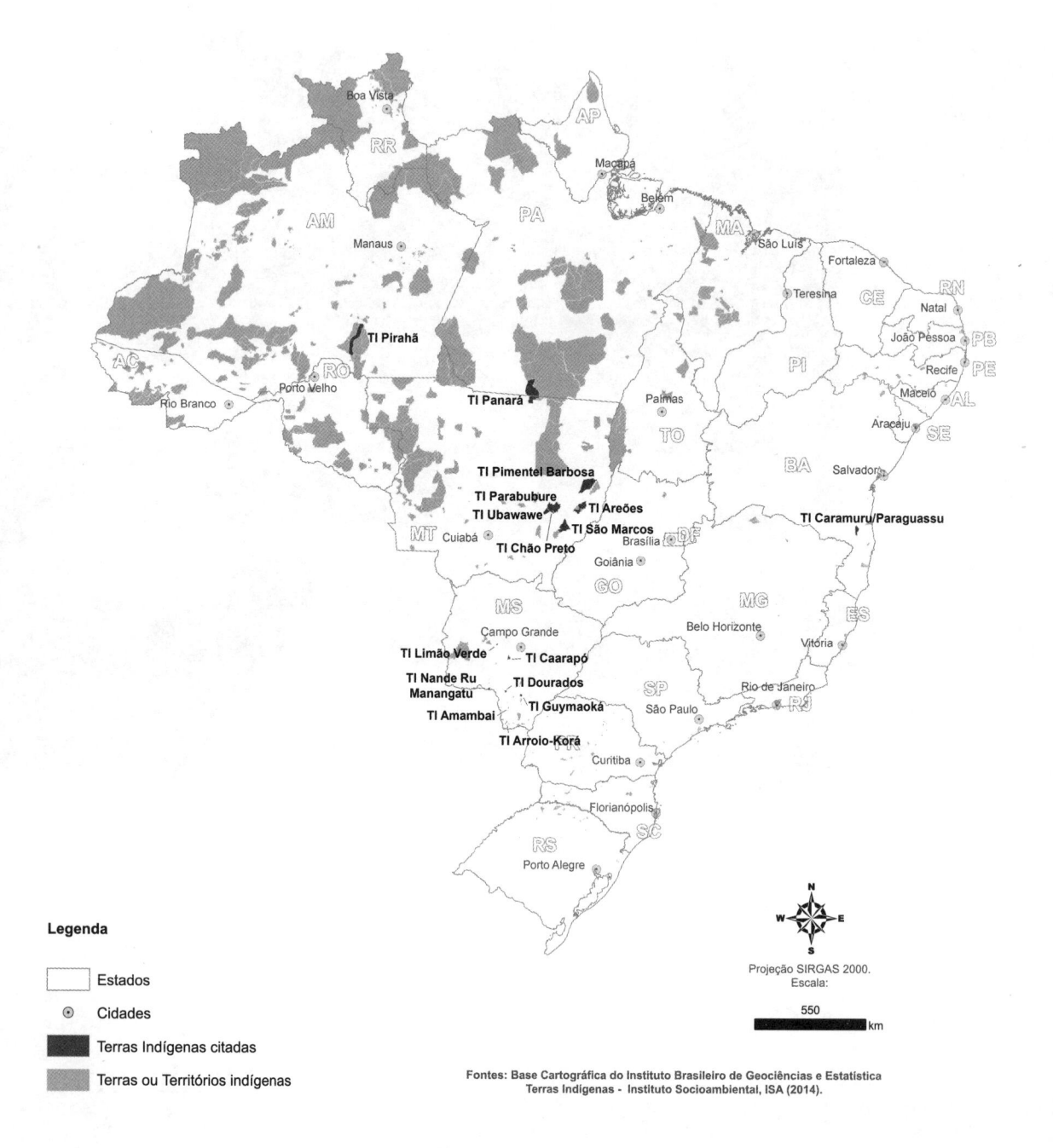

- ☐ Estados
- ⊙ Cidades
- ■ Terras Indígenas citadas
- ▨ Terras ou Territórios indígenas

Projeção SIRGAS 2000.
Escala:
550 km

Fontes: Base Cartográfica do Instituto Brasileiro de Geociências e Estatística
Terras Indígenas - Instituto Socioambiental, ISA (2014).

Odenir Pinto segue uma longa tradição familiar de trabalho com povos indígenas. Aprendeu com o avô, com o pai e viveu em Mato Grosso, no Amazonas, na Bahia, em Mato Grosso do Sul, além de Brasília. Cresceu com os Xavante, língua que fala fluentemente, e com os Bakairi, onde nasceu. Ainda criança, frequentou todos os rituais dos Xavante. E conta-se que ele só não furou a orelha, como é tradição entre esse povo, porque seu pai não deixou, no último momento.

Foi um dos primeiros indigenistas da Funai, criada em 1967, após o fim do SPI. Entrou em 1969 e fez o primeiro curso de indigenismo da instituição – aposentou-se em 2007. Conviveu com os grandes sertanistas da época, como os irmãos Villas Bôas e Chico Meireles. Trabalhou em frentes de atração e na demarcação e proteção de territórios indígenas. Foi um dos fundadores da Sociedade Brasileira de Indigenismo (SBI), órgão fundamental na defesa dos povos indígenas no início da abertura política que marcou o fim da ditadura civil-militar, e foi assessor do depuado federal Mário Juruna (PDT). Publicou o livro *Sinais de chegadas*[4], em que conta, de forma romanceada, o dia a dia de uma frente de atração.

---

4. Odenir Pinto, *Sinais de chegadas*, Cuiabá: Carlim & Caniato Editorial, 2013.

Tradição familiar na defesa da questão indígena

Eu queria começar contando que entrei nessa questão por uma razão sucessiva de família. O meu avô, Otaviano Calmon, saiu garotão de casa. A família fala em 15 anos, mas essa coisa de 15 anos é meio emblemática, quase todo mundo começou com 15 anos. Não sei se, de fato, ele tinha essa idade. Mas ele saiu do Espírito Santo e veio para Minas Gerais, onde começou a trabalhar com as populações indígenas, junto do major Estigarribia, uma pessoa bastante conhecida na história do indigenismo. Trabalhou por um tempo em Minas. Depois, foi para Mato Grosso, para o oeste mato-grossense, quando ele conhece o marechal Cândido Rondon.

Meu avô se integra à equipe de Rondon e começa um trabalho com os Umutina, que eram, na época, um povo indígena bastante resistente ao contato. Era uma sociedade que recusava se entregar aos contatos pacíficos, na época, promovidos pela frente de penetração e também pelo pessoal do Serviço de Proteção aos Índios, o SPI, chefiado por Rondon.

Ele trabalhou também um pouco com os Pareci, que estão logo ali perto, mais a oeste. E, então, ele se dedica definitivamente à questão indígena. Junto com outras pessoas, cria a primeira inspetoria – na época, se chamava Inspetoria Regional do SPI, em Mato Grosso, com uma jurisdição que ia até Rondônia. Mato Grosso era um só, o que hoje é Mato Grosso do Sul e Mato Grosso. Depois, foi o chefe da Inspetoria, em Cuiabá. E ficou encarregado de abrir um pouco de infraestrutura, mais ao norte de Mato Grosso, na região do rio Paranatinga. Ali ele ajudou a construir o posto indígena que, na época, chamava-se Simões Lopes, junto com os Bakairi, que era visitado constantemente pelos Kalapalo, índios que, hoje, estão dentro do Parque Indígena do Xingu.

Nessa ida do meu avô para Mato Grosso, o meu pai, Pedro Vanni de Oliveira, tinha acabado de servir o Exército e foi junto com ele, integrando a expedição para essa região. Meu pai ficou lá definitivamente, enquanto meu avô retornou para Cuiabá e se aposentou. Em 1968 meu avô morre, e meu pai continua o trabalho indigenista. Enquanto está lotado no Posto Simões Lopes, conhece a minha mãe, Joana Pinto de Oliveira, em Cuiabá, e a leva para a aldeia. A minha mãe passa a receber treinamento no hospital que havia em Simões Lopes, que era dirigido por uma equipe médica de missionários americanos, e então se torna atendente de enfermagem do SPI na aldeia. Eles começam uma vida lá, junto dos Bakairi, tendo uma perspectiva, de fazer contato com um grupo Xavante. Eram os Xavante de Parabubure, da região do rio Couto Magalhães, de onde haviam sido expulsos pelas frentes de penetração que saíam de Barra do Garças e Xavantina. Frentes de penetração armadas. Há uma farta documentação na literatura sobre isso. Saíam com o objetivo, mesmo, de enfrentar os Xavante e matar os Xavante. Nesse processo, muitas aldeias Xavante foram destruídas.

Meu pai sai da sede do Posto Simões Lopes e vai abrir um posto avançado, um lugar dentro do território Bakairi e que até hoje existe, chamado de Retiro do Azul, porque fica na margem de um córrego com esse nome. Nesse Retiro do Azul acontece o primeiro contato pacífico com os Xavante. Eu tinha cinco anos nessa época.

Contato com os Xavante[5]

No Retiro do Azul, o SPI havia construído ali uma estrutura com roças, com capacidade de poder conviver e mostrar um pouco, para esse grupo de Xavante, que havia um pessoal de paz. Os Xavante haviam tido constantes conflitos, principalmente com comerciantes que cruzavam seu território. Na época, esses comerciantes levavam mercadorias no lombo de burro, eram chamados de mascates. E tiveram conflitos com garimpeiros, também, que entravam ali para as primeiras explorações de ouro, de diamante, especialmente no rio Batovi e no rio Culuene.

Aconteceu o primeiro contato desse grupo Xavante, um contato até inesperado. Foi num dia de final de semana, em que todo mundo estava na roça – numa única roça que o SPI construiu para dar sustentação não só ao pessoal que trabalhava lá, mas, de repente, por uma eventualidade de aproximação dos Xavante, em caso de contato, aos próprios Xavante. Ali acontece um primeiro contato.

Provavelmente era um domingo, e o que eu me lembro é que eu estava sozinho dentro do barracão. Era um barracão construído para estocagem de produtos da roça, que também usavam para fugir do sol nas horas das refeições. Eu estava trançando uma cordinha para minhas brincadeiras infantis quando vejo dois pés pintados de vermelho se aproximando, devagarzinho, por entre a beirada da cobertura de palha e o chão. Ele deu a volta na casa e ficou na minha frente. Fiquei paralisado. Era um jovem, um rapaz Xavante. Saí em disparada ao encontro dos meus pais que estavam no meio da roça. Eles vieram

---

5. Os Xavante somavam, em 2007, cerca de 13 mil pessoas abrigadas em diversas Terras Indígenas, na região compreendida pela serra do Roncador e pelos vales dos rios das Mortes, Kuluene, Canto de Magalhães, Batori e Garças, no leste matogrossense. Afora as TI Chão Preto e Ubawawe que são contíguas à TI Parabube, as demais terras Xavante – Marechal Rondom, Maraiwatsede, São Marcos, Pimentel Barbosa, Areões e Sangradouro/Volta Grande – são geograficamente descontínuas. Laura Graham, *Localização e população atual*, disponível em: <http://pib.socioambiental.org/pt/povo/xavante/1160>. Acesso em: 21 maio 2015. [N.E.]

conversar com o jovem Xavante e o encontraram terminando de trançar a minha cordinha.

Este jovem Xavante, de nome Tserewaruwen, passou algumas horas entre nós, recebeu alguns produtos da roça como brinde; confeccionou um cesto de palha e saiu dizendo que voltaria depois de um mês. De fato, voltou, mas com um grupo de guerreiros. Foram recebidos com muitos brindes, com muita comida. Eles se deslocam de volta – eram só homens. Aliás, o primeiro contato foi só com um Xavante. E, no mês seguinte, com este grupo de guerreiros. A partir daí, depois desse grupo de guerreiros ficar alguns dias conosco, marcam uma nova data para novo encontro. E assim foi feito. Eles voltaram e, finalmente, trouxeram suas mulheres e crianças para aquele local chamado Retiro do Azul. E vieram definitivamente. Só daí ficamos sabendo que eles haviam sido expulsos de seu território tradicional por expedições armadas, e que esse lugar de onde eles saíram se chamava Parabubure. Nesse contato, fomos auxiliados por um jovem Xerente, chamado, Vicente que, por falar uma língua semelhante ao Xavante, possibilitou a mútua compreensão.

Simultaneamente a esse processo de contato, o SPI constrói um posto indígena na beira do rio Batovi, já bem mais ao norte, para também fazer contato com outro grupo Xavante, que estava visitando aquela região, onde hoje é o Posto Marechal Rondon. Fazem o contato. Um contato mais sólido com um grupo liderado por Tseremecê, um líder Xavante muito famoso pela sua coragem. As pessoas que conhecem os Xavante sabem que ele era um grande líder.

Esse processo de contato termina assim: um grupo, liderado por Tserewaruen, fica morando no Retiro do Azul; outro, liderado por Tseremecê, fica às margens do Batovi. Mas esses Xavante do Retiro do Azul começam a ficar doentes. Por falta de condições de atendimento, são transferidos para o Posto Simões Lopes – aquele posto que foi construído pelo meu avô para atendimento dos Bakairi.

Esse grupo Xavante é levado para lá e convive muito próximo com os Bakairi. Havia o posto indígena e ele estava dividido: de um lado ficaram os Xavante e, de outro, estavam os Bakairi. Não era uma convivência muito pacífica, porque são dois povos exatamente diferentes. Um é Karib, o outro é Gê, com características bastante distintas. Os Bakairi se sentiram muito incomodados com o fato de haver outro povo dentro da terra deles. Mas também os Xavante não tiveram muita sorte com relação à questão da saúde deles.

Meu pai e minha mãe foram embora com esse grupo Xavante para o extremo norte da Terra Indígena Bakairi. A ideia era de que ali eles ficariam por pouco tempo, até que as coisas melhorassem no leste de Mato Grosso, de onde esses índios tinham sido expulsos por frentes armadas. Só que não aconteceu bem assim. Os Xavante ficaram ali e conseguiram suspender e atravessar aquela grave crise de doença – morreram muitos Xavante, sobretudo crianças, com gripe, numa epidemia. E alguns com sarampo também.

O caminho para a Funai: "Olha, vou entrar nessa história também"

Meu pai se aposentou naquele local, que ficou conhecido como aldeia Paraíso, nome do córrego que banhava esse local. E ali meu pai morreu, e ali ele foi enterrado pelos Xavante, de acordo com a tradição Xavante.

Minha mãe continuou como atendente de enfermagem trabalhando lá, com os Xavante. E, aí, nesse momento, saiu a primeira proposta de concurso público na Funai. Isso foi em 1969, quando saiu o edital. Eu trabalhava, nessa época, na Souza Cruz, na companhia de cigarros, quando fiquei sabendo do edital. Era guri, ainda. Mas resolvi fazer. Meu avô morreu em 1968, meu pai morreu logo em seguida. E eu falei: "Olha, vou entrar nessa história também".

Estudava à noite, estava terminando o curso científico, na época, que era equivalente ao segundo grau. Fiz o concurso e vim fazer o primeiro curso de indigenismo, em Brasília, na Escola Nacional de Administração Pública (Enap). Nós éramos um grupo de 52 novos técnicos indigenistas, no Brasil todo.

Fizemos seis meses de teoria do curso de indigenismo na Enap em Brasília. Em seguida, fomos fazer um curso que eles chamavam de curso prático. Cada um de nós era indicado para uma aldeia, em qualquer parte do Brasil, onde a gente ficava mais seis meses, fazendo um "projeto" para aquela aldeia. Isso como parte do curso. Terminada essa parte prática, a gente tinha que fazer mais um mês de sobrevivência na selva. Foi quando eu conheci o Orlando e conheci o Cláudio Villas Bôas. Porque nós fomos para o Xingu, e ficamos lá um mês.

Eu fiquei ainda mais tempo no Xingu, mas para desenvolver um trabalho específico. Um militar da Aeronáutica havia se perdido nas matas do Xingu. Parece que ele era de uma família importante de militares, por isso todas as instituições que atuavam no interior do Brasil foram mobilizadas para encontrar o tal militar, não me lembro se tenente ou capitão. Leonardo, um colega indigenista do mesmo curso de indigenismo, e eu fomos designados para essa tarefa pela Funai. Por isso, permanecemos por mais tempo no Parque do Xingu, quando convivi com os irmãos Villas Bôas pela primeira vez. Assim se concluiu essa fase de treinamento, de capacitação, desses primeiros técnicos indigenistas.

A experiência indigenista entre os Mura Pirahã

Fiz o curso prático entre o povo Bororo, do grupo dos Perigara, no Pantanal mato-grossense, durante seis meses com eles. Em seguida fui designado para uma região do baixo Amazonas, para trabalhar com os Mura Pirahã. E, aí, é uma história que eu vou contar para mostrar como era o processo da Funai.

Levou quase um ano para esse primeiro grupo de servidores ser contratado. Houve muita resistência de pessoas que estavam dentro do órgão, pois alguns interesses estavam sendo atingidos por esse novo grupo que estava chegando para uma renovação dos quadros.

O trabalho no baixo Amazonas, no Posto Autazes, para onde eu fui designado, era muito complicado. Primeiro porque os Mura, não queriam ser reconhecidos como índios. Por que isso? Há antropólogos e historiadores que podem explicar na visão deles. Essa questão começa no processo da revolta da Cabanagem (1835-1840), do grande movimento social que houve na Amazônia, incluindo Amazonas e Pará, durante a Regência. Os Mura foram um dos principais promotores desse movimento, pelo lado indígena, que era, no fundo, uma resistência, um movimento de resistência contra os europeus que estavam chegando e tomando conta de tudo. Enfim, de pessoas que estavam vindo para tomar conta da Amazônia. E os Mura, então, foram repelidos violentamente pela monarquia. E eles sofreram tudo o que vocês podem imaginar de pior. Foram perseguidos, foram mortos, foram escorraçados. Eles se localizavam ao longo do rio Autazes e do Madeirinha, uma frente do rio Madeira, em diferentes aldeias.

Viviam como índios, com sua cultura, com seus hábitos, mas não queriam ser índios. Economicamente, ali é uma região muito rica em castanha, em balata, que produz um tipo de látex, de juta, que é uma fibra retirada do caule dessa planta. Era uma região que tinha muita plantação de juta, por ser uma região baixa, de grandes alagamentos. E a juta precisa dessa condição ambiental para poder ser produzida. A Funai desenvolvia um trabalho muito ruim, porque esses índios eram explorados pela própria Funai. Grande parte da população que estava por ali também era de migrantes nordestinos que tinham sido levados pela Funai e tinham recebido documento de índio, para poder tirar castanha, para poder plantar juta, para tirar balata, tirar sorva. Era uma região complicadíssima.

De todo esse território, nenhuma terra indígena estava demarcada. Naquela época, havia 28 localizações onde os índios estavam, em aldeamentos, tanto na beira do rio Autazes, do Madeirinha, ou nos lagos – é uma região com muitos lagos, porque é uma região baixa. Eles eram explorados, sobretudo, para a caça e a pesca, para a extração de pele de animais – o comércio de peles ainda era muito forte. A pesca predatória, que já se desenvolvia naquela época, era muito grande. E o posto indígena funcionava exclusivamente como uma base policial. Ou seja, você tinha que ficar organizando, de certa forma, a proteção dessas localizações, porque esse território era terra indígena imemorial, mas que não estava reconhecido oficialmente. Por isso, todo mundo entrava, saía e você ficava lá, administrando esse processo, que era uma loucura.

Esses invasores faziam grandes festas e mantinham relação sexual com as índias, davam bebida alcoólica, faziam o diabo. E a gente ficava sem poder reprimir, sem ter o que fazer. O posto indígena era o único local que os índios podiam contar, minimamente, como uma localização em que pudessem fazer prevalecer o mínimo de direito deles, o mínimo. Nós ficávamos administrando o conflito, porque a Polícia Militar mais próxima estava bem distante. Nesse contexto, você virava policial, você virava delegado, você virava juiz. Você era tudo. Fazia casamento. O posto indígena tinha que fazer até casamento. Era complicado. Você desfazia casamento, também, nessa posição que eu ocupava. Eu era, nessa condição, a única posição do Estado ali.

Retomada das terras Xavante

Eu estava há dois anos e pouco com os Mura Pirahã no Amazonas quando, em Mato Grosso, os Xavante começaram a fazer um movimento para a demarcação dos seus territórios.

Eram os Xavante da região de São Marcos e de Sangradouro, que são duas missões religiosas. Cada missão dessas tinha comprado uma terrinha de dois mil hectares, Sangradouro e São Marcos. E, na época do contato com esses Xavante dessa região, os Xavante viviam em apenas dois mil hectares. Era uma situação muito complicada, muito difícil.

Os Xavante começam, então, a reivindicar a demarcação dos seus territórios. E a Igreja Católica começa a ajudar e a dar apoio para que a reivindicação dos índios fosse atendida e o território deles fosse demarcado. Evidentemente, as duas missões imaginavam que suas terras ficariam de fora da área de demarcação.

Havia ali um conflito entre o povo Xavante e a direção da Funai, em Brasília. Então, eles, os Xavante, pediram para que eu fosse para lá, porque precisavam de alguém que falasse a língua Xavante e que tivesse alguma relação com os Xavante, digamos, pacífica. Eu fui para começar um "trabalhozinho" lá, com os Xavante, nessa situação de conflito. Primeiro, fui sozinho. Havia, naquela época, uma organização muito grande entre os Xavante. E, na mesma medida em que os Xavante começaram a reivindicar suas terras, os fazendeiros, aqueles que se diziam os proprietários das terras, começaram a se organizar para fazer uma represália contra os Xavante e também contra quem fosse demarcar as terras.

Começamos uma conversação, uma estratégia, no sentido, primeiro, de aproximar os Xavante para uma relação pacífica com a Funai. E acontece, daí, um episódio bastante violento, que alguns fazendeiros se armaram – inclusive de canhões, de metralhadoras e tudo o mais. Uma situação de muita tensão. Conseguimos apoio da Polícia Federal e uma operação foi feita lá dentro da área, desarmou todo mundo. Isso fez com que os Xavante de Sangradouro e São Marcos voltassem a manter uma relação com o governo, após a ação da Polícia Federal e a nossa aproximação do órgão.

Inicia-se também nesse processo a demarcação de uma terra que está ali do lado de Sangradouro e São Marcos, que é um dos territórios Bororo, a terra Meruri. Nessa área também há a Missão Salesiana Meruri. E ali acontece o massacre, em 1976, quando um grupo de fazendeiros invade a missão, invade a aldeia indígena, e mata o padre Rodolfo Lunkenbein, diretor da missão, e mata mais o índio Bororo Simão. E a situação começa a ficar mais complicada ainda. Esse crime ficou conhecido como o Massacre do Meruri.

Os Bakairi do Rio Novo

Poucos meses antes do massacre de Meruri, e logo depois de demarcarmos Sangradouro e São Marcos, fui designado para a chefia do Posto Indígena Santana, entre os Bakairi do Rio Novo. Estes Bakairi estavam morando em uma área de 6 mil hectares, que havia sido doada para um índio de nome Reginaldo, ainda na ocasião do Brasil imperial. Além de se tratar de uma terra minúscula, grande parte dela era de solo inapropriado para o cultivo, caça, coleta etc. Devido a isso, grande parte dos Bakairi estava vivendo nas fazendas do entorno da aldeia, trabalhando como peões, ou nos seringais, como seringueiros. Quando cheguei à aldeia, vi que sua população era formada por velhos, com alto índice de tuberculose, e quase nada de crianças. Mas os Bakairi sonhavam com a ideia de recuperar os 36 mil hectares, de onde tiravam seu sustento, até que um grupo de empresários do leste de Mato Grosso, incluindo aí o prefeito de Barra do Garças, de nome Wilmar Peres, ocupassem a região com suas agropecuárias e proibissem os Bakairi de frequentarem ali. Nossa tarefa não podia ser outra senão recuperar o território Bakairi das mãos desses empresários/políticos que, depois de receberem todas as benesses do governo federal para ocuparem as terrras indígenas do leste mato-grossense, agora se dedicavam a ocupar, a mais de mil quilômetros de distância, as terras indígenas do oeste mato-grossense. E a nossa alegria foi constatar que os Bakairi que estavam vivendo nas fazendas, logo que começamos a trabalhar para recuperar os 36 mil, começaram a voltar para a aldeia. E é preciso registrar a grande ajuda que recebemos do padre jesuíta João Bosco Penido Burnier, que era o único que possuía um jipe para o trabalho de remoção dessas famílias para dentro da aldeia, e que pouco depois desse trabalho foi butalmente assassinado pela polícia militar, no leste de Mato Grosso.

Pouco antes de se concluir a regularização fundiária da terra indígena Bakairi do Rio Novo, fui designado para voltar para o leste, entre os Xavante e Bororo.

Trabalho em situação de conflito

Nesse processo, a Funai começou a querer organizar um trabalho o mais próximo possível da situação de conflito que estava se dando ali. Na época, também começaram a chegar de fato os primeiros colonos, os primeiros fazendeiros, estimulados por um programa do governo federal, de assentamentos de colonos vindo do Sul do país.

Relativamente próximo dos Xavante e Bororo, em termos geográficos, acontecia a Guerrilha do Araguaia, descendo o rio Araguaia em direção ao Pará. De forma geral, era uma região que estava em um conflito por terras muito grande e muito vigiada pelos militares. Qual era a solução que os militares pensaram para enfrentar essa situação? Ocupar toda essa área – e a terra Xavante e Bororo no meio. Ocupar essa terra com grandes fazendeiros, grandes fazendas, que servissem ao projeto militar.

E assim se dá. Os militares e os fazendeiros vão e começam a ocupar. Enquanto isso, os Xavante começaram a estabelecer estratégias de resistência. E de repente, os pais, os tios, os antepassados, os avós, de repente, os Xavante se veem em uma situação tão difícil que eles resolvem também demarcar seus territórios o mais rápido possível. Desse movimento dos índios, o processo acontece, avança. A própria Funai cria uma estrutura na área, uma estrutura pequena. O trabalho passa a ser feito por uma equipe de antropólogos e indigenistas, que é enviada para os Xavante e Bororo. Essa equipe se localiza lá na área, quando não dentro da aldeia, bem próximo da aldeia. E é importante mencionar que essa equipe, que era integrada por indigenistas sérios e dedicados, como Claudio Romero (chefe da equipe), Fernando Schiavini, Francisco Campos Figueiredo, Izanoel Sodré, Adelaide Sodré, Marta Maria Lopes, Helena Biase, Carolina, Evangelina Figueiredo, Laércio Miranda, David, Ismael Leitão, Neide Martins Siqueira e tantos outros, que peço desculpa por não lembrar o nome. Até então, uma parte dos Xavante estava jurisdicionada a Goiânia, havia uma delegacia da Funai em Goiânia, que trabalhava com uma parte dos Xavante. E outra parte dos Xavante e Bororo estava subordinada a Cuiabá. Havia uma divisão administrativa no trabalho com os Xavante. E foi criada uma equipe diretamente dentro da área.

A primeira proposta dessa equipe que vai para a área Xavante é criar uma estrutura para poder administrar a situação de conflito nas terras, tanto dos Xavante quanto dos Bororo, em uma única unidade administrativa. É criada assim a primeira Ajudância Autônoma, chamada Ajudância Autônoma de Barra do Garças. Isso melhorou um pouco a situação em campo. Porque, além de ter uma estrutura da Funai, no meio dessa área de conflito, havia a possibilidade de aumentar a equipe e trazer mais pessoas para trabalhar, professores, agrônomos, assistência social, indigenistas.

Criou-se uma estrutura totalmente voltada a apoiar o Xavante e o Bororo no trabalho de demarcar suas terras. Porque essa era a reivindicação deles, a principal reivindicação. E a equipe começa fazendo a demarcação de Sangradouro. Depois, vem a de São Marcos. Daí, volta ao Meruri, e demarcam o Meruri, dos Bororo. E assim vai. Depois, Parabubure, dos Xavante. Essa especialmente mais difícil, porque havia a Fazenda Xavantina, poderosa e protegida por pessoas importantes dentro do governo, e havia, no coração de Parabubure, uma vila de nome Vila do Patrimônio, com mais de uma centena de casas, comércio etc. bem prestes a se transformar na sede de uma novo município. Em seguida Areões – que já tinha um pedaço demarcado, mas os Xavante queriam ampliar, e foi ampliado. E, finalmente, a Terra Indígena Pimentel Barbosa, onde é o local que tem uma simbologia muito mais forte, da região dos Xavante, quando eles chegaram a Mato Grosso. Foi por ali que tudo começou. Os Xavante migraram, em tempos antepassados, para Mato Grosso, e foi onde hoje é Pimentel Barbosa que houve uma divisão interna, desses outros grupos. Portanto, é um local com uma simbologia muito grande.

Com as demarcações, vieram muitos conflitos ainda mais intensos. O primeiro deles, interno na Funai. A gente tinha muita dificuldade dentro da Funai, internamente, porque, a partir do momento em que começamos a fazer um trabalho de equipe, um trabalho que produziu consequências reais, um trabalho pensado e um trabalho voltado, mesmo, totalmente para os índios da região, a sede da Funai, em Brasília, começou a agir de forma contrária a esse trabalho em defesa dos índios. Os militares começaram a tramar contra, de todos os modos possíveis. Mesmo assim, conseguimos cumprir com todas as metas inicialmente traçadas, que era demarcar, finalmente, Pimentel Barbosa.

A Terra Indígena Pimentel Barbosa foi a primeira autodemarcação que aconteceu no Brasil. Foram os próprios Xavante, e não só lá de Pimentel Barbosa, como os Xavante de outras regiões que vieram ajudá-los a fazer uma autodemarcação. Nesse processo, houve muitos conflitos.

Termina que se demarca e, na época, a equipe de campo denunciava a existência de um grupo de funcionários de alto escalão da Funai que negociava ilegalmente a Terra Indígena Pimentel Barbosa com fazendeiros. Eles haviam mudado, na hora de definir o limite do território, eles haviam mudado o nome de dois rios, e eles suprimiram de forma ilegal mais de cem mil hectares de terra dos Xavante. E a gente vinha denunciando, a equipe que estava lá vinha denunciando isso, mas não era ouvida.

Uma coisa inesperada foi a participação do Conselho Nacional de Segurança, que entra no processo, faz quase uma intervenção na direção da Funai, afasta esses funcionários corruptos – eram funcionários graduados, importantes, advogados – e enfim, era uma quadrilha que estava ali. Depois, nós fomos descobrir que eles não tinham feito isso só lá, no Pimentel Barbosa. Eles tinham feito isso também no vale do Guaporé e em outras regiões do país. Era uma máfia organizada para grilar terras indígenas.

Tensão em campo

Demarcada a Terra Indígena Pimentel Barbosa, a nossa situação em campo ficou muito complicada. Não tínhamos mais como viver lá, na área. Não havia possibilidade. Para se ter uma ideia, eu não gosto muito de falar de coisas pessoais, mas para eu poder sair de Barra do Garças foi preciso montar uma operação de resgate. Tiveram que vir quatro deputados, dois federais e dois estaduais, me tirar ali de dentro, numa loucura de operação noturna, para a gente poder sair para Brasília. Porque eu estava absolutamente ilhado dentro da minha casa, sem poder sair para nada.

Primeiro, veio uma equipe de agentes da Polícia Federal dizendo que precisavam me proteger 24 horas por dia. Acamparam em minha casa e saíam comigo a todos os lugares para onde eu me deslocava. Ficaram meses nesse trabalho. E eu de fato me sentia um pouco protegido. Mas um belo dia, sem mais, nem menos, o chefe da equipe de policiais me avisou que recebera ordens de Brasília para suspender esse trabalho e sumiram no mesmo dia. Fiquei imaginando que minha cabeça havia sido entregue para aqueles que estavam ocupando os territórios Xavante, e comecei a articular um modo de escapar vivo disso tudo. Foi daí que apareceram os deputados da oposição ao governo propondo me levar para Brasília. Mas o último território Xavante, na ocasião, já estava demarcado. É isso.

Minha história com os Xavante e os debates sobre as demarcações

A minha história com os Xavante começa desde criança. Eu tinha cinco anos quando conheci os Xavante. Xavante que foram embora lá para o córrego Azul, foi feito o contato ali, ali eles ficaram, no Posto Retiro do Azul. Quando eles retornaram do córrego Azul para Parabubure, no leste de Mato Grosso, eu já tinha feito o concurso da Funai – e eu faço parte desse trabalho de retomada que os Xavante empreenderam. Não eu, pessoalmente, mas uma equipe de indigenistas, que faz parte desse retorno, desse grupo Xavante que estava localizado, "provisoriamente", lá no córrego Azul.

Esse grupo vem para Parabubure, onde tinha a segunda maior fazenda do Brasil. Inclusive, diziam que alguns ministros do governo militar eram sócios dessa fazenda. Não estou falando aqui de notícia, não, não é boato. A gente descobriu todo esse processo. Tinha uma fazenda enorme, que era a fazenda Xavantina. É quando começa a pipocar a história da demarcação de Sangradouro e, depois, em seguida, a demarcação de São Marcos, em nenhum momento se colocou nesse período a necessidade de uma demarcação contínua, que é o que seria correto, pois era tudo parte do território Xavante. As terras dos Xavante estavam no primeiro projeto de demarcação do Parque do Xingu, de 1950, e depois simplesmente sumiram do plano.

Houve uma proposta de fazer um grande território indígena ali, que incluiria os Bakairi e todos os índios da ilha do Bananal, incluiria o Xingu. Era a primeira proposta do Parque do Xingu, algo em torno de duzentos mil quilômetros quadrados. Na época, era muito difícil acontecer uma discussão entre todos os Xavante, em cima de uma proposta de um território único. Isso era muito difícil porque a quantidade de pessoas que estavam chegando, principalmente do Sul do país, mas também do Nordeste, do Sudeste trazidos com apoio da ditadura militar. Foi uma corrida maciça de pessoas. Para terem uma ideia, o Banco do Brasil, de Barra do Garças, em sucessivos anos, ele bateu o recorde de financiamento para agropecuária no Brasil. Não foi um ano nem dois. Durante uns oito anos, era o banco que mais financiava a agropecuária.

Havia um interesse do governo militar em ocupar aquela região o mais rápido possível, com grandes fazendas. Quer dizer, grandes, além da Fazenda Xavantina, que só perdia para a Suiá Missu, outro latifúndio em terras Xavante. Era a segunda maior fazenda do Brasil. Tinha a Fazenda UTA, por exemplo, que ficava ali, ao lado da aldeia Pimentel Barbosa. Ficava a poucos quilômetros, tão perto que os índios não conseguiam sequer dormir em razão do barulho dos tratores. Era uma fazenda poderosa, com tratores trabalhando 24 horas por dia, máquinas incomodando os índios.

E esse pessoal não é um pessoal que chegou lá do nada, comprou terra e abriu a fazenda. Esse pessoal tinha autorização da Funai para se localizar ali, para estarem dentro do território dos Xavante. Esse processo aconteceu em Mato Grosso e Rondônia também. A Funai expedia certidão negativa da presença de índios, dizendo que não era terra indígena, que não havia índios ali. Essas fazendas que estavam trabalhando a todo vapor eram, vamos dizer assim, "todas legalizadas", entre aspas, claro.

Além dos fazendeiros, havia essa máfia dentro da Funai, que negociava a redução das terras indígenas. Aconteceu, sobretudo com a Terra Indígena Pimentel Barbosa, uma negociação dessa máfia de funcionários da Funai para poder vender ilegalmente essa área. Claro, loteiam e vendem depois, para outros fazendeiros. Eu reconheço que, na época, havia necessidade, sim, de um estudo profundo dessa ocupação tradicional Xavante. Na demarcação, desde Sangradouro até Pimentel, todas as terras indígenas, não foi feito nenhum estudo antropológico nesse primeiro momento. Não houve tempo, mesmo porque a Funai não queria fazer isso. A direção da Funai não queria promover um estudo antropológico porque, evidentemente, não era interesse deles que se demarcassem territórios para os Xavante desse tamanho.

Existia muita violência. Era uma situação em que você estava no limite, absolutamente no limite, entre a vida e a morte.

Ou se fazia demarcação do jeito que foi feito, ou não se faria, na minha opinião, nenhuma demarcação.

Porque iria ser muito mais complicado, ia ser muito mais difícil fazer de outra forma. E a participação dos Xavante em todos esses processos de terras foi fundamental. As demarcações aconteceram junto com eles. Não foi feito escondido, esse processo aconteceu com a participação dos índios. A direção da Funai tentou fazer escondido, mas os Xavante tomavam essa documentação, batiam com a borduna, rasgavam tudo publicamente e não permitiam que as coisas acontecessem escondido. Uma luta Xavante.

A relação com o Xavante Mário Juruna

O Mário Juruna, eu o conheci quando ele ainda era jovem. Ele é só um pouco mais velho do que eu. Eu o conheci em São Marcos, na época que a gente estava demarcando São Marcos. E o Juruna sempre foi uma pessoa de personalidade muito forte. Uma pessoa muito lutadora, aguerrida. E a gente começou juntos, ele estava nessa equipe que foi montada em campo, que eu mencionei antes, o Juruna fez parte dela. A primeira coisa que ele fez foi se aproximar e integrar essa equipe. Ele falou: "Olha, vamos aqui fazer um trabalho juntos. Eu ajudo e tudo mais". Então, o Juruna começa a ficar conhecido nacionalmente e até, de certa forma, internacionalmente, pela sua condição, por essa personalidade incrível e lutadora dele, que não desanimava, em hipótese nenhuma. Ele, nesse processo, foi eleito deputado federal.

Esse foi o período em que todos nós estávamos numa grande berlinda. Porque a gente estava sendo caçado pela ditadura, perseguido e tudo mais. Por ele ter uma convivência muito grande conosco, o gabinete do Juruna termina virando um local em que se podia gritar. Onde podia dizer para o Brasil: "Olha, sabe, a questão indígena é essa história de luta, de violência, e coisas estão acontecendo dessa forma terrível".

Fiz parte do grupo que foi convidado para estruturar o gabinete do Juruna. Primeiro, o Juruna pediu para que eu fosse até o Rio de Janeiro, logo após ser eleito, para conversar sobre a montagem do seu gabinete, em Brasília, dentro da Câmara dos Deputados. Em seguida ele convida o José Porfírio Fontenele de Carvalho, o Jonas e o Otacílio – que é outro indigenista de Goiás, de Goiânia. Nós éramos da Sociedade Brasileira de Indigenismo, a SBI. A gente vai, então, organizar o gabinete do Juruna e ficamos trabalhando dentro desse gabinete. Foi uma experiência incrível. Nesse período, acontece uma mudança: a primeira coisa que o Juruna faz é promover o primeiro encontro de lideranças indígenas do Brasil.

Logo que assume, o Juruna promove o primeiro Encontro Nacional de Lideranças Indígenas. E veio um grupo enorme. Foi uma coisa nunca imaginada. Essas lideranças ficaram alojadas no Setor de Clubes Sul de Brasília, que é um setor com muita área verde, muito espaço. E, ali, com a ajuda de diferentes instituições, inclusive da Igreja, com organizações não governamentais, especialmente o Cimi, se consegue lonas e esse pessoal fica alojado por mais de uma semana. Essas lideranças ocupam a Câmara dos Deputados. O principal auditório, que é o Auditório Nereu Ramos, um auditório enorme da Câmara dos Deputados. Essas lideranças indígenas vão lá e falam: "Queremos o fim da ditadura militar. Queremos tirar os militares da Funai".

Na época – santa inocência, a nossa –, a gente achava que o grande mal do órgão era apenas a presença dos militares. Então, o ministro do Interior – a Funai, na época, era subordinada ao Ministério do Interior – demite, de uma única vez, 21 militares, entre coronéis, capitães e não sei o que mais. A Funai termina passando por um processo interno muito grande de reforma. Quer dizer, os militares saem dali. E não só essas lideranças indígenas começam a reivindicar a demissão desse pessoal, mas, também, começaram a gritar contra a situação própria em que eles viviam. E Juruna não deixa por menos, começa a articular dentro da Câmara dos Deputados a criação da Comissão Permanente do Índio, integrada por 21 deputados de todos os partidos. Foi a forma que Juruna encontrou para fazer frente diante da enxurrada de Projetos Legislativos, outros nem tão Legislativos assim, para liberação da exploração das riquezas florestais e minerais das terras indígenas; aqueles outros tentando emancipar os índios; outros tantos tentando estadualizar a política indigenista etc., etc. A Comissão Permanente do Índio, não fosse ela, provavelmente, no começo da década de 1980 as terras indígenas e suas riquezas teriam ganho um outro destino.

O Juruna foi uma pessoa com essa característica combativa, guerreiro. Uma pessoa muito arrojada e, além de outras tantas coisas, a luta que se trava para demarcar a Terra Indígena Kapoto, uma terra Kayapó, do Raoni, que também reivindicava. O Juruna teve uma participação muito grande nesse processo. Mas também isso teve um preço muito alto para ele. Ele começou a virar uma pessoa não muito aceita dentro do Congresso Nacional. Sofreu perseguições e foi excluído. E quando ele, depois de receber no seu gabinete um grupo de lideranças indígenas do nordeste brasileiro, que relatam as atrocidades que estavam vivendo, de posse de uma lista contendo os nomes de outros lideres recentemente assassinados por pessoas conhecidas da polícia, Juruna então vai à tribuna e grita contra essas barbaridades e acrescenta que nada era feito em defesa dos índios, pelo "governo corrupto", por quem estava de plantão no governo. O general Figueiredo, de plantão no governo, exige da Câmara dos Deputados a cassação do mandato de Juruna. Se a situação de Juruna já estava difícil, sofrendo perseguições e muitas vezes sendo excluído dentro do próprio partido, o PDT, a partir desse dia sua situação passou a ficar quase insustentável. Ele, Juruna, não perdeu o mandato, mas percebeu claramente que havia poucos aliados para continuar defendendo os povos indígenas.

Ação política na SBI e a retomada dos Pataxó (Caramuru-Paraguaçu)

Uma parte do movimento da Sociedade Brasileira de Indigenismo, a SBI, que estava acontecendo em Barra do Garças, junto aos Xavante, em Mato Grosso, também acontecia em um processo quase natural, semelhante pelas mesmas condições, no Maranhão e no Acre. Em Brasília, um grupo de funcionários, indigenistas e antropólogos lotados na capital, começam a organizar um movimento muito forte para fazer a única coisa que se queria na época: que se cumprisse a lei. E a lei estabelecia que o governo federal teria que demarcar as terras indígenas. Era isso o que nós queríamos que se cumprisse. E a nossa briga era uma briga bem centrada nessa direção.

Primeiro, precisávamos fazer prevalecer toda a legislação em favor dos índios. Em seguida fazer cumprir a lei. Porque queriam mudar a lei, em 1978, supostamente para "emancipar os índios". Quer dizer, esse era o mote. A SBI surge num momento muito importante. Em diferentes regiões do país, não só em Brasília, estava acontecendo a mesma coisa. No Maranhão, o Porfírio de Carvalho lutando pela demarcação das terras, por respeito pela pessoa do índio. No Acre, o Meirelles com o Ronaldo, com o Macedo, com o Terri de Aquino. Em Rondônia, com o pessoal do vale do Guaporé.

Estava uma coisa muito viva. Havia essa necessidade urgente de estancar essa perseguição e essa maneira de tratar a questão indígena com tanto desleixo. Não havia outro meio de fazer isso a não ser reunindo as pessoas e fazendo uma proposta de criação de algum organismo. A situação era, para nós indigenistas, absolutamente insustentável. Não tinha mais como suportar. Além de sermos exonerados, perseguidos, havia uma empáfia da ditadura militar, que não queria nem saber de nada com relação ao direito dos índios. A SBI surgiu nesse contexto. E ela acontece, então, na eleição de 1982, eleição indireta, obviamente. E junto da história dos Pataxó.

Os Pataxó localizam-se no sul na Bahia. Há outras etnias também por ali. Na década de 1930, esses Pataxó tinham sido expulsos da terra deles por um grupo de militares, que envolvia o Comando Militar e a Polícia Militar da Bahia. Esse comando matou muitos índios, correu e os perseguiu violentamente. E esses índios se dispersaram pelo Brasil. Eles chegaram, muitos deles, a viver no Paraná, em Santa Catarina, em Minas Gerais. E, depois de trinta e poucos anos, eles retornam, em 1981, de uma maneira incrível, para a terra deles. Começaram a voltar como um êxodo bíblico. Começaram a retornar naturalmente, de todas as partes onde viviam. Eles se reuniram em Minas Gerais, próximo à Bahia. Dali, ocupam uma fazenda chamada Fazenda Caramuru-Paraguaçu, de um grande fazendeiro do sul da Bahia, que era o Jener Pereira. E eles se estabelecem ali e começa a chegar Pataxó do Brasil inteiro. De repente, eram mil, quase 1.200 índios. Estavam ali localizados, estabelecidos. Vem a eleição indireta para governador do estado. E o Antonio Carlos Magalhães, o ACM, na época, era o governador nomeado da Bahia. O ACM faz uma exigência: para que o PDS ganhasse a eleição, sobretudo na Bahia, teriam que retirar os índios dali. Mas havia estudos realizados por antropólogos e historiadores, especialmente Maria Hilda Baqueiro Paraíso, que davam conta dos direitos históricos dos Pataxó sobre aquelas terras.

Um grupo de funcionários da Funai foi lá e fez uma proposta para os Pataxó, de que eles sairiam só para que a eleição se desse. Foram levados para um campo experimental da Ceplac (Comissão Executiva do Plano da Lavoura Cacaueira). Isso era um verdadeiro campo de concentração, porque é uma área com pouco mais de cem hectares. Só areia, quase sem água. Tinha umas torneirinhas, faltava água na maior parte do dia. Ali, eles abandonam em microbarracas cerca de 1.200 Pataxó. A eleição passou, o PDS ganhou, como queria o Antônio Carlos Magalhães, elegendo João Durval Carneiro. Ninguém mais foi retornar para as terras com esses índios, conforme haviam prometido a eles.

Nessa época, nós estávamos na Câmara e a SBI idealiza uma operação de retorno com esses índios para Caramuru-Paraguaçu, de onde eles foram retirados pelo governo, mais uma vez, depois daquela expulsão da década de 1930. A primeira expulsão deles havia sido durante a era Vargas, e, depois, agora, com ACM, novamente. E, aí, se faz um acordo junto com eles, ali em Almada. Combinou-se uma estratégia. Era uma situação muito difícil, porque eles estavam cercados pela polícia. O governo da Bahia mais ou menos suspeitava que, a qualquer momento, aquele conflito iria explodir. E o Antonio Carlos Magalhães botou a Polícia Militar em volta dali. Termina que, numa operação quase cinematográfica, a SBI tira os índios desse campo de concentração e leva esses Pataxós de retorno para Caramuru-Paraguaçu.

É nessa operação o dia em que morre um rapaz, um menino de 14 anos. E se cria uma celeuma danada de que os Pataxó queriam só enterrar esse menino na terra deles, lá na fazenda. A polícia e governo da Bahia achavam que era só aquele grupinho da família daquele menino que havia falecido. Mas durante três noites, enquanto as autoridades dormiam, 1.236 Pataxó, exatamente, são levados de volta para Caramuru-Paraguaçu. No terceiro dia, quando eles acordaram, Almada estava vazia. O feriado foi um grande aliado dos índios. É importante lembrar que, embora fossem funcionários da Funai – eu estava fora – a participação de Antonio Botelho, Claudio Romero, Marcos Terena, principalmente desses três, foi fundamental para que os Pataxó recuperassem seu território.

Os Pataxó voltaram e estão até hoje lá. A terra parou por trinta anos no Supremo Tribunal Federal. Não tem como negar a tradicionalidade e a imemorialidade daquele território dos Pataxós. E eles nunca mais saíram. Evidentemente que não tem governo que os tire de lá[6].

Os Villas Bôas e o trauma do contato com os Panará

Vamos voltar agora uma década no tempo, para o início dos anos 1970. Após um período junto aos Xavante, depois dos Bakairi do Rio Novo, fui designado para a Frente de Atração Kreen-Akarore, que era um trabalho de contato que estava sendo feito pelo governo.

Na região, passava a BR-163, a Cuiabá-Santarém, que era uma estrada que cortaria o território dos Kreen-Akarore. Chamavam esse povo de Kreen-Aka-

---

6. Em 2012 finalmente o STF julgou a Ação Civil Originária 312, impetrada pela Funai, em 1982, pedindo a nulidade de títulos conferidos pelo governo da Bahia a fazendeiros dos municípios de Camacã (Camacan), Pau Brasil e Itaju do Colônia. O resultado foi a nulidade de todos os títulos dos fazendeiros, sendo essa considerada uma das maiores vitórias dos índios brasileiros e do indigenismo.

rore, mas descobriu-se depois que eles se autodenominam Panará. A estrada estava cortando aquele território e os militares queriam que se fizesse o contato. Eu escutava que os Villas Bôas queriam uma coisa muito mais fácil, que era mudar o trajeto, desviar um pouco a estrada. Não havia necessidade de ter aquele traçado exatamente. Mas havia muitos interesses junto. Havia sido descoberto muito minério naquela região, especialmente ouro e diamante. Era uma situação bastante conflituosa, já com a chegada de garimpeiros e posseiros. E os Villas Bôas foram fazer os primeiros contatos. Eu fui depois que os Villas Bôas saíram da área. Eu tinha pouco mais de 20 anos de idade. E fiquei lá, com os Panará, até eles serem transferidos para o Xingu, no começo de 1974.

Talvez essa tenha sido a experiência mais grave que se possa imaginar sobre o que representa um processo de contato.

Os Panará, na época do contato, eles eram mais ou menos, dizem – provavelmente não havia como contá-los, com precisão –, eram cerca de 630 a 650 índios Panará. Depois de pouco mais de dois anos e meio restavam 78 índios.

Estamos resgatando essa história, e algum registro eventual de saúde, de atendimento. Somente duas vezes, enquanto estive lá, houve agentes de saúde para vaciná-los. Além disso, não houve mais nenhum trabalho de assistência, de meu conhecimento. Havia dois atendentes de saúde, Felisberto Kopudonepá e Édson, que não me recordo o sobrenome, que se revezavam vinte e quatro horas por dia, para minorar a situação de calamidade. Ficamos com eles por um bom tempo, no rio Peixoto de Azevedo, no Posto em que se deu o contato inicial. E a situação era assim: trágica. Eles morreram de gripe. Parece incrível falar que tanta gente morreu de gripe, agravada para pneumonia. Mas foi isso que aconteceu. Em menos de três anos, morreu quase todo o povo Panará.

Tentamos levá-los para um território tradicional deles, que ficava um pouco mais ao norte, para afastá-los da estrada. Eles foram e tentaram sair da influência negativa da estrada. Embora, com a chegada nesse novo local a saúde tivesse melhorado, ainda não era boa. Fica aquela gripe que não sai do lugar. Quem sara, logo em seguida fica gripado e sucessivamente assim. Porém, não me lembro de nenhuma morte que tenha ocorrido nesse novo lugar. Mas parece que o destino dos Panará já estava definido pelos militares. E eles, então, são transferidos para o Xingu.

Essa foi uma experiência muito traumatizante, para todos que estavam ali. A estrada passou sobre uma das aldeias, cortou o território. E era a ditadura militar. Uma situação bastante séria, grave. Já não tem mais, hoje, indigenistas e sertanistas que participaram desse processo. O Edson já morreu, o Nilo já morreu, o Xará já morreu, o Apoena já morreu. Os Villas Bôas morreram. Não sobrou quase ninguém. Execeto o Sydney Possuello, o Fiorello Parise, talvez o Antonio, o Raimundo, o Felisberto, e este que vos fala, não sobrou ninguém mais.

Os Panará e os sertanistas

Foi assim: logo depois dos Villas Bôas, foi o Sydney Possuelo com sua equipe. Depois, ou simultaneamente, seguiram o Apoena Meireles e sua equipe. Depois, o Campinas, também com sua equipe. Todos passaram por pouco tempo. Por alguma razão que eu não sei explicar, iam embora logo. Depois do Campinas, que foi acusado de manter relação sexual com os índios, e que foi um escândalo mudo afora, eu cheguei. Cheguei quando o chefe da frente de atração era o sertanista Fiorello Parise[7].

Quando saiu a denúncia daquela prática de abuso sexual, uma história da provável prática de relações homossexuais entre o Campinas com alguns índios Panará, sendo que Campinas era o chefe da frente, foi um grande escândalo. Repercutiu no exterior, repercutiu no mundo inteiro. Mais um escândalo em um povo que já estava sendo dizimado. Em razão disso, saiu o Campinas e entrou o Parise, que é um antropólogo nascido na Itália, mas contratado como sertanista pela Funai. E ele foi chefiar até o momento da transferência dos Panará para o Parque do Xingu. Eu também estava presente no momento da transferência.

Os Villas Bôas foram pressionados para o contato, mas mesmo assim eles resistiam muito. Eu ouvi e li muito a respeito, antes de ir para o Peixoto de Azevedo. Em raros momentos que conversei com o Cláudio, ele sempre dizia: "Não sei por que é que o governo não muda o trajeto dessa estrada". E eles ficaram lutando para mudar. Quando a estrada chegou mais ou menos onde hoje é a cidade de Sinop, na época era um postinho de gasolina. Quando chegou ali, segundo ele, era possível mudar o trajeto da estrada. E o Orlando, com o Cláudio, queriam isso. Propunham um trajeto que pegava um chapadão muito mais firme, para sair na região da serra do Cachimbo.

Foi teimosia dos militares. Eu acho que havia uma pressão muito forte para a exploração daquela área. Porque havia muito minério. A gente lavava prato, prato de comida, usando areia da margem, e saíam fagulhas de ouro. Os Villas Bôas não ficaram lá. Foram embora para o Xingu logo depois do contato. E só voltaram mais tarde, junto com o sertanista Sidney Possuello, para fazer o translado dos 78 que sobraram.

As tradições sertanistas

A atividade de sertanista vem de muito tempo. Há registros desde o comecinho do ano de 1600, dentro dos Estados de São Paulo, Minas Gerais, Paraná e Bahia, principalmente. Evidente que eram pessoas irrequietas, querendo expandir as fronteiras de exploração, em busca de riquezas minerais, e ficaram conhecidas e reconhecidas oficialmente como sertanistas.

---

7. Leia o depoimento de Fiorello Parise, p. 171.

Mas somente com o Serviço de Proteção aos Índios (SPI) em pleno funcionamento, o trabalho do sertanista passa a fazer parte de uma atividade de um órgão de proteção aos índios. Estes, bem mais idealistas e humanistas dão um sentido nobre a essa atividade porque, para exercê-la, é preciso apego à causa, renúncia a qualquer tipo de conforto, ser obstinado para não desistir diante do inesperado e dispor de meios, recursos, para sustentar as expedições até o momento do contato pacífico.

Convenhamos que não era fácil, por isso precisava ter uma última coisa: articulação para convencer todo mundo de que o trabalho de proteção aos povos indígenas era uma coisa que o Brasil precisava fazer. Na maioria das vezes as expedições eram bancadas com recursos oficiais, e é por isso que o SPI e a Funai (que surgiu em 1967) puderam desenvolver essa atividade com um mínimo de planejamento, sendo executadas sem grandes riscos para o sertanista e sua equipe serem massacrados pelos índios. Mesmo assim, houve alguns casos, como o de Pimentel Barbosa e Gilberto Figueiredo, só para citar os mais conhecidos, que foram assassinados em atividade. Mas também as igrejas, no passado e no presente, quiseram fazer contatos com povos isolados. Alguns deram certo e outros nem tanto. Atualmente as ONGs também estão entrando nessa atividade – inclusive com recursos financeiros oficiais e do exterior.

Não vejo o trabalho do sertanista contemporâneo muito diferente daquele que trabalha com povos indígenas já contatados, que vivem em aldeias conhecidas. E também acho que ser sertanista agora é mais fácil. Por aqueles do passado tenho grande admiração, até mesmo porque eles sabiam que, depois do contato pacífico, esse povo sucumbiria. Mas eles tinham de obedecer a ordens – e acho que eles sofriam muito com isso.

Períodos difíceis para os índios

Houve um período muito difícil para os índios e para todos que estavam com eles. Foi no intervalo entre a extinção do SPI e a criação da Funai. Lembro-me que nesse período, estudando na cidade, e quando podia visitando a aldeia onde meus pais trabalhavam, eu os encontrava em desespero, sem saber a quem recorrer, e os índios estavam morrendo sem qualquer assistência e inteiramente entregues à míngua. Acho que os militares, que de quando em quando aterrissavam seus aviões na pista da aldeia, para distribuir caixas de estiletes, facas, punhais etc., não queriam socorrer os doentes porque sabiam o que estavam fazendo.

A ditadura militar correu de volta para onde nunca deveria ter saído; muitos indígenas sobreviveram a esse período; se organizaram e ajudaram a escrever uma Constituição que deu sequência às leis que transformaram o Brasil, dessa vez os incluindo também.

Anos depois da ditadura civil-militar, estamos assistindo agora outra fase muito difícil para os povos indígenas. Estamos vendo uma política deliberada para extinguir o único órgão indigenista que tem conversado com eles nos últimos tempos; que tem tentado demarcar seus territórios; tentado proteger seus ambientes e suas culturas.

Certamente, este período vai ser o mais difícil para eles superarem. Não há mais o sujeito fardado que deixou momentaneamente a caserna para se aventurar numa coisa para a qual não tinha legitimidade nem conhecia, mas há agora o sujeito que disputa com eles o emprego, inclusive no órgão indigenista, porque precisa fazer caixa do seu partido político com seus 10% de salário. E esse partido político é legitimamente eleito pelo povo brasileiro.

Por isso, eu não vejo futuro promissor para a questão indígena, para o indigenismo. Pela perspectiva das ações dos governos dos últimos anos, não vejo. Infelizmente, depois de vinte anos de ditadura, depois de toda uma luta da sociedade pelas eleições diretas que, diretamente, os povos indígenas também participaram de todo esse movimento. Depois da eleição do Juruna e todo o movimento violento que houve. E, até hoje, não há a mínima proposta para se concluir as demarcações. Não há nada, nenhuma condição para se fazer isso.

Essa é a primeira coisa que eu gostaria de colocar, como uma das coisas mais graves que eu vejo. Nós estamos no século XXI, nós temos quase trinta anos de democracia no país. Não há nenhuma proposta para a questão indígena, além daquela que foi do Collor, quando eleito. O Collor assume a presidência da República e, imediatamente, assina decretos que tiram a saúde, que tiram a educação, que tiram tudo da Funai, e transfere isso de uma maneira absolutamente irresponsável para outros ministérios. O único ato que um presidente da República faz sobre a questão indígena e, neste caso, contra os índios, foi de maneira muito violenta.

Não há propostas para os possíveis próximos candidatos a presidente para quem, quando chegar lá, quem for eleito, pelo menos fazer alguma coisa, minimamente, para contar com a participação dos índios. Não há uma agenda em que se respeite o direito dos índios de poderem falar. De poderem participar ativamente de uma política indigenista oficial. Esse direito está sendo cerceado até hoje. E essa é uma coisa que não se deve mais aceitar, na minha opinião.

Às vezes, nas nossas conversas, entre indigenistas, falamos coisas como "Eu sonhava que, um dia, um presidente da República dissesse assim: 'Vamos respeitar o direito dos índios'. Só isso". Só de um presidente da República eleito, dizer uma coisa dessas, seguramente muita coisa começa a mudar. Mas não vemos nenhuma proposta.

O segundo fato é o seguinte: No mesmo período em que, no governo Collor, se formula essa proposta de tirar, de dentro da instituição oficial de indigenismo federal, da Funai, a saúde e a educação, ocorre também o afastamento da mídia do assunto "índio". Saiu de pauta. Acabamos de assistir, em Brasília, uma das coisas mais violentas que é a Força Nacional, armada, na porta da Funai, para controlar a entrada dos índios e de funcionários da Funai. Inaceitável. A imprensa, que sempre foi um aliado histórico das populações indígenas, não tem mais espaço para os índios.

Como indigenista, como sertanista, tenho muita preocupação. É gritante. É uma coisa muito séria. Perder a condição de usar a imprensa, que sempre foi uma grande aliada, é preocupante. É a denúncia, é o grito, é a repercussão. Sem isso, não é possível. Taí uma nova agenda para os novos indigenistas que estão chegando: reagir contra a extinção do único órgão oficial de indigenismo; reagir contra o esquecimento proposital de um plano estratégico de governo para as populações indígenas; reagir contra a omissão da mídia diante do descumprimento daquilo que está consagrado na Constituição Federal.

Orlando Possuelo

Sydney Possuelo

Legenda

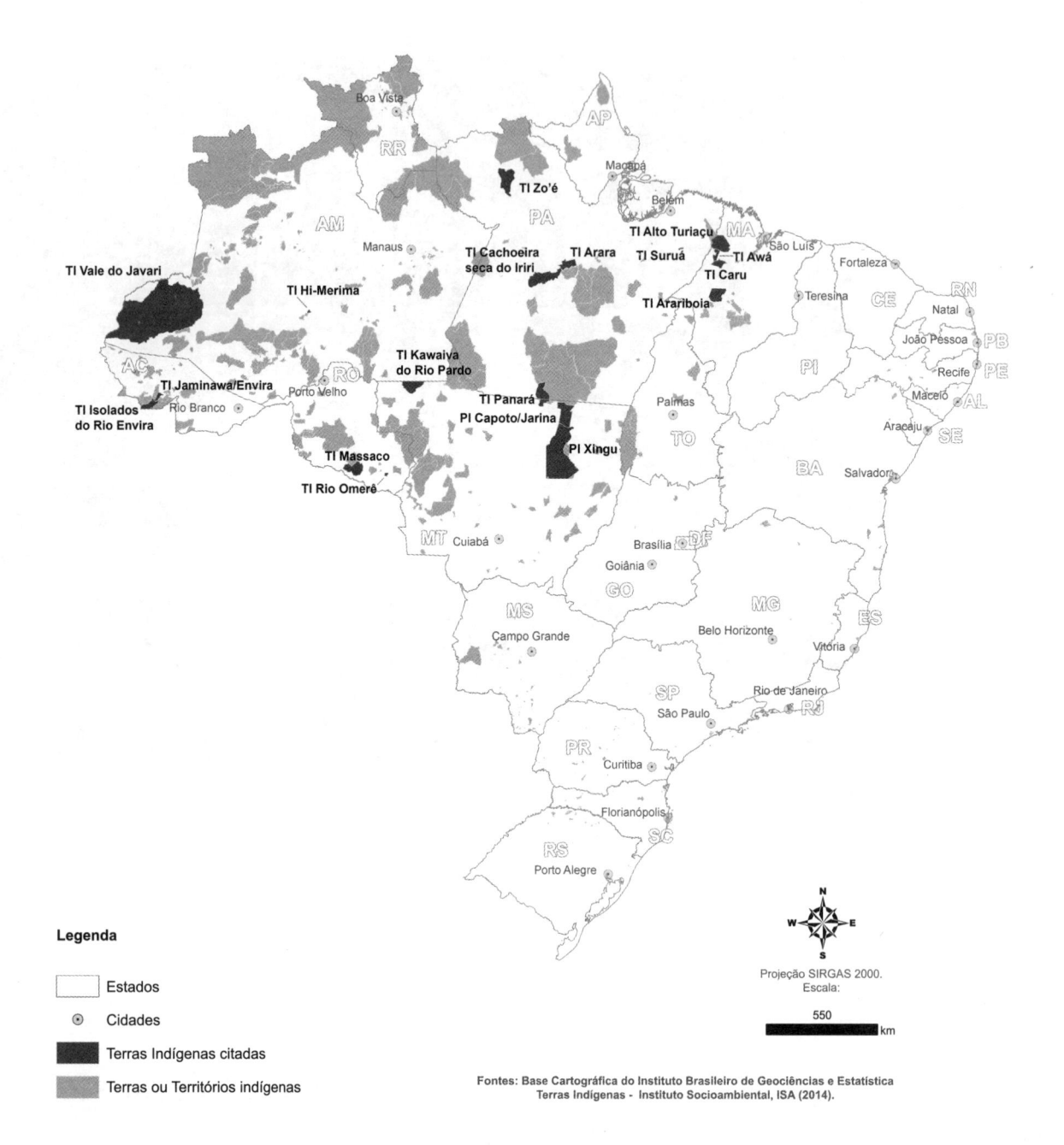

☐ Estados
⊙ Cidades
■ Terras Indígenas citadas
▨ Terras ou Territórios indígenas

Projeção SIRGAS 2000.
Escala:
550 km

Fontes: Base Cartográfica do Instituto Brasileiro de Geociências e Estatística
Terras Indígenas - Instituto Socioambiental, ISA (2014).

Sydney Possuelo ganhou notoriedade participando de longas expedições, nas quais foi acompanhado de jornalistas do mundo inteiro, e também por ser um porta-voz junto à opinião pública em defesa dos povos indígenas. Recebeu a medalha de ouro da Royal Geographical Society, o prêmio Bartolomeu de Las Casas, e também premiações da ONU e da *National Geographic*. É o protagonista principal dos livros *Além da conquista*, de Scott Wallace[8], e *Homens invisíveis*, de Leonêncio Nossa[9], além de uma série de documentários. Foi declarado amigo e defensor dos povos indígenas da Amazônia boliviana por sua luta de vida e solidariedade permanente em defesa dos povos indígenas isolados, por confederações indígenas bolivianas (Confederación de Pueblos Indígenas de Bolivia, Central Indígena de Pueblos Originarios de Amazonia y Pandoe o Foro Boliviano sobre Medio Ambiete y Desarollo).

Responsável pela criação do Departamento de Índios Isolados (DEII) em 1987, hoje representado pela Coordenação Geral de Índios Isolados e Recém-Contatados (CGIIRC). Possuelo foi presidente da Funai entre os anos de 1991 e 1993, durante o governo de Fernando Collor de Mello, em que houve um processo intenso de demarcação de terras indígenas[10], seguindo a pressão e o apoio conquistado durante a Constituinte. Como chefe do departamento que reúne os sertanistas, Possuelo foi responsável pela coordenação das Frentes de Atração e Contato, renomeadas posteriormente Frentes de Proteção Etnoambiental, por toda a Amazônia, e uma na região da chapada dos Veadeiros. Sua experiência abrange vasta área geográfica, assim como os meandros da política indigenista e os conflitos políticos que atingem os povos indígenas desde Brasília.

---

8. Scott Wallace, *Além da conquista – Sydney Possuelo e a luta para salvar os últimos povos isolados na Amazônia*, São Paulo: Objetiva, 2013.
9. Leonêncio Nossa, *Homens invisíveis*, Rio de Janeiro: Record, 2007.
10. Como definido no art. 67 do Ato das Disposições Constitucionais Transitórias da Constituição Federal de 1988: "A União concluirá a demarcação das terras indígenas no prazo de cinco anos a partir da promulgação da Constituição".

O início com os irmãos Villas Bôas

Sempre gostei de natureza, de estar na floresta, essa vida um pouco áspera e incerta do sertão. Ela nunca me pôs medo. Ao contrário, me dava um certo encanto.

Quando eu tinha cerca de 16 ou 17 anos, lia as histórias dos irmãos Villas Bôas. Eram os grandes heróis nacionais. Aquelas histórias publicadas na revista *O Cruzeiro*, das expedições, dos índios bravos, das descobertas de novas tribos, eram temas que enchiam de sonhos e aventuras as cabeças de jovens como eu. Morava em São Paulo, e busquei uma maneira de encontrá-los. Quando descobri onde o Orlando Villas Bôas ficava quando vinha do Xingu, fui várias vezes lá, para ver se o encontrava. Até que um dia deu certo de eu chegar e encontrar o Orlando, conversar com ele, explicar o meu desejo de ir para o sertão.

Ele falou: "Tudo bem". Só que eu era mais um que chegava perto dele por causa das histórias. Mas não desisti, fiquei em cima dele. Havia encontros e palestras em São Paulo que eu acompanhava, nas quais compareceu, algumas vezes, o Darcy Ribeiro. O Darcy também ficou me conhecendo, porque eu era o moleque que ia comprar o cigarro para a turma. E também o médico Noel Nutels. O tempo foi passando até que, com 18 anos, o Orlando me proporcionou a primeira ida ao Parque Indígena do Xingu.

Naquela época, o acesso para o parque somente era feito pelo Correio Aéreo Nacional, o CAN, da Força Aérea Brasileira (FAB). Não havia estradas, essas BRs. O acesso era unicamente aéreo. Esses aviões partiam uma vez por semana do Campo de Marte, em São Paulo, e na outra semana do Rio de Janeiro. Seguiam uma rota em que cruzavam o Parque do Xingu. Essa rota passava por Minas Gerais, entrava em Goiás, até chegar no Brasil Central, onde paravam para pernoitar. A viagem seguia até chegar no Jacaré, que era o posto que a FAB tinha próximo ao Posto Leonardo, no Xingu. Dormiam ali e, ao terceiro dia, chegavam em Manaus, o ponto final. Retornavam no dia seguinte pelo sentido inverso dessa mesma rota.

Essa rota do CAN era muito interessante. Parava em cada campinho, em cada lugar, era muito pitoresco ver descerem e subirem os regionais. Entravam com porco, galinha, jabuti, peixe seco. Dentro do avião, às vezes, parecia uma feira ambulante. O CAN foi um elemento importante para a integração regional. Até surgirem as estradas, muito tempo depois.

O Orlando conseguiu, com a Força Aérea, uma cota de duzentos quilos disponíveis em cada voo desses. Numa das viagens, ele me convidou para "completar a carga". Foi por volta de 1958, eu não lembro exatamente a data. Mas essa viagem foi muito importante para mim. Dela me lembro perfeitamente. O campo de pouso se chamava Capitão Vasconcelos. Mais tarde mudou de nome. Chovia muito quando íamos pousar no Parque Indígena do Xingu e a pista era de terra. Assim que o avião tocou no solo, por causa da lama, ele saiu fora do eixo da pista e foi para a lateral. As duas rodas da frente enterraram na lama e a aeronave pilonou. "Pilonou" é quando o avião levanta o rabo e a parte da frente abaixa. Atolou e ficou com a cauda suspensa no ar. Com o impacto, a carga rompeu as amarras e tudo caiu em cima de mim, já que o compartimento de carga era o mesmo dos passageiros. Descemos, debaixo da chuva, eu, um oficial médico e um sargento que, depois, iríamos viajar muitas vezes juntos. Olhando a situação da aeronave, vimos que era preciso arranjar um cabo, colocá-lo na roda de trás do avião e puxar com o auxílio de um jipe, ou coisa que o valha.

Saí caminhando em direção ao Posto Leonardo, a uns 150 ou duzentos metros, perto do igaparé Tuatuari, que passa por ali. O caminho era formado por vários tapiris na forma de uma longa rua. Nas várias casinhas de cada lado, muitos índios assistiam essa cena acocorados, olhando a chuva, e eu passando muito rapidamente no meio. Fui atrás de um servidor que se chamava Aramíseo, para ele trazer um trator. Fui rápido, e no momento em que eu passava, escorreguei e caí. Eu me estatelei no chão, enfiando a cara no barro e sujando-me todo. No instante que caí, os índios todos caíram numa gargalhada, soltaram gritos e alguns batiam com as mãos achando uma graça fantástica, todos mui felizes com minha desgraça. Fiquei muito bravo e pensei: "Eu me arrebentando e todos riem de mim, que falta de solidariedade".

Regressamos ao campo de pouso, eu e Aramíseo em cima do trator. Aramísio atou uma ponta do cabo de aço na traseira do trator. Eu e o sargento estávamos amarrando a outra ponta do cabo na rodinha de trás do avião. Fiz sinal para que Aramísio aproximasse o trator para soltar mais o cabo. Mas ele entendeu exatamente ao contrário e acionou o trator para a frente. Nessa hora, o sargento estava com um dos dedos no interior do laço. O trator esticou o cabo e o sargento teve o dedo decepado. O dedo do sargento bateu no meu peito e caiu no chão. Abaixei e peguei o dedo.

Parecia um filme de pastelão, e a minha pessoa vivendo sucessivas situações. O avião pousa, e a carga cai em cima de mim; depois, o tombo, sucedido pelos índios dando risada de mim; e, finalmente, o dedo do sargento que, decepado pelo acidente, cai no meu peito.

Já no dia seguinte tivemos que retornar para São Paulo, por causa do dedo do sargento. Essa foi a minha primeira ida ao Xingu.

A partir dessa viagem, comecei a encontrar o Orlando com mais frequência, em São Paulo, ajudando-o na administração do Parque Nacional do Xingu.

Ainda era o SPI, não havia Funai, e o Parque do Xingu era administrado de forma independente do SPI, ligado à Fundação Brasil Central. Eu auxiliava o Orlando nos trabalhos burocráticos, fazia compras, ajudava quando vinha índios doentes, transportava abastecimentos para o Campo de Marte. Mas eu não era funcionário. Fazia isso simplesmente porque gostava.

Mais tarde, o Orlando me deu uma bolsa de estudos para eu tirar o brevê, no Aeroclube de São Paulo. A ideia era que eu fosse ao Xingu pilotar o pequeno avião que ele tinha lá. Fiz o curso inteiro, mas não cheguei a me *brevetar*.

Fiquei alguns anos, alternando momentos, ajudando ele. Às vezes, eu trabalhava fora para obter algum dinheiro, depois passava um tempo e voltava para o Orlando e ao Xingu. Foram mais ou menos uns dez anos assim. Quando havia algum dinheiro, Orlando molhava a minha mão, me pagava um pouco. Mas, na verdade, o Parque recebia pouquíssimos recursos públicos. De forma geral, vivia muito mais do esforço pessoal do Orlando do que de dinheiro público.

Assim foi até quando, em 1967, com a derrocada do SPI, surgiu a Funai, e o Orlando me falou para eu ir trabalhar na Funai. A Funai foi criada com o acervo material e humano do SPI, da Fundação Brasil Central e do Parque do Xingu, que foi incorporado. Passei no concurso, e entrei na Funai em 1972. Das cinquenta vagas, daqueles todos que começaram o curso de indigenismo, acho que no final ficaram só uns quatro ou cinco dessa minha turma.

Rondônia: o primeiro trabalho de campo pela Funai

Meu estágio foi em Rondônia, junto com o Francisco Meireles. Comecei no Posto Indígena Guaporé, na fronteira do Brasil com a Bolívia. Foi o primeiro lugar para onde eu fui designado oficialmente. Um lugar de antigas histórias do indigenismo, da época do marechal Rondon. Também um lugar onde aparecem os problemas de algumas ideias do Rondon, principalmente a de levar índios de diversas etnias para viverem em um só lugar, distante de suas terras tradicionais.

O nome anterior do posto era Posto Indígena Ricardo Franco. Esse posto foi construído na época do Rondon, dentro do estilo do Rondon. Era concebido tipo uma sede de fazenda. As paredes eram de adobe, muito grossas. O posto foi o lugar onde foram reunidas várias etnias. Isso era uma pressão que o SPI recebia, para tirar os índios do alto dos igarapés, baixar os índios, concentrar em um lugar só para liberar as estradas de seringas. Essas "estradas" é como se chama o caminho que liga uma árvore de borracha a outra árvore de borracha. E a região era cheia de grupos indígenas isolados. Muitos contatos foram feitos com esses povos, na época, financiados pelos seringalistas. Os seringalistas conheciam os inspetores do SPI, e financiavam as expedições para o SPI pacificar os índios. Era uma forma de "limpar" as estradas de seringa. Falavam em "limpar", e juntavam as etnias em um posto que parecia a sede de uma fazenda.

Fiquei quase um semestre. Eu me lembro que tinha muitos morcegos, e fui muito mordido por morcego. Era um casarão antigo, velho. Enquanto eu estava lá, fui para uma missão de retirar índios que estariam escravizados em um seringal no rio Branco, acima do Forte Príncipe da Beira. Com um barquinho caindo aos pedaços, junto de outro colega, fomos lá. Subir o rio foi muito mais fácil do que descer. Sair de lá foi complicado.

O dono do barracão não aceitou liberar os índios. Eram índios das etnias Makurap e Jabuti, e havia mais alguma outra que não me lembro. Na saída, já na boca do rio Branco, ficava o barracão, local que concentra a administração do seringal. Os homens do barracão vieram armados e foi muita tensão. Sob ameaça, tive que assinar documentos para o dono do barracão dizendo que eu me responsabilizava por todas as dívidas dos índios, e que a Funai iria pagá-las.

A situação era a seguinte: os índios deviam a vida inteira deles, como era de praxe nos seringais. Os patrões anotavam naqueles livros as dívidas de cada produto que era consumido, e que era muito pouco, na verdade. De modo geral, o consumo se resumia a óleo, às vezes leite em pó, sal, cartucho, munição, pólvora, espoleta, caixa de fósforos, uma faca, facão, um machado. Também alguns metros de chita, linha de costura, anzol, arame etc. E até o material de cortar borracha era pago, a poronga de botar na cabeça, o facão, o balde, as tigelas. Tudo custava horrores, muito caro. Poderiam trabalhar a vida toda e nunca iriam acabar de pagar a dívida. Eu inclusive levei comigo os livros de dívidas. Mas deixei na casa onde se começava a montar a Ajudância da Funai em Guajará-Mirim. Creio que não existe mais, pois na Funai quando não se destrói, perde-se documentos.

Na baixada, para sair de lá, eu prometi tudo o que me pediam. Não havia outra coisa a fazer para poder sair do seringal levando os 45 índios que ali estavam escravizados. Mas era só para eu poder passar por ali, porque aqueles homens violentos estavam acostumados a matar por qualquer coisa. Só queria era tirar os índios lá de dentro, esse era o objetivo da missão. Para subir o rio foi fácil, mas, para descer, eu tinha 45 índios comigo no pequeno barco, e foi uma viagem tensa.

As divergências entre Chico Meireles e Orlando Villas Bôas

Entre os Villas Bôas e o Chico Meireles havia visões diferenciadas sobre o indigenismo. Eu também, mais tarde, vim a ter a minha própria visão, e as minhas divergências. Apoena Meireles, filho do Chico, pensava como o seu pai. Eu era próximo dos Villas Bôas. As divergências estavam na ideia da questão da integração apressada dos Meireles, e a integração ao longo de gerações dos Villas Bôas. Essas foram as duas principais linhas do indigenismo entre os sertanistas, depois de Rondon.

Em suma, o que essas duas visões significavam é que, para o Meireles, a integração e a absorção dos povos indígenas deveriam ocorrer rápido. Enquanto ao Orlando, e não quero dizer que ele fosse contrário à "integração", mas ele achava que isso não poderia se dar em grande velocidade, rápido. Os índios precisavam de tranquilidade, paz e longo tempo para irem se adaptando às situações novas que nós íamos criando para eles. Eu sempre achei que essa era a política mais justa. Mas eles não eram inimigos, havia divergências de ponto de vista, e todos defendiam os povos indígenas.

Quando fui para Rondônia, o Orlando fez um cartão me apresentando para o Chico Meireles. E teve uma época em que o Meireles estava muito só. Todos nós, na delegacia regional da Funai, tínhamos muito respeito por ele. Era um homem muito correto, muito sério, muito honesto. Mas era um desastre como administrador. Desastre no sentido de não atender à classificação dos recursos públicos, por exemplo, de forma a impedir que se aplicasse na saúde uma verba destinada a combustíveis. Ele recebia o dinheiro, abria o cofre, enfiava tudo ali dentro. Quando precisava de uma coisa, ele tirava e ia pagando o que precisava ser pago. Não controlava muito. Acontece que dinheiro do Estado são recursos com rubricas. O erro dele era a confusão administrativa e a sua ojeriza à burocracia. O Chico Meireles primava muito mais pelas relações com os índios. Ele era um homem bondoso, generoso e honesto. Um homem simples e despojado. Morei com ele em Porto Velho e sempre gostei dele.

Alguns anos depois, fui para a Frente Kreen-Akarore, como se chamava na época, junto com o Apoena Meireles. Tivemos grandes divergências, e uma vez quase saímos aos tapas no pequeno campo de pouso. Briga em função da diferença de visões sobre o trabalho com os índios. Eu me recordo que ele falou: "Eu quero que esses índios, daqui a dois anos no máximo, estejam usando gravata e totalmente integrados". Eu falei: "Você é louco. Não vou compartilhar contigo essa violência".

O pai dele tinha essa visão da integração, de integrar, que era mais para o lado do marechal Rondon. Porque a visão do Rondon também era de integração. A ideia de Rondon era mesclar índios e não índios para que, dessa mistura, nascesse um elemento caboclo, mais afeiçoado às lides do sertão, um braço que melhor se adaptava às fazendas. Essa visão funcionava no sentido do desenvolvimento e da ocupação do território nacional. Mas era contrária ao interesse dos povos indígenas. O pensamento rondoniano tinha essa contradição.

Já o Orlando não era favorável a essa integração. O Orlando defendia o índio dentro da sua etnia, dentro da sua cultura, evitando mesclar com branco, porque disso resultava sempre problemas para os índios. Os homens brancos estão sempre querendo casar com as índias, para entrar na terra indígena, para ter alguma coisa em benefício.

Eu acho que a principal divergência entre as visões de Chico Meireles e Orlando Villas Bôas era entre a integração e a não integração. O restante eram coisas menores, como as estratégias de pacificação e contatos, dar mais presente ou menos presente, ir até a aldeia ou esperar. Mas não era o fundamental. O fundamental era a visão da integração do índio que os separava. Não significa que o Orlando fosse totalmente contra a integração. Mas, quando ele falava em integrar, dizia que o índio precisa de gerações para esse processo. E eu estou absolutamente de acordo com ele.

As transformações dentro de uma comunidade indígena se processam ao longo de muito tempo. Porque as coisas são muito bem estabelecidas, dimensionadas dentro da cultura indígena. Claro que mudanças acontecem sempre. As culturas são dinâmicas. Os povos indígenas mudam, mas mudam em uma velocidade infinitamente menor do que a nossa. Na nossa cultura, o que hoje é certo e verdade, amanhã pode ser errado e mentira. Os parâmetros mudam rapidamente. Nós nos transformamos em uma velocidade inacreditável quando comparados com esses povos, culturas mais estáveis, uma vida mais tranquila, onde as modificações se processam de uma forma muito mais vagarosa.

A Frente Kreen-Akarore

Kreen-Akarore, hoje, é como são conhecidos os Panará. Kreen-Akarore era o nome que os Kayapó davam para esse grupo indígena, que quer dizer: *kran*, cabeça; *akarore*, raspada. Eram os de cabeça raspada, ou cortada[11].

Eu estava no Parque do Xingu, e tinham acabado de construir o Posto Kretire, junto dos Kayapó, onde vivia o Raoni. Eu morava próximo à aldeia do Raoni. E o povo que morava ali eram os Kayapó Mektyktire. Esse posto era abaixo do Posto Diauarum, pelo rio Xingu, onde morava o Cláudio Villas Bôas, meu chefe imediato. *Diauarum* quer dizer "onça-preta". O Posto Diauarum ficava perto da BR-080, que tinha acabado de ser construída e cortou a parte norte do Parque.

Nesse momento em que eu fui para a Frente Kreen-Akarore, o Orlando e o Cláudio estavam para sair para uma viagem ao Japão, iam também se aposentar. Informaram-me que eu deveria ir para a Frente Kreen-Akarore, onde já tinha havido o contato com os índios. Eu não sabia que o Apoena também iria estar lá. Quando eu cheguei, o Apoena também estava lá. E não deu certo, não nos entendemos.

O Apoena não parava na frente. Ele ficava no máximo uma semana, pegava o avião e ia embora. Falando agora, pode parecer impróprio, já que ele não está presente para se defender, tendo falecido em 2004. Mas não é esse o meu objetivo. Nós divergíamos muito e, em alguns momentos, os ânimos se exaltavam. Nós mantínhamos as aparências, nos tolerávamos. Nunca fomos amigos. Divergíamos com relação à ideologia do trabalho indigenista. O processo e o tempo

---

11. De acordo com o Instituto Socioambiental (ISA), Kreen-Akarore é uma variação dos termos Kayapó *kran iakarare*, que significam "cabeça cortada redonda", uma referência ao corte tradicional de cabelo dos Panará – em forma de cuia e com a base raspada. Verbete na enciclopédia *Povos indígenas no Brasil*, do Instituto Socioambiental – ISA. Disponível em: http://pib.socioambiental.org/pt/povo/panara. Acesso em: 10 set. 2014.

de integração do Apoena não eram o meu processo e meu tempo. O meu era o tempo de gerações, e o dele, de dois anos. Era uma brincadeira, forma irônica de dizer, mas ele falava que em dois anos queria todo mundo de terno e gravata.

A primeira epidemia que aconteceu com os Kreen-Akarore eu estava lá, no posto. Só estava eu. Eu era o único branco que estava lá no posto. Junto comigo só havia um atendente de enfermagem que era um índio Terena. Um índio de cidade, que tinha medo até de formiga. Ele não foi criado na roça, no campo, na aldeia. Ele me ajudou um pouco. Mas eu fui combater esse primeiro surto de gripe que houve nos Kreen-Akarore, basicamente, sozinho. Fiquei sozinho, dormindo com os índios, junto com eles.

Não morreu ninguém nessa primeira epidemia. Eu nem dormia direito, era dando antibióticos de seis em seis horas. Por quê? Porque nós tínhamos uma boa quantidade de antibióticos e eu, pelo rádio, pedi mais ao general Ismarth de Araújo Oliveira, que era o presidente da Funai. Ele mandou um avião levar mais. Mas, quando o avião chegou, já tinha passado o surto, os índios já estavam se recompondo e não havia tanto perigo, casos mais graves.

Gripe não se combate com antibiótico, mas é que o índio fica em um dia com gripe e, em seguida, com pneumonia. Os antibióticos são para combater a pneumonia, que mata rápido. Quando eles tomam o antibiótico, a recuperação também se dá em grande velocidade, porque eles não têm histórico de antibiótico nenhum no seu corpo. O antibiótico faz um efeito fantástico. Assim como o vírus também é rápido e mortal.

Fiquei sete meses na frente, praticamente sem sair de lá. Depois desse período, eu voltei para o Xingu. Apenas retorno para a Frente Kreen-Akarore alguns anos mais tarde, no voo em que foi feita a transferência dos índios. Eu fui obrigado a ir, pelo Cláudio Villas Bôas.

Quando estava lá, os Panará estavam íntegros, sadios. Eles não eram tanta gente como alguns falam por aí. Recentemente, vi um documentário em que diziam que eles seriam entre seiscentos e oitocentos índios. Não era esse número tão grande de pessoas. Eu estava no rádio quando escutei o Cláudio Villas Bôas fazer a contagem de todos os índios que estavam no posto, quando reuniram as duas aldeias que moravam no braço norte. Eram duzentos e poucos índios.

Foi uma tragédia o que aconteceu com eles, mas não devemos exagerar em números, pois a verdade em si é catastrófica. Não presenciei as mortes ocorridas na frente, eu já não estava mais lá. Quando vieram para o Xingu, já tinham passado por surtos terríveis. Houve uma grande redução populacional, e chegaram cerca de oitenta índios no Xingu. Quase dois terços já tinham morrido. É um drama terrível.

Foi uma tragédia: dois terços da população morreram. Não precisa aumentar os números. Esses surtos são uma tragédia. Não importa o quantitativo para caracterizar a tragédia. No caso dos Panará, morreram aproximadamente dois terços da população.

Isso ocorreu depois que os índios começaram a sair na estrada, a BR-163 que cortou o território deles, e pegaram epidemias. Passaram diversas pessoas trabalhando lá. O Odenir Pinto, o Ezequias "Xará" Heringer, o Fiorello Parise. Eu não estava na confusão que acontece nesse movimento de pessoas. Houve até uma acusação de pedofilia que teria sido praticada por um sertanista. Até que um dia o Cláudio Villas Bôas falou para mim que iriam trazer os Kreen-Akarore para o Xingu.

Isso foi tema de discussão. Eu nunca gostei dessa ideia de tirar povos de suas terras. O Cláudio me contestou: "Você não tem experiência suficiente para dizer uma coisa dessas, porque nós transferimos vários índios para salvá-los". Ele falou: "Se não trouxer para cá, matam os índios. Morrem os índios, não respeitam as terras indígenas, com exceção do Xingu". E eu acho que eles, o Cláudio e o Orlando, não estavam errados, porque isso era o que acontecia pelo país afora.

O Cláudio determinou que eu fosse no avião logo na primeira viagem, porque os índios já me conheciam. Se não estivesse dentro do avião alguém que eles conhecessem, poderia haver maiores dificuldades, como não quererem entrar na aeronave.

Fui no primeiro voo a contragosto, mas não botei o pé para fora do avião. Fiquei dentro do C-47. O sargento veio e colocou a escada e os índios imediatamente começaram a subir. Saímos e fomos para o Parque do Xingu, pousamos no Posto Leonardo. Já no segundo voo, eu não fui.

Fizeram uma festa com os outros índios do alto Xingu, reunidos para receber os Kreen-Akarore. Organizaram uma recepção para eles, dançaram, deram comida. Mas daí em diante começa um período muito dramático e difícil para os Kreen-Akarore.

Primeiro, eles vão para o Posto Diauarum. Depois, uma parte é levada para a aldeia do Prepori, um índio Kayabi. Mais tarde, eles vão para o Posto Kretire, junto aos Kayapó. Em todos os lugares por onde eles passaram a situação foi dramática, e morreu mais gente. Várias famílias foram separadas, mulheres tomadas pelos outros grupos, um drama terrível.

Logo depois da saída do Orlando, eu fui nomeado diretor do Parque do Xingu. Ali fiquei por cerca de cinco ou seis meses, até a nomeação de Olímpio Serra, que me substituiu.

O retorno para a terra

No início do retorno dos Kreen-Akarore, que se chamam Panará, para as suas terras de origem, eu estava na presidência da Funai. Tive uma reunião com o pessoal da ONG Mata Virgem, umas quarenta pessoas, junto dos Panará, aquele pessoal que eu conheci e brincava com eles. Estava o Olímpio Serra, então na Mata Virgem. E até que um pessoal, à boca pequena, diz para os índios que eles tinham que me pressionar, porque eu era um dos responsáveis pela vinda deles para o Xingu. "Vocês não se lembram que ele estava no avião?", disse um na reunião. Quando eles me falaram isso, me acusando, eu fiquei muito aborrecido. Fui de dedo em riste e dei um soco na mesa: "Quero que me digam qual foi o branco mentiroso que falou isso para vocês". Fez-se silêncio.

Ao contrário. Eu sempre fui contra esse tipo de transferência, contra tirar terra dos índios, e contra tirar os índios de suas terras. Houve um trabalho para me pressionar, pois, como presidente da Funai, eu poderia auxiliar no processo de retorno deles. E foi o que eu fiz, independente disso. Mandei comprar equipamentos, rádio, barco, motores, uma série de coisas que auxiliava o regresso para a área, para voltarem para a terra deles. E já não era mais a mesma coisa. Era tanta fazenda, tanta destruição que eu já não sabia onde é que ficava o posto da frente onde se deu o contato. Em pouco tempo a selva desapareceu e surgiram os campos das fazendas.

Nesse caso da transferência, havia muita coisa em jogo. A simpatia de muitos órgãos de governo, a Funai, principal órgão defensor dos povos indígenas, querendo fazer a transferência. Havia um histórico de mortes e lutas pelo país afora, de desaparecimento de índios. Mesmo assim, nunca concordei com a transferência.

Durante a minha gestão como presidente da Funai é quando tem início o retorno dos Panará para as terras de origem, esse processo que levou alguns anos para se concluir. Nunca voltei para a aldeia deles, embora os tenha visto em várias oportunidades. Na última delas, que eu me lembro, foi na BR-080, durante uma reunião no posto da aldeia Piaraçu, dos Kayapó.

As "grandes transas nacionais" e os sertanistas

Dia desses vi uma reportagem na Transamazônica, parece que é como no início, o mesmo lamaçal na estrada intransitável.

Na ditadura militar começaram as "grandes transas nacionais". Por um lado, na minha opinião, não faz diferença quem faz a Transamazônica, a Perimetral Norte ou a BR-080, ou qualquer outra daquelas grandes estradas: o resultado é sempre dramático, fosse um governo militar ou civil, não acho que importaria muito. O que eu quero dizer: qualquer governo, militar ou civil, que fizesse essas grandes transas, da forma como foram feitas, de supetão, sem consultar ninguém, a toque de caixa, invadindo terras indígenas, não respeitando ribeirinhos, como se aquilo fosse um brinquedo de propriedade privada, fosse esquerda, fosse direita: foi nefasto para o país, para os povos indígenas e o meio ambiente. Não sou contra estradas e o progresso, mas é preciso considerar todos os aspectos envolvidos.

Nesse período das "grandes transas nacionais", o governo tinha a meta de um progresso absoluto. Queriam fazer ligações de um ponto ao outro, como se a Amazônia fosse um lugar vazio. "É território nacional, vamos abrir daqui para ali e pronto", pensavam. As linhas de frente da topografia entravam em territórios indígenas. E houve reação de povos isolados. Foram encontrados povos indígenas que já tinham sido, inclusive, classificados como extintos. Na verdade, eles não despareceram. Estavam escondidos, refugiados em lugares inacessíveis, se escondendo dos brancos. É o caso dos Arara, por exemplo. Na classificação do Darcy Ribeiro, os Arara foram tidos como extintos, um povo desaparecido. Foi nesse período, também, que os sertanistas da Funai foram mais utilizados. Os homens que tinham mais intimidade com a questão de índios isolados foram muito utilizados durante essa fase das "grandes transas".

Os sertanistas foram chamados para o trabalho. E como isso funcionava? Simplesmente lhes davam missões, colocavam que, no final das contas, o que se fazia era trabalhar para a construção da estrada. Não tinha como sair disso. O governo utilizou o trabalho dos sertanistas para fazer os contatos. Uma das minhas missões foi ver o que estava acontecendo com os Arara, no Pará, que viviam no caminho da Transamazônica, e os trabalhadores sofriam constantes ataques justamente de um povo que se considerava extinto.

A Transamazônica e a Frente Arara (1979)

Em 1979 eu vou para Altamira. A Frente de Contato Arara já existia há nove anos, foi criada em 1971 ou 1972. Fui para lá porque a frente sofria sistemáticos ataques pelos índios. Não era a primeira vez que a frente tinha sido atacada, com homens feridos. Muitas fazendas eram atacadas também nesse trecho próximo a Altamira. Os Arara atacavam fazendas, mataram pessoas. Essa era a reação deles, a única reação possível era lutar contra a invasão das suas terras. Eu vou quando a frente já existia, em função do último ataque que tinham sofrido, no final de 1979, no qual o Afonso Alves da Cruz e mais outros dois companheiros tinham sido flechados.

Fiquei uma semana com uma aeronave efetuando sobrevoos. Localizei aldeias, algumas abandonadas; plotei roças e caminhos, vi a situação de invasão e a compressão territorial a que os Arara estavam submetidos pela pressão proveniente das vicinais que partiam da Transamazônica. Elaborei um plano para contatar os Arara. Voltei a Brasília e entreguei para o presidente da Funai. Ele leu, gostou e me mandou aplicar esse plano. Com quatro ou cinco meses que estávamos lá, fomos atacados, pela última vez, pelos índios. Dois homens meus caíram flechados. Cinco meses se passaram depois do ataque e nós fizemos o primeiro contato. Ou seja: em nove meses fizemos o primeiro contato com esse novo plano de atuação. Antes disso, a frente já estava há quase uma década lá e não conseguia. Mudamos todas as formas de trabalho.

O que acontecia era o seguinte: a administração regional da Funai empurrava as equipes para dentro da floresta e falavam para eles irem fazer o contato. Então, a frente vivia atrás dos índios, fustigando-os. Os índios corriam, e a frente ia atrás. Tinham que parar de ir atrás. Não tem que ir atrás de índio nenhum.

Meu plano foi o seguinte: o trabalho da frente vai ser liberar a área; os Arara estão sendo pressionados por posseiros; vamos botar os posseiros para fora, limpar a área; vamos dar tranquilidade aos índios depois que limparmos a área. A gente se estabelece em um lugar fixo e vamos aguardar. Não permitiremos a invasão das terras indígenas nem mesmo por nós. E isso foi feito.

A gente mudou a maneira de trabalhar e conseguimos o contato rapidamente. A prioridade era botar os invasores para fora, retirá-los. Os índios estavam atacando as fazendas e os fazendeiros revidavam. A Funai ia atrás, e eles atacavam a Funai. O fato é que eles não distinguiam Funai de não Funai. Para eles, todos nós éramos da mesma tribo inimiga. Por isso, para distinguir, mandei confeccionar uniformes e criei símbolos para nos diferenciar, nos uniformes, também emplaquei a região, para isolar, e trabalhamos para botar para fora os invasores.

O Incra não só era um invasor de terra indígena, como ladrão de madeiras. Invadiram a terra dos Arara, e isso começou a gerar um atrito comigo. Nasceu um desentendimento. Eles estavam lá, tirando madeira, comecei a retirada dos posseiros que o Incra assentava e incentivava a ocupar aquela área. Eu estava absolutamente contrário ao Incra na região. O Incra enchia de gente, e eu queria esvaziar de gente: aquela terra já estava interditada, já era terra indígena. Mandei avisar os posseiros para saírem das terras indígenas, em trinta dias. Depois avisei novamente, em 15 dias. E eu voltei, naquelas vicinais, entrava de carro e os informava pessoalmente, falando e com papéis. Até que chegou a data da retirada. Uma semana antes eu falei de novo para eles: "Se estiverem aqui, vocês vão ter problemas". Mas é muito difícil. Não estou falando dos grandes, mas de pequenos proprietários. E como eles estavam lá depois do prazo, fui com os veículos da Funai, aluguei outros, e com o pelotão do Exército.

Mandei tirarem tudo de dentro das casas. Botamos no caminhão as coisas deles para levar. Depois que eles saíram, somente depois que estavam afastados, eu botei fogo para que não regressassem às suas casas. Essas pessoas se sentiram prejudicadas e foram para o Incra. O Incra dava a terra e a Funai dizia que era dos índios. Se eu não tivesse feito isso, colocado fogo, essa terra não teria sido demarcada. Isso foi feito antes do contato. Nesses nove meses que eu passei ali, ficamos limpando a área para que os índios começassem a ficar mais tranquilos, a serem menos agressivos. O Andrea Tonacci estava junto, filmando algumas casas em que botei fogo. Essas pessoas pressionaram e o Incra abriu um processo contra mim por abuso de poder e uso excessivo da força. Não sei depois o que fizeram. Não tenho o menor arrependimento de ter usado a força. Eu faria hoje a mesma coisa, porque as pessoas que eu botei para fora, agricultores, muitos eram grileiros, outros posseiros de boa vontade. Mas todos eles arranjaram novas terras, enquanto os índios puderam permanecer nas suas terras tradicionais. Ninguém foi morto, nem preso, e se acertaram. Se não tivesse feito isso, teria essa cabeça de ponte dentro da terra indígena que iria se espalhar e nem sei se hoje a terra Arara existiria.

O Exército, pelo 51º Batalhão de Infantaria, me ajudou muito, me deu homens para atuar, para que a retirada se processasse sem maiores violências. Era o coronel Paulo Isaías quem me auxiliou. Quando eu falo que tinha apoio do Exército, parece que o Exército apoiava. Mas penso que não era assim que as coisas se passavam. Ali era uma unidade, o 51º Batalhão de Infantaria. O comandante, coronel Paulo Isaías, era uma pessoa que tinha mais sensibilidade e visão. Nós nos encontrávamos, no quartel ou fora do quartel, e eu expunha a situação. Ele ficou sensibilizado, me deu um pelotão de homens para me auxiliar. Não era o Exército brasileiro como um todo, mas uma unidade. Era uma ação pequena, localizada, e uma operação que auxiliava não só os índios, mas o ordenamento da ocupação territorial. Essa foi uma postura de compreensão social, do drama que a população indígena estava vivendo ali. Foi um auxílio muito importante vindo de um coronel do Exército, pessoa sensível e humana. Agora, lá dentro, se ele informava aos seus escalões superiores e se eles concordavam ou não, eu não sei dizer. Mas a ação do 51º Batalhão foi importante para que fizéssemos o contato e para que a área ficasse em paz. Não tenho dúvida de que a atitude do coronel Paulo Isaías foi importante e só dignificou o Exército Brasileiro.

Esse foi, a meu ver, um dos melhores trabalhos, no sentido de organização, que a Funai teve com uma Frente de Atração e Contato.

A criação do Departamento de Índios Isolados (1987)

Um departamento para índios isolados era uma ideia que estava na minha cabeça há muito tempo. Por muitos anos eu vinha falando com os presidentes da Funai. A questão do índio isolado é uma questão diferenciada. É onde tudo inicia. Na minha cabeça, não era nada extraordinário criar um departamento com as características com que foi criado, pois foi baseado nas experiências e no bom senso.

Havia duas vertentes de pensamento, ou de possibilidades de ação, a partir da análise do passado, desde a época do marechal Rondon. Há o caso dos índios isolados que estão em determinado lugar. Se nada for feito, anos depois eles não estarão mais lá. Virou uma fazenda, uma hidroelétrica, alguma coisa fizeram e os índios desaparecem. Essa é uma das vertentes de pensamento: não fazer nada. A outra vertente é fazer o contato com eles. Faz o contato, morrem 80%, morrem 50% da população. A perda é terrível, uma desgraça, quase destrói o povo inteiro. Há casos de etnias que desapareceram completamente. Todos morreram. O que fazer? Se chegar, eles morrem. Se não chegar, eles morrem.

Sydney Possuelo com indígenas da etnia Korubo, no vale do Javari, em 1996.

Foi a partir dessa dicotomia a ideia do departamento. Se a sociedade chega com as suas frentes, fazendas etc., mata os índios; se faz o contato, também mata, se não todos, grande parte da população. Para mim era óbvia a conclusão: não devemos promover o contato. Essa é a primeira coisa, pois resolve uma parte da equação. Mas tem a outra parte: se não fizer o contato, e não fizer nada, eles vão desaparecer pelas frentes pioneiras.

Estabelecemos que com os índios isolados não se faz contato, mas demarca-se a sua terra. A terra passa a ser propriedade da União, onde é vedada qualquer ação da nossa sociedade ali dentro. É uma terra destinada a um povo que a utilize na sua forma tradicional e onde o meio ambiente deve ser protegido. Estabeleci essas ações. Preparei essa documentação para o Romero Jucá, então presidente da Funai, assinar. Expliquei a ele, que foi sensível naquela oportunidade, e assinou. Transformamos em uma ação legal, uma ação de direito. Essa era a possibilidade de manter vivos os grupos que ainda estivessem isolados. Dali para a frente, esses grupos não mais seriam contatados e seus territórios, protegidos.

Quando eu criei o departamento, as "frentes" se chamavam Frente de Contato. Alguns anos depois revi o nome e passei a chamar de Frente de Proteção

Etnoambiental: proteção para as etnias e seu meio ambiente. Foram criadas seis "frentes" nas regiões onde viviam povos isolados, com o trabalho de monitorar a região, preservando. Criamos equipes que protegeriam povos indígenas, através de expedições pela região, sem contato, com sobrevoos aéreos, monitorando os rios.

No processo de criação do departamento era necessário levantar qual o universo do nosso trabalho: quantos são os povos isolados; onde estão; que perigos os ameaçam. Primeiro, precisava fazer um estudo nos documentos disponíveis e, posteriormente, entrevistar as fontes vivas, como comunidades indígenas, sertanistas, ribeirinhos e outros. Depois, iniciar pesquisa sistemática das informações para configurar o universo de trabalho. Mapear e dimensionar a terra que ocupam. E é possível fazer tudo isso sem contato.

Para dimensionar a terra é necessária uma visão aérea e expedições terrestres. O processo é muito demorado. Para proteger pelo menos o cerne, o coração da terra deles, após a localização das malocas e roças, fazemos uma expedição nos aproximando da maloca, até encontrar o primeiro vestígio da ocupação indígena: um corte, uma árvore caída, uma ossada de animal, um vestígio. Depois, é feita a aproximação nos demais pontos cardeais: Norte, Sul, Leste, Oeste. Com a mesma finalidade: verificar onde iniciam os primeiros vestígios da ocupação indígena, até onde eles utilizam essa terra. Após esse trabalho nos pontos cardeais, é possível ter conhecimento da área mais ou menos por onde eles perambulam, e começar a reconhecer os acidentes geográficos notórios para fazer a delimitação, na qual, no centro, devem estar as malocas e o universo atual utilizado por eles. É óbvio que a delimitação terá falhas. Porém, pelo menos o ambiente visivelmente ocupado estará protegido.

Depois de delimitar, é preciso vigiar. Não adianta fazer isso de avião a cada seis meses. É preciso vigiar com uma equipe, que não deixe entrar invasores. Feche os rios quando possível, ponha um posto de controle. Não deixe entrar não indígenas. Foi o que nós fizemos em seis pontos na Amazônia através das Frentes de Proteção Etnoambiental. Essa delimitação que a gente processa não é nada que prenda o índio dentro do limite que estabelecemos, mas esses limites são estabelecidos para os brancos. Não é um limite para que o índio não saia dali, pois é uma linha que ele pode cruzar quando quiser, mas essa é uma linha-limite para a nossa sociedade, até onde ela pode chegar com suas volúpias transformadoras, como a agricultura, estrada, explorações de minérios, hidroelétricas e outras.

Eu vinha propondo essa solução há muito tempo. A única pessoa que me escutou e criou o departamento, gostem ou não gostem dele, foi o Romero Jucá, o único que me escutou.

Fiz o primeiro encontro dos sertanistas em 1987, reunindo vários que estavam espalhados pelo Brasil e se encontraram pela primeira vez. O Jucá me apoiou e eu promovi esse primeiro encontro de sertanistas. Encontros de antropólogos existiam muitos. E os antropólogos nunca convidaram nenhum sertanista para aparecer. Nós fizemos o primeiro encontro de sertanistas, quando expliquei a intenção de fazer um departamento para cuidar dos povos indígenas isolados, com uma política específica. E também administrar a questão dos sertanistas: quem é sertanista e quem não é sertanista.

Esse encontro eu organizei com o objetivo de buscar apoio para a criação do Departamento de Índios Isolados. Uma grande parte – principalmente os sertanistas mais antigos, mais velhos – era absolutamente contrária à ideia. Poucos foram favoráveis. Basicamente, o que eu propunha era o não contato, a proteção da ecologia, e a vigilância permanente da terra. Eram esses os fundamentos. Os sertanistas não argumentavam claramente, mas deixavam implícito que a "glória do sertanista" era sempre a de divulgar que ele era quem havia contatado determinado grupo, quem o trouxe à luz da existência, eles eram chamados "papais do grupo".

Eu propunha o contrário: não vai ser papai de nada, não vai contatar ninguém. A glória será que permaneçam isolados. Se fizer isso, estará preservando e protegendo o isolado. Achavam que isso era tolice, que não iria vingar, que não iria para a frente. Até que criamos o departamento com essas características.

Entre as coisas que queríamos mudar estava a questão de quem será sertanista amanhã. Como seria feito isso. Queríamos organizar o setor, quem e como se torna sertanista, quais as regras. Eu queria mexer nisso porque várias pessoas tinham conseguido ser classificadas como sertanistas porque, anteriormente, chegava-se a sertanista quando dois sertanistas, mais antigos, a classe era de letras, acho que a última letra era J, faziam a indicação. Era necessário dois sertanistas, na última letra da carreira, fazerem uma carta indicando uma determinada pessoa que, por seus dotes, qualidades, experiência e conhecimentos, poderia ascender aos quadros de sertanistas. Essa pessoa, se aceita pelo presidente da Funai, era reclassificada como sertanista. Penso ser o único que, de técnico indigenista, ascendi aos quadros de sertanista por indicação do Cláudio e do Orlando Villas Bôas, que assinaram o meu pedido. Isso era mais uma ação entre amigos que um critério correto, e as coisas não poderiam continuar assim. Por ser feito dessa forma, pessoas da área administrativa, ou sem qualquer qualificação, solicitavam sua reclassificação para sertanista.

O interesse provinha de que, nas normas de pessoal da Funai, o sertanista era uma função específica da Funai, com pessoas do seu quadro, formadas ao longo de muitos anos e, por isso, eram então classificadas de nível superior para efeito de carreira. Era como uma compensação pela vida ou os muitos anos de selva, desconforto e doenças. E era o único caso de funcionário da Funai que, não sendo egresso de universidade, ascendia ao nível superior, sendo formado dentro da própria Funai. Dessa forma, ganhava mais. Daí o interesse de muitos em se transformarem em sertanista. Pessoas que nunca fizeram uma expedição, não conheciam a selva, nunca fizeram contato, que se perdem até no jardim do seu quintal, foram classificadas como sertanistas. Para poder ganhar mais. Eu achei que o departamento deveria terminar com isso. As pessoas deveriam chegar por mérito, não por indicações. Estabeleci normas para a classificação. Depois de estabelecidas essas normas, somente uma única pessoa foi classificada: o José Carlos Meirelles. Foi a única pessoa que eu elevei ao cargo de sertanista.

O estabelecimento do Departamento de Índios Isolados unificou a atitude das administrações regionais da Funai. Antes, cada uma fazia o que bem entendia na questão dos índios isolados. Algumas achavam que deveriam contatar, outras não, mas ninguém protegia os isolados. Não havia uma ação unificada, uma política comum. O departamento unificou a questão dos índios isolados em todos os escalões da Funai, desde o posto indígena até a presidência.

O Estado brasileiro é o responsável por todos, mesmo por aqueles que não se representam política ou socialmente. Os índios isolados não se representam no parlamento e a única entidade que deveria fazê-lo, a Funai, sempre defendeu mais os interesses do seu senhor, o Estado brasileiro. Afinal, é um organismo concebido e pago pelo mundo dos brancos.

Zo'é

Os Zo'é vinham sendo monitorados e estavam isolados. Não havia vivalma perto deles que os estivesse ameaçando. Após a criação do departamento, vimos que os missionários evangélicos estavam dentro da área dos Zo'é. Fui lá e verifiquei que havia uma missão de norte-americanos. E não havia ninguém da Funai.

A Funai já sabia da existência dos Zo'é desde os planos de construção da Perimetral Norte, que passaria pela região. Mas como a Perimetral não foi construída naquele trecho, a frente que deveria contatar os indígenas não foi implantada. Mas missionários da Missão Novas Tribos do Brasil (New Tribes Mission), americanos e brasileiros, foram para lá.

A situação que eu encontrei é que eles estavam bem ao sul da área central dos índios. Os missionários fizeram um campo de pouso muito ruim e deslocaram os índios para próximo dele. Os índios deixaram as malocas, deixaram as roças. Estavam passando um período de dificuldades muito grande de alimentação. Os índios ficavam entre a missão, denominada "Base Esperança" e suas malocas tradicionais e roças tradicionais. Entre a Base Esperança e as malocas, um trajeto que demorava mais de dois dias para ser feito, a pé. Fiz esse trajeto várias vezes. Era simplesmente absurdo submeter os Zo'é a essa situação.

Quando eu fui lá, vi um povo vivendo a sua cultura, mas começava a introdução de alguns elementos, como roupa, calção, porque uma das primeiras coisas que os missionários começam a incutir nos índios é a necessidade de cobrir as vergonhas. Alguns vestidos para as mulheres, que às vezes punham, às vezes tiravam, sem assiduidade. Um povo muito bonito. Todos eles usavam cabelos longos, amarrados atrás da cabeça, com um rabo de cavalo. Amarravam com um algodão branco, que teciam. Era o corte tradicional. Viviam na plenitude da sua cultura, das suas tradições, mas já entravam alguns elementos exógenos, como machado, faca, facão, uma ou outra panela. Um povo muito bonito. Autêntico. Cultura de língua tupi. De repente, encontrar povo tupi ali, naquela região, quando sempre se pensa em Tupi perto do litoral, no Sul do Brasil, foi diferente.

Na primeira vez que eu fui na Base Esperança, fui bem recebido pelos missionários, foram gentis. Mas constatei uma situação de emergência de saúde. Estava muito ruim a saúde. Estavam fracos, porque tinham pouca comida. Uma situação tão difícil que voltei logo em seguida. Os índios estavam gripados, mas, nesse momento, não chegava a ser uma epidemia. Havia muitos casos de picadas de cobra, muita surucucu. Havia casos de diarreia e, principalmente, malária, muita malária.

Na segunda vez, em um helicóptero, levei médico e medicamentos. Arrumamos o que se podia arrumar. Fizemos voos de helicóptero até as aldeias antigas, buscando as farinhas que estavam guardadas, trazendo as farinhas para eles. E decidi: esses missionários tinham que sair de lá.

Voltei para Brasília e comecei a trabalhar para tirar os missionários da área. Mas não foi possível. Ninguém tomava coragem. Nenhum presidente da Funai tomou essa iniciativa, por mais que solicitássemos em relatórios a respeito dos danos que eles estavam causando e da gravidade disso. Nenhum tomou a iniciativa. Se formos analisar, é um absurdo, como é que uma entidade religiosa, baseada fora do Brasil (nos Estados Unidos), com uma filial no Brasil, toma essa iniciativa, promove expedição no território brasileiro, sem autorização do Estado, da União ou do município, vai atrás dos índios. Eles fizeram o contato com os índios. Logo após, fizeram uma carta à Funai. Nessa carta, explicam os motivos do contato. Isso gerou um processo interno, dentro da Funai. Dei um parecer para a retirada da missão. O sertanista Fiorello Parise fez um parecer concordando comigo, para a saída da missão. No final das contas, a Funai fez uma carta para a missão, agradecendo e louvando o trabalho. Ficou por isso mesmo, uma barbaridade.

Até que, em 1991, o Collor me chama e eu assumi a presidência do órgão. Um dos meus primeiros atos foi o de providenciar a retirada dos missionários. Mandei uma carta ao presidente das Novas Tribos, falando para eles que não podiam continuar, deveriam sair em trinta dias. Ao 30º dia, uma equipe da Funai chegou para assumir o controle da missão. Isso foi em outubro de 1991.

Essa era uma decisão que dependia do presidente da Funai.

Eu criei o departamento porque o presidente me ajudou – que era o Jucá. Mas outros atos, como mexer com religiosos, seja católico ou protestante, sempre com bancadas dentro do Congresso Nacional, é um problema maior. O que faziam na Funai era enrolar, inventavam uma comissão, estudos, coisas para não resolver. Quando não se quer resolver uma situação, cria-se um processo, uma comissão, pedem-se estudos, vistas ao processo e coisas semelhantes. Era ilegal os missionários estarem lá. O Estado não estava presente. A norma é que o trabalho com os índios isolados é exclusiva do Estado. Então, se havia uma regra, era preciso ir lá e tirar os missionários.

Depois da expulsão, recebi muitas cartas de indignação, vinham cartas de várias partes do mundo. Diziam: "Você, Possuelo, é a besta do apocalipse. Você vai queimar no fogo eterno. Você é o 666". Aquilo não me incomodava.

O problema era na área Zo'é. Era uma área de índios isolados. Só as frentes de contato é que poderiam estar ali protegendo os índios, e, ainda assim, sem manter contato. Nas outras terras indígenas, onde havia missionários há vinte, trinta ou quarenta anos, em longo contato com os índios, alguns índios já virando pastor, penso que não temos que intervir. Isso já não seria mais possível. Vai sair o próprio índio, porque ele virou um pastor também? Mas, no caso dos isolados, tinha o amparo do Departamento de Índios Isolados, que eu mesmo havia criado, e que se transformou em postura legal do governo com relação aos povos indígenas isolados.

Eu me lembro a primeira vez que fui para os Zo'é e no trajeto vi uma plantação de soja na margem esquerda do Amazonas. Voltei assustado. Estava mais ou menos na beira do Amazonas. Pensei: estão entrando na calha norte, não bastou todo o Sul, o Centro-Oeste e vários outro estados, o Brasil está se transformando em uma grande "sojeira". A Cargil já tinha um terminal de soja em Santarém. Isso era algo extraordinário.

Esses índios, agora, estão em uma situação muito mais difícil. Eu havia interditado uma área grande para eles, em função da informação dos Zo'é de que havia um grupo familiar ainda isolado ao norte, na direção do Parque Indígena do Tumucumaque. As interdições anteriores estavam erradas, os Zo'é nem sequer estavam vivendo na área anteriormente interditada. Coloquei os limites dentro dos parâmetros que os protegiam e onde habitavam, com os Zo'é no centro. Ampliei e estendi, para o norte, até a fronteira com o Parque Indígena do Tumucumaque. Emendei essas duas terras indígenas, porque não existiam ocupantes não indígenas ali e os Zo'é falavam de um possível grupo deles que talvez ainda existisse, isolado.

Mais tarde, o Grupo de Trabalho que foi criado para demarcar a terra, coordenado pela antropóloga Dominique Gallois, cortou a maior parte da terra indígena. Delimitaram segundo a cabeça da antropóloga, a Gallois. Eu falei para os índios sobre isso, em uma reunião com eles. E eles me perguntavam: "Mas é verdade? Agora não é mais nosso aquele pedaço? Não é nosso?". E eu falei: "É verdade". "E por quê?", me perguntaram. Eu falei: "Você vai perguntar isso para a Dominique Gallois. Você pode perguntar para ela". Baseado em que ela diminuiu a área, eu não sei. Os Zo'é faziam referência a uma família que ainda estaria vivendo por lá. Esse era um dos elementos importantes para manter aquela área. Além disso, por que abrir um corredor entre duas terras indígenas quando não havia nenhum obstáculo à permanência daquela terra como terra indígena? Era selva bonita, fantástica, até o Tumucumaque. Não havia razão para diminuir. Essa diminuição prejudicou os Zo'é e, possivelmente, o Tumucumaque.

Depois, uma orientanda dessa antropóloga foi fazer estudos na área e isso criou divergências e conflitos com o chefe do posto, que era o João Lobato. Eu proibi a permanência dessa pesquisadora na região. O ambiente criado por ela, de divergência com o João Lobato, indispunha os índios contra o próprio João, tentavam fazer esse jogo, os Zo'é contra o próprio João.

Como sertanista e chefe da frente, ou chefe do Departamento de Índios Isolados, eu solicito a interdição de uma área. A demarcação já é um Grupo de Trabalho que vai fazer. Um grupo em que entra um antropólogo, um indigenista, no mínimo, três pessoas. Esse Grupo de Trabalho vai definir a nova área. Teoricamente, o que pode acontecer? O aumento da área ou a diminuição da área. Mas, historicamente, os sertanistas sempre ou quase sempre solicitaram interdições corretas. É importante isso, para os povos indígenas. Quando você cria uma comissão, você cria uma situação em que o indivíduo está fora da ação direta. O Grupo de Trabalho vai decidir. Eles vão decidir. Os índios muitas vezes têm dificuldades em entender os nossos conceitos ou parâmetros, ou seja lá o que for. Sertanista, de modo geral, interdita a área, baseado no conhecimento prático. Poderá ser pouco maior, pouco menor, mas essa diferença pode ser ajustada posteriormente pela comissão de demarcação. Mas são ajustes de linhas, nunca é a metade ou mais da metade da terra. Dominique Gallois tirou mais da metade da terra indígena. A terra originalmente era de 2,1 milhões de hectares e foi reduzida para 668 mil hectares. Seria uma área fantástica não só para os Zo'é, mas para outros grupos do norte e para a preservação ambiental.

O índio, como sempre, sai prejudicado.

Isso passa, porque o índio não está sabendo. Ele não sabe o que é propriedade, então, como pode saber o que é perder a terra? Como é não mais poder andar sobre o que sempre andou naturalmente, assim como respirar. A terra faz parte dele, sem papéis, cartório ou registros. São ágrafos. Creio que é complicado entenderem. Utilizam imemorialmente a terra. Não têm nosso sentido de propriedade. Amam a terra por seu amanho, não pela propriedade que desconhecem. A terra é conhecida na intimidade de suas brenhas, os rios, os pedrais e montanhas recordam ventos de seus heróis. A terra é algo vivo que com ele interage.

De repente, nada disso vale porque não tem um pedaço de papel. Mais tarde, eles vão cobrar dos estudiosos. Os Zo'é agora são um povo contatado. Vão aprender a ler, a escrever, vão saber das nossas leis, da Funai. Vão saber o nome das pessoas, e vão atrás, e aí vão poder cobrar: "Por que a nossa terra deixou de ser a nossa terra?".

De qualquer forma, ele já estará bastante prejudicado. Creio que é falta de sensibilidade, de visão de futuro e de respeito aos indígenas.

A presidência da Funai (1991-1993)

Assumi a presidência da Funai em 1991, a convite do Jarbas Passarinho, ministro da Justiça, e Fernando Collor, presidente da República. Não sabia o que me esperava. Eu era vinculado ao Ministério da Justiça, por lei. A Funai foi criada por lei, com atribuições próprias. Está tudo escrito o que se deve fazer. Então eu tive uma discussão no Ministério da Justiça, com o secretário-geral. Em geral, são funcionários públicos de carreira e, de certa forma, às vezes se enchem de mais autoridade que o próprio ministro.

Eu me recordo que em uma reunião, eu como presidente da Funai, o diretor-geral da Polícia Federal, e talvez outros, o secretário-geral falou da subordinação da Funai, no sentido de enquadrar-me, e discordei: a Funai não é subordinada, é vinculada ao Ministério da Justiça para efeito de prestação de contas e recebimento de recursos. Mas quem dá o dinheiro se julga no direito de dizer o que você deve fazer.

Quando assumi a presidência da Funai, me questionei sobre o que deveria fazer. Se fazendo o que devo fazer, eu teria muita vida na presidência. Então, pensava que o meu momento seria tão rápido que não permitiria qualquer realização. Fiquei dois anos, um tempo excessivo, já que pensava que não iria sobreviver a cinco ou seis meses. Eu pude, então, priorizar alguma coisa para os povos indígenas: terra e saúde. Depois, vem respeito, escola, oportunidades. Duas coisas básicas que me motivavam eram o fato de que quem está vivo precisa ter saúde e, segundo, estar vivo sobre sua terra. Saúde e terra eram os elementos fundamentais: demarcar o máximo de terras. Mas não pude fazer grande coisa pela saúde.

Saúde sempre foi complicada, e na minha gestão passou por momentos difíceis. Antes tínhamos equipes móveis, as chamadas EVS – Equipes Volantes de Saúde. Cada equipe era formada por um médico, uma enfermeira e um laboratorista. No mínimo, três pessoas. Essas equipes faziam visitas sistemáticas. Isso ajudou, não solucionou os problemas. Mas a Funai tinha um quadro de agentes de saúde. No caso de uma crise, ela poderia movimentar essa gente numa assistência permanente, o que não acontece quando se deixa de ter os profissionais. Daí passa-se a utilizar os profissionais dos hospitais da cidade, que são hospitais dos brancos, comandados pelos brancos, que deploram os índios. É uma lástima o atendimento dos hospitais aos povos indígenas. A exceção, sempre foi uma exceção, era a Escola Paulista de Medicina, que tinha um convênio com o Parque do Xingu. Com o fim dessas equipes da Funai, os índios passaram a ir cada vez mais para as cidades, a própria Funai os encaminhava para as cidades, onde tentavam ser atendidos. Mas era um ambiente cheio dos tradicionais inimigos dos índios.

Eu tinha noção exata do que deveria ser feito, mas não sabia se iria conseguir. Com o tempo pequeno, tentei aproveitar fazendo o máximo de demarcações e auxiliando na saúde.

Uma vez, em conversa com o presidente Collor, no Planalto, falamos sobre a importância de demarcar terras. Ele parecia estar por dentro da importância da terra para os povos indígenas. Eu me lembro dele me perguntar: "A gente começa por onde?". E eu respondi: "Vamos começar pelo mais difícil, porque se o mais difícil passar, as outras virão com menos dificuldade". Começamos com a demarcação da terra Yanomami. Uma luta de bastidores muito forte. Eu fui muito criticado pela sociedade brasileira em geral, pelos militares, e pela sociedade de Roraima. Todas as forças, principalmente os militares, se levantaram contra essa demarcação. Imaginavam um perigo demarcar uma terra tão grande em área de fronteira. Eu argumentava que, nas áreas de fronteira, tem os seguintes tipos de terra: ou fazendas, ou terras devolutas, ou alguma coisa de governo. Quando é terra devoluta, serve para qualquer coisa, desde o narcotráfico até as guerrilhas. Quando é particular, não pode entrar, porque é particular e não se sabe o que acontece ali. Mas, quando se transforma em terra indígena, a propriedade da terra é da União. Então, qual é o perigo? Os militares falavam de faixa de fronteira, que não podia nada ali. Os índios não têm nada a ver com isso. É uma tolice. Quando é uma propriedade do governo, é uma terra da nação, não está entregue ao narcotráfico, nem às guerrilhas. Pertence ao Governo Federal, e como tal tem que protegê-la.

O maior problema foi o Exército. Eu me lembro de uma discussão entre mim e o ministro do Exército sobre a questão da demarcação Yanomami, o ministro Jarbas Passarinho estava comigo. Não me lembro o que foi que ele disse, dizendo que eu teria dito, mas o presidente Collor levantou e bateu com as duas mãos na grande mesa cheia de ministros e falou: "Mas o presidente da Funai não disse isso, o senhor não ouviu", e reprimiu o general. Todo mundo ficou quieto. No final da reunião, vieram me cumprimentar. Essas demarcações só foram possíveis pela união de três elementos: o presidente da Funai, que pode ou não constituir as equipes, ou dizer que falta dinheiro; o segundo, o ministro da Justiça, que pode procurar desculpas para não assinar as demarcações; e o terceiro é o próprio presidente da República, que pode não ter interesse, e, sem outras explicações, simplesmente não assinar nada por apenas não ter vontade.

Não tínhamos na Funai quadros suficientes para criar os vários grupos de estudos de demarcação. Fiz então convênios, acordos e pedidos a universidades para cederem antropólogos para poder constituir os Grupos de Trabalho que iriam delimitar as terras. Quando a gente quer fazer as coisas, é possível encontrar soluções. Fato é que, em um ano de trabalho, no meu primeiro na presidência, duplicamos a superfície das terras indígenas dentro do país. Tudo o que havia sido demarcado, desde 1910 até 1990, chegava a um total aproximado de 520 mil quilômetros quadrados de terras indígenas. Pois naquele ano duplicamos essa superfície, com áreas extensas dentro da Amazônia. Foram para mais de um milhão de quilômetros quadrados as terras indígenas.

Argumentam comigo que o Collor só demarcou Yanomami por causa da pressão internacional e a Eco-92. Eu não sei dizer se foi por isso. Mas desconfio que não foi. Porque bastaria então demarcar somente a terra Yanomami e parar. Mas demarcamos mais de 160 áreas. Se fosse só a Eco-92 e a pressão internacional, não precisaria fazer mais. O Collor, na época, disse: "A Constituição determina a demarcação de todas as terras indígenas no prazo de cinco anos. Não é portanto uma questão de querer ou não demarcar, mas um dever constitucional". Isso foi algo forte do Collor em favor dos povos indígenas.

Sai o Collor, entra Itamar Franco. Sai o ministro Passarinho, entra o Célio Borja. Sai o Célio Borja, entra o Maurício Corrêa. Mudou o presidente da República e mudaram os ministros. E havia um desentendimento entre mim e o ministro Maurício Corrêa. O desentendimento era uma questão política. Nas muitas crises que envolviam comunidades indígenas, eu sempre tomava a iniciativa e ia direto na busca de soluções, resolver o problema, não ia para o ministro pedir orientação de como proceder, fazia o que fiz a vida inteira no meio dos índios. Por isso julgava-me insubordinado. Ele pensava que eu deveria, a todo momento, ir no ministério fazer aquele "beija-mão". Eram situações que me punham mal. A segunda coisa eram as pressões que ele e outros políticos exerciam para nomear ou destituir pessoas de cargos da minha confiança. Quando me demiti, foi porque ele queria que eu mudasse o administrador de Goiânia e do Acre por apaniguados políticos. Nunca atendi, mas discuti. Perguntei se havia algo contra os funcionários. Ele não explicava, dizia que isso não importava. Só dizia que nós queremos que mude para "esse" e "aquele" e me deu os nomes. Eu disse que não faria. Mudar para colocar apadrinhados políticos, eu não faço. Não aceitei e pedi demissão.

Sempre procurei agir, nesses casos, com independência. Se você aquiesce uma única vez, está perdido, não vai comandar nunca mais o órgão que deve administrar. Nunca fui filiado a partido político ou qualquer outra agremiação. Sempre prezei a minha independência para fazer as coisas que julgo que estejam certas e honestas. Numa das últimas conversas, ele disse que eu estava criando um problema. Disse que me desse trinta minutos e o problema estaria resolvido. Fui até a Funai e redigi uma carta pedindo demissão e explicando as razões. Ele falou para eu aliviar os termos da carta. Fiz uma segunda, mais branda, já estava mais calmo, solicitando de forma irrevogável a minha demissão.

Com a saída do presidente Collor e a mudança dos ministros, eu já não tinha mais aliados no governo. Se ficasse na Funai, seria para fazer jogo de interesses, politicagem e receber o salário de presidente, até acontecer o que já havia acontecido outras vezes: índios invadindo a Funai e retirando presidentes a tapas.

Restos de povos

Vamos chamar de restos, e me desculpem por usar a palavra "restos", que não quero dizer com uma conotação pejorativa, e sim trágica. Mas são resquícios, aquilo que sobrou, quem sobreviveu. Sem conotação de ser impróprio ou inservível, mas no sentido de ser pouco, o que sobrou. Estou falando dos Akuntsu e dos Kanoê de Rondônia, do "Índio do Buraco", do Karapiru Awá-Guajá, e vários outros encontrados por nossas equipes, que fizeram o impossível para protegê-los. Essas situações foram levantadas pelo Departamento de Índios Isolados através de vários funcionários, como por exemplo Marcelo dos Santos[12]. O departamento não só fez a localização dos grupos maiores, em que se vai de avião e localiza, em seguida com expedições e, depois, confirma, como também houve o levantamento de casos de povos massacrados. Como os Juma, no sul do Amazonas, os Kawahiwa, no norte de Mato Grosso, e outros casos.

São povos que foram massacrados. E quem matou? Coisa mais simples é investigar, difícil mesmo é punir. Os companheiros que atuam no campo, os homens da Funai que estão nas frentes, são permanentemente ameaçados de violência e morte. Quase todas as nossas equipes foram ameaçadas, principalmente o pessoal de Rondônia e do vale do Javari. Todos ameaçados direta ou indiretamente. Eu mesmo fui ameaçado muitas vezes. Os homes que formaram as equipes de campo do Departamento de Índios Isolados foram, sem dúvida, os mais dedicados e corajosos funcionários da Funai. Ainda que tivéssemos alguma divergência, creio haver reconhecido seus valores.

Esses massacres ocorreram em situações, por exemplo, quando um grupo enviado por fazendeiros vai de avião até a aldeia, sobrevoa, abaixa e vai até as malocas. Distribui algo de comer e, no dia seguinte, com caganeira generalizada, um dos indígenas aparece morto. Um dos casos em Rondônia foi de suspeita de envenenamento, outro no Javari, mataram três Korubo em emboscada a tiros. Os corpos foram resgatados do fundo do rio pela Funai e a Polícia Federal. Até hoje ninguém foi julgado e punido, um escárnio contra os povos indígenas. Coisas dramáticas.

O sertão é grande e distante e, no seu isolamento, encobre todos os dramas. Tudo se passa nas regiões mais longínquas, onde não há comunicação e justiça. Tudo é difícil, e a própria selva, com suas distâncias e dificuldades, acaba abafando os acontecimentos.

A impunidade é grande e permanente. Ninguém se sente culpado por nada, nem é julgado. O cara comete as atrocidades sem medo e de cara limpa, não se esconde. E acha que é assim mesmo, que está certo. E sabe que não vai dar nada para ele.

---

12. Leia o depoimento de Marcelo dos Santos, p. 319.

No Maranhão, com os Awá-Guajá, também houve uma suspeita de envenenamento. Estávamos eu e o Wellington Gomes Figueiredo. Os índios descreviam para nós que eles haviam ganho uma farinha que tinha umas coisinhas pretas no meio. Eles comeram e passaram mal. Eu encontrei esqueletos de Awá-Guajá. Eles falaram de alguma coisa que parecia fumo de rolo picado, misturado à farinha. Eu não sei o que poderia ser aquele veneno.

Tem o caso do índio Awá-Guajá, Karapiru, que depois de passar dez anos na serra Geral, entre Bahia e Maranhão, desce no final da serra e encontra posseiros. E ali continua o drama que começou dez anos antes quando o grupo indígena é atacado. Agricultores pegam o Karapiru, seguram ele até que eu fui junto com meu companheiro Wellington Gomes Figueiredo resgatá-lo. Trouxe-o para Brasília, ficou na minha casa, ele ficou comigo em casa, até eu poder transportá-lo de volta ao seu povo. Essa história gerou o filme *Serras da desordem*, do cineasta Andrea Tonacci.

São vários casos de restos de povos, onde se encontra um só sobrevivente, como o "Índio do Buraco", ou o Karapiru, sozinho, tentando sobreviver, desprotegido no meio da selva. Falo sempre do isolamento da selva, que sempre é um facilitador dessas atrocidades.

Vale do Javari e a relação com os militares

O coordenador da Coama – Coordenação da Amazônia, general Demócrito, não gostava de mim. Mas também eu não gostava dele. Tivemos uma discussão em Tabatinga que terminou de vez nosso relacionamento. Ele estava visitando a região. Não nos entendíamos em nada. Foi no único hotel da cidade. Quase saímos no tapa. Ali, ele me demitiu. Naquele momento, eu estava cedido pela Funai à Coama, que era a Coordenação da Amazônia criada em função do excesso de trabalho proveniente do grande complexo de rodovias que estava sendo aberto na Amazônia. O plano de fazer as várias estradas cortando a Amazônia trouxe trabalho que a Funai não podia absorver. Criaram então a Coama. O general Demócrito era o coordenador geral da Coama.

Queriam construir um monte de postos de contato dentro do vale do Javari. Inclusive as portarias de criação foram publicadas. Desejavam contatar todos os isolados do Javari, uma loucura. E eu não implementei nada disso. A ideia da Coama era fazer contato com todos os povos do vale do Javari porque ali deveria passar a rodovia Perimetral Norte. Até lá, já era para estarem todos os isolados contatados. Eu não concordava. Por essa divergência, fui demitido da Coama e retirado do vale do Javari, retornando para a Funai.

Tive divergências com militares, mas também tive importantes apoios.

Nossos trabalhos por vezes foram apoiados pelo Comando de Fronteiras do Alto Solimões. Quando eu cheguei lá, o coronel Mário Túlio Caldas (se a memória não falha), comandante que não recebia os corruptos da Funai, segundo dizia, não quis também me receber. Os anteriores administradores da Funai haviam feito tantas falcatruas e desmandos que ele não queria mais ver ninguém da Funai. Eu fui falar com ele, ele não quis me receber. Eu não saí, fiquei dentro do quartel, até de tarde, quando terminou o expediente. Ele caminhava em direção à sua casa na Vila Militar quando o abordei. Falei pra ele que eu era da Funai, mas não era o Gilvan Brandão, que me antecedeu. Que as pessoas não são iguais, e que eu não era corrupto, essas coisas. Com o passar do tempo, ficamos nos conhecendo. Ele me ajudou no que pôde.

Outro militar que me ajudou, por exemplo, no trabalho com os Arara, foi o coronel Paulo Isaías, que já mencionei. Ele foi fundamental, fornecendo força e homens armados para retirar os invasores da terra indígena, para poder fazer contato com os índios.

Aconteceu em alguns casos de um comandante aqui, outro ali, apoiar o trabalho da Funai. De modo geral, o pensamento do militar não era favorável aos povos indígenas, com exceção de Rondon e seus seguidores.

Quando eu entro na presidência da Funai, em 1990, com a minha chegada é que retiro os últimos dois coronéis que havia lá dentro e também fechei a ASI, Assessoria de Segurança e Informação.

A ASI era vinculada ao Sistema Nacional de Informação, SNI. Todo órgão público tinha a Assessoria de Segurança e Informação. Todos os órgãos públicos. Era um coronel quem a comandava. Outra questão é de que já havia passado quase três anos desde a Constituição de 1988, que permitia a abertura de processo para anistiar servidores perseguidos pela ditadura militar. Nenhum presidente havia tomado essa decisão visando beneficiar os que foram perseguidos e injustiçados pela ditadura militar. Criei a comissão e vários indigenistas puderam retornar para os quadros da Funai.

Retorno ao vale do Javari e a proteção dos índios isolados: anos 1990

O vale do Javari é uma terra fantástica. Fica em uma área extremamente complicada, porque é uma região de fronteira, com muita madeira, muita caça, muita pesca, e próximo da fabricação de cocaína e da ação de guerrilheiros nos nossos vizinhos. Soma tudo e sente o tamanho do problema. A riqueza é tanto problema como o narcotráfico e as guerrilhas. Ambas despertam cobiça e geram lutas. O vale do Javari sempre foi tido pelas cidadezinhas à sua volta como um quintal onde vão buscar as coisas de suas necessidades. Quando precisavam de madeira, vamos para o vale. Necessitamos pescados e caça, vamos para o Javari. Todos entravam e invadiam o vale do Javari. Desciam balsas com milhares de toras de madeira roubadas que eram dos povos indígenas, imemoriais habitantes. Tudo isso empobrecia o vale do Javari, prejudicava os indígenas e enriquecia alguns brancos. E a terra indígena é uma terra que é separada pelo governo federal para os povos indígenas viverem a sua vida tradicional ali dentro.

A primeira vez que eu fui para o vale do Javari foi mais ou menos em 1974, 1975, quando assumi o lugar do Gilvan Brandão, que tinha saído no meio de uma confusão. Fiz uma visita ao Comando Militar de Fronteira do Alto Solimões e, com dificuldade, fui recebido pelo coronel comandante. Depois, travamos uma relação boa. Embora a Funai tivesse colocado um barco com funcionários na confluência dos rios Itaquai e Javari, que é a porta da principal entrada do vale, as pessoas passavam para lá, passavam para cá, e todos se locupletavam. Todos se conheciam, eram compadres e amigos.

Não havia controle. Eram regionais que estavam ali para observar e fazer um trabalho de frear a invasão dentro do vale do Javari. Mas não funcionava. Já nessa primeira vez que eu fui, fiz um contato com um pequeno grupo de índios desconhecidos na tentativa de evitar confrontos com os madeireiros que lá estavam. Meu velho companheiro e amigo Wellington Gomes Figueiredo, também sertanista, estava comigo.

Voltei, anos depois, e a situação de esbulho continuava, a questão indígena estava agravada por doenças nas comunidades Kanamari e Matis. Um grupo de índios isolados atacava sempre, causando a morte de vários ribeirinhos dentro e fora do seu território tradicional. Um pequeno grupo de Korubo se desentendeu do grupo maior, por causa de uma mulher, e eles se separam do grupo majoritário. Não poderiam mais voltar para lá as antigas malocas que ficavam a uma distância segura. Ficaram separados. Esse grupo menor veio se colocar a apenas 17 quilômetros do ponto em que eu pretendia criar a base de controle na dita confluência.

Fiz várias expedições ali dentro, para localizar esse grupo, para localizar onde eles estavam. Esse grupo atacava todo mundo. Provocou muitas mortes. Era um grupo extremamente aguerrido, com pouquíssimas pessoas, seis homens adultos, mas muito valentes. Atacavam sempre em luta corpo a corpo. Eles não têm armas para serem lançadas a distância. Nada de flecha ou zarabatana, utilizada somente para caça. Eles atacam pessoalmente, com bordunas.

Estudando a região, eu percebi que tinha de fechar o portão principal. Qual é o portão principal do vale do Javari? O portão principal do vale do Javari é a confluência do Ituí com o Itaquai. É ali que dá acesso para quase todas as aldeias lá de dentro. Fiz uma base ali. Mas eu sabia que, estando ali, esse grupo Korubo, mais cedo ou mais tarde, iria nos atacar. Não fui ao Javari por diletantismo, fui para terminar com o ciclo de violência, mortes e esbulha da terra indígena. Mortes de brancos que muito se comentava, mas tinha também a morte dos índios. Essas ninguém via, ninguém contava, a não ser por aquele ataque maior que teve, pouco tempo antes de eu chegar, em que a Funai, com a Polícia Federal, descobriu os corpos, resgatou os corpos do fundo do rio, são terríveis as imagens de corpos e pedaços de corpos retirados do fundo do rio.

Foram mortos três índios, em 1986. Um Kanamari encontrou o corpo dos Korubo mortos. Foram enterrados na praia, na areia da praia. O rio subiu.

Quando a Funai vai com a Polícia Federal para retirar, foi um trabalho danado, porque o rio já estava a três metros de altura. O pessoal da Funai mergulhou para retirar os corpos, vieram dois corpos e meio, porque do outro não conseguiu-se encontrar a cabeça. Fizeram a necropsia, todo mundo vê que é índio, pois estava com a genitália amarrada à cintura.

Antes desse episódio, esteve no vale do Javari a Petrobras fazendo prospecção. Eu estive no Rio de Janeiro, com o presidente da Petrobras e mais a diretoria, falando do absurdo dessas prospecções. Não era só perfurar. A perfuração tem um lubrificante, e a composição desse lubrificante tem muita soda cáustica, para lubrificar mesmo, a broca. O lubrificante entra a mil metros, dois mil, quanto for, e sai por outro lado. Ele é acumulado em pequenas piscinas artificiais que fazem na terra. Quando chove, derrama, polui os rios, o meio ambiente. Em uma área que tem índios isolados, como o vale do Javari, ali os índios vão acabar morrendo com essa contaminação.

Para essas pesquisas, são feitas linhas de prospecção sísmica. São centenas de linhas. E são vários petardos que explodem, enquanto os aparelhos sísmicos detectam as ondas que penetram. Soma-se a isso helicóptero para um lado e para o outro. Isso é o que aconteceu durante as pesquisas de prospecção no vale do Javari.

O vale do Javari já vinha sendo saqueado há muito tempo, com madeira, peixe, caça, e vai a Petrobras para lá, nos anos 1970 e 1980, e aumenta ainda mais o número de problemas, incidentes, acidentes.

Anos depois desse negócio da Petrobras, eu vou para o vale do Javari com a determinação de botar certa ordem, estancar aquela sangria. O que é que você faz quando estão roubando a sua casa? Você fecha. Fecha as portas. Não tem outro jeito. Então, nós fizemos o posto, que tinha que ser naquela localização. É o ponto geográfico, é a confluência, é a porta de entrada. Tinha que fechar. Mas acontece que aquele grupo pequeno, de 22 ou 23 pessoas, Korubo, vivia atacando todo mundo. Eles não têm limites da terra deles, que vai até onde ele pode caminhar e não encontra nenhum obstáculo para ir, não encontra outro índio ou alguma fazenda, ou alguma atividade de branco, ele vai. Nisso, chegaram muito próximo a Atalaia do Norte. A alguns quilômetros de Atalaia do Norte houve acidentes, no qual eles mataram pessoas, bem próximo a Atalaia do Norte.

Acontece que o Departamento de Índios Isolados não tinha dinheiro para tocar essa base, em uma área tão grande. Todo o dinheiro do departamento não seria suficiente para uma só frente, se organizada. No Javari, eu fiz sistemas de comunicação na área. Implantei torres de sessenta, quarenta, 55 metros na selva, para eu ter comunicação dentro do vale todinho. Com as aeronaves que nós, às vezes, alugávamos, levávamos rádio *walkie-talkie*, todos com ligação entre si. Foi feito um sistema complexo que realmente protegia a área. Nesse sentido, a intenção de uma base grande é porque eu queria que, quando as pessoas chegassem na entrada da boca do Javari, se assustassem. Não vissem aquela casa caindo aos pedaços, com um funcionário da Funai cheio de malária, mas vissem uma estrutura que impusesse respeito. E foi feito exatamente isso.

A ideia era começar e sistematizar a vigilância com os indígenas. Então, Matis, Marubo, Kanamari, eram treinados. Os Matis, pela própria proximidade, foram os mais utilizados. Minha intenção em preparar os índios era para que, no caso de um afastamento, meu e de outros funcionários, eles próprios conduzissem a vigilância das suas terras, para eles poderem viver ali dentro. Fizemos um trabalho de permanente vigilância, tanto na porta de entrada do vale quanto por incursões, grandes expedições.

As minhas frentes todas eram bem organizadas. Podiam não ser muito grandes, mas todas eram muito bem organizadas. Os homens que trabalhavam comigo, antigos companheiros, independente de situações de se contrapor a mim em determinado momento, de pequenas divergências, foram excelentes trabalhadores e tocaram com muita seriedade. Cada um, na sua área, tocou com muita seriedade. E, dentro da Funai, comandava essa situação, levando essa situação adiante, eu e o Wellington Gomes Figueiredo.

Sempre fomos muito exigentes, não tínhamos o comportamento típico do funcionário público. Nós quebrávamos o ritmo dentro da Funai. Eu pegava os meus papéis e eu não despacho os meus papéis porque, para sair de uma sala para ir para outra sala, é três, quatro dias e fica dez, quinze dias em outra sala para pegar a assinatura de um outro. Não se pode trabalhar assim. Temos áreas indígenas onde as coisas estão acontecendo, as equipes estão lá, os homens necessitam de ações rápidas.

Eu enfiava aquela papelada toda debaixo do braço e saía pessoalmente em cada departamento, ia na presidência da Funai, batia na porta, entrava. Em função dessa atividade, nós fomos chamados de ser uma "Funai dentro da Funai". Criticavam o meu gênio, mas não teríamos feito nada daquilo se estivesse no *dolce far niente* da Funai, no qual, sabe, as coisas ficam para as calendas e nada se resolve em tempo. A Funai trabalha com muita emergência, você cuida de gente, uma gente especial que não mora perto, está a milhares de quilômetros de distância, que sofre pressão da sociedade nacional: os povos indígenas. Mas a Funai em Brasília parece nunca entender isso.

Custos altos do trabalho e as parcerias como solução

Tudo isso tinha um custo alto. E quando eu começo a organizar outras áreas dentro do país, que precisavam também ter esse tipo de trabalho, os gastos se tornaram maiores. Para continuar, busquei recursos fora. Consegui apoio de uma organização não governamental, que forneceu o dinheiro para os trabalhos. E esses recursos foram específicos para o vale do Javari.

Uma das coisas por que eu mais briguei dentro da Funai era o desvirtuamento dos recursos. Um recurso para uma coisa sendo utilizado para outra, e de um lugar para outro lugar. Fizemos aqueles recursos fluírem para onde teriam que fluir. Nessa época, também, eu tinha ido à Inglaterra, e me concederam auxílio para equipamentos e, sem burocracia e de maneira ágil e controlada, efetuamos as compras na praça de Manaus. Eu fazia as licitações, que não obedeciam a essa loucura governamental, na qual você licita e paga o preço maior. Havia agilidade e com isso pude estruturar e fazer do vale do Javari uma área bem organizada.

Havia cerca de vinte motores de barco, lanchas rápidas, um sistema de comunicação eficiente, não faltava gasolina, não faltava manutenção. Tínhamos a base em Atalaia do Norte. Construímos uma base na beira do rio, juntamente com a Polícia Federal, que ficou junto com a gente. Pudemos frear o saque.

Após um ano do fechamento do Javari, constatamos junto às comunidades indígenas, que me falavam: "O tracajá e a tartaruga voltaram. As lagoas têm pirarucu. Bando de porco voltou". Tracajá é um tipo de tartaruga essencial na alimentação indígena. Na Amazônia, para fazer ecologia, basta proteger. Basta evitar os saques que a natureza se regenera rapidamente. Foi muito bom ver que os indígenas perceberam primeiro que nós, os brancos, quando tudo começou a crescer.

Esse trabalho no vale do Javari só pôde ser implementado em função de auxílios que eu recebi do exterior. Inglaterra, para a compra dos equipamentos, e Estados Unidos, através da Fundação Moore.

A imprensa e opinião pública como aliadas

O pessoal da imprensa, televisiva, falada, escrita, todas essas formas de mídia, veio cobrir o trabalho que efetuávamos com os povos indígenas isolados. A mídia se concentra mais onde há uma situação mais dramática, mais difícil, e se interessou por cobrir essas questões, e me procurou.

Eu estava organizando uma expedição de contato, que não era uma coisa imensa. Acho que foram cerca de 35 pessoas. Ali estavam os meus mateiros, a maior parte são índios, os jornalistas, os cinegrafistas e fotógrafos. Não houve custos adicionais, não gastamos nada a mais, porque eles se responsabilizavam pelos próprios custos. Precisavam ter gente para carregar o equipamento, pessoas que deviam ser pagas por eles. A minha equipe de contato precisa ser livre para fazer o seu trabalho de contato. Oferecemos aos jornalistas a segurança. A comida era toda em comum, mesmo o que comprassem, ia ser toda em comum.

Durante essas expedições, a cabeça é tão envolvida dentro do trabalho, nos vários aspectos internos, que eu nunca pensei na repercussão no exterior. A única coisa que eu pensava, e discutia com eles: a importância de divulgar esses trabalhos, para que saibam que existe índio isolado dentro do Brasil. Eu sempre falei: aqui, os políticos dizem que é mentira, que não existe índio isolado, só existe índio isolado na cabeça do Possuelo, que nós pegamos índios de outros países e trazemos para o Brasil para dizer que é índio isolado. Um absurdo. Então, quanto mais se divulga, tanto melhor.

Como o vale do Javari era o que mais sobressaía, em função dos conflitos, e das mortes efetuadas pelos Korubo, todos queriam ir para lá. Depois, o foco mudou para os Zo'é, que ficaram sob os olhares da mídia. Por quê? Por toda a beleza dos Zo'é, por ser um povo muito bonito e cordial. Pela distância, pelo isolamento. A mídia, para mim, tinha a função de divulgar a situação dos povos indígenas. É uma forma de canalizar a opinião pública como aliada.

E não era só nas expedições. Nós saíamos, parávamos nas aldeias, falávamos do problema de saúde. Eles registravam aquilo tudo. Depois, eu recebi cópias, porque isso era parte do acordo que fazíamos.

Em um desses trabalhos, feito por uma equipe da Espanha, eles entrevistaram o governador do estado. Eles vão, veem os índios que estão ali, registram e mostram para o governador. E o governador fala: "Isso não existe, isso é mentira, esses índios são de fora do Brasil".

Fico estupefato com a cara de pau dessa gente que, na defesa dos seus interesses, mentem desse jeito.

De modo geral, o brasileiro nunca gostou de índio. A história nossa prova isso. O índio é o inimigo mais próximo. Não é o vizinho mais próximo, é o inimigo mais próximo. É o que faz os ataques, é o que mata. Não gostam de índio. Nas esferas administrativas, nos governos, é pior ainda. A União, por ter a Fundação Nacional do Índio, ela não fala mal, ela age mal, é omissa. Mas os chefes dos estados e dos municípios dizem e fazem barbaridades contra os povos indígenas.

Sertanismo internacional: proteção dos isolados além das fronteiras

Com o trabalho desenvolvido no Brasil, passamos a levantar a informação de povos ainda isolados na América do Sul. Alguns vivem na fronteira dos países, e é necessário um diálogo internacional. A gente sabia, eu sabia teoricamente, mas não sabia os locais exatos. Fizemos um estudo, mapeamos. Era no Peru, na Colômbia, na Venezuela, no Equador, que não faz divisa com o Brasil, na Bolívia e no Paraguai.

Nesses seis países, conseguimos ver com estudiosos das questões indígenas referências sobre grupos indígenas isolados. Mas me lembro que fui falar sobre os isolados na Colômbia e nem sabiam o que era. Para eles, são só aqueles povos andinos, que eles consideram todos como agricultores ou camponeses.

Após implantar no Brasil a política de não contato e proteção ambiental, minha atenção voltou-se para a América do Sul onde, em alguns países vizinhos, eu sabia haver índios isolados. Meu desejo era estender essa e proteger todos os povos ainda isolados. A questão indígena, para mim, deixou de ser exclusivamente no Brasil e passou a ser internacional.

Admiro e respeito os povos isolados, estejam aqui ou em qualquer lugar do planeta. Todos merecem a atenção e a proteção especial do Estado. Pertencem à grande e diversa família humana. Os direitos humanos devem chegar até eles.

Parte dos recursos da Fundação Moore foram utilizados para realizar o Primeiro Encontro Internacional sobre Povos Isolados. De cada um desses países, convidamos representantes das Procuradorias-Gerais, representantes das organizações indígenas e estudiosos do assunto, antropólogos. É uma questão que começou, mas que precisa ser desenvolvida.

Reflexões sobre o sertanismo

A situação dos povos indígenas cria controvérsias em torno dos direitos humanos. Como proteger, e por quê? Demarcar ou não demarcar? Oferecer o que possa não ofender ou destruir seus valores? Gostaria que a política por mim implantada fosse superada por outra mais justa e correta, mas, até agora, não encontrei nem apareceu nada melhor. O fato é que isso cria divergências, e é bom que assim seja porque propicia o debate.

Divergências são naturais e boas, desde que sejam canalizadas para o aprimoramento. Caso contrário, vira disputa de egos.

O duro é que nunca, em tempo algum, foi fácil para os povos indígenas. As pechas preconceituosas que criamos, de que são preguiçosos, não trabalham, são entraves para o desenvolvimento, sujos, devem ser derrocadas. Necessitamos transformar esse racismo em crime e punir.

Os dois governos do Partido dos Trabalhadores – PT, Lula e Dilma, potencializaram as eternas dificuldades dos povos indígenas pela agregação a si mesmos dos interesses dos grandes pecuaristas e latifundiários, mais o desenvolvimento a toque de caixa, formando assim um dos mais nefastos governos para os povos indígenas que eu conheci. Juntou a fome com a vontade de comer. O governo facilita a ampliação das áreas de soja, da monocultura extensiva que consome vorazmente grandes quantidades de terra, que acabam sendo quase gratuitas para esse pessoal. Todos batem palma. Ruralistas estão de braços dados com o governo. Anteriormente, eu não me lembro de ter havido uma conjugação tão eficiente e forte como a que está aí hoje contrária aos índios e ao meio ambiente. Ruralistas somados aos esforços de um governo que diz ser de esquerda. Os grandes empreendimentos hidroelétricos na Amazônia, a não demarcação das terras indígenas e os insuficientes projetos mitigadores. Eu não sou contra o desenvolvimento, queremos desenvolvimento. Mas penso nele imaginando-o acompanhado com respeito ao direito dos outros, seja quilombola, indígena, ribeirinho. Falo dos grupos de pessoas que são os mais desprotegidos e vulneráveis, e ao meio ambiente. Tudo isso é que faz este governo de esquerda ser dos piores contra os pequenos. Era importante que parassem e fizessem uma reflexão. Mas não: o que vem para os povos indígenas é sempre uma coisa ruim. E a Funai se tornou obscura, não passa de uma coisa inútil e vergonhosa.

Quando os deputados ruralistas retirarem da Funai as demarcações, e passarem para o Congresso Nacional, os índios estarão absolutamente perdidos. Essa perspectiva que se tinha, na época da Constituição, dos índios caminharem junto conosco, nessa estrada da vida sobre esta linda bolinha azul que flutua no espaço, nesse mesmo mundo, um pouco mais felizes, um pouco mais respeitados, com menos sofrimento, não vai acontecer. Não estou esperançoso, lamentavelmente.

Minha demissão

Fui demitido em janeiro de 2006, e foi como uma crônica anunciada. Explico:

O então presidente da Funai, Mércio Gomes, fez o que todos fazem quando assumem: reuniu o seu *staff* mais próximo. Logo nos primeiros dias da sua gestão ele juntou umas 20 pessoas, entre elas, eu. Declarou, com muita veemência, que estava ali para fazer as coisas acontecerem e não tinha receio de nada nem medo de ninguém. Nesse instante, apontou com um dedo para mim e disse: "nem de você, Possuelo".

Antes dele terminar, pedi a palavra: "Se você tem medo de mim por alguma coisa, é problema seu. O que eu posso te dizer é que nada em você me dá medo". Essa discussão aconteceu na frente de umas 20 pessoas. Já saí dali sabendo que cedo ou tarde seria demitido. Era uma questão de tempo. E aconteceu quando eu estava na selva, junto do povo Zo'é, no extremo Norte do país.

O Mércio Gomes havia declarado na imprensa internacional, a *Reuters*, e na nacional, que índio tinha muita terra, terra demais. O jornalista do *Estado de S. Paulo*, Leonêncio Nossa, procurou pessoas para comentar essa declaração. Esteve na Funai, falou com antropólogos e ninguém quis comentar. Eu estava no mato, distante, e via rádio ele me encontrou e pediu um comentário. Eu disse a ele que a frase do Mércio Gomes é antiga e utilizada entre madeireiros, garimpeiros, ruralistas, gente do agronegócio, onde sempre foi utilizada a ideia de que índio tem terra demais. Mas nunca havia sido dita por um presidente da Funai. Para mim soou como um prenúncio de coisas ruins que iriam acontecer, como a paralisação das demarcações das terras indígenas hoje em dia.

Alguns dias depois cheguei em Brasília e o chefe de gabinete da Funai falou para mim que eu tinha sido demitido. O meu cargo era de confiança do ministro da Justiça, então cabia a ele me demitir. Acontece que alguns jornalistas foram até a Casa Civil e perguntaram a Dilma Rousseff por que a demissão de Possuelo. Ela disse que quem não estivesse junto do governo, não poderia permanecer no governo. Fui defenestrado.

Gerações sertanistas

A turma desse tempo viveu uma época de intenso indigenismo, em função do plano militar de ocupação da Amazônia, através da abertura de rodovias que penetravam a selva. Povos há muito contatados foram atingidos; vários outros isolados, encontrados; as equipes de topografia necessitavam ser amparadas; milhares de sulistas foram trazidos para a colonização; das grandes rodovias, proliferaram as vicinais com levas de sulistas. Tempo de conflitos e confusão quando o governo convoca a Funai com seus sertanistas e técnicos indigenistas para auxiliar na construção do "Brasil potência", do "Ame-o ou deixe-o".

O grupo de indigenistas iniciava na carreira. Eu já era tarimbado pelo tempo com os Villas Bôas. O que era bonito e, somente hoje, percebemos, era que todos ou quase nós todos formávamos um grupo de militantes. Fizemos da Funai um órgão de luta na defesa dos povos indígenas. Era isso o que nos diferenciava, tínhamos firmeza e convicções em nossos corações. Fizemos da Funai uma trincheira de luta contra os que massacravam os indígenas. Defendíamos os povos indígenas dentro das melhores tradições Rondonianas, impulsionados, penso eu, pelas mesmas qualidades e emoções que motivaram vários oficiais do Exército a prejudicarem suas carreiras para proteger, a todo custo, o índio brasileiro.

Esse sentido de certo estoicismo alimentava e nos dava ânimo nos dias de dificuldades que eu, e outros companheiros, passamos na selva amazônica. Esse era o sentido que unia aquela moçada, nas várias reuniões que mantivemos aqui em Brasília. Era um grupo homogêneo neste pensar, embora houvesse, entre nós, muitas diferenças de origens e experiência. Muitos me achavam impositivo demais, outros, um imperador. Mas o que pensavam de mim não era importante. Eu estava lá para fazer o trabalho. Tinha o sentido para não perder o rumo, embora as condições políticas fossem adversas, as condições econômicas, difíceis, as condições de trabalho, piores ainda.

A gente ficava largado, solto no meio da selva, sozinho, sem nada. Poucos vieram a ser sertanistas. Hoje, a Funai extinguiu o quadro de sertanistas, não mais existe a função mais tradicional desde que Rondon a iniciou. O governo estava esperando o momento certo para extinguir a carreira. Sinal dos tempos.

A política indigenista estava estagnada, não havia avanços. A modificações que aconteceram foram retrocessos. A criação do Departamento de Índios Isolados foi, a meu ver, o único avanço na política indigenista nas últimas décadas.

Uma vez, durante uma entrevista de um antropólogo francês, ele dizia que existiram três momentos importantes na história do indigenismo, que produziram reais e positivas mudanças: primeiro, foi o marechal Rondon, que construiu os alicerces da política indigenista, nosso grande mestre, o maior. Principalmente naquilo de aspecto mais humano que ele apresenta, quando, atacado pelos Nambikwara, a flecha é parada aqui, no ombro dele, pela bandoleira do seu fuzil. Ele não permite que seus soldados revidem, não deixa os oficiais reagirem e fala: "Nós somos os invasores de suas terras e, nesta circunstância, 'Morrer, se necessário, matar, nunca!'". Isso é de uma grandiosidade sem precedentes na história. Mesmo porque ele era militar e falava de "Morrer, se necessário, matar, nunca!" em uma situação real de perigo durante a qual foi atacado. É de uma compreensão que só as grandes almas são capazes de ter.

Depois vem o Orlando Villas Bôas, com a criação do Parque Indígena do Xingu. Ele consegue proteger o alto Xingu, uma zona muito importante, onde as várias etnias se encontraram e estabeleceram, ao longo do tempo, uma espécie de comunidade de nações. Foi mais um passo adiante. Depois disso, ficou tudo parado.

Até criarmos o Departamento de Índios Isolados, que transforma a política de contato em não contato, e promove a demarcação da terra e a proteção do meio ambiente. Foram, segundo o antropólogo, os três fatos que marcaram a história do indigenismo a partir da sua criação, em 1910.

Com Rondon, começa realmente a proteção dos povos indígenas. Ele era positivista e via todos os homens irmanados. Desejava a integração para que os índios pudessem se beneficiar da tecnologia e do desenvolvimento. Esse pensamento facilitava a ideia de promover a mestiçagem de brancos e índios. Dessa união nasceria uma mão de obra mais adaptada às lides do sertão, mais apta a trabalhar nas fazenda, mais dócil às nossas necessidades, próprias como mão de obra na conquista do sertão. Dessa forma, ele beneficiaria o desenvolvimento nacional e não os povos indígenas. E Rondon, na sua velhice, se arrepende dessa postura.

Com relação ao Orlando e ao Cláudio Villas Bôas, a única coisa que eu sempre contestei deles é o fato das transferências, pegar os índios de fora e trazer para dentro do Parque do Xingu.

Minha tese, nas várias oportunidades em que discutíamos, era a de sempre brigar para que os índios fossem sempre mantidos nas suas terras tradicionais. Muitas noites, eu e Cláudio, no Posto Diauarum, ficávamos agradavelmente até muito tarde, sob a luz de um forte luar, especulando sobre tudo e sobre o nada.

Wellington Gomes Figueiredo

Legenda

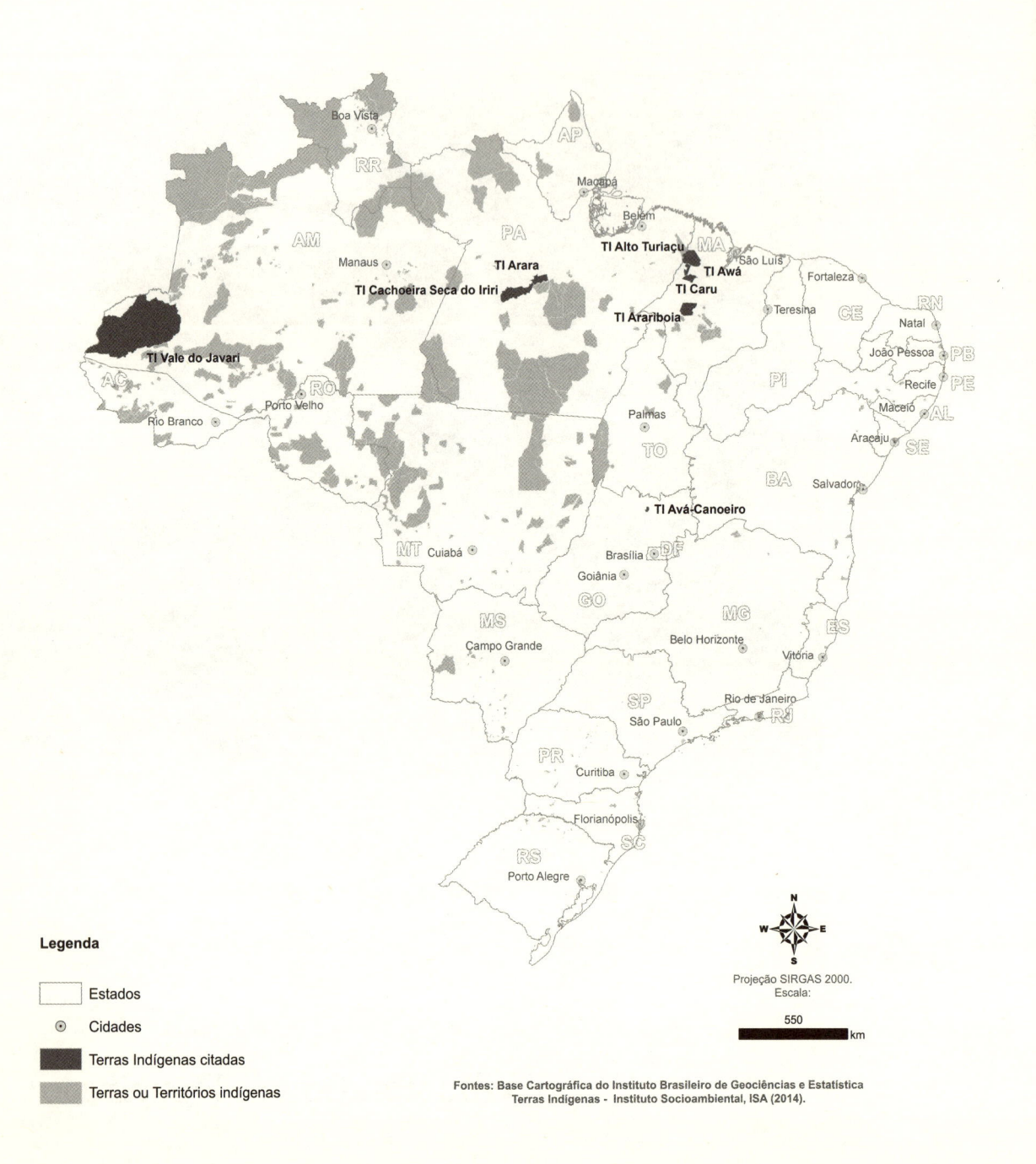

☐ Estados

⊙ Cidades

■ Terras Indígenas citadas

▨ Terras ou Territórios indígenas

Projeção SIRGAS 2000.
Escala:
550 km

Fontes: Base Cartográfica do Instituto Brasileiro de Geociências e Estatística
Terras Indígenas - Instituto Socioambiental, ISA (2014).

Wellington Gomes Figueiredo é natural de Goiânia, nasceu em 1951 e entrou na Funai por concurso público em 1975, depois de cursar o curso de indigenismo oferecido pela instituição. Ele estagiou nos Xavante, em Mato Grosso, logo foi transferido para o alto Solimões, onde conhece Sydney Possuelo, que viria a ser seu grande companheiro de trabalho, e os índios isolados, sua paixão profissional. Após a criação do Departamento de Índios Isolados, em 1987, Figueiredo assumiu um cargo de chefia, braço direito de Possuelo, e realizou trabalhos de localização de grupos isolados, aproximação com índios isolados e proteção de terras indígenas em diversas regiões do Brasil – além da Amazônia, também trabalhou na região da chapada dos Veadeiros, em Goiás, onde vive o povo Avá-Canoeiro.

Em vasta experiência geográfica, três processos mais marcaram a sua vida: o início da carreira com os índios isolados no vale do Javari, os Awá-Guajá, no Maranhão, e os processos de contato com os Arara, na região da Transamazônica, próximo a Altamira. Nesses dois últimos casos, o drama vivido pelos índios segue atual, e teve origem no período em que ele esteve lá.

Nos últimos anos, Wellington Gomes Figueiredo passou a rever sua memória, reler seus diários, e refletir sobre sua vida, e o que poderia fazer para ajudar os índios a repararem erros do passado. O foco do seu depoimento segue essa perspectiva de uma revisão do passado, e como isso pode contribuir para o futuro dos povos indígenas com que conviveu e tentou salvar: os Arara e os Awá-Guajá.

A questão indígena e o altruísmo

O início da minha história é mais ou menos assim: eu morava em Goiânia, estudei em seminário e nele tive uma formação altruística, de querer fazer alguma coisa pelo outro, pelos menos favorecidos. Depois, na faculdade, fiz um curso de antropologia, enquanto cursava engenharia, e achei muito interessante. Antes disso, eu tinha lido o livro *Enterrem meu coração na curva do rio*, do Jim Brown, sobre o massacre dos índios nos Estados Unidos, que me marcou muito. Um dia, por acaso, peguei um jornal e vi a notícia de um concurso para a Funai. Pensei: "Vou me inscrever nisso aí". E me inscrevi.

Fui aprovado e, em 1974, fiz o curso de indigenismo. Passei um período em Brasília, trabalhando a parte teórica, seguido de noventa dias de uma parte prática, e depois um estágio. O meu estágio foi entre os Xavante, na Terra Indígena Pimentel Barbosa, em Mato Grosso, junto do sertanista Ismael Leitão. O Ismael Leitão havia participado do processo de atração e contato dos Xavante, junto do famoso sertanista Chico Meireles.

Eu ouvia muitas histórias do Ismael sobre o primeiro contato com os Xavante, e fui me interessando pelo lado dos índios que eram chamados, na época, de "arredios". Ele me contava como foi feita a aproximação com os Xavante, um povo muito guerreiro, depois da morte de Pimentel Barbosa, das dificuldades e estratégias, e também da sensação do contato, e isso teve influência grande em mim, o fato de trabalhar com o índio isolado, o índio nu. Alguns colegas prefeririam trabalhar com índios que estivessem no estágio de "pós-contato". Para mim, o caminho dos isolados me seduziu mais, algo com mais aventura, mais paixão.

Sobre o trabalho com os índios, e o sentimento de altruísmo, do Ismael Leitão eu aprendi uma lição importante. Certa vez, ele me disse: "Você pode fazer 99 favores para o índio, mas se um dia ele pede uma agulha e você diz que não tem, ele diz que você não presta". No fundo, ele estava me dizendo: "Você faz porque quer fazer, e não espere retorno. Aprenda a doar".

Depois do estágio em Mato Grosso, fui para o Projeto Ticuna, em Tabatinga, no Amazonas, na tríplice fronteira no alto Solimões.

Alto Solimões, o "eldorado do desbravamento"

Havia muito investimento do governo federal na região. Era a época das explorações e pesquisas minerais da CPRM (Companhia de Pesquisa de Recursos Minerais), e com a Petrobras atuando também, na prospecção de derivados de petróleo. E uma forte exploração de madeira, com muitos madeireiros na área. Era um novo ciclo que sucedia ao ciclo da borracha e da pele de animais silvestres, que formavam a principal economia, anteriormente. Falava-se da construção da rodovia Perimetral Norte, que iria chegar por lá. Todas as cidades daquela região, como Atalaia do Norte, Benjamim Constant, Tabatinga, viveram esse período do início de grandes investimentos na Amazônia durante a ditadura militar, lá era o "eldorado do desbravamento".

Havia algumas questões pendentes, para o governo, que precisavam ser solucionadas para que os projetos tivessem continuidade. A primeira delas era "dar uma solução para os índios". Como era essa "solução"? Com relação aos que estavam sem contato, aos índios isolados, os "arredios", eles precisavam ser contatados logo. Porque, para a exploração mineral, tinham que fazer as ações de ocupação da terra. E havia assim um investimento muito grande na questão indígena, para "resolver". Isso também abrangia o caso dos Ticuna, que já eram contatados, não só dos isolados. Era um investimento para a solução do "problema" indígena, para que ali tivesse desenvolvimento, pois era preciso desenvolver. Essa era a lógica. Eu fiquei no alto Solimões de 1975 até 1978.

Minha primeira experiência foi com os Ticuna, que eram grupos com muito tempo de contato, e muitos problemas decorrentes do contato. Fui chefe de um posto chamado Posto Indígena Vendaval, nos Ticuna. O grande problema dos Ticuna era a terra, a demarcação da terra, e o domínio pelos patrões seringalistas e pelos regatões da região (os comerciantes que monopolizavam o comércio). Esse era um período de libertação dos índios dos "patrões", com o fim do ciclo da borracha que escravizou os índios. Nessa época, ainda era muito forte o movimento messiânico da Irmandade da Santa Cruz, também chamado de Zé da Cruz, um movimento messiânico que aconteceu entre os Ticuna, fundado por um tal de irmão José, José Francisco da Cruz.

Primeiras expedições de contato com índios isolados

O trabalho com os índios isolados ficava a cargo das frentes de atração da Funai e havia muitas frentes na região. Havia as frentes para fazer a aproximação com os Matis, a frente para fazer a aproximação com os Korubo... Eram diversas frentes atuando ao mesmo tempo, na região. Foi nessa época que eu conheci o sertanista Sydney Possuelo, um grande amigo e companheiro de trabalho ao longo de toda a vida. Ele me chamou para trabalhar com os índios "arredios" por lá, os isolados, e comecei na pacificação dos Matis. Pronto, enveredei para essa área. Estive presente no sétimo encontro com os Matis. Foi a minha primeira experiência com índio isolado.

Numa perspectiva tradicional, há duas formas de promover o contato com um grupo indígena isolado. A primeira utiliza como técnica colocar brindes para os índios e esperar que sejam aceitos. A segunda seria ir ao encontro dos índios e promover o contato, de forma mais brusca, no caso do povo ser menos arredio, ou agressivo, ou a possibilidade de já haver algum intérprete. Esse é o modelo tradicional, que foi por muitos anos a regra básica do trabalho no Brasil.

O trabalho de contato com os Matis seguia esse modelo tradicional: havia um posto e fazíamos incursões pela floresta e, de vez em quando, distribuíamos presentes e esperávamos que eles chegassem até nós.

Outra experiência que eu tive com um povo isolado na área do alto Solimões foi com os chamados "Índios dos Botões". No vale do rio Javari há um igarapé chamado Quixito, afluente da margem esquerda do rio Itaquai. Os madeireiros agiam em toda a região tirando madeira. E chegou, em Atalaia do Norte, um grupo de madeireiros contando uma história de que estavam aparecendo índios em determinada região do alto Quixito, e que os índios não podiam ver pessoas de camisa que a primeira coisa que eles faziam era retirar os botões das camisas das pessoas, dos trabalhadores dos madeireiros, que é de onde surgiu a denominação de "índios dos botões". Eles faziam isso pacificamente.

Esses foram dois processos de contato com índios isolados de que eu participei na região do vale do Javari.

Os primeiros contatos com os Matis

Uma coisa que me marcou muito com relação aos Matis é que foi a primeira vez que eu vi índio pelado na minha vida, como nas histórias que eu ouvia, como do Ismael Leitão, dos Xavante. Isso ocorreu quando os Matis mantiveram o sétimo contato com a Frente de Atração Ituí, da Funai, uma visita que eles fizeram na base. Foi tão impressionante esse breve encontro que depois passei uns dois dias com dificuldade para dormir, tamanho era o choque para mim ver aquele povo aparecer daquele jeito. E a preocupação que me assaltou foi saber que aquele povo que estava, naquele momento, com aquela condição de vida tão boa, mais tarde eles se tornariam como os Ticuna estavam: dependentes, vestidos de trapos, com doenças. Isso me perturbou muito. Marcou esse primeiro encontro com os índios e depois pautou todo o meu trabalho com os índios isolados para o resto da minha vida. Esse choque eu tive quando vi pela primeira vez os Matis.

Em outra visita que os Matis promoveram na Frente de Atração Ituí, quando eu estava lá, eles nos convidaram pela primeira vez para adentrarmos junto deles na mata. Não medi o risco disso, na hora! Éramos eu e o Raimundinho, únicos não índios, e os índios Naquá Mayoruna, Izaque Mayoruna, Milton Marubo, Chico Kulina e outro índio dos Marubo de que não me recordo o nome. Depois de andarmos por uns 45 minutos numa caminhada acelerada, chegamos num acampamento que os Matis haviam montado na beira de um pequeno igarapé e à sombra de um açaizal. Até então, não havíamos conhecido crianças nem idosos desse povo. E, de repente, lá estavam eles! Tentei contar quantos índios havia no acampamento, mas foi em vão. Depois de chegar ao número de 103 pessoas, perdi a conta devido às idas e vindas dos índios no pátio do acampamento.

Assim que chegamos, eles nos colocaram sentados separadamente, e sempre ao lado de dois Matis, de forma que não poderíamos nos comunicar um com o outro. As mulheres esquentavam água em grandes potes de barro e banhavam e esfregavam com folhas os homens que haviam ido ao posto nos buscar. Lá permanecemos até que a luz do sol ultrapassasse, com dificuldade, as copas das árvores que acobertavam o acampamento dos Matis.

Não nos demos conta do risco dessa visita a um povo isolado. E, anos mais tarde, ao encontrar com o indigenista Samuel Cruz, na cidade de Belém, e ao ouvi-lo relatar da mortandade que ocorrera entre os índios Matis, jamais deixei de relacionar o encontro que eu tivera naquela ocasião com o desaparecimento de muitos daqueles índios. Em algum momento, em algum desses encontros com a Funai, é possível que tenha ocorrido a transmissão de vírus e bactérias que vieram a ser mortais para muitos dos Matis.

O contato com os Mayá, os "índios dos botões"

O relato dos madeireiros sobre os índios que retiravam os botões das camisas foi a primeira história que chegou para nós da Funai. Esses índios habitam a região do alto igarapé Quixito. Foi então que o Sydney Possuelo organizou uma expedição e subimos o igarapé Quixito. Fomos até onde os madeireiros já haviam se retirado, não sei se por medo, mas eles já haviam se deslocado do alto Quixito para Atalaia do Norte. Fizemos a aproximação com esses "índios dos botões". Essa foi a minha primeira experiência de entrada na mata à procura de sinais que denunciassem a presença de índios isolados e, consequentemente, promover o contato. Hoje em dia esse povo é conhecido pelo nome de Mayá.

Nessa expedição, encontramos os índios e fizemos o contato. Mas depois que foi feita essa aproximação, não foi dada sequência ao trabalho de consolidação do contato. Tanto é que, agora, os índios do Quixito não têm nenhuma aproximação ou contato com o pessoal da Funai e são novamente considerados "isolados". Naquele momento foi feito o contato, mas ficou-se de dar continuidade com ações da Funai, posteriormente, o que não ocorreu porque houve um desentendimento entre o Sydney, que era chefe da Base Avançada do Alto Solimões, em Atalaia do Norte, com o coordenador da Coama (Coordenação da Amazônia), general Demócrito. Em razão disso, o Sydney foi transferido para o Maranhão, e o trabalho no Quixito foi descontinuado. Numa revista antiga da Funai há uma matéria sobre o "contato com os índios dos botões", com fotos, relatos.

Na expedição encontramos uma família Mayá. Era uma família extensa, ou, talvez, até mesmo mais de uma família. Eles estavam no período de caça, e estavam longe do grupo ainda maior deles, que certamente havia. Eram três homens adultos, umas cinco crianças e umas quatro mulheres adultas. A equipe da Funai era composta por mim, Sydney, e quatro índios: um Kanamari, dois Mayoruna e um Marubo.

Iniciamos a expedição seguindo as informações dos madeireiros, e sabíamos mais ou menos onde eles haviam estado no encontro com os índios. Pegamos a trilha e fomos andando na mata para ver onde é que ia dar. Fomos vasculhando a floresta. Subimos o rio de barco grande, depois pegamos a voadeira para subir o igarapé, até chegar em determinado local em que dá para ter acesso à terra firme, onde iniciamos a caminhada. No primeiro dia de caminhada nós seguíamos em fila indiana na mata, e um dos índios que nos acompanhava foi autorizado a sair para caçar. O Sydney autorizou e ele foi caçar. O resto do grupo seguiu andando e começamos a ver uns rastros na terra. Eram rastros de pés descalços, e todos nós estávamos utilizando calçados. Pensamos: "Os índios estão próximos".

A gente estava andando assim e, de repente – porque na mata as coisas surgem de repente, o campo visual é muito curto, é dez metros, cinco metros –, noto que tem um homem parado na nossa frente, segurando uma zarabatana. Quieto. Levamos um susto.

Foi assim, de repente: um homem parado, segurando a zarabatana, em pé, pelado. Nu. Quieto.

Certamente, hoje eu sei, nós já estávamos sendo seguidos e observados por eles havia algum tempo.

Aí, começa aquela conversa que ninguém sabe o que o outro está falando. Isso é uma coisa que eu aprendi nos contatos: é importante que se fale. Não interessa o quê, mas é uma disposição de se mostrar amistoso. Quando se fala, quando se sorri, quando você não dá nenhuma expressão de agressividade, de timidez, tem início a empatia. Conversando, conversando, rapidinho eles vieram nas nossas camisas para tirar os botões. Estávamos preparados para isso, e a gente havia levado caixas de botões. A gente sabia que eles tinham essa atração por botões. Distribuímos e ficamos por ali.

Aos poucos, o índio Mayoruna que nos acompanhava, o Naquá, começou a entender alguma coisa do que eles falavam. A língua é do mesmo tronco linguístico pano, comum naquela região dos Mayoruna, Marubo.

Eles começaram a entender alguma coisa e foi facilitando mais esse primeiro encontro. Eles nos levaram para um acampamento, onde estavam baseados. Era um local de capoeira antiga, com algumas coisas plantadas, batata, cará, mandioca, mamão, mas abandonada. O próprio tapiri era um tapiri pequeno, de uso temporário para a caça. Não era uma morada fixa, mas de passagem. Eventualmente, usavam como um ponto de apoio nas suas caçadas. Passamos a noite ali, com eles. Numa desconfiança, tanto nossa quanto deles, e incerteza mútua. Todos nós com o pé atrás, um grupo em relação ao outro.

Naquela noite, os índios nos puseram para dormir. Depois que nos fizeram participar lá da alimentação deles, tinha umas coisas que eles haviam caçado, e a gente tinha levado as nossas comidas também. Em seguida, nos puseram para dormir dentro do tapiri. A maloca possuía duas aberturas. E dormiram dois homens fechando a entrada e a saída, cada um guarnecendo as duas aberturas de um acampamento bem comprido. Além disso, um dormiu com o pé em cima de mim e o outro sobre o Sydney. A perna em cima de nós dois. Todos dormindo no chão. Eles tomaram as suas precauções com relação à gente. Acho que tanto nós quanto eles, naquela noite, não dormimos plenamente.

Passamos a noite quase em claro, ninguém dormiu direito. Lembro que uma hora eu levantei para dar uma mijada, e um índio tirou o pé que estava sobre o meu peito, mas outro ficou na porta, me olhando. No outro dia, levantamos, continuamos as mesmas conversas, falando, falando. Os índios entenderam mais ou menos. Contaram que eles eram muita gente, que eles moravam mais tempo em determinado local. Dos índios que nos acompanhavam, eles entendiam o Naquá e o Tipatiá, ambos Mayoruna.

Falavam ser um grupo grande. Moravam muito distante. Queriam um facão, depois queriam um machado, quando voltássemos. Havíamos acertado o retorno entre uns vinte a trinta dias depois. Cortamos um pauzinho e fizemos tantos sinais na madeira, para indicar o que seria mais ou menos um mês, não sei se foi vinte ou trinta dias, para o nosso retorno. Quando foi depois do meio-dia, resolvemos retornar para o nosso barco, que estava na beira do rio. Dois deles nos acompanharam por um período, no retorno, pela mata.

Na volta, eles sabiam outro caminho, mais curto, e nos guiaram. Sempre com muito cuidado com a gente, para a gente não cair, para a gente não pisar no lugar em que não devia pisar. Eu fiquei impressionado com essa atenção. Nunca havia tido essa experiência. E o que me chamou a atenção também foi a primeira vez que eu vi o uso da zarabatana. Havia um bando de macacos e eles derrubaram uns três macacos com zarabatana. Eu nunca tinha visto o uso dessa ferramenta. Os macacos, meio bobões lá no alto, e os índios embaixo, pá! O macaco caía e nem não sabia do que era. Não havia tiro para espantar os outros, que ficavam meio perdidos e, pá!, derrubava mais outro. Os macacos sem entender como é que o companheiro caía, enquanto os índios catavam lá embaixo. Para mim tudo era novidade, e eu fui ficando apaixonado por esse mundo.

Essa também foi a primeira vez que eu vi um poraquê, o peixe elétrico, em um igarapé pequenininho. Os índios que estavam com a gente na expedição ficaram surpresos, porque os Mayá entraram no igarapé para matar os poraquês e não levaram choque. Eles entraram com muito cuidado na água. Depois, um pegou um pedaço de pau, com muito cuidado levantou a cabeça do poraquê e, com o outro pau, cacetou, mortal. Foi no outro poraquê e fez a mesma coisa. Até então, as histórias que eu tinha ouvido de poraquê é que, se visse um poraquê dentro d'água, saia fora porque está arriscado a levar um choque, inclusive podendo morrer.

Eles nos acompanharam até o barco. Quando entramos no barco, ligamos o motor, fez aquele barulho muito forte e imediatamente acendeu uma lâmpada. O índio olhava para aquele momento com muito assombro, aquela luz que saiu do nada, relacionada com aquele barulho. Ele se escondeu daquilo. Ele punha a mão sobre os olhos e procurava ver, pela fresta do dedo, o que estava acontecendo. Aquela lâmpada acender de imediato, a relação daquele barulho e aquela lâmpada. Eu fiquei impressionado com essa reação, o choque para uma pessoa que nunca viu uma ferramenta dessas, surgir uma luz do nada. A luz que ele conhece é de outra forma, a luz do sol, a luz do fogo, mas não uma luz relacionada com o barulho.

Depois dessa expedição, houve a briga do Sydney com o general Demócrito, da Coama, e o Sydney foi transferido para o Maranhão e me convidou para ir junto. A razão da briga era relativa à política do vale do Javari. Até então, a política oficial era de fazer o contato com os índios, e a Petrobras e a CPRM estavam atuando com muita força na área, fazendo pesquisas, pressionando os contatos. O Sydney achava que não tinha que priorizar contato, de "amansar" índio, como diziam. Mas queriam isso, queriam "facilitar as coisas", e transformar a área numa ponta de lança do desenvolvimento na região. O Sydney tinha outra cabeça, e foi quando removeram ele, e como eu já estava identificado com o trabalho com índios isolados, fui junto.

O primeiro trabalho com grupos isolados Awá-Guajá

Awá-Guajá é um povo indígena nômade, organizado em pequenas famílias, em pequenos grupos nômades. Há diversos grupos Awá-Guajá, no Maranhão, inclusive tem ainda hoje Awá-Guajá isolados, como por exemplo na Terra Indígena Arariboia e nos formadores do rio Lajeado – sub-bacia do rio Tocantins.

Quando nós fomos para lá, a ideia do Sydney era fazer um reconhecimento, uma investigações na região para saber dos grupos Awá-Guajá que ainda não tinham sido contatados. A nossa base passou a ser no alto rio Turiaçu, onde a Funai já havia feito uma aproximação com um grupo Awá-Guajá.

Começamos a investigar o alto rio Turiaçu. Foram feitas expedições na região, nas margens esquerda e direita do alto Turiaçu. Não foi encontrado ninguém. Depois, mudamos o eixo de atuação para o rio Pindaré. Foi quando fizemos a primeira aproximação com os índios do igarapé Presídio, que, hoje, é o Posto Indígena Awá. Esse contato foi promovido ao surpreender os índios enquanto se encontravam nos seus tapiris. A expedição da Funai chegou de surpresa, acompanhados de alguns Awá-Guajá, seguindo rastros deles na mata.

Estavam nessa ação de contato os índios Awá-Guajá Geí e Pinamuxá, e o Sydney e eu como sertanistas. A informação da existência desse grupo Awá-Guajá no igarapé Presídio chegou até a Funai por meio de catadores de coco-babaçu. Foram eles que informaram a Funai da presença dos índios por lá. Fizemos uma penetração pela floresta no igarapé Presídio, e a partir de lá saímos em expedições procurando vestígios na floresta, rastros. Localizamos um grupo de sete pessoas, e fizemos contato com eles. Na hora em que vimos os índios, eles estavam comendo, e chegamos no "abarco", como se diz, isso é, de surpresa. Os dois Awá-Guajá que nos acompanhavam se comunicaram com os outros índios. O Geí começou a falar com eles, dizendo quem a gente era e quem ele era, e logo se entenderam.

Em seguida a esse contato, que chamamos de "resgate", iniciamos trabalhos na região de Porto Franco e Carolina. Na época, havia muita informação da presença de índios isolados na região, e também na Terra Indígena Arariboia. Havia grande movimentação de madeireiras, de catadores de folhas de jaborandi, conflitos de terra entre fazendeiros e posseiros. Isso tudo constituía uma região inteira como uma área de alto risco para os Awá-Guajá. E o governo tinha o projeto, já avançado com trabalhos de topografia, para a construção da Estrada de Ferro Carajás, parte do Polo Carajás, da Vale. Havia um movimento muito forte de ocupação de terras que colocava em risco os Awá-Guajá, e um trabalho muito grande a ser feito por parte da Funai para proteger os índios.

Proteger povos isolados é difícil, e a preocupação com os Awá-Guajá era maior porque eles viviam em grupos pequenos e vulneráveis, cerca de sete pessoas, cinco ou quatro pessoas. Nunca encontramos grupo com mais de dez pessoas. Depois que saímos de lá, em 1980, foi feita uma aproximação com um grupo maior, mas é algo raro.

Nessa minha primeira estada, fiquei dois anos no Maranhão, de 1978 a 1980, e nesse período fizemos o contato com os índios do Presídio e colhemos informações sobre a existência dos índios isolados na região da serra da Desordem, do alto Pindaré, na Terra Indígena Arariboia, na serra do Tiracambu no igarapé Mão de Onça e no rio Lajeado.

Nessa época surgiram alguns episódios que vieram a ser conhecidos mais tarde. Eram notícias de massacres. Rumores e boatos como: "Ah, o índio fulano de tal viu o índio em tal lugar; fazendeiro matou, não sei quem matou; aparecem dois índios que não se sabe de onde num tal rancho". Eram recorrentes, e identificamos que se tratava de uma área de risco para os índios. O risco se devia à grande exploração de madeira, os conflitos de terra e ao projeto de construção de ferrovias, do Polo Carajás.

Foi também nessa época que surgiu a história que depois se revelou a história do Karapiru, em 1989. Ao longo dos anos 1990 eu também voltei a trabalhar entre os Awá-Guajá, já com o Departamento de Índios Isolados da Funai estruturado, a partir de 1987.

A história de Karapiru

Uma vez foi encontrada uma criança Awá-Guajá na cidade de Posto Franco, no Maranhão. Era um menino, e ele apareceu sozinho. Essa criança foi levada para São Luís e, depois, passou a viver no posto da Funai em que eu estava trabalhando, sem ninguém dar notícia, sem saber por onde apareceu, como é que foi a sua história. O menino que apareceu no posto, chamado de Benvindo, cujo nome dele mesmo era Pinamuxá, era filho de Karapiru. Dez anos depois é que ficamos sabendo da história.

Quando assumi minhas funções na Frente de Atração Guajá, no posto da Funai no alto rio Turiaçu, no Maranhão, entre 1978 e 1979, encontrei como "agregados" morando no posto três crianças: Geí, Tonho e Benvindo/Pinamuxá, com aproximadamente 11, 14 e 9 anos, respectivamente. Tonho e Geí eram dois dos três sobreviventes Awá-Guajá que foram resgatados pelo sertanista Fiorello Parise e sua irmã, a antropóloga Valéria Parise, no igarapé da Fome, um afluente da margem esquerda do rio Caru. Benvindo havia sido entregue por alguns fazendeiros na delegacia de Porto Franco. E lá ficara, em uma cela, até que servidores da Funai foram um dia buscá-lo.

Em 1989, a prefeitura de Angical, na Bahia, e o Incra, enviaram um expediente à presidência da Funai, em Brasília, solicitando providências para que fossem enviados servidores da instituição ao povoado de Santa Luzia, na Bahia, com o objetivo de desvendar a origem de um homem que havia aparecido naquela comunidade, o qual achavam tratar-se de um índio.

Diante da negativa do presidente da Funai em autorizar o deslocamento de servidores até o local, o Sydney, por iniciativa própria e utilizando seu carro, me convidou para irmos até Santa Luzia. Quando chegamos lá, identificamos que o homem tratava-se de um indígena, pelos adornos que usava nos braços, pelo corte de cabelo e, principalmente, por havermos trocados algumas palavras em tupi, pois ele não se expressava em português. Levamos o índio conosco.

Em Brasília, o desafio foi identificar a etnia à qual pertencia o homem encontrado em Santa Luzia, e procurar explicações sobre seu aparecimento na Bahia, já que lá não havia índios com essas características. Após ouvirmos linguistas, antropólogos e alguns índios de diversas etnias que não conseguiam se comunicar com ele, um colega sertanista, Cornélio Vieira, sugeriu que talvez o índio fosse da etnia Awá-Guajá.

Então, o Sydney solicitou a vinda a Brasília do índio Geí Guajá, pois era, entre os índios Guajá do alto Turiaçu, o que melhor possuía a compreensão da língua portuguesa. Mas, como o Geí estava fortemente gripado, mandaram vir o Benvindo.

Ao promover o encontro dos dois, em Brasília, e após trocarem algumas palavras, Benvindo dirigiu-se aos presentes ao encontro dizendo: "Ele é meu pai!". Diante da incredulidade de quem estava lá, nesse momento, Benvindo retrucou: "Mande ele levantar a camisa. Ele tem uma marca de bala nas costas!". Era Karapiru.

Karapiru, o índio de Santa Luiza, Benvindo e Karatinga, que foi encontrado um ano depois de Karapiru, em João Pinheiro, em Minas Gerais, eram todos eles sobreviventes de seu grupo. Eles haviam sofrido um ataque de fazendeiros na região de Porto Franco, no Maranhão. Essa história foi contada no filme *Serras da desordem*, do cineasta Andrea Tonacci.

Os massacres dos Awá-Guajá:
"O melhor para matar índio é que se atire de rifle calibre 22"

Em certa ocasião, fui convocado para investigar o aparecimento de índios na região de Porto Franco, Riachão e no rio Farinha, no Maranhão. Os criadores de gado estavam enfurecidos com o desaparecimento de suas criações, gado e cavalo. E, segundo eles, os índios eram a causa dos prejuízos. Durante os 15 dias em que promovemos expedição na região, constatamos que ali havia um pequeno grupo de índios Guajá. Integravam essa expedição as crianças Geí e Pinamuxá/Benvindo. Era evidente que os índios estavam vivendo um processo de fuga diante da caçada que os fazendeiros promoviam contra eles. Seus tapiris eram construídos de forma improvisada, em lugares de difícil acesso, longe de fontes de água e não ocupados por mais de uma noite. Encontramos flechas abandonadas e o local onde um cavalo havia sido morto. Era evidente que, na falta de alimentos, eles eram forçados a matar gado, cavalo e outras criações domésticas para sobreviver. Os animais silvestres há muito já haviam desaparecido daquela área ocupada por gado e capim.

Nessa ocasião, tivemos uma reunião com os fazendeiros. Estavam presentes os integrantes da expedição e, em forte ameaça, nos colocaram na seguinte situação: "Ou a Funai tira esses índios daqui, e os levam para longe, para uma reserva, ou nós os matamos". Inclusive, um dos presentes deu informações sobre como se deve matar índio, como eles faziam, na verdade. Ele nos disse: "O melhor para matar índio é que se atire de rifle calibre 22. Pois com o 22 não faz barulho e, acertando a um palmo acima do umbigo, a bala 22 provoca hemorragia interna, e não há como se salvar".

À noite, quando estávamos à espera do sono, deitados em nossas redes, ouvi que Pinamuxá e Geí conversavam nervosamente no idioma Guajá. Depois de algum tempo, o Geí me perguntou: "Érito (era assim que pronunciavam o meu nome), você tá dormindo?". Respondi que não, que eu estava pensando. Então Geí continuou: "Érito, vamos embora! Eu e Pinamuxá estamos com medo. Fazendeiro mata mesmo, nós já perdemos muitos, muitos parentes que branco matou de espingarda. Vamos embora! Nós não queremos morrer!".

Por todos os grupos indígenas onde eu passei no trabalho na Funai, sempre houve quem relatasse histórias de massacre. Nunca foi diferente, em nenhum caso. No caso dos Awá-Guajá, há diversos relatos de massacre no final do século passado, anos 1970, 1980, 1990.

Quando chegamos no posto da Funai no alto rio Turiaçu, havia uma população de quarenta e poucos índios. O contato foi realizado em 1973, pelo sertanista José Carlos Meirelles e pelo "Major", o mateiro Florindo Diniz. Segundo o Major, os índios, na época do contato, somavam mais de oitenta pessoas. Mas quando a gente chegou, poucos anos depois, restava metade. Eles ficavam no posto da Funai e, de vez em quando, iam fazer as caçadas e permaneciam longos períodos afastados do posto.

Um dia chegou um grupo de volta de uma dessas longas estadas deles na floresta, em caçadas, e notamos a falta de alguns índios. Conversando com eles, perguntei sobre o índio Ori. "Ori morreu", me disseram. E depois começaram outras notícias: "outro morreu", e "outro morreu", e começaram a contar. Um massacre teria ocorrido nesse momento, enquanto eu estava lá na área.

Na ocasião, o Sydney deslocou-se de Brasília até o alto Turiaçu e nós entramos na mata, acompanhados de três índios Guajá e dois trabalhadores do posto. Chegamos a encontrar três ossadas em lugares diferentes. Eram dos índios. Os índios que nos acompanhavam confirmaram. Por isso, temos certeza de que houve as mortes. Nós não sabemos o motivo.

O Sydney acionou a Polícia Federal, e houve movimento na região. Quando chegamos ao local onde provavelmente ocorrera o encontro dos índios com posseiros, nos informaram sobre determinada pessoa que poderia nos dar mais informações do ocorrido. Mas era muito difícil chegar naquelas regiões, às vezes levava um tempo muito grande. E pegar informação com um, pegar informação com outro, informação imprecisa, é no fulano etc. Até que nos informaram que "Fulano de tal pegou uma criança dessas. Diz que pegou uma índia aí e está criando uma criança".

Conseguimos chegar nesse local e encontrar esse morador. A alegação dele é que ele encontrou a criança na mata sozinha, e que a criança já estava muito doente. Ele assumiu que ele pegou para criar, mas a criança não resistiu e morreu. Esse tipo de informação era o que sempre repetiam. É uma história que nunca tivemos condições de investigar. Não sabemos o que aconteceu: se ocorreu ou não o envenenamento dos índios, ou mesmo um massacre com o uso de armas.

A acusação dos índios é que eles tinham aparecido numa fazenda e que o morador tinha dado para eles, segundo a compreensão deles, farinha com fumo. E que eles tinham comido e muitos tinham morrido. Não sabiam mais o que aconteceu.

Entre tantas histórias de violência contra os Awá-Guajá no Maranhão, uma das que ficou registrada é a do Karapiru. Nela, fica claro que houve, realmente, um tiroteio contra os índios. É concreto: um massacre aconteceu. No caso da farinha envenenada no Turiaçu, resta dúvida. E há muitos casos assim, sem investigação.

O resgate dos Awá-Guajá do Mão de Onça

Mão de Onça é o nome de um igarapé que corre no interior da Reserva Indígena Awá, e depois segue no interior da Reserva Biológica do Gurupi. Terra de ninguém, ou melhor, terra de grileiro, madeireiro e todo tipo de ilegalidades. Esse foi o último "resgate" de um grupo indígena de que participei. Digo "resgate" pois não é correto falar em "primeiro contato". Depois desse encontro, eu não tive mais ânimo nem coragem para participar de trabalhos de aproximação com grupos indígenas. Depois desse trabalho, todas as vezes que eu entrava na mata para procurar vestígio dos índios isolados eu rezava para que não acontecesse o contato. Passei a agir justamente ao contrário de quando jovem.

Na ocasião, integrava a expedição Roger, o índio Guajá Pinamuxá (Benvindo), o Geí, agora, dois homens adultos, Aloísio, motorista, e o mateiro Luís Moreira, um homem simplório, mas de uma sabedoria e de uma sensibilidade no trato com os índios e com os companheiros de trabalho que me deixava sempre surpreso. Um saudoso companheiro a quem devo muito do que aprendi no trato com os povos indígenas.

Depois de alguns dias de caminhada na floresta, na expedição, o Luís Moreira sugeriu que deixasse somente ele e Pinamuxá rastrear os índios, só os dois. Ele alegou que eu estava muito cansado, e que permanecesse no acampamento, enquanto o Roger faria companhia para mim. Quando o sol já havia dobrado sobre as copas das árvores, e o Roger já fazia o fogo para passarmos a noite, Luís Moreira assobiou ao longe. Roger me chamou: "Seu Élito, é o Moreira! E eles estão trazendo os índios!".

Era uma família de índios Awá-Guajá. Um homem jovem e uma mulher também jovem, com cerca de 22 a 24 anos cada, e duas crianças: um menino de uns 8 a 10 anos e uma menina de peito. Estava magros, assustados, com os olhos fundos, mas contentes por encontrar parentes e surpresos em saber que ainda existia quem falassem com eles em Guajá, na língua deles. Nessa noite, eles passaram o tempo todo conversando com o Geí e o Pinamuxá! Somente pararam de conversar quando o dia começou a clarear. Eu ficava imaginando quantas histórias e acontecimentos eles lembraram naquele encontro.

Ameaças na picada no Maranhão

Desde esse primeiro trabalho com os Awá-Guajá, a vida toda eu fiquei muito ligado a esse povo e a essa região. Do Maranhão, fui trabalhar na Frente de Atração Arara, na região de Altamira, na Transamazônica, que ajudei a montar, e de lá, após a criação do Departamento de Índios Isolados, em 1987, voltei para o Maranhão e realizei diversos trabalhos nos Awá-Guajá, como foi a história do Karapiru e o contato no Mão de Onça. Sempre foi muito difícil trabalhar lá. Principalmente pela questão da terra.

Os índios nunca sabem de nada com relação à terra, no primeiro momento. Quem sabe do lugar da terra, os limites, quem inventa essas marcações da propriedade, isso é a gente, é a nossa sociedade. Eles sabem algumas coisas do território que eles usam, que eles vivem.

Um dia fomos reavivar uma picada que eu havia feito, uns anos antes, na expectativa de que a gente conseguisse manter essa terra para os índios. Eram as marcas dos limites da terra indígena, e eu mesmo havia organizado essa demarcação. Eram uns cinco brancos, agentes da Funai, e uns oito índios. Fomos refazendo a marca da picada a partir de alguns sinais meio velhos que estavam na floresta. Até que um companheiro, também sertanista, falou comigo assim, em tom de alerta: "Toma cuidado, porque nós vamos sair mal daqui. Aqui dá muito pistoleiro". E eu, arrogante, pensei: "Que nada, tem que fazer a picada, isso precisa ser feito, e vamos fazer. Vamos segurar essa terra aqui para os índios, de qualquer jeito".

Depois de uns dois dias de caminhada, fizemos um acampamento, e um colega comentou: "Ó, estão matando um porco aí perto". Ouvimos o barulho de gente matando porco, estávamos próximo de morador. E ele disse: "Esse porco é para chamar o pessoal para vir aqui pegar a gente". Eu falei: "Que nada, rapaz. Você está é com medo dessa história. Vamos ficar aqui, sim".

Quando foi mais de tarde, umas três e meia da tarde, era antes das cinco, estava todo mundo tranquilo, ali, só de calção, tomando banho, preparando a comida. Então, chegou um índio apavorado. Ele tinha ido pegar água, e foi cercado. Chegou lá e voltou. Quando fomos ver, quando nos demos conta, estavam lá os caras, todos armados, ali ao nosso redor. Cercaram tudo, de armas mesmo, na mão.

Eram vários. Eu nem sei quantos eram. Porque, na hora, não dá para contar. Mas era muita gente nos cercando. Os caras chegaram parece que todos alcoolizados. Dava para notar. Porque só faz isso no álcool, também. E com arma.

Eles nos cercaram. Os índios saíram correndo. Todo mundo correu. E eu tentei dialogar com o sujeito que parecia o chefe ali. Quando eu falei, ele puxou o cano da arma. *Crau*. Aquele cano da espingarda parecia enorme, ficou grande, na minha frente. Pensei: "Vou morrer agora". Eu só vi foi a espingarda. O cano da espingarda.

Tentei conversar com o sujeito. E ele: "Não tem nada pra falar. Vamos matar vocês é agora". E eu: "Não, deixa isso pra lá, que nós estamos aqui sem saber o que tá acontecendo. Nós só estamos procurando um caminho. Não estamos demarcando nada". Tentando conversar. Felizmente, não houve tiro, ninguém saiu ferido. Mas saíram todos com a roupa que tinham na hora, ou pelados. Quem estava pelado, saiu pelado. Quem estava de cuecas, saiu de cuecas.

Pegaram tudo. Depois dessa ameaça, nos comunicamos com a base da Funai em Santa Inês, e a pessoa que era responsável agilizou a Polícia Federal e deu encaminhamento. Depois de um tempo, pegaram a pessoa que veio nos ameaçar. E ele falou assim, depois: "Eu não sei como é que eu não matei aquele magrinho. Que eu ia matar o sujeito". Eu fiquei uns três dias sem dormir também. Esse me deixou mal. Eu achei que ia morrer.

Uma importante revisão histórica:
a construção da Transamazônica e os contatos com os Arara

Desde que fui trabalhar na Funai, sempre fiz anotações pessoais. Algumas se perderam nos postos indígenas e nas frentes de atração por onde passei. Ainda possuo um punhado de "papeleira" escrita à mão. Mas, no caso dos Arara, eu queria que o diário, e as minhas memórias que estão contidas nele, se tornasse um documento que se perpetuasse, para que, de alguma forma, pudéssemos nos debruçar sobre ele, no futuro, para sermos críticos quanto ao nosso trabalho e, principalmente, para que se tornasse um fio de suas histórias para os índios. É para os índios que escrevi. Na primeira página do primeiro caderno escrevi: "O registro do branco de um povo indígena. Não autorizado" Frente de Atração Arara – 1980.

> 10/3/1980 – Altamira – Pará
> O Sydney chegou a Belém em 20/2/1980 e iniciou a aquisição de materiais. Dia 27/2/1980 me juntei ao Sydney. 6/3/1980 embarcamos para Altamira. Assim que chegamos em Altamira de imediato preparamos o início da reforma de um "casarão" da Funai para nos servir de base de apoio. E começamos a movimentar no sentido de arregimentar pessoal que irá compor as equipes de trabalho na aproximação com o povo Arara. Dia 8/3/1980 o Sydney reuniu o sertanista Afonso e os três auxiliares de frente para conversa e apresentação da estratégia a seguir para o contato com os Arara. Dois dias atrás fomos informados que um grupo de índios, na altura do quilômetro 260 (rodovia Transamazônica), teria sido visto por alguns locais. A proximidade do povo Arara faz a gente sentir crescer o sofrimento de um povo espoliado pela cobiça, pela falta de humanismo, a falta de respeito do homem branco. O caso torna-se tão estarrecedor pelos fatos vistos e vividos que nos leva à beira do insólito ou da comicidade.

Minha intenção hoje é entregar aos índios os meus documentos. Eles podem ter a oportunidade de conhecer a maneira como nós os víamos naquela época. Muitos dos Arara da época do contato estão vivos, e o registro pode ser importante para eles. Fico imaginado que o acesso dos índios ao diário dará a eles a oportunidade de exprimir suas visões dos episódios narrados. Nós, numa das margens, enquanto os índios, na outra margem, cada qual a observar os mesmos fatos, mas à sua própria maneira.

Posto PV-I, onde se deu o contato com os índios Arara do Sul.

O processo de contato dos Arara e a nova política para os isolados

Segundo mandava o Estado, durante a ditadura, havia a necessidade de fazer a aproximação com os índios Arara, o contato e a pacificação. Essa era a ordem.

No passado, já haviam tentado por diversas vezes a "pacificação dos índios" e não haviam logrado êxito. Agora, a Transamazônica precisava ter continuidade, assim como as colonizações na região. A Frente Arara não funcionava de acordo com o plano do governo. E não havia investimento. Ela não funcionava porque os índios continuavam atacando, e o contato não estava sendo realizado. No entendimento do órgão, a Frente Arara era uma frente que não funcionava. Para funcionar, tinha que ter contato com os índios. Segundo definiu o colega e amigo Fiorello Parise: "É preciso mostrar para eles o escalpe dos índios!".

Faltava tudo na frente. Chamaram o Sydney e ele me levou junto para colaborar no planejamento e chefiar um trabalho que seria novo. Montamos uma estrutura diferente. As pessoas que trabalhavam antes da nossa chegada a Altamira eram ótimos sertanistas, como Afonso Alves da Cruz, o "Afonsinho", o Corró, o João Carvalho. Mas faltavam-lhes, e nem poderia ser exigidos deles, algumas características e visões que a situação exigia. Eles já tinham sido atacados pelos índios. Por duas vezes, ao tentarem a aproximação com os índios, foram flechados, o Afonso, Corró, João Carvalho, Pedro Waiwai, Milton Lucas. Além dos servidores da CPRM que haviam sido mortos pelos Arara, enquanto

Wellington Gomes Figueiredo durante contato com indígenas da etnia Arara.

faziam um serviço de topografia para a demarcação de lotes para a exploração mineral. A Funai exigia que se fizesse o contato a qualquer custo. Resumo: a estratégia era acossar os índios, forçar o contato, e promover uma "correria", como chamavam os massacres dos índios na época da borracha.

Também nesse período teve início os estudos para a construção da hidrelétrica que resultou em Belo Monte. E a gente já alertava para os problemas que viriam ocorrer no futuro. Problemas como de inundação, ocupação da região por agentes externos, grande movimento de pessoas. Naquela época, se houvessem sido adotadas medidas mirando o futuro, que era previsível, hoje os índios daquela região estariam em melhores condições e o investimento em Belo Monte poderia ser concretizado sem tantos conflitos e com menos impacto sobre o meio ambiente. Há trinta anos prevíamos o que ocorre hoje na região de Altamira, que é um verdadeiro desastre.

Até então, as frentes da Funai não tinham estrutura de suporte ao trabalho do pessoal de campo e, muito menos, pensando nos índios. Se precisava do contato, colocavam um saco de farinha nas costas do sertanista e ele andava atrás dos índios. Era assim que era feito nos Arara: o pessoal atrás dos índios, e os índios flechando. O pessoal acossando os índios para o contato, e os índios revidando. Isso predominava na Transamazônica. Chegamos com outra filosofia. A ideia passou a ser deixar os índios até que uma hora eles promoveriam o contato.

Nossa primeira atitude foi impedir invasões em determinada área que traçamos no mapa. E começamos a afixar placas, e a fazer pique, "demarcações oficiosas", por nossa conta. Sem portaria de interdição. Fazíamos no peito. O Estado tinha interesse em resolver a questão, que era amansar os índios e, paradoxalmente, fazia vistas grossas às nossas atitudes ilegais para demarcar as terras.

Na época, a gente tinha um bom relacionamento com o coronel da região, que simpatizou com o nosso trabalho e colocou o Exército à nossa disposição. Nosso trabalho já era reconhecido, o Sydney era reconhecido pela Funai, pela imprensa, e começava o movimento ambiental.

Fazer contato nunca é benéfico aos índios. A forma de agir da Funai não favorece os índios. Isso era uma coisa teórica, e começamos a pôr em prática ideais que há tempos formavam uma bandeira de sertanistas e indigenistas.

O ideal seria, primeiro, vigiar a terra dos índios. E o contato ficaria para depois, para quando os índios quisessem. Nesse momento, havia uma empresa de álcool, a Cotrijuí (Cooperativas Tritícolas do Ijuí), que fazia uma forte pressão em Brasília. Mas seguramos. Na prática, era: ninguém mais vai entrar; ninguém mais vai correr atrás de índio. Isso veio a formar, depois, a nova política para os índios isolados.

A metodologia do contato dos Arara em campo

A rodovia Transamazônica dividiu os Arara em dois grupos. Denominamos Arara do Sul, compreendido entre a rodovia Transamazônica e o rio Iriri, e os Arara do Norte, compreendido entre a rodovia Transamazônica e os formadores do rio Penetecal. Inicialmente foi montada uma estrutura voltada para os Arara do Sul, chamado PV-I (Posto de Vigilância I), e logo em seguida, para os Arara do Norte, foi montada a Frente Penetecal. O PV-I tinha o objetivo de impedir a penetração de pessoas (garimpeiros, grileiros, caçadores, madeiros, colonos etc.) no território habitado pelos índios. Já no Penetecal tínhamos como objetivo conhecer a área de uso dos índios Arara que ali habitavam.

O grupo do PV-I era maior, e o que havia flechado o Afonso, o Corró, o João Carvalho, o Pedro Waiwai, o Milton Lucas, e que tinha matado o pessoal da CPRM. O grande "problema" para o Estado brasileiro eram esses índios Arara do Sul (PV-I). Eram eles que atacavam, que flechavam. E nós éramos para "amansar" os índios, para tornar possível os empreendimentos na região, pois os índios estavam "atrapalhando". Mas dirigimos nosso trabalho no sentido oposto. Nossa proposta era vigiar a área, impedindo a entrada de pessoas que colocavam os índios "pra correr", em fuga. E o contato seria uma possibilidade e não uma certeza a ser perseguida.

Quando ficou claro que ninguém mais ia "buscar" índio, os servidores da Funai oriundos das "frentes" anteriores que atuavam na região ficaram assustados: "Pô" – diziam eles – "se estamos para 'atrair' índio, como é que vocês vão deixar os índios lá?". O mesmo se deu com relação às autoridades e à população da região. A força política na região pertencia ao Exército brasileiro, e o Sydney, muito sabiamente, conseguiu convencer o comandante, chamado coronel Paulo Isaías, sobre nossos propósitos. Havia naquela época muitos interesses econômicos e políticos na região. E também agentes dos órgãos de informação (SNI). Lembro que certa vez chamaram o Sydney no quartel. Quando o pessoal do SNI iniciou uma conversa de dar uma "prensa", o coronel entrou no meio: "Olha, os cara aqui estão trabalhando! Deixa os cara lá!". E foi com trabalho, seriedade, organização que ganhamos credibilidade. Com o Exército do nosso lado, passamos a "peitar" Incra, Cotrijuí, madeireiros, grileiros, garimpeiros.

Na altura do quilômetro 120 da rodovia Transamazônica havia um travessão, uma estrada vicinal que adentrava cerca de 12 quilômetros em direção à área de uso dos índios Arara do Sul. Essa estrada findava, após uma elevação, numa clareira, cortada por um pequeno igarapé. A clareira era usada como esplanada por madeireiros. Esplanada é o local para armazenar grande quantidade de toras de madeira, para carregar nos caminhões. Era uma clareira com aproximadamente uns duzentos metros de raio. Após expulsarmos os madeireiros de lá, construímos dois grandes barracões.

Fizemos os acampamentos e deixamos os índios, para dar certa tranquilidade para eles. A estratégia era: primeiro contatar os índios do Penetecal, porque é um grupo menor. Feito isso, a gente ganha a confiança e, depois, a gente pega alguns indivíduos do grupo para tentar a aproximação com os índios do PV-I. Mas aconteceu tudo ao contrário.

Se no início o trabalho se restringia aos Arara do Sul e aos Arara do Norte, o desenrolar dos acontecimentos e as histórias do surgimento de outros grupos indígenas isolados na região, perseguidos pela implantação da Transamazônica, plantações de cacau e pimenta-do-reino, implantação de pasto, garimpo, pesquisas diversas, a Frente Arara tomou uma dimensão que não havíamos imaginado. Havia a Frente Penetecal, a Frente do PV-I, depois vem a Frente Iriri e depois a Frente do Laranjal. Tudo isso em torno da Frente Arara. Em seguida, o Kurambê e os Paracanã do igarapé Bom Jardim, afluente da margem direita do rio Xingu. Além de promover diversas expedições de averiguação sobre a existência ou não de índios isolados tais como: Prainha, igarapé São Domingos, serra da Baliza, Reserva Extrativista Riozinho do Anfrísio. Hoje fico a imaginar o que pode ter acontecido com os índios da serra da Baliza e do igarapé São Domingos, de que não tivemos mais notícias. O processo tomou uma dimensão diferente. Foi o grande início de uma nova política para os índios isolados. A história dos contatos anteriores é completamente diferente da história dos Arara.

Perigos do contato: os ataques

A gente não queria que os índios tivessem a impressão de que nós estávamos atrás deles. A intenção era dar tranquilidade, e a determinação era para que ninguém mais promovesse a entrada além do acero da clareira onde estava o posto PV-I. Estava proibido caçar, pescar, coletar açaí, tirar cipó, madeira, lenha etc. Toda a alimentação dos servidores da frente procedia de fora do território dos Arara. Foi necessário um trabalho para mudar a maneira de se comportar dos servidores da Frente Arara, pois o sustento tradicional alimentar das frentes de atração eram a pesca, a caça e a coleta, e, para montar infraestrutura, casas, alojamentos, depósitos de uma frente, na maioria das vezes eram provenientes da terra dos índios. Com as medidas adotadas, os índios deixaram de atacar, porque não eram mais atacados.

Pensávamos que os índios construiriam uma relação direta entre a nossa presença, implantação do PV-I, e o afastamento dos invasores de suas terras. De certa forma, mesmo que apregoássemos um estado de constante alerta, a tranquilidade em que achávamos que os índios se encontravam talvez tenha nos contagiado. Isto é, nós nos tornamos confiantes.

Em Altamira, tínhamos um controle rigoroso do que acontecia na área. Na Frente Arara havia um sistema de comunicação por radiofonia eficiente. Os postos eram bem equipados com radiocomunicação (fixa e móvel) e exigia-se rigorosa observância aos horários estabelecidos para manterem contato com a Base em Altamira: 7 horas, 12 horas e 20 horas, sendo que o rádio da Base Arara permanecia em funcionamento das seis e meia da manhã até as 22h. Assim, a chefia tinha informações sobre o que ocorria em cada unidade da Frente de Atração Arara. Essa prática tornou-se, depois "dos Arara", uma constante em todas as frentes de atração por onde passei.

Certa noite, eu estava em Altamira às 20h e chegou a comunicação pelo rádio: "Fomos atacados".

Tínhamos construído o local que servia de refeitório, de pau a pique, de madeira verde. Quando secou, as varas de madeira se abriram, criando um espaço, uma fresta entre as madeiras que formavam a parede de nosso "refeitório". E foi por essas frestas que os índios soltaram suas flechas. Outro fator, além da abertura das madeiras, que contribuiu para que os índios tivessem êxito na empreitada ou no ataque que nos desferiram, foi que naquela noite não havia lua, a lua ainda não havia saído. A noite estava escura e os servidores da frente, dentro do alojamento, clareados pela luz do lampião, tornaram-se alvos vulneráveis para quem estava no escuro. Ou seja, quem estava no escuro era capaz de visualizar nitidamente quem estava na claridade. O contrário não sucedia.

Nessa noite foram flechadas três pessoas, em uma acertou a boca, quebrou a prótese dele, a dentadura, outro foi flechado no braço, e o terceiro teve a mão flechada. Mas a ordem era a seguinte: se acontecer um ataque, ninguém atira. Para assustar e afugentar os índios, os servidores serviram-se dos foguetes que tínhamos distribuído por alguns pontos do posto, e foi acionado o sistema de iluminação que circundava nosso acampamento. Geralmente as frentes usavam a estratégia de levar foguetes para se precaverem de um ataque por parte dos índios. Eu, particularmente, sempre incluí nos apetrechos de uma frente alguns foguetes. E nós tínhamos foguetes, lá. Isso era estratégia, também, já pensando no que podia acontecer. Vamos pegar os foguetes, soltar os foguetes. Foi o que aconteceu. Os índios foram embora.

Mas o que ficou marcado nisso tudo foi que não houve reação contra os índios. Ninguém foi atrás dos índios. E tampouco abandonamos o posto PV-I. Nossa reação a esse ataque, pacífica, serviu como um ponto de afirmação nossa ali. Os índios podem ter pensado: "Fomos lá, atacamos eles, e mesmo sendo atacados eles não vieram atrás de nós". Na grande maioria das vezes, quando os Arara atacavam aqueles que invadiam suas terras, e colocavam em perigo seu povo, ocorria algum tipo de revide. Os posseiros, garimpeiros, madeireiros sempre se armavam para "punir" os índios. E eles perceberam que ali foi diferente.

A nossa insistência em permanecer no local onde os índios nos atacaram, e não haver revide por parte dos trabalhadores da frente, considero que foi importantíssimo para que os índios se aproximassem de nós. Esse episódio também serviu para que alguns trabalhadores definissem se queriam ou não permanecer nos trabalhos de uma frente de atração.

Não posso deixar de recordar quanto era difícil o convívio daqueles homens. Vinte, às vezes trinta homens confinados numa área de aproximadamente uns duzentos metros de raio, era um convívio complicado. Para nos desestressarmos, jogávamos futebol, jogávamos espiribol, e durante a noite tinha jogo de baralho ou dominó. Muitos tinham radinho de pilha. Afinal, a estratégia era de esperar que os índios nos procurassem. Foi depois desse ataque que construímos uma torre de uns dez a 15 metros de altura para servir como torre de vigilância e de observação.

Todas as noites havia um revezamento entre os servidores da frente para subir até o alto da guarita na torre e passar o tempo focando o acero da mata. Hoje, ao retranscrever meu diário, observo quão constantes eram os casos de morbidade entre os servidores da frente, que precisavam se ausentar por problemas de saúde, como dor do ouvido, dor de dente, diarreias, dores de cabeça, males do estômago... Ao recordar esses fatos, hoje eu me pergunto se eles não eram provenientes do constante estresse em que vivíamos na frente.

Após o ataque dos índios à base, a frente não sofreu um processo de descontinuidade, como acontecia até então. A frente do PV-I continuou com suas atividades: vigilância da área e permanência no posto. E sem ostentar hostilidade. Os índios perceberam essa "novidade" em suas vidas. Apesar do ataque, continuaram os brindes. Continuaram as ofertas de facão, espelho, miçanga, machado, linhas coloridas, panelas e alimentação; banana, farinha, macaxeira, batata. E por que a alimentação, além das ferramentas? Pensamos que, se os índios moram longe do PV-I, o que era certo, então era bom deixar comida. Foi então que os índios passaram também a nos presentear. Ou seja, também começaram a nos "amansar". Eles nos deixavam jabutis, recipientes de taboca contendo mel com água, ingá. Nunca deixaram flechas! Talvez, se o fizessem, pensariam que pudesse ser um sinal de hostilidade.

O primeiro contato com os Arara no PV-I, segundo o diário

2/fevereiro/1981 – Base Arara – PV-I – segunda-feira
Arara: face a face

Começamos de manhã o agito para aprontar o Toyota. A peça que conseguimos (emprestada) não era a que necessitávamos. Foi preciso um acerto no torneiro. Às dez horas, aproximadamente, veio a notícia de que cinco índios haviam saído no PV-I. Karaiwá e Manoel Waiwai se aproximaram dos índios, confraternizaram, levaram-lhes panelas, açúcar, farinha, facões. Karaiwá entendeu a língua deles, o que tornou o encontro mais fácil. Os índios permaneceram por mais uns 45 a cinquenta minutos e se retiraram, dizendo que voltariam na parte da tarde. Chegamos eu, Bita, Henrique, Gérson, Ananum e Zé Gomes às duas e meia da tarde. Todo o pessoal muito eufórico. Eles nos disseram que os índios voltariam ao entardecer, com a promessa de que traríamos presentes. Às cinco horas da tarde os índios gritaram lá do acero da mata. Foram Manoel, Karaiwá e eu, depois Lourival, Gérson e Bita. Revezando Ananum e Zé Gomes, que permaneciam no posto fazendo nossa retaguarda. Eles nos deram de beber em suas tabocas (tubos), cada um trazia uma com mel com água, nos trouxeram porcão. Nós lhes demos facão, machado, panela, farinha, pente, facas, colheres. Eram cinco índios com mais de 45 anos, dois rapazes de uns vinte anos e uma criança de uns doze anos, que constantemente assoava o nariz (será que estava gripada?). Estatura mediana, poucos pelos no rosto, com a pele do pênis amarrado (como os Guajá), um dos índios estava de brinco, todos eles com colares de miçangas (brindes!) entremeados com dentes miúdos (talvez dentes de macaco), todos os cinco possuíam o septo nasal furado, por onde passava uma varetinha de uns cinco centímetros. O cabelo cortado em cuia, mas (marcas de chumbo nas costas!) não raspados nas extremidades. Permaneceram mais de uma hora conosco. Retiraram-se depois, dizendo que dentro de três dias retornariam. O Karaiwá entendeu muito do que falaram. Com o tempo ele passará a conhecer melhor a linguagem dos índios. Ah! Todos eles usavam braçadeiras nos músculos (braço). Os dois mais velhos mostravam falhas nos dentes. O aspecto geral era bom, apesar de magros, mostravam-se bem-dispostos. Depois que os índios se retiraram, voltamos à casa para ficar sentados no terreiro comentando a visita que os índios nos fizeram. E de tanto em tanto tempo comentávamos, especulávamos quando seria a visita, o que lhes diríamos e toda a fantasia que envolve um encontro. A Bita os fotografou sem que demonstrassem medo ou repúdio à máquina. Já escurecendo, ouvimos novos gritos vindos da mata. Um dos rapazes voltara com um jabuti e um pedido de rede. (Esclarecimento: seu pedido de rede era representado por uma rede rústica de envira.) Na correria, acabaram dando-lhes três panelas e ele voltou sem a rede. Quando viramos as costas, o ouvi conversando com outra pessoa que não se deixou ver. Com certeza esse ainda não vimos. Segundo o Karaiwá o índio lhe disse que de dois a três dias retornariam a nos visitar e que dessa vez traria mulher, criança, todo mundo. Segundo nos foi dado a saber através do Karaiwá existem dois grandes grupos. Um à nossa direita e outro à nossa esquerda. Sem armas!

O grupo que pensávamos que fosse maior, que é do PV-I, eram poucas pessoas. Eles resistiam para valer à penetração, porque eles estavam sempre flechando. Mas não eram tantos. Eram aguerridos! Após o contato com os Arara do PV-I, nos surpreendeu o número de índios: eram 58. Na ocasião achávamos que o grupo era bem maior. Subestimávamos a capacidade de resistência dos índios! Excluindo idosos, crianças, mulheres, talvez apenas um quarto da população fosse de guerreiros. E os guerreiros certamente tinham outras atividades para colaborar com a existência do grupo.

O Akitô era o menino que primeiro se aproximou, e falou com o Karaiwá, um índio do Xingu que conseguiu falar uma língua próxima da origem deles, da família Karib. Na aproximação com os índios do Penetecal, pela Base do Laranjal, houve a participação direta dos índios Arara do PV-I.

A Base do Laranjal

Esse nome, Laranjal, se deu em razão de uma antiga colocação de seringueiros, e lá tinha muita laranja na região. Vem de antes da Frente, uma coisa antiga. A escolha do Laranjal se deu devido às circunstâncias do PV-I, de muita proximidade da Transamazônica. Dali até a Transamazônica era menos de 12 quilômetros. Essa proximidade nos preocupava. E pensamos que montar a Base na beira do rio Iriri poderia ser mais tranquilo para eles, com mais distância da movimentação da Transamazônica e suas consequências, como prostituição, cachaça, epidemias. Se os índios morassem na beira do rio Iriri, poderia ser mais seguro para eles.

Tradicionalmente, os Arara moravam na terra firme, longe do Iriri, mas frequentaram essa faixa de terra entre a Transamazônica e o Iriri. A Transamazônica dividiu o povo Arara. Por isso ficou essa divisão entre o grupo do rio Penetecal e o do rio Iriri. Antes, era um povo que circulava, havia parentes espalhados por ali, e a estrada os dividiu. Quem passou para o lado de cá não voltou mais a ver quem era de lá. Tanto é que, depois do contato com os índios do Penetecal, eles se reconhecem como parentes.

A questão de todos os contatos, e uma das consequências inevitáveis, são as doenças. Essas doenças nossas mais conhecidas: sarampo, tuberculose, gripe. A gente pensava que poderia acontecer isso. A política era a de estar preparado para quando acontecesse de adoecerem. Pela primeira vez, havia um posto indígena junto de um posto de atração com uma preocupação com o pós-contato, relacionado à saúde dos índios. Pela primeira vez, havia um estoque de medicamentos, já prevendo o amanhã, porque sabíamos que aconteceria. Uma hora, eles iam pegar gripe. E chegou a hora.

A epidemia de gripe após o contato

A gripe chegou quando os índios estavam ganhando a nossa confiança, passados alguns meses após o contato. Com confiança, perderam o medo de ir até depois do posto. E a poucos quilômetros já havia moradores. Os índios passaram a considerar que todos aqueles que possuíam as mesmas características de nós, servidores da Frente, como corte de cabelo, uso de roupas, uso de armas de fogo, tipo de construção de casas etc., seriam parentes entre si. Porque assim acontece com os grupos isolados: eles usam a mesma roupa, cortam o cabelo igual, então são parentes. Eu fico me colocando no lugar deles para imaginar: então, se eu converso com esse, posso ir falar com aquele mais adiante. E começamos o trabalho de tentar segurar os índios dentro de uma área que a gente achava que eles não corriam risco.

Era uma doideira, a gente correndo atrás dos índios, até na Transamazônica. Por diversas vezes, tendo que ir atrás deles, tentando impedir que tivessem aproximação com colonos, motoristas da estrada. E eles irritados com nossos gestos. Era uma loucura mesmo. Algo como, pensando por eles: "E como é que vocês não deixam a gente ir conhecer o que a gente quer?". Na Transamazônica, ocorria dos índios entrarem num carro e a gente ir lá tirar eles. Num dia, entram dentro do ônibus: queriam ir para Altamira, porque tinham ouvido falar de Altamira.

Decidimos levar os índios para Altamira. Não tinha mais jeito de impedir. Levamos um grupo. Parece que dois dias. Foram em um dia e voltaram no outro. Foram matar a curiosidade, ver se eles sossegavam. Mas, com isso, começou a incubar as doenças.

Hoje, repensando o passado, eu li em um ponto do meu diário um registro que antes de eles irem para Altamira, o pequeno índio Akitô estava com o nariz escorrendo e um pouco febril. Revi isso porque é uma coisa que me marcou muito. Dia desses, decidi rever esse passado.

Os índios pegam diversos vírus. Passam um tempo no posto, vão para o mato, vêm para cá, um anda com o nariz escorrendo, outro não. Passa um tempo, e começaram a chegar no posto uns índios derrubados. No meu diário, descrevi os índios subnutridos, magros, com febre. Começava a chegar índio nessas condições.

Quando começa a chegar índio assim, "puta merda, agora vai ser!", pensamos.

E remédio? Ninguém consegue dar remédio para índio que não está na rede, morrendo. É preciso ter um intérprete capaz de convencê-los a tomar uma injeção. Aquilo é uma agulha que fura o corpo.

A situação se tornou desesperadora. A gente querendo ir atrás dos índios. E os índios que chegavam no posto falavam: "Não vão, porque se forem eles vão flechar vocês". Falavam isso pra gente: se vocês entrarem, eles vão flechar vocês.

Começou a chegar índio caído, o desespero aumentando, até que pensamos: temos que ir, não dá mais.

Imaginávamos que podia acontecer, conversávamos com o pessoal sobre como agir nessa situação, com base em experiências anteriores. E essa equipe foi a melhor com que eu já trabalhei na Funai. Todos os 36 que trabalharam lá tinham uma dedicação, uma solidariedade com os índios que eu nunca havia visto igual. Apesar de não terem instrução, muitos analfabetos, eles foram capazes de absorver e compreender a importância do trabalho que estava sendo feito ali com base nos treinamentos. Quando houve necessidade de pôr em prática, houve resposta. De dia ou de noite, era gente entrando na mata e trazendo índio nas costas. Carregando nas costas os índios que estavam morrendo.

A origem da epidemia: o convívio, a Transamazônica e Altamira

Nos Arara aconteceu uma epidemia, e lá a situação ficou estigmatizada da seguinte maneira: os índios pegaram doenças porque foram para Altamira. Essa é a história comum. E isso hoje ficou marcado como se nós tivéssemos levado os índios por um interesse nosso, porque a gente simplesmente quis levá-los para a cidade. Na época, acusaram: "Os índios pegaram doença porque o Sydney levou para Altamira". Não é que os índios tenham pegado doenças porque foram para Altamira. Eles pegaram doença porque é do convívio deles com a gente mesmo, com o pessoal da Transamazônica e da Funai. E, em Altamira, pode ser que tenham pegado algum outro vírus também. A gente não sabe. Mas não é justo dizer que foi a ida para a cidade que causou a epidemia, e não é correto. Eles pegaram gripe. Um dia, ou outro, eles iriam pegar. Essa é a história. Não existe um grupo indígena que não tenha pegado gripe, conjuntivite, tuberculose, sarampo.

Nós podemos nos precaver ou minimizar esses impactos, esses males, mas, uma hora, vêm. É inevitável.

É igual quando nasce uma criança, quando temos filhos. Uma hora, ele gripa. Por mais que você tome todos os cuidados, ele vai gripar uma hora. Ou, então, ele vai morrer antes. Não é assim? Dor de garganta, uma hora vai ter. A gente toma os cuidados que estão disponíveis. Alguns dão certo, outros não dão, mas, pelo menos, uma hora vem com menos intensidade.

O desespero na frente

A sensação era de desespero. Na hora, não dava para pensar, só agir: trazer índio nas costas, identificar grupo que estava lá e não podia trazer, medicar. Era constante, 24 horas por dia.

A gripe foi mortal.

Como em qualquer grupo, é assim. Tiramos grandes lições dessa tragédia que, depois, vieram a refletir no contato com os Parakanã, que eram 119 índios no contato e morreu apenas um índio, de picada de cobra. Porque já tínhamos aprendido como conduzir a situação. Aprendemos nos Arara.

Os Arara eram 54 pessoas no contato. Durante a epidemia de gripe, identificamos dois grupos, duas metades internas no grupo dos Arara. Um era o grupo do Piput, e outro era o grupo do Kapó. Eram parentes, mas a gente sentia que havia uma divisão. O grupo do Piput foi o que chegou primeiro no posto, que nós conseguimos ir atrás, buscar os índios, trazer nas costas, levar remédio, dar comida. Até limpar a bunda de índio a gente tinha que fazer, porque eles não conseguiam se levantar da rede. Tínhamos que dar remédio na boca. Até convencê-los a aceitar o remédio foi um porrada.

Injeção, soro, penicilina. Era o que tinha. E nós metíamos neles para ver se levantavam. Depois, quando começaram a sentir que o nosso remédio fazia efeito, aí eles aceitaram. Mas, antes disso, o índio dava chute, dava empurrão, era uma briga mesmo. E nós observamos que do grupo do Kapó ninguém havia voltado do mato. Ninguém tinha voltado do grupo do Kapó. Só o grupo do Piput.

Começamos a perceber que só um grupo vinha ao posto, o outro não. Perguntamos para o grupo do Piput sobre os parentes, e, para eles, não tinha essa coisa de "meus parentes", nesse caso. E a gente insistindo. Eles não nos diziam onde estavam os outros. E quando falamos que iríamos atrás deles, eles responderam: "Não vão, porque eles vão matar vocês". Ficamos uns três ou quatro dias nessa indefinição: vai, não vai; vai, não vai.

Foi em uma noite em que a gente decidiu: "Já faz cinco dias que os índios estão chegando doentes e os que não estão chegando podem estar morrendo. Então, nós temos que ir".

Fiz uma reunião com os funcionários da Funai e perguntei quem queria ir para o mato atrás dos índios, dizendo que não eram obrigados a ir, em razão do risco. Os índios que estavam lá falavam: "Se vocês forem, eles vão flechar vocês. Não vão. Se forem lá, eles vão matar vocês". Sabíamos do histórico dos Arara, que eles matavam mesmo, que já havia tido conflitos, que ocorreram mortes, que o Afonso já tinha sido flechado, o João Carvalho, o Corró já tinham sido flechados. Todos nós estávamos com medo. Mas chegou uma noite em que não era possível prolongar mais. Falei: "Nós temos que ir. Quem quer ir?".

A morte espalhada pela floresta

Apresentaram-se, de forma voluntária, o Ozanã, o Pedro Waiwai, o Ademar e o Evandro. Eu e mais quatro funcionários que toparam. De manhã cedo, quando dissemos a todos que iríamos, apareceu o Akitô e disse que iria junto, o indiozinho do contato. Provavelmente, eles conversaram de noite entre eles. Enquanto nós conversávamos aqui, eles estavam conversando lá na maloca deles. Quando eles nos viram, de manhã, com as coisas nas costas, apareceu o menininho. Por certo, os mais velhos mandaram ele ir junto. Nós íamos por um caminho, mas ele disse que não era por lá, apontou outro caminho. Eles sabiam onde estavam os índios, mesmo que, antes, estivessem negando. E nos guiou.

No primeiro dia de caminhada, começamos a ver urubus. Urubus rodeando a floresta. Quando chegamos em uma aldeia, havia ali dois corpos semienterrados: um com a canela de fora, outro com o braço de fora.

Era uma aldeia de caça. Não era uma aldeia grande, era um lugar de passagem. Acho que era um local onde eles ficavam acampados para vir pegar os presentes que a gente deixava. Tinha uma estrutura temporária. No total, encontramos três sepulturas, e imaginei o tamanho da gravidade: alguém enterrou esses corpos e agora estão andando para a frente, em fuga. Então, nós tínhamos que alcançar esse pessoal para salvá-los.

Um corpo no caminho e os resgates

Quando saímos desse acampamento, havia um tronco no caminho. Eu me lembro que eu pisei no tronco, para pular do outro lado, atravessar ele. Mas, quando eu fui pular, havia ali uma pessoa. Um corpo morto. Estava na altura do joelho, da minha canela, mais ou menos. "Puta merda", pensei. Foi um aperto muito grande. Paramos. E disse: "Vamos embora, vamos largar o pau na mata correndo rápido, para ver se a gente encontra o restante do grupo. Porque o restante deve estar morrendo pela floresta".

Era o corpo de uma mulher, a gente soube depois. Vou contar como é que a gente descobriu que era mulher que estava ali, morta.

Começamos a andar. Andamos menos de cem metros e topamos com uma criancinha, sozinha, carregando uma cabacinha com água. E a criança esteve dormindo junto do corpo. A gente acha que o corpo era da mãe dessa criança.

Foi muito emocionante. Eu sempre me emociono quando recordo essa cena.

Todos ficaram em estado de choque. A criança dormia ali, com o corpo. Já devia ter alguns quantos dias, nessa altura, pois já estava em estado de putrefação. Quando nós vimos que era a criança, filho da pessoa morta, todo mundo chorou.

Uma coisa que me emociona, também, é que aquele pessoal da Funai que estava ali eram aqueles homens rudes, duros para lidar com situações difíceis. E todo mundo chorou. Aquele pessoal, aqueles homens machos, não é?, todo mundo desabou. Aí, o Ademar pegou essa criança, tirou um sabonete de dentro da mochila dele, levou essa criança para a beira do igarapé, deu um banho na criança, puseram a criança nas costas e seguimos para o mato. Seguimos para ver se encontrávamos vestígios.

Isso também mexeu com o índio Arara que estava com a gente, o Akitô, e ele cortou caminho para o resgate. Quando nós começamos a encontrar esse grupo que estava em fuga, era em torno de dez horas da manhã. Ou seja: eles estavam muito perto da gente. E só chegamos porque o índio sabia o caminho. Senão, talvez nunca iríamos encontrar esse pessoal.

Mais ou menos ao meio-dia chegamos em uma aldeia. E todo mundo ficou parado, com medo de ir lá, para não ser atacado. Até que o Akitô deu um grito, então apareceu uma criança de uns sete anos de idade, o nome dele era Tanti. O Tanti apareceu na porta da maloca, com arco e flecha, peitando a gente. Mas o Akitô conversou com ele, e ele deixou a gente entrar. Na maloca, todo mundo estava arriado. Todo mundo cagando e comendo ali mesmo, sem forças para mais nada. Só havia uma mulher que estava mais inteira, a Kutê. Só a Kutê, uma índia forte. Ela e esse menino, o Tanti, que estavam mais inteiros, de certa forma era quem alimentava todos os outros. Todo o resto do grupo estava nas redes.

Levávamos um rádio Telefunken, um rádio portátil, velho e pesado, com uns vinte quilos, mas a gente conseguia, de certa forma, ter comunicação de lá. Também trazíamos alguma medicação. Os índios estavam todos derrubados, nas redes. Assim que chegamos, nesse mesmo dia, começamos a fazer uma clareira. Nós tínhamos machado e facão.

Assim que chegamos, primeiro, demos o primeiro socorro e começamos a falar no rádio para descrever a situação. Comunicaram com o Sydney Possuelo sobre a epidemia. E fizemos uma clareira, trabalhamos nessa clareira até umas oito horas da noite, para esperar um helicóptero. No dia seguinte, por volta das dez horas da manhã, veio um helicóptero de Belém, que o Sydney havia conseguido.

O resgate de helicóptero foi feito para o PV-I, porque lá já havia uma estrutura, havia médicos e tudo esquematizado. Esse foi um grande aprendizado: não se deve fazer nenhum tipo de aproximação com índios isolados sem que se esteja preparado. E, se não estiver preparado, quem vai sofrer as consequências são os índios. Porque eles vão morrer.

Esse episódio provocou uma mudança de filosofia sobre como se comportar nessas situações. Foi um grande aprendizado. Por exemplo, é importantíssimo conhecer por onde os índios andam, em caso de necessidade de resgate. E ter uma estrutura com equipe médica, enfermeiros. Antes, não tínhamos essa estrutura de imediato. Mas lutamos para ter, durante esse período. No total, foram cinco ou seis mortes logo após o contato com os Arara, decorrentes dessa epidemia.

Medos e riscos

Uma vez, eu passei muito medo quando fui ameaçado no Maranhão, quando refazia uma picada na terra dos Awá-Guajá. Eu também passei muito medo no contato com os Arara, no Penetecal. Foi durante o período da fiscalização e informação inicial, para reconhecer o território onde os índios estavam. Isso antes do contato no PV-I, quando estava iniciando o processo no Penetecal.

Num dia, à tarde, o Pedro Waiwai, o Zé Gomes e um outro funcionário comentaram: "Wellington, nós vimos sinal dos índios aqui perto, num igarapé aqui perto". Eu comentei: "Amanhã eu vou lá ver". E chamei o Ademar. O Ademar era um rapaz de confiança, esse pessoal que é amigo mesmo e que topa qualquer coisa. Decidi que iríamos até essa área, verificar o que havia lá, pois eles haviam escutado sinais dos índios. Quando fomos andar, vimos um rastro e uma marca de bunda na areia do igarapé, algum índio havia sentado por lá. E ficamos ali parados por um tempo, conversando.

De repente, ouvimos um mutum "esturrando", o som do pássaro. Ademar disse: "Eu vou lá ver se eu mato esse mutum pra gente levar para o acampamento". Concordei: "Legal, fico aqui te esperando". Passou um tempo, eu ouvi um assovio. Assoviei também. Mas tornou a assoviar, eu assoviei. Nós trocamos uma sequência de assovios. Aí, o Ademar chegou. "Ô, você está chamando para ir embora?", ele me perguntou. "Não. Você é que assoviou primeiro", respondi. E ele: "Não, não fui eu não". Se não foi ele, nem eu, então eram os "parentes", os índios estavam por perto. Dei então dois passos e deram outro assovio que pareceu que foi dentro do meu ouvido. Meu cabelo arrepiou. Como esse negócio de desenho animado, que diz que o cabelo levanta, sabe? Pois é, levanta mesmo. Meu cabelo arrepiou todinho. "Estamos lascados", pensei.

O Ademar estava amarelinho. E eu também. Só nós dois lá. Então eu lembrei que o Milton Lucas, em um dos ataques que eles sofreram no PV-I, eles foram flechados porque retornaram pelo mesmo caminho que haviam ido. Os índios cercaram e esperaram eles lá, em emboscada, no mesmo caminho que eles iam passar. Falei para o Ademar: "Vamos rasgar aqui, na mata, cara. Porque, se nós voltarmos pelo mesmo caminho, eles podem flechar a gente". Aí, saímos rasgando a mata, abrindo um novo caminho de volta até a Base Penetecal (Laranjal).

Voltamos correndo. O que desse para cortar, cortava, o que não desse, levava no peito. E os índios atrás da gente – porque a gente ouvia eles assoviando. Até que chegamos no posto, já quase escurecendo. Essa noite ninguém dormiu, porque foi pau e pedra que os índios atiravam no acampamento a noite todinha.

Após o contato no PV-I, a transferência dos Arara do Penetecal

O Penetecal, essa área ao norte da Transamazônica, era uma região de muita pressão. Havia muitas fazendas e a sobrevivência dos índios estava comprometida, pela falta de alimentação, de caça, pesca. Os índios estavam acossados.

Até então, enquanto não havia sido feita a aproximação e o contato com os índios do PV-I, a gente tinha uma boa disponibilidade de recursos para o trabalho. Depois que foi feito o contato, começaram a minguar os recursos. Ficou difícil manter a estrutura. Já não havia mais o interesse do governo. Estavam satisfeitos, porque os índios já tinham sido "amansados". O resto, agora, era levar, ir levando. Em campo, nós passamos a viver uma situação muito difícil.

A estrutura do trabalho ficou muito grande, na região, e estava centrada com os Arara do Sul, no PV-I. Mas também tinha os Arara do Penetecal, do Laranjal, no Iriri, e a Frente de Atração dos Parakanã, no rio Xingu. Não tivemos suporte financeiro da Funai suficiente para tocar toda essa estrutura. E a Frente Penetecal vivia sob uma pressão muito grande de grileiros. Os índios não podiam sair para caçar porque tinham receio de ser mortos, sofrer um ataque dos fazendeiros. Nessa situação, comecei a imaginar que a transferência deles para o Iriri seria uma solução para os índios. Eles tinham sido levados para visitar o pessoal do PV-I e identificado seus parentes. Nós os levamos algumas vezes até o Iriri. E pensaram: "Aqui, dá para a gente ficar, e aqui é melhor do que lá no Penetecal". Foi quando aconteceu a transferência dos Arara do Penetecal para o Iriri.

Fui eu que fiz a transferência. Fui eu quem promoveu esse trabalho de transferir esse grupo dos Arara. E também a ida dos índios do PV-I para o Laranjal. Os detalhes estão também nos meus diários. Relendo, eu vejo que o centro da preocupação era os índios estarem em um lugar mais seguro. A gente não tinha mais estrutura para aguentar o Penetecal, nem em termos de pessoal, nem em termos de recursos financeiros da Funai.

Diante dessa situação em que a gente vivia, eu tomei essa decisão da transferência. A razão é que não tinha uma estrutura suficiente para garantir a segurança física dos índios, devido à forte penetração de madeireiros e grileiros que existia. Não havia gente suficiente para fazer a guarda da área. A demarcação havia sido feita no peito, por nós mesmos, e o Incra nos cobrava, porque queria distribuir as terras. A gente não tinha resposta de Brasília, as coisas não andavam, e fazíamos do jeito que dava. Quando saiu publicada no *Diário Oficial* a portaria de interdição da terra, não havia mais estrutura para proteger a área. Hoje, em um caso desses, podemos recorrer ao Ministério Público, temos aliados. Mas no início dos anos 1980 não havia isso, só os inimigos. Se entrássemos na Justiça, iríamos esperar quanto tempo?

Assim foi feita a transferência, de Toyota, por estrada de chão, dos índios Arara do Penetecal para a região do Iriri. Pouco antes, eles foram levados para uma área chamada Kurambê, mas deu muita malária, e a gente trouxe os índios mais próximo do Laranjal. Na época, fomos amadurecendo esse processo, levando-os algumas vezes para visitar.

No processo de contato com o grupo no Penetecal, já sabíamos que iria ser difícil a permanência deles naquele local, se era viável. A frente de atração sempre dava brindes, facão, machado, mas observamos que, no Penetecal, os índios tinham dificuldade de alimentação. E os brindes que eram fornecidos eram basicamente comida: farinha, macaxeira, mamão, abóbora. Eles tinham dificuldade de alimentação, não tinham roças, só aproveitavam as antigas para colher algumas coisas tipo mamão, banana. Já não se sentiam seguros para fazer roças. Tanto é que, quando nós nos encontramos, eles tinham uma maloca debaixo das árvores, para se esconderem. E em uma das malocas antigas que encontramos, havia uma picada de topografia que só parou porque estava no rumo da maloca grande deles. Era uma maloca grande, bonita. Quando a gente viu, estava caindo. Mas a estrutura era de uma maloca grande. E nós somente encontramos 19 pessoas, entre homens, mulheres e crianças. O pique ia para a direção exata da maloca.

Essa área onde eles estavam, no Penetecal, que era parte do território deles, hoje está fora da demarcação e foi completamente desmatada.

Marcas de bala no corpo e indenização

Alguns índios Arara tinham marcas de bala no corpo. O Tauerê, que era do Penetecal, tinha uma marca de bala. No PV-I, havia mais dois ou três índios que tinham marcas de bala, logo após o contato.

Não tenho raiva dos brancos, mas é triste. É uma situação de tristeza, a morte de alguém. O que eu acho é que, no mínimo, os índios mereciam indenização. Não sei se, hoje, eles querem voltar para o Penetecal, de onde foram transferidos. É preciso saber o que os índios querem. Particularmente, eu acho que, no mínimo, cabe a eles uma indenização.

Meus documentos são os diários e esse depoimento, e podem servir para isso. Se quiserem fazer um exame de época, vejam os cadernos. Espero que seja um documento para os índios reivindicarem até uma indenização pelo contato. Se construíram a Transamazônica e sabiam que havia índios lá, por que não fizeram uma curva com a estrada para desviar deles? Por que é que tinham que passar no meio, dividir os índios e provocar esse desastre do contato? Dá pra gente voltar para trás agora?

Com os Zo'é, na região do Cuminapanema, no norte do Pará, fizemos essa tentativa. Vivi com outros amigos da Funai, Sydney Possuelo e Fiorello Parise, a utopia de experimentar promover a "volta ao passado" para os índios Zo'é. Aquela experiência podia nos inspirar futuros trabalhos!

Esses índios foram contatados pela Missão Novas Tribos do Brasil. Expulsamos os missionários e nos empenhamos para que vivessem culturalmente como antes do contato. Fizemos um trabalho para proteger a área, a terra, garantir a saúde, e permitir o retorno à cultura deles para que sofressem menos nesse processo de contato com o mundo moderno. Foi uma tentativa. Os índios dirão, no futuro, se isso foi ruim ou se foi bom para eles.

Gleilson Miranda

José Meirelles

Legenda

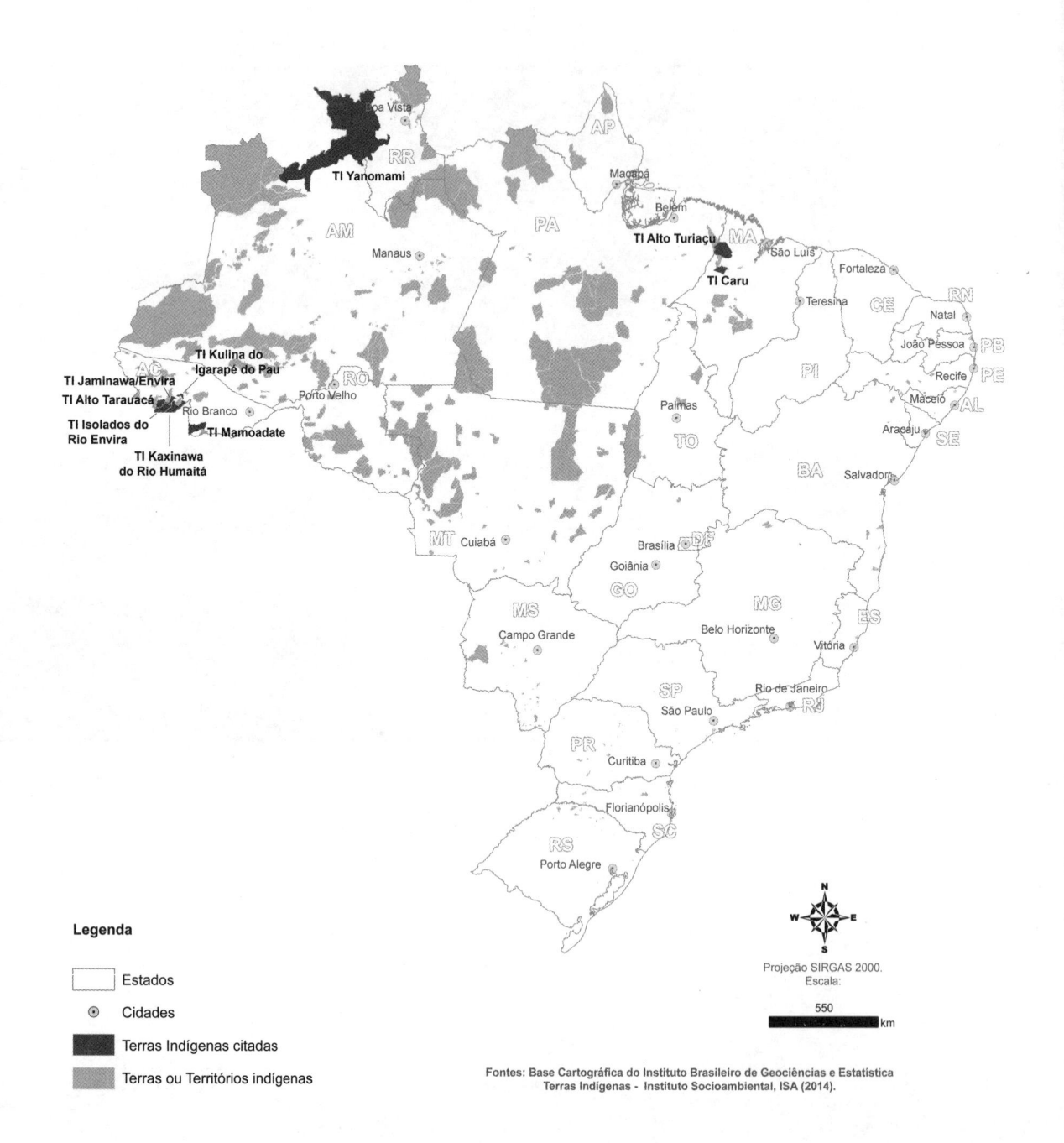

☐ Estados

⊙ Cidades

■ Terras Indígenas citadas

▨ Terras ou Territórios indígenas

Projeção SIRGAS 2000.
Escala:
550 km

Fontes: Base Cartográfica do Instituto Brasileiro de Geociências e Estatística
Terras Indígenas - Instituto Socioambiental, ISA (2014).

José Meirelles ingressou na Funai, por concurso público para técnico indigenista, em 1970, e lá trabalhou até 2010. Foram quarenta anos interrompidos apenas pela demissão, durante a ditadura civil-militar, quando esteve envolvido, em 1980, com a Sociedade Brasileira de Indigenismo. Vive em Rio Branco e segue o trabalho ligado à questão indígena como assessor do governador do Acre para assuntos que envolvam povos indígenas em isolamento voluntário. Hoje divorciado, tem quatro filhos e dois deles seguiram carreira ligados à questão indígena.

Nasceu em São Paulo, foi criado no interior do estado e hoje se considera "acreano por opção". Antes de se envolver com o indigenismo, cursava engenharia mecânica e não chegou a se formar. Teve sua primeira experiência sertanista no Maranhão, logo nos primeiros anos de trabalho de campo no quadro da Funai: o primeiro contato do povo Awá-Guajá. Da Amazônia Ocidental no Maranhão, a área mais destruída do bioma, Meirelles foi para o Acre, acompanhando o colega sertanista José Porfírio Fontenele de Carvalho.

No Acre, após participar dos movimentos de reivindicação da identidade indígena, do qual foi um dos catalisadores, iniciou o trabalho com os povos indígenas em isolamento voluntário na fronteira do Brasil com o Peru. Trabalhando nos formadores dos rios, nas partes altas de terra firme, passou longos períodos em expedições e na base que construiu no rio Envira, trabalho que lhe rendeu o apelido de "Velho do rio" por alguns amigos brancos e índios.

A vida

Antes de entrar na Funai eu fui um aluno razoável. Naquele tempo, quem era bom aluno virava engenheiro ou médico ou advogado. E escolheram engenharia para mim.

Eu sempre gostei dessas histórias sobre índios, sobre sertão, sobre mato, sobre natureza. Mas fui fazer engenharia. Eu ia para o mato nas férias, e, por uma ironia do destino, um irmão meu, acidentalmente, me deu um tiro de espingarda no peito. Fui parar no hospital. Passei dois meses internado, pensando na vida. Escapei do tiro, escapei da engenharia e fiz um concurso para a Funai, o segundo concurso para técnico indigenista da história da instituição. Entrei e fui fazer o curso de Indigenismo, em Brasília. Tive alguns grandes professores, como o Roque de Barros Laraia, o Julio Cezar Melatti, um pessoal bom, interessante. Alguns outros, nem tanto.

O trabalho sertanista e o contato com os Awá-Guajá

Meu primeiro trabalho foi no Maranhão. Eles me jogaram no meio dos Urubu Kaapor, sem nenhuma condição, sem apoio e sem nada. Assim comecei a entender e a aprender realmente o que é conviver com esses povos. Eu tive sorte, porque eu encontrei um maranhense chamado Florindo Diniz, apelidado de Major, um negro maranhense que viveu com os Urubu Kaapor a vida toda. Ele me introduziu no mundo dos Urubu Kaapor de uma maneira muito sensível e muito tranquila. Então, não sofri nenhum choque. Eu me dei bem com os índios. Trabalhei com os Urubu Kaapor algum tempo, quando estava no início da demarcação da terra deles – e com aqueles problemas comuns em muitas demarcações, sempre com gente tentando diminuir a terra dos índios.

Mas a minha primeira experiência como sertanista, mesmo, foi o contato com os Awá-Guajá. Eu sempre gostei de andar no mato. E se for trabalhar com um grupo indígena que tem um território, não é bom conhecer esse território? Como é que você faz para conhecer esse território? Andando nele. Não se conhece território de índio passando de avião ou de helicóptero por cima.

Eu sempre gostei de andar. E, anda daqui, anda acolá, a área dos Urubu Kaapor é uma área muito grande e tinha, nas cabeceiras do rio Turiaçu, um lugar chamado Cocal Grande. Eu estava com o Major, que foi quem me ensinou a andar no mato, junto com os índios Kaapor. Ele falou: "Meirelles, tem um lugar aí para cima que se chama Cocal Grande. Tem umas notícias de uns Guajá que andam por ali. Vamos embora lá conhecer isso?".

Ele também gostava de andar. E fomos embora, numa canoinha, remo, sem motor. E foi no remo, 15 dias, *roc, roc,* subindo o Turiaçu, devagarzinho.

Subi o rio Turiaçu em 1973 para conhecer as cabeceiras. Num local denominado Cocal Grande, encontramos um caçador de peles chamado Antônio Raposo. Ele havia tido um encontro amistoso logo antes com dois índios Awá-Guajá na floresta. Deu a eles um facão de presente. Com a nossa chegada ele baixou, desceu o rio.

É bom que se diga isso: quem fez o primeiro contato no Maranhão com os Awá-Guajá chama-se Antônio Raposo. Era um caçador de gatos maracajás, matador de gatos para tirar couro e vender. Nós chegamos no Cocal Grande e o Antônio Raposo já estava lá: "Seu Meirelles, apareceram uns índios nus aqui. E eu fui lá, fiz uns gestos, dei lá uns dois facões para eles e eles foram embora".

Nós ficamos por essa área, e depois de uma semana ali quatro índios Awá-Guajá apareceram, liderados por Tamacaimã – que ainda está vivo, espero. Foram dois dias de contato, e a conversa era por mímica. Entendemos que ele iria trazer seu povo em dois meses.

Baixei, desci o rio e fui a São Luís informar a Funai desse contato. Retornei para a área com uma equipe, que era Jairo Patusco, técnico de indigenismo, a Valéria Parise, antropóloga, irmã do sertanista Fiorello Parise,[13] e Florindo Diniz, o Major, assim também como Benedito.

Chegamos ao Cocal Grande e aguardamos. Os Awá-Guajá chegaram, conforme havíamos combinado. Eram 86 índios. Foi uma doideira. No meio dessa galera toda, esse mundaréu de gente, sem entender patavina da língua, mas desconfiando que eles estavam procurando contato.

Eles estavam sofrendo muita pressão de plantadores de arroz, e também dos índios Kaapor, seus arqui-inimigos, e dos Guajajara. Haviam passado por ataques e massacres. É aquela coisa: não é o sertanista que faz contato com o índio, mas o índio que faz o contato, quem decide ir "amansar o branco".

A Funai criou uma Frente de Atração Guajá. Tinha um sertanista velho, que já estava no fim de carreira, gordo, velhinho, o seu Moreira – João Fernandes Moreira, um antigão. Botaram o Moreira para ser chefe da Frente de Atração Guajá. E eu passei de cavalo a burro: eu era técnico de indigenismo e passei a auxiliar de frente para ir trabalhar com os Guajá. Solicitei a diminuição de meu salário, para aprender esse negócio de sertanista. Queria ficar em campo,

---

13. Leia o depoimento de Fiorello Parise, p. 171.

na mata. E passei lá, de 1973 até 1976, com os Awá-Guajá do Cocal Grande. Iniciamos a montagem de uma pequena estrutura física para dar assistência.

Esse foi um processo de contato sem aquela coisa de tapiri de brinde, grandes expedições, nada disso. Até quando estive por lá, e eu passava cerca de oito meses na mata, sem sair, nenhuma desgraça maior aconteceu. As poucas doenças que surgiram, demos jeito de controlar. Também andava pouca gente por lá. Não era uma área com rota de pessoas e estradas, estava um pouco isolada, o que ajudou a proteger os índios de uma epidemia nesse primeiro período posterior ao contato. Mas, alguns anos depois, tanto ali como em outras áreas Awá-Guajá, muitos morreram em epidemias após os contatos.

O Major

Florindo Diniz, o Major, me introduziu no mundo Kaapor, nas matas do Turiaçu, em 1971. Com ele aprendi a andar no mato e a conversar com índio. Dona Maria José, sua esposa, foi minha mãe postiça enquanto estive com eles, de 1971 a 1976. Faleceu antes dele.

O Major deve ter morrido de tristeza em 1994 ou 1995, do jeito que contava os anos, vendo as matas no Maranhão se acabarem e por não saber andar no descampado. Uma pequena história que eu escrevi um dia, e que conta quem foi Florindo Diniz, uma pessoa muito importante na minha vida, é um trecho desse conto que escrevi, que se chama *Taken*:

> "Florindo Diniz, nascido na beira do Turiaçu, no Turi Velho, filho de Vitor Diniz, guarda-fio da linha de telégrafo, no trecho mais perigoso. Da beira do rio Turiaçu até o rio Maracaçumé. Território dos temidos Kaapor.
>
> [...]
>
> Nesse tempo uma parte dos índios Kaapor havia feito contato com o pessoal do SPI, no rio Gurupi. As aldeias do Turiaçu ainda não tinham decidido se valia a pena amansar os Cariú.
>
> Florindo Diniz, apelidado Major, ainda rapaz, iria mudar esta história.
>
> Numa manhã, ocupado em armar arapucas pra pegar pecuapá (como os maranhenses chamam o jaó), topou com rastos de índios atravessando a linha do telégrafo.
> Sem saber bem o porquê, mas sabendo no que estava se metendo, resolveu seguir os rastos. Andou até umas três da tarde e, como iria dormir mesmo na mata, seguiu em frente até anoitecer. No outro dia, cansado e com fome, mas sem nunca deixar a batida dos índios, saiu num roçado de macaxeira e banana, com caminho limpo no meio. Seguiu em frente e chegou na aldeia de Taken-ru.
> Alarido grande de homens pegando em arcos, mulheres gritando! Taken-ru viu aquele menino, desarmado, apontando pro moquém e batendo na barriga. Gritou alto, *nheén-antã*, pra todos ouvirem:

– Não matem o *cariú-pihuna* (homem não Kaapor da pele negra). Ele é um menino e está desarmado. Deve estar perdido e com fome!

A atitude de um rapaz curioso e o grito de Taken-ru mudaram para sempre a história de vida dos Kaapor da beira do Turiaçu!

Major passou o resto do dia na aldeia e, jeitoso de nascença, por meio de mímica trocou sua pequena faca por uma Ararajuba (tipo de maracanã totalmente amarela que só existe nas matas do Turiaçu e na bacia do Gurupi) com Taken-ru, que, de quebra, foi deixá-lo a distância segura de sua casa.

Chegou no Turi Velho, quatro dias depois de desaparecido, com uma Ararajuba falando tupi no dedo e uma história difícil de acreditar!

Os Kaapor amansaram o Major e famílias do Turi.

O tempo passou, João Grande morreu e Major casou-se com sua filha, Maria José. Seu pai ficou velho e um derrame o colocou no fundo da rede.

Major sempre achou que fora feitiço dos índios velhos que diziam que Vitor, quando era fitado como alvo, ficava fininho, *maé timbó-í* (como linha de costura), e por isso nunca conseguiram flechá-lo. Morreu velho no ano de 1974.

Tive o privilégio de ouvir de sua boca velhas histórias de velhos índios, antigos inimigos, agora hóspedes de sua casa de chão batido, coberta de ubim, no Turi Velho."

Do Maranhão para o Acre: a influência de Carvalho

Foi nessa época, no Maranhão, que eu conheci o sertanista José Porfírio de Carvalho,[14] nos anos 1970. Já que é para contar a história, vou contar essa.

Um belo dia eu estava na administração da Funai, em São Luís, se chamava Delegacia Regional. E o Carvalho estava lá. Nesse tempo, o Carvalho era auditor da Funai, ele mexia com a questão fiscal do órgão. Ele foi fazer uma auditoria. Era o regime militar, tinha um coronel na Funai que se chamava Armando Perfetti. O Carvalho viu umas coisas erradas na prestação de contas do Perfetti e o Perfetti queria porque queria que o Carvalho assinasse que estava certo, na marra. E o Carvalho, quem conhece ele sabe, falou: "Não assino, nem se você me matar. Um negócio desses está errado". Conheci o Carvalho brigando com o coronel Perfetti, no meio da ditadura militar, durante a época do Médici.

A gente já se conhecia mais ou menos, e passamos a ficar mais próximos, conversei muito com o Carvalho. Ele estava sendo muito perseguido no Maranhão, sofrendo ameaças, não só por essa razão, e foi para o Acre. Mas era muito pouca gente, e muito pouca grana que o Carvalho recebia, e ele precisava de pessoas que tivessem total disponibilidade para ir para o mato não por dinheiro, engajadas. Coisas como: se não tem barco, vai a pé, pede uma carona; se precisar ir, tem que dar um jeito de ir. Em engajamento para o trabalho com os índios. Ele precisava de pessoas com esse perfil, e lembrou de mim. Algo como: "O Meirelles

---

14. Leia o depoimento de José Porfírio Fontenele de Carvalho, p. 141.

é um cara que não liga para essas coisas. Tendo dinheiro ou não tendo dinheiro, ele chega lá". Começou a pinçar pessoas com esse perfil para levar para o Acre.

Por conta disso ele me escolheu. Não muito pelas minhas qualidades intelectuais, vamos dizer assim, mas mais por essa disposição que eu tinha de ir para os trabalhos sem preocupações de conforto, de segurança, essas bobagens – eu acho uma bobagem. O trabalho com o índio é muito maior do que isso. O compromisso.

Minha chegada ao Acre

Eu sou paulista de nascimento, mas acreano por opção.

O Carvalho estava começando o trabalho da Funai no Acre. Lá, o serviço de índio, de uma forma geral, vamos dizer assim, incluindo o SPI, nunca tinha chegado. Chegou perto, metade do Amazonas. Mas não no Acre.

Na época que eu cheguei, ainda estava naquela fase em que eu perguntava se havia índios no Acre: "Não, aqui no Acre não tem mais índio". Diziam isso. Aquela história de caboclo, sabe? Da generalização de índio, para caboclo. Não tem mais índio, tem caboclo. Por isso, os primeiros trabalhos foram de realmente descobrir onde é que estavam os índios, onde é que eles moravam, o que é que eles estavam fazendo. E, nessa mesma época, o antropólogo Terri de Aquino, que se tornou um dos meus maiores amigos, estava fazendo já os primeiros levantamentos com os Kaxinawá.

Em 1976, antes de eu ir para o igarapé Mamoadate, o Carvalho chegou para mim e falou: "Meirelles, dizem que na estrada de Rio Branco para Porto Velho" – naquele tempo não era asfaltada, não era nada, era terra e o varadouro – "tem uns índios, um tal de povo Kaxarari, que moram ali. Vamos lá ver onde é que eles estão". E saímos com um carro velho que tinha lá, da Funai – chamávamos de "Fulustreca". Fomos no rumo de Abunã, já em Rondônia. Bem na fronteira dos dois estados.

Quando foi chegando perto, ali onde hoje é a cidade de Extrema – naquele tempo eram umas duas casas –, que é limite do Acre com Rondônia, ali mesmo na beira da BR, veio um cara andando pela beira da estrada.

> "Eu bati o olho e disse:
> – Carvalho, lá vem um índio. Para, para, para aí.
> E paramos.
> – É, meu compadre, nós trabalhamos na Funai, em Rio Branco. Nós estamos aqui procurando... Você é índio?
> E o cara ficou meio assim, sabe?
> – Você é índio, *txai*? A gente trabalha com índios.
> – Ah, eu sou Kaxarari.
> – E cadê o resto de vocês? Onde moram?

José Meirelles

– Moro aqui, na beira da estrada.

– E o resto dos seus parentes?

– Moram aqui dentro da mata, lá no Azul, no Marmelinho.

Eram uns igarapés, lá para dentro, que ele estava falando.

– Você não quer – a gente já tinha comprado uma espingardinha, umas coisas. – Você não quer me levar lá para os seus parentes? Tem uma espingarda nova aqui, na volta da viagem, já fica com essa espingarda, com essas coisinhas que a gente tem aqui.

Ah, na hora:

– Vamos embora."

Era meio assim... Pronto. Eu fui lá, fiz a primeira visita aos Kaxarari. Já fiz uma pré, pré, pré, pré, pré-proposta de terras, conversando com eles, onde é que eles moravam e tal. Eles não tinham terra, não tinham nada. Nunca ninguém tinha ido lá.

Fui para o Mamoadate, onde viviam dois grupos indígenas diferentes, um que falava língua pano e um que falava aruak, morando no mesmo lugar, em um seringal chamado Seringal Petrópolis, que já estava se transformando em uma grande fazenda de gado. Os índios eram usados como mão de obra, trabalhavam a semana inteira a troco de duas garrafas de cachaça.

Do lado da fazenda, lá desse seringal, que era um antigo seringal e virou uma fazenda, uma agropecuária, tinha os crentes, os missionários evangélicos Missão Novas Tribos, alguns trabalhando com os Jaminawa e outros com os Manchineri. E aquela maluquice, os índios ali, todos ao redor, batendo o campo direto. Batendo o campo. Fui para lá, passei um tempo, conversa com um, conversa com outro, pergunta daqui, pergunta de acolá: "Afinal, onde é que é a terra de vocês, mesmo?". "Nossa terra começa aqui, essa terra indígena começa aqui, na boca desse igarapé – que é o Mamoadate – e vai lá até as cabeceiras, divisa do Brasil com o Peru. Mas a gente não tem onde comprar mercadorias, o único lugar é aqui, não é? E a gente já está morando aqui. Do lado aqui do seringal."

E fomos com os índios escolher o local, que já era uma antiga aldeia. Fizemos campo de pouso, para começar uma infraestrutura. Essa mudança foi uma doideira, porque nós subimos só os homens, a mulherada ficou, porque não tinha rancho. E bota roçado, faz casa. Acabava o rancho, tinha que descer lá no Petrópolis, dois dias de varejão, subir de novo. Alguns, mais apressados, já trouxeram até a família, era um problema. Com todos os vai e vem, conseguimos começar um trabalho no Mamoadate.

Paralelo a isso, tinha uma questão muito mais premente, que era aquela estrada que vai de Rio Branco a Boca do Acre, com os Apurinã morando ali, no quilômetro 45 e no quilômetro 124, no meio de um monte de fazendeiros, abrindo aquilo ali, passando com tratores em cima de casas de índios e tal. E, do outro lado da cidade, uns e outros Apurinã, onde hoje é a Terra Indígena Kamikuã. E o cabeça desses fazendeiros era um tal de João Cabeça-Branca, um paranaense que tinha um bocado de pistoleiros paraguaios trabalhando com ele, ameaçando os índios. O cara era barra-pesada.

O processo de retomada da terra dos Apurinã, que viviam no Kamikuã, no quilômetro 124 e 45, se deve graças à obra do José Porfírio de Carvalho, metade das coisas que ele fez lá era ilegal e ele tomou aquilo na marra. Ele fez amizade com um cara da Polícia Federal, que se chamava Jeová. Muito amigo dele. O Carvalho é uma pessoa envolvente, e o Jeová ficou parceiro nosso. Nós fomos lá e expulsamos o João Cabeça-Branca da área, prendemos os pistoleiros. Tudo na ilegalidade, porque lá não tinha lei, não tinha nada. Aquilo deu credibilidade à Funai, no Acre. E, aí, a retomada das outras terras foi consequência. Porque a notícia corre, não é? E já tinha acontecido um exemplo.

A maioria dos índios estava toda metida no sistema de aviamento, todos "devendo ao patrão". Quando a gente, da Funai, chegou lá, eles estavam trabalhando em um sistema de semiescravidão para os seringalistas, derrubando mata para a criação de gado. Na década de 1970, quando as grandes agropecuárias compraram os rios – pois eles não compravam a fazenda, compravam o rio todo. E começamos a fazer um trabalho de esse pessoal retornar para a terra deles e voltarem a ser índios, de uma forma mais tranquila.

Fizemos alguns projetos – na verdade, inventávamos "projetos" de cooperativa, que eram só um fornecimento de mercadoria, por algum tempo, para que os índios pudessem parar de dever, se reorganizar e estabelecer alguma estratégia para conseguir as terras de volta. Não era possível os índios se organizarem se estivessem na unha do barracão do seringal, dependentes, escravos do patrão.

Esse foi o primeiro processo de recuperação de terra. E a partir daí os índios do Acre, por uma razão incrível, se organizaram. Como nunca tinha tido nenhum serviço de índio lá, nem SPI, nem nada, não existia o tal do paternalismo do Estado brasileiro. Os índios, para conseguir o que tinham, trabalhavam muito. A hora em que eles pegaram esse gancho, descobriram que tinham direito a terra e a direitos, eles se organizaram muito rapidamente. O processo de demarcação de terra indígena do Acre foi um dos mais rápidos da história do indigenismo. Por causa dos índios. Eles descobriram, pressionaram. E foi um processo extraordinário. Por conta também, na minha opinião, de eles não terem esse negócio de padrinho, nem de papai grande, de não ter paternalismo. Tinham que se virar. E eles sempre se viraram. A gente só auxiliava, dava apoio, uma força.

Eu me lembro muito bem que, uma vez que o velho Sueiro veio em Brasília, falar com o presidente da Funai, no tempo da ditadura ainda, e o presidente da Funai, como fazia com todos os índios que vinham aqui, com aquele clientelismo, dava botina, caixa de balas 22, caixinhas de sabão, chinelo Havaianas, foi oferecer essas coisas ao Sueiro, velho Kaxinawá da área indígena do Jordão. Sueiro foi quem encampou a luta pela terra do Jordão. Ele falou para esse presidente da Funai: "Olha, presidente, eu vim aqui, eu comprei a passagem com o meu dinheiro para vir aqui falar com o senhor. Eu não vim aqui atrás de chinelo, atrás de bala 22. Essas coisas todas eu tenho lá em casa, eu trabalho, corto seringa e compro. Eu vim aqui atrás da minha terra. Não quero chinelo, porcaria nenhuma".

Essa é uma forma diferente. Por quê? Porque toda a vida ele teve as coisas, mas porque trabalhou e conseguiu. Então, não era aquele clientelismo, não tinha aquela figura do paternalismo. Por conta disso, os índios se organizaram com uma rapidez incrível. Onde você não tem essa figura do paternalismo arraigada no grupo, esse grupo pode até ter sofrido muito, mas para se organizar é mais rápido.

Eles até tinham o paternalismo do seringal. Mas é um paternalismo que, para o cara conseguir uma camisa, ele trabalha seis meses cortando seringa. É escravidão.

Tinha o patrão. O coronel de barranco. Mas, enfim, quando eles se libertaram disso, eles puderam se organizar e começou a luta pela terra. Aí, também, nesse tempo, foi uma conjunção de coisas muito interessantes que aconteceram, com grandes lideranças e pessoas. Como o velho Raimundo Luiz, com a luta pela terra dos Yawanawá. A chegada de algumas pessoas como Toninho Pereira Neto, o Marco Antonio Mendes, Ronaldo Lima de Oliveira, Txai Macedo, Armando Soares e outros. Um monte de gente engajada, o pessoal do Conselho Indigenista Missionário, o Cimi, a criação da CPI, a Comissão Pró-Índio. Todo mundo trabalhava junto com a gente. Todo mundo puxava a corda para um lado só. O pessoal do sindicato, o movimento dos povos da floresta, com o Chico Mendes. A União dos Povos Indígenas. Todo mundo puxava a corda só de um lado.

Esse movimento tinha muita força porque não era um movimento isolado. Era um movimento unido. Deu muita oportunidade aos índios de regularização de terras, de pressão. E eles começaram a viver nesse mundo e começaram a entender como é que funciona essa máquina nossa, como é que faz aliança, como é que vai atrás disso, como é que vai atrás daquilo. O Bira, um jovem líder Yawanawá, Biraci Brasil, jogou fora a Bíblia que os missionários da Novas Tribos tinham dado a ele, e meteu o Estatuto do Índio debaixo do sovaco, e se preparou para lutar. Foi um momento de politização muito rápido e forte.

Essa turma começou a crescer. Cresceram tanto que, depois de alguns anos, deixaram a Funai para trás. A Funai não acompanhou essa evolução. Deveria ter sido também a evolução da Funai. Porque a Funai teve um papel importantíssimo na regularização fundiária das terras do Acre. Se isso não acontecesse, nada mais, para a frente, aconteceria. Mas a Funai perdeu a oportunidade de caminhar junto com essas organizações. Por conta, talvez, de alguns administradores que foram para lá, de pessoas mal preparadas que não compreendem os índios. A Funai perdeu uma grande chance de estar junto dessa evolução da luta política. E a Funai ficou meio parada, parou de andar, os índios tocaram para a frente e a Funai ficou para trás.

Ocupação dos seringais no Acre e a guerra aos índios isolados

No processo de ocupação por seringais do Acre, a empresa seringalista foi subindo os rios em direção às suas cabeceiras. Até por volta de 1910, 1915, esse pessoal matava os índios que encontrava pelo caminho. Quando começou a primeira crise da borracha no mercado internacional, em 1913, em que a borracha despencou de preço, descobriram que matar os índios dava prejuízo. Porque não dava mais para trazer farinha de Belém para os seringais. Quem que produz farinha? Quem que tem roçado? Os índios. Decidiram então "amansar" os índios ao invés de matá-los, e colocá-los para trabalhar no seringal num sistema de escravidão. Não que antes não escravizassem os índios, porque também faziam. Mas é que esse sistema de escravidão dos índios ficou ainda mais intenso no século passado.

Os índios que não foram exterminados nessa época, até 1910, 1912, 1915, foram "amansados". Há uma tese de doutorado em antropologia, de autoria de Marcelo Piedrafita Iglesias, defendida no Museu Nacional (UFRJ), sobre Felizardo Cerqueira e outros amansadores de índios, ou "catequizadores", como eles também se chamavam naquela região. Os Kaxinawá, os Madiha, todos eles fazem parte desse processo. E os índios que não quiseram esse contato foram, cada vez mais, fugindo, subindo os rios, subindo o Envira, subindo Tarauacá, subindo todos os rios do Acre em direção às suas cabeceiras, regiões de mais difícil acesso, escapando dos seringalistas.

Outra razão para a sobrevivência desses povos, além do acesso difícil, é que nessas áreas não há seringa. A planta chega até uma parte dos altos rios do Acre. Dali em diante, não há mais seringa. Então, não houve exploração. Esses pedaços das cabeceiras foram onde esses povos sem contato puderam se esconder do avanço dos seringais.

Nos últimos seringais dos altos rios acreanos, como no rio Envira, existiam seringalistas que tinham sob seu comando grandes mateiros, gente que sabia andar no mato, rastrear índios, e que eram especialistas em matar índios. Um desses matadores de índios foi o Pedro Biló, que já morreu, e é uma lenda no Acre.

Os matadores de índios faziam a vigilância dos seringais, porque os índios isolados, às vezes, derrubavam uma tigela de seringa ou, então, coletavam o machado ou o terçado dos seringueiros. Às vezes, atacavam o seringueiro. E o revide era o massacre e a "correria", como chamavam quando atacavam aldeias matando muitos índios.

A empresa seringalista quebrou. Houve um pequeno *boom* durante a Segunda Guerra Mundial, mas, assim que acabou a guerra, os "soldados da borracha" foram abandonados no meio do mundo. Os seringais praticamente se acabaram. E a guerra contra os índios isolados acabou por pura falta de financiamento. Para fazer guerra é preciso ter armas, gente, munição. Não havia mais quem financiasse a guerra. A guerra contra os isolados termina com o fim dos seringais.

Nas cabeceiras desses rios estão os índios que foram contatados pela empresa seringalista e outros que vieram do Peru, no caso dos Ashaninka. Os Kaxinawá, que foram contatados por Felizardo no Envira e transferidos para as cabeceiras do rio Jordão. Eram conhecidos como "os Kaxinawá de Felizardo", inclusive marcados com tatuagem na pele. Houve um remanejamento desses povos naquela região. Deixaram de matar os índios isolados, eles começaram a crescer, a se recuperar demograficamente, e a retomar os seus territórios. E quando chegam aos seus antigos territórios encontram outros índios, que anteriormente não moravam ali. Esse encontro tem provocado conflitos entre índios com contato e os índios isolados.

Conhecendo o "outro": os povos isolados

No primeiro momento em que eu cheguei no Acre, a demanda dos índios já com contato que foram sendo "descobertos" era tão grande que não tinha nem chance de conseguir proteger e ajudar os sem contato. De vez em quando, aparecia uma notícia de uns "bravos", uns "isolados". Algumas terras indígenas do Acre foram demarcadas com índios isolados dentro. Mas, nesse tempo, ainda, o restante dos isolados que tinha eram bem poucos. Naquele tempo, índio isolado era tratado na bala. De todo lado. Dos seringueiros e pelos próprios índios contatados.

Depois da regularização das terras, eu comecei a andar na cabeceira do Mamoadate. Dei notícia da presença dos Mashco-Piro por lá, um povo nômade que vive na fronteira do Brasil com o Peru. Esses povos indígenas tinham sido esquecidos dos processos de demarcações e proteção, e começaram a aparecer. A pergunta agora era: e os "índios bravos", como é que fica a situação deles?

Mais ou menos na mesma época, houve a mudança na política para os povos em isolamento voluntário, em 1987, na Funai, com a criação do Departamento de Índios Isolados, a Constituição Federal, em 1988, e criaram a Frente Envira – naquele tempo, era ainda a "frente de atração". E me convidaram para ir lá montar a Base da Funai. Foi o começo do trabalho com os povos isolados no Acre.

Eu sempre digo que a gente tem que fazer um esforço desgraçado quando trabalha em uma área de isolados – e, para isso, você tem que passar bastante tempo lá. Você pode até não conhecer o seu vizinho, mas ele está perto de você e, pelas atitudes dele, você começa a tentar pensar com a cabeça dele: "Por que esse cara fica fazendo isso? Por que os índios foram ali? Por que os índios me flecharam? Por que isso, por que aquilo outro?".

Você começa a tentar se colocar na posição do outro. Entender quem ele é, como vive, sem nunca conversar. Não existe uma fórmula. Há, claro, algumas ferramentas básicas, uma metodologia de trabalho que foi se desenvolvendo ao longo desses anos. Mas, esse caminhar, eu fui aprendendo ao longo do tempo e do caminho no tempo em que eu fiquei lá, no Envira, com esse trabalho junto dos povos isolados na fronteira do Brasil com o Peru.

Isolados e contatados

É no panorama de conflitos entre índios isolados e índios contatados que eu chego nas cabeceiras do rio Envira. Entro pelo rio Jordão, subo o Jordão, junto com um grande líder Kaxinawá, Sueiro. A gente fez uma varação muito bonita da cabeceira de um rio para o outro, pela floresta. Subimos o rio Jordão inteiro, entramos na cabeceira do Jordão e varamos para a cabeceira do Envira. Uma longa expedição para conhecer a região.

Eu conheci um velho índio que dizia que, terra de índio, a gente tem que mijar nela todinha para conhecer. Tem que fazer igual onça, demarcar território. Assim fiz na primeira viagem. Estabelecemos uma base entre os Ashaninka e esses povos isolados. E no rio Tarauacá, fizemos uma proposta de outra base, que demorou muito tempo para ser concretizada.

No meio desse conflito em que uma parte a gente não pode conversar com ela, porque são os índios isolados, fizemos um acordo de cavalheiros com os Ashaninka: as cabeceiras do rio Envira ficariam para os isolados. A parte onde eles estavam, ficaria, é claro, para eles, respeitando certo limite. Um acordo de cavalheiros entre os índios com contato, os Ashaninka, e os isolados que vivem por aquela região – no caso, eu estava representando os isolados. Isso acontece porque, no processo de demarcação das terras indígenas do Acre, os índios isolados eram em menor número e não foram levados em conta. Algumas terras indígenas foram demarcadas com os índios isolados vivendo dentro. Exemplo da terra indígena do Jordão, a Terra Indígena Kampa e Isolados do Rio Envira, a Terra Indígena dos Kaxinawá do Rio Humaitá.

Montamos uma base nesse local, no rio Envira, pela questão estratégica. Por ali, todo mundo subia o rio para caçar, para pescar. A rota dos brancos era mais pressão além desse conflito entre os isolados e os outros índios contatados.

Eu fiz um plano de trabalho. Fiz duas propostas de demarcação de dois territórios para esses índios que, felizmente, já foram concretizadas. Já existem mais duas terras demarcadas para esses índios, além da Terra Indígena Kampa e Isolados do Rio Envira.

Ficamos no Envira. Mas tinha o rio Tarauacá, que era um rio que estava aberto, e também era frequentado pelos índios isolados. Fiz mais uma proposta de terra indígena para os isolados, que é a Terra Indígena Alto Tarauacá. A proposta era ter uma base ali, porque era um rio que entrava muita gente para caçar, para pescar, para tirar madeira. Já havia tido um conflito com os índios isolados e os invasores, e mataram os isolados.

Convencer o Estado brasileiro de que essas pessoas, os índios isolados, existem, é uma tarefa árdua. E o projeto ficou parado.

Aí, teve um índio, um desses isolados, que me flechou na cara. Vou contar isso daqui a pouco. Foi um trauma grande. Eu estava pescando, perto da base no Envira, e fui atacado. Lançaram uma flecha que entrou pela minha bochecha e saiu pelo pescoço. Consegui tirar, saí do barco, ouvi outra flecha zunindo, e corri para a base – estava na época da seca, rasinho o rio. Fui resgatado pelo Exército.

Isso deu uma repercussão muito grande. E eu aproveitei a zoada da flechada, a repercussão na imprensa, e conseguimos criar a base do Douro. Quando se mata o índio isolado, como fazem tanto por lá, enfia ele no buraco do tatu-canastra, o urubu vem e come, ninguém fica sabendo, fica por isso mesmo. Assim acontece quando matam os índios isolados. Mas no dia que o índio flecha um branco que está lá para perturbar ele – mesmo que minha função seja a de proteger o território deles, eles não entendem assim, é claro, pois não conhecem essa parte da nossa sociedade –, sai em tudo quanto é jornal, "índio flechou branco". Eu aproveitei a repercussão e criamos a base do Tarauacá. Hoje, a terra indígena está demarcada e as coisas estão caminhando, mais ou menos, mas estão.

Nesse trabalho, eu passei muito tempo tentando resolver disputas internas entre os próprios índios. Conflitos entre Kaxinawá e isolados, Ashaninka e isolados, Madiha e isolados, foram mais ou menos resolvidos. Esses povos isolados também começaram a crescer. Aumentaram a população. Essa política de proteção atual, de "deixar o índio quieto e proteger o território", funciona. Eu não sei até quando a gente pode fazer isso, mas ela tem funcionado.

Fronteiras

O problema da proteção ao território dos índios isolados, agora, é a questão da fronteira. Área de fronteira é complicado. O Brasil tem uma política de um lado, o Peru, do outro lado, tem outra. De 2005 a 2006, com o começo da abertura da estrada Transoceânica, que liga o Atlântico ao Pacífico, passando pelo Acre, Assis Brasil, Puerto Maldonado, veio um impacto tremendo. Hoje, você sai do Acre, de carro, de manhã, e à noite está comendo *ceviche* na beira do Pacífico. Aquela região toda do Peru, das cabeceiras do Juruá, do Purus, a região mais desabitada do planeta – "desabitada" de branco, devo enfatizar, pois é cheia de índios isolados –, ela sofreu um processo monstruoso de ocupação. Principalmente em razão de quatro atividades: mineração, exploração de mogno, petróleo e coca.

No Peru, algumas reservas para índios isolados estão no papel. Na verdade, são reservas para madeireiro, para exploração de todo tipo, inclusive de petróleo. Ao lado da área em que eu trabalhava, há uma reserva que se chama Reserva Murunahua, e logo acima dela tem o Lote 110 de petróleo, e quem explora esse Lote 110 chama-se Petrobras. Quer dizer, as grandes empresas aprenderam a lição: protegem as tartaruguinhas aqui e explodem dinamite em área de índios isolados no Peru, para prospecção de petróleo.

Por conta dessas confusões todas no Peru, começa a haver um processo que são "índios isolados refugiados". O que isso significa? Os índios isolados do Peru, por conta dessa pressão, começaram a migrar para o território brasileiro. Isso foi, mais precisamente, em 2006. Por conta da exploração dos madeireiros para tirar mogno. Essa exploração chegou até o Brasil, e, se não fossem os Ashaninka denunciar, os peruanos estavam tirando mogno até hoje e ninguém estaria sabendo.

Paralelo 10: entre o Brasil e o Peru

Em 1988, montei uma base de fiscalização na confluência do igarapé Xinane com o rio Envira, chamada de Base Xinane. Era um ponto equidistante do território ocupado por ao menos quatro povos isolados, a comunidade Ashaninka do Simpatia, e também a via de acesso por rio para o território dos isolados, nas cabeceiras do Envira. A maioria das expedições passou a ser feita a partir dessa base. Nesse processo de proteção aos índios isolados, eu fiz uma expedição em cima do Paralelo 10, que é a divisa entre o Acre e o Peru. Era uma ação de fiscalização, junto do Ibama, para ver se os madeireiros peruanos estavam invadindo o Brasil para roubar madeira. Os madeireiros são "safos". Eles entram por baixo da mata, derrubam o mogno, desfiam com motosserra, botam nas costas e seguem a pé.

A expedição pela floresta foi a pé. Andamos 15 dias na mata, subindo serra e descendo serra. E, num lugar onde não havia registro da presença de índios isolados, montamos um acampamento. Estávamos fazendo o tapiri e escutamos voar uns mutuns. Eu falei para o meu filho que nos acompanhava, o Artur, que atira bem, para matar um mutum desses para o jantar. Já estava quase escuro. Dentro da mata, às cinco horas da tarde, já não enxerga mais. Ele pegou um rifle 22. Eu falei que ele iria errar o mutum. Sugeri um tiro com uma cartucheira 20, que espalha chumbo e a gente garante o jantar. Mas, também, faz muito mais barulho.

Ele foi e atirou no mutum. O mutum caiu. Quando ele atirou no mutum, assoprou umas quatro ou cinco inhambus, assim, ao redor. Inhambu azul também chamada azulona. Só escutamos o som das inhambus. Um peão velho que estava lá com a gente falou: "Seu Meirelles, acho que essas inhambus azuis estão de reunião. Isso daí é gente, não é pássaro". Eu respondi: "Eu acho que isso é gente sim". Eram os índios que estavam nos cercando, um grupo de índios isolados.

Dia seguinte, continuamos a viagem. Subimos a pé e eu vi o rastro dos índios. Rastro novo. Apontei para o meu filho quem era a "inhambu azul" que estava assobiando. "Olha o tamanho do rastro dela", disse pra ele. Dessa largura, o pé. Aí, andamos um pedaço e topamos com um caminho dos índios pela floresta. Parei e comecei a sentir um cheiro de cabelo queimado. Era cabelo de macaco, porque índio moqueia macaco com o cabelo, sapecando o pelo. De longe, você sente aquele cheiro de cabelo de macaco queimado. Em seguida, escutamos um grito de mulher. Nós estávamos perto de um grupo de índios isolados. Marquei o ponto no GPS e continuamos a viagem.

Quando voltei, fui conferir o marcador do ponto que eu tinha com uma imagem de satélite e encontrei uma clareira bem perto de onde o Rieli Franciscato tinha me mandado um marcador do Google, onde tinha visto uma clareira. Fizemos um sobrevoo na área e lá estavam duas malocas de índios isolados, já em território brasileiro, em pleno mês de abril, que é de chuva, fazendo roça – a época de fazer roça é a seca.

No mesmo tempo, a base da Frente Envira começou a ser frequentada pelos índios isolados, que estavam cavoucando os pés das bananeiras. Alguns outros grupos isolados passavam por ali, mas eles estavam tirando banana para levar as mudas. Isso é sinal de roça nova que estavam fazendo. Eram os índios isolados que, possivelmente expulsos dos territórios, saíram corridos e não tinham roça. Estavam tirando o que podiam da roça mais próxima. Ou seja, a nossa.

E voltaram os ataques contra as pessoas da base da Funai, as flechadas. No ano de 2007, nem pescar nos pescávamos, só matávamos galinha do terreiro. Porque toda vez que a gente ia pescar, pegava flechada. Era o tempo todo cercado.

A minha análise é que esses índios correram de madeireiros e dessa exploração desenfreada no Peru. Se eles escutam a nossa motosserra, pensam que era madeireiro. Como acham que não tem mais para onde correr, atacam.

Esse povo que migrou do lado peruano e se estabeleceu perto de onde fizemos a expedição, a gente passou a monitorar por sobrevoos. Não foi ali que fizemos as fotografias que correram o mundo, de um índio tentando flechar o avião. Este povo que migrou para território brasileiro você não vê de avião. Eles correm ao escutar o barulho. Devem ter atacado eles lá no Peru, de avião, creio. Espalhar as fotografias foi a única maneira de chamar a atenção sobre essa questão fronteiriça. Não há como aquela região ser preservada se não houver a mesma política do outro lado. Se fizermos uma política de preservação do lado de cá, e, do outro, começar uma de devastação, o efeito é o mesmo. Iniciou-se, por isso, um processo de negociação transfronteiriço para a proteção dos povos isolados. Estamos tentando avançar, mas é difícil.

As lições de um domingo de verão

Escrevi um conto onde eu relato a história da flechada que me atingiu. O que aconteceu foi mais ou menos assim:

> "Era domingo, dia 6 de junho de 2004, nas cabeceiras do Envira. O início do verão deixava o céu azul, acima da neblina típica das manhãs de junho, anunciando um dia de sol sem nuvens. O Bariya, 'rio de muito sol', como o Envira é chamado na língua hãtxa kuin do povo Kaxinawá, de águas limpas e cristalinas, revela seu leito arenoso e as matrinchãs, pacus, curimatãs, jitubaranas, surubins e capararis saem da clandestinidade das águas barrentas do inverno para a visibilidade cristalina do verde-claro do verão. Um convite para quem gosta de pescar de anzol e linha. Pesca semiesportiva, pois é bem verdade que a

matrinchã fisgada no pé do salão do poço acima de casa irá para o fogo lento, assada com escama e degustada ao 'molho-trisca', com macaxeira cozida, no jantar cedo de domingo.

Juntei minhas tralhas. Caniço fino para pegar iscas de matupiri e piaba-loura, massa de farinha bem liguenta, vara de carretilha com linha 060 para peixes maiores, a calibre 20 e a boroca de cartuchos para a segurança ou um eventual queixada, que nesta época do ano engorda comendo coco de murmuru e búzio de igapó, chafurdando em bandos o baixo do rio, o terçado de bainha de cedro, o chapéu de palha e tempo de sobra pra ruminar a vida na algibeira.

[...]

Na mesma madrugada de domingo, um grupo de oito a dez homens, de um povo que não sabe o que é domingo, zangado com algum ataque que sofrera de um povo diferente, ou do mesmo povo a que pertence os que moram abaixo da boca do igarapé Xinane, prepara uma tocaia.

Quatro ou cinco homens no rio e o mesmo número no igarapé. Sabem muito bem que este ano, por obra e arte dos repiquetes do Envira, o único canal do rio e do igarapé passa muito perto de onde estão emboscados. O barranco tem de três a quatro metros de altura, possibilitando a flechada de perto e de cima para baixo. Melhor lugar para tocaia não há.

No porto de casa, onde vivo há vinte anos na base da Frente de Proteção Etnoambiental Envira, um pouco abaixo da boca do Xinane, puxo a correia do motor e sento na pá do remo escorado nas bordas da canoa e vou subindo o rio Envira. No pensamento, desejando uma boa pescaria para garantir a mesa farta daquela noite de domingo e, quem sabe, o quebra-jejum do dia seguinte, junto a todos os companheiros, como é praxe entre nós.

Da tocaia, vê-se o porto de casa, a canoa subindo lentamente... Quem será beneficiado com a vingança? A turma do rio ou o pessoal do igarapé?

Na confluência do igarapé Xinane com o rio Envira formou-se uma pausada pela queda de uma urucurana. Suas raízes, aparentando uma enorme mão de gigante emergindo das águas, deixam livres somente uns três a quatro metros de canal até o barranco. É justamente ali que, pelo capricho da natureza, sou obrigado a passar.

Na passagem, ainda nos prólogos da filosofia a ser criada no domingo de pesca e esquecida na segunda de trabalho, senti uma pancada forte na parte esquerda do rosto. Uma pancada forte no rosto nos faz, instintivamente, fechar os olhos. Neste átimo de tempo, achei que tivesse, por distração, errado o canal e batido com o rosto nas raízes da urucurana. Abri os olhos e vi a taquara braba cravada em meu rosto.

Os parentes! Descarga de adrenalina para mascarar a dor e vencer o medo. Arranquei a flecha com a mão direita. A esquerda me dava conta que ela tinha varado todo rosto e saído na nuca. Com as pontas dos dedos, senti a ponta fina da flecha como agulha. Virei a canoa para o razeiro, desliguei o motor, pulei dela e, correndo, me abaixei. Outra flecha passou por cima da minha cabeça, tão perto que senti o vento e o zunir das penas no meu ouvido! Continuei correndo em zigue-zague, meio de banda e de costas, feito caranguejo assustado com guaxinim. Foi como consegui me desviar de outras flechadas. Cheguei à praia da margem oposta, dei um tiro de advertência para o alto e gritei para o pessoal da base da Frente Envira.

José Meirelles

A sensação de calor no pescoço, peito e pernas tinha agora explicação. A calça e a camisa estavam ensopadas de sangue, que continuava a brotar do ferimento. Pensei logo na carótida. Se foi atingida, tinha ainda uns dois minutos de vida. Foi o tempo que os mateiros da frente, numa outra canoa, demoraram a me encontrar na praia. Embarco nela e retornamos imediatamente para casa."

Um acidente de percurso

Eu quase morri por uma flecha. Mas tive, anos antes, um acidente de percurso que me incomoda para toda a minha vida. Um acidente de percurso quando eu ainda não trabalhava com índios isolados. Foi logo que eu cheguei no Acre. Um acidente grave, em uma circunstância que reagi apenas com o instinto de sobrevivência. Eu nunca neguei, e se tornou de domínio público em um relatório que fiz assim que aconteceu. Um dia, eu matei um índio para sobreviver.

Eu estava com o pai da minha ex-mulher, um senhor idoso, e fomos cercados por um grupo de índios. Não podia correr e deixá-lo sozinho. Foi como conseguimos escapar. Fomos atacados, eu estava armado, e fiz um único disparo. Funciona na literatura o dito do Rondon de "Morrer, se necessário, matar, nunca!", mas eu não sei se na realidade é assim. Pelo menos, comigo não funcionou, porque eu realmente preferi viver. E sobrevivi com consciência, pois outra pessoa poderia ter matado vários índios nessa situação de desespero. Apenas um morreu. Se eu não tivesse reagido, dessa forma, dando um tiro, e nessa situação, de ataque, eu não estaria aqui. Quando se trabalha em uma frente, isso pode acontecer, sabemos que existe o risco de sermos atacados. Já aconteceu de cercarem nosso acampamento, de me flecharem, como acabei de contar, e não reagi. Outros funcionários da frente foram flechados, e nenhum reagiu.

Eram índios Mashco-Piro, um povo nômade que não costuma passar mais de uma semana em um mesmo lugar. Eles andam pelas cabeceiras do Purus, do Envira e do Juruá.

Complexidade do trabalho com os índios isolados

Após a demarcação das terras, o trabalho com os índios isolados entra em uma segunda fase. Não iria adiantar só a demarcação dos territórios, não iria dar um resultado bom se não fizéssemos um acordo e um trabalho no entorno do território deles. Quem são o entorno? São os Kaxinawá, são os Madiha, são os Ashaninka e são os brancos que moram naquela região. É preciso ter essa população como parceira desses povos, para um eventual contato futuro, que é inevitável. Eles estão crescendo, estão aumentando. Nesses mais de vinte anos, eu ouso dizer que dobraram de população. As maloquinhas que eu vi em 1989, num sobrevoo, hoje são grandes malocas, com grandes roçados, muita gente. Se o entorno não for parceiro, essa guerra vai voltar a acontecer.

Há pressão por coisas que esses índios não produzem, tipo machado, terçado, e que eles usam desde antes de 1910. Há relatos antigos de coleta de instrumento de ferro, quando os índios entravam nos seringais. Um dos trabalhos no entorno que estamos fazendo são oficinas com os outros povos vizinhos, os Kaxinawá do Jordão, do Humaitá, os Madiha no rio Envira, e com os Ashaninka. Para mostrar a eles quem são esses povos, que eles existem e como deve funcionar essa parceria para dividirem o território.

Com os brancos, os "não índios", conseguimos um diálogo. A partir do momento que foram criadas as reservas para os índios isolados, os brancos que moravam perto e andavam quilômetros para poder matar um veado, hoje estão matando veado na capoeira da roça deles. Porque acabou a caçada comercial, a caça tradicional voltou. A área ficou mais preservada, a mata, mais rica. É preciso mostrar para as pessoas que ser parceiro dos isolados implica algum benefício para eles também. E a preservação ecológica é um benefício para quem depende da floresta, como os seringueiros.

O Acre depois da ditadura civil-militar

Quando terminou o regime militar e houve a redemocratização do Brasil, aconteceu um fenômeno incrível. Acabou o inimigo comum. Naquele tempo, todo mundo era contra o regime militar. Tinha um inimigo comum. E todo mundo puxava a corda de um lado só.

Com o processo de redemocratização do Brasil, deu uma pulverizada no movimento indígena. Não que ele tenha enfraquecido, mas ele ficou meio poroso. É uma coisa que eu fico sempre pensando. Essa coisa de cada um fazer o seu. Algo de "individualismo étnico", com justa razão. Não que eu ache isso ruim, pois cada povo tem todo o direito de se defender. Mas é que a coisa mudou. E estou preocupado com o futuro.

Os índios estão aí, lá no Acre, cresceram, aumentaram a população. Têm problemas em algumas áreas, alguns índios que talvez não tenham ainda um entendimento de como é que funciona a nossa sociedade, como os Madiha, por exemplo, lá do rio Envira. Eu não gosto desse termo, "primitivos", que é usado popularmente e é ofensivo aos índios. Eles não tiveram tempo para entender o nosso mundo, ainda. E sofrem com isso.

O Acre foi um estado pioneiro, que tirou os postos indígenas das aldeias e colocou nas cidades de cada um. Essa é uma dinâmica para os índios lutarem, em diversas frentes, pelos seus direitos, que agora está sendo implantada de forma nacional, com as Coordenações Locais da Funai, não mais nas aldeias, pelos postos, mas nas cidades, nos centros administrativos. No Acre isso já existe há trinta anos.

Na maioria dos casos, foi bom. Mas, nos casos específicos de povos indígenas que ainda não têm muito conhecimento da nossa sociedade, como é o caso dos Madiha, não foi bom, porque eles ficaram sós. Ficaram sem assessoria. Quando o índio ainda não tem um bom entendimento de como funcionam as coisas na nossa sociedade, é preciso estar mais tempo junto dele, para ajudá-lo a entender as coisas. Prestar auxílio, assistência, explicar o funcionamento. Por isso, em alguns casos, esse processo não foi bom.

O dinheiro, a família e a vida pessoal do sertanista

Eu nunca liguei muito para esse negócio de dinheiro. Eu também nunca tive anseios materiais muito grandes na minha vida. Não me preocupa não ter um carro, e eu não tenho um carro até hoje. Não me preocupa andar de bicicleta. Para mim, eu ter uma camisa, uma camiseta, está bom. Eu não perco tempo com isso. Eu prefiro gastar com outras coisas, comer um bacalhau bom, comprar um livro, do que comprar uma camisa da moda. Nesse tempo que eu entrei na Funai, eu não tinha um periquito para dar de comer. Com três salários de chefe de posto, dava para comprar um Fusca. A gente ganhava três vezes mais do que um agente da Polícia Federal.

Dinheiro não era problema para ir trabalhar na Funai, porque sobrava. A gente ficava no mato quatro, cinco, seis meses e, quando chegava na cidade, tinha um batelão de dinheiro na sua conta. Com isso eu ia para São Paulo visitar minha família, comprava passagem à vista, dava presentes para meus irmãos, mandava a grana para casa e ainda voltava com dinheiro. Não conseguia gastar o que eu ganhava. Por isso, não foi um problema, para mim, quando eu abdiquei de um cargo para poder ficar mais em campo, junto dos índios. Eu era técnico indigenista e quis virar auxiliar de frente para trabalhar com os Awá-Guajá. E passei um tempo com eles.

O meu trabalho não é sacrifício. Não é sacrifício. Quando se muda de ambiente para viver de outro jeito, diferente daquele que foi acostumado a viver, uma casa que tem banheiro, tem água encanada, confortos, geladeira, de repente a gente passa a viver em um lugar que não tem nada disso. A comida completamente diferente daquela que comia, as relações são diferentes. Mas se você começar a gostar dessa diferença, você se adapta rápido. É o que aconteceu comigo. O que seria sacrifício se torna aprendizado.

Por que a gente tem que aprender a ser só de um jeito? É bom poder ser de vários jeitos, poder se virar em vários lugares diferentes. Eu acho bom. Isso é o patrimônio que a gente adquire ao longo da vida. Esse é o patrimônio que eu prezo.

Já a vida da família, tem uns problemas. Quando comecei a trabalhar, meus filhos eram pequenos, eles estavam no mato, junto comigo. Era mais como índio na aldeia. Mulher, criança, menino, molecada. Criar filhos em aldeia é uma maravilha. Não tem lugar melhor no mundo para criar filho do que em uma aldeia. Sempre tem alguém para ajudar, faz parte da obrigação de todo mundo tomar conta da criançada.

Mas, quando chegou a idade escolar da meninada, a coisa foi diferente. A mulher teve que ir para a cidade. E começou o problema. Porque, na fase de crescimento dos meus filhos, eu fiquei muito ausente do convívio com eles. Ao ponto de, um dia, eu chegar em Feijó e eles falaram: – "Eu não te conheço. Quem é você? Nós queremos te conhecer". Mais ou menos isso, de uma outra forma, mas eu entendi assim. Peguei a turma, passei um ano com eles, lá na base da frente. Um ano inteiro, sem sair de lá. Eu sempre brinco com eles que eles não perderam um ano na vida, eles ganharam.

É difícil ter uma família aos moldes de uma família comum no Brasil, vamos dizer, média, trabalhando como sertanista nessas áreas. Porque se fica ausente, é complicado. Não é fácil administrar. Eu bati todos os recordes dos meus amigos que trabalham na área. Consegui ficar trinta anos com a mesma mulher. A turma que eu conheço já está na quinta, na sexta, na sétima. Não é fácil conciliar essa vida com a questão familiar.

A lealdade com os índios

Ao longo desse tempo, eu fui descobrindo que o indigenismo é feito só de lealdade. Não com a Funai, mas com os índios.

Dia desses, recentemente, eu estive em Brasília e vi uma corregedora dar um curso lá na Funai. Ela disse, com ar de quem diz uma coisa "moderna", né, entre aspas: "Vocês têm que ser leais à Funai". Eu não quis interromper a palestra dela, mas eu quase interrompi para falar: "Não. Antes de ser leal à Funai, você tem que ser leal aos índios".

Eu sempre fui leal aos índios. A Funai só fez pagar o meu salário. Tanto é que um monte de gente, eu e outros que, naquele tempo do regime militar, foi todo mundo para a rua, com a história da Sociedade Brasileira de Indigenismo. Por quê? Porque a lealdade nossa não era à Funai, era aos índios. E não é sempre que os interesses da Funai coincidem com os interesses dos índios. Muitas vezes, a Funai é contra os índios. Mas a gente nunca transigiu nisso. Eu tenho orgulho de dizer, apesar de ter sido demitido na Funai, com quatro filhos para criar, e fundar a Comissão Pró-Índio, junto de companheiros no Acre, como o Terri de Aquino, que nós dividíamos um salário mínimo. Era meio salário mínimo para o *txai* Terri e meio para mim. Eu fui tomar conta de boteco de noite para trabalhar na Comissão Pró-Índio de dia. Mas a gente nunca se desviou desse caminho.

Não é que eu seja missionário. Não é isso. A questão é outra, o engajamento é outro para um sertanista. Ou você trabalha como sertanista com essa perspectiva de defesa intransigente e com lealdade aos índios, ou vai fazer um concurso qualquer e vai trabalhar em outra coisa.

A perspectiva missionária, dos missionários crentes, dessas agências de missionários evangélicos que querem "salvar" os índios, evangelizar os índios, e vão trabalhar nas aldeias, tem um sentido completamente diferente. No trabalho sertanista, a questão é ser fiel, e ser leal. E eu acho que o missionário não é leal com os índios. Para ser leal ao índio, você tem que ser leal ao que ele é, inclusive respeitar a religião dele. O Deus de qualquer índio, para mim, é um ótimo Deus. É o dele, não é o meu. Aliás, o meu Deus eu ainda estou procurando. Eu acho que os missionários não têm esse tipo de lealdade. É ser leal àquela pessoa que é diferente de você em tudo, inclusive na religião que tem. Lealdade implica pensar que, se você é leal ao índio, significa ajudá-lo nas horas difíceis, indicar caminhos, caminhar junto. Isso é lealdade.

Lealdade não é aquela amizade piegas, aquele papo de "ah, o índio é bonito", "ah, eu adoro a cultura indígena". Nada disso. É uma convivência que te leva a essa lealdade de você caminhar junto com os índios. É caminhar junto.

Às vezes, a gente tem discussões mais acaloradas com os índios. Quem vê de fora não entende. Acabou a discussão, somos amigos. Tem hora que é necessário expor opiniões diferentes, e ser firme. Depois de um tempo em que se conhece e se convive com um povo, a gente pode se dar ao luxo de discutir, meter o bedelho, porque somos amigos. Mas é uma discussão de opiniões.

Saber ter essas discussões, que são fundamentais para os povos indígenas, é uma coisa que os índios me ensinaram. Os Ashaninka, por exemplo, quando eles têm diferença muito grande entre eles, eles fazem uma caiçumada. Caiçuma é a bebida de mandioca fermentada. Todo mundo enche a cara. E tem regras para brigar. Só vale de porrada. As mulheres pegam os homens, enchem eles de caiçuma, botam eles no chão, metem porrada, eles brigam entre si. No outro dia, está todo mundo com ressaca, com o olho roxo, mas ninguém está com raiva de ninguém. Foi o quê? "Foi briga de caiçuma", dizem assim. Descarregou a tensão. E todo mundo amanhece abraçado, todo mundo está amigo. Isso, os índios me ensinaram. Saber brigar e saber discutir com o seu amigo sem perder a amizade. Isso é uma coisa que eles me ensinaram.

Os índios me ensinaram a discutir de forma séria sem perder a amizade. Outra coisa que eles me ensinaram é que, apesar de a gente ter se relacionado muitos anos, eu nunca conheci um índio que quisesse que eu virasse índio. Eles me ensinaram muita coisa, mas eles falavam: "Você tem esse jeito, agora você é do jeito que você é". Não teve nenhum índio que quisesse me aculturar, que eu virasse índio. E a gente comete esse erro todo dia. A gente acha que é mais sabido do que eles. E vai querer que os índios se transformem na gente, coisa que os índios nunca tentaram fazer comigo. A gente comete um bocado de heresias contra os índios.

Se você começar a se policiar, vai descobrir que faz uma série de sacanagens com os índios umas dez vezes por dia. Tenta fazer reunião com eles na cidade, quando isso não é assim, tenta dizer a eles o que devem fazer na aldeia. Hoje está cheio de "curso de capacitação" que é assim. Eles me ensinaram isso: "Quando eu vou lá, na sua casa, eu não digo para você como é que você põe a mesa. Por que é que você está querendo fazer isso comigo?".

Eu também tentei explicar como é que a gente é. Mas eles nunca quiseram me aculturar. Eles nunca quiseram que o Meirelles virasse índio. É fundamental a gente aprender, para não fazer essas sacanagens que a gente vive fazendo com eles.

Eu escrevi um texto, uma vez, que se chama "A difícil arte da translucidez".

A translucidez é aquela propriedade que algumas substâncias têm de deixarem a luz passar por elas e não brilharem. Eu faço um paralelo com essa ideia: para trabalhar com índio, tem que ser meio translúcido.

Ou seja, não pode estar brilhando muito em aldeia. Porque, se começar a querer ser o rei da cocada preta e querer dizer para os índios o que eles devem fazer, fica como aquele cara cheio de brilho e ofusca os índios.

Tem que ficar observando, esperando que as pessoas te chamem, que te peçam opinião. Tem que saber ouvir. Ter paciência.

A sobrevivência dos índios

Quando a gente entrou na Funai, os antropólogos disseram que os índios iriam realmente se acabar como etnia. Felizmente, eles estavam errados nas suas previsões. E o regime militar também, achando que os índios iam se integrar. Não vão se integrar. Vão continuar sendo índios. Provaram para todo mundo que eles estão aí para ficar. Não vão se acabar. Estão crescendo, a população aumenta muito mais do que o crescimento médio. É um dado que não dá para contestar. Com todas as mazelas, com todos os problemas, com todas as dificuldades e violência que eles tiveram que enfrentar para se adaptar a esse novo mundo, eles são sobreviventes, estão aí para ficar.

Os índios surpreenderam muita gente, até quem trabalhava com eles. Mas será que esses caras aguentam mais essa porrada que o governo planeja na Amazônia? Aguentam. São sobreviventes. Eu já repeti que, se cair uma bomba atômica neste país, se sobrar alguém, pode procurar que é índio. Porque, os índios, eles têm uma capacidade de se adaptar e de se reorganizar, de se reinventar, que é uma coisa fantástica.

Com relação aos povos indígenas que vivem isolados, também tenho essa esperança de que vão sobreviver. Eles também já desenvolveram uma técnica de se esconder quando a coisa está feia. Neguinho simplesmente desaparece. Não fisicamente. Desaparece porque ninguém mais os encontra. Pensam: "Ah, não tem mais". Daqui a pouco, olha eles aí de novo. E os índios têm isso, eles se misturam no meio da mata, viram pé-de-pau, algum pajé faz eles virarem cipó, queixada, qualquer coisa. De repente, se transformam de novo e estão por aí. Acontece que todos esses projetos, hoje na Amazônia, no meio desse processo todo, madeireiras, estradas, soja, usinas hidrelétricas, toda essa confusão, esses grupos que estão aí, é claro que tem um risco muito grande de se acabarem, enquanto isolados.

A gente sabe dos riscos, a gente só fala disso. É terrível. Mas, por outro lado, eu acho que o que vai salvá-los vai ser essa capacidade que eles mesmos têm de se reinventarem, de passarem de agricultores a nômades, como alguns grupos indígenas, e os Awá-Guajá são um exemplo disso. Talvez os Mashco-Piro, aqui na fronteira do Peru, também tenham passado por esse processo.

Esses povos se reinventam. Deixam de fazer roçado, somem na mata, começam a comer sapo, cipó, filho de marimbondo. Eles se viram. E se reproduzem e sobrevivem. Isso é a minha última esperança. Porque, do lado nosso, é muito difícil. Se nada der certo, de toda essa política de proteção aos índios isolados, eu acho que eles ainda têm uma pequena chance.

A esperança é essa incrível capacidade desses povos de se readaptarem, e essa incrível capacidade deles de sobrevivência.

As violências contra os índios

Tem vários tipos de violência. Algumas violências são físicas. Por exemplo, você fica com raiva de um cara, pega um pedaço de pau, vai lá, dá uma paulada na cabeça dele, ou dá um tiro nele e mata. Essa é uma violência. A violência do extermínio físico, que os índios sofreram e vêm sofrendo desde que os portugueses inventaram o Brasil – não descobriram, acharam pronto. Existe essa violência dolorosa e constante. Mas, quando se mata a pessoa, o sofrimento terminou na hora em que ela morreu.

Agora, outra violência é essa da própria existência. De existir, de ser. A violência de que você está em um lugar onde você não pode ser você mesmo. No caso dos índios do Acre, eu vi muito isso.

Os índios falavam a língua, mas falavam a língua escondidos, não falavam a língua perto dos outros, para branco escutar, porque, aí: "Isso é índio". Não poder ter o seu pedacinho de terra, que você morava e que você perdeu. Quem sempre fez o pior tipo de serviço nos seringais e nas cidades foi o índio. Recebendo um terço ou um quinto do que um branco, o mesmo branco fazendo o mesmo serviço. Sendo a toda hora taxado de ladrão, de vagabundo, de preguiçoso e não sei o quê. E a única coisa que as pessoas lhe ofereciam quando o índio passava na rua, nos arredores das cidades, era um copo de cachaça.

A violência constante, contra as mulheres, contra as crianças. A violência cotidiana, ela é uma tortura terrível. Isso é uma tortura diária que esses índios aguentaram quase uma vida toda. Racismo, discriminação.

Veja os velhos que estão hoje nas aldeias, como o velho Yawa, ou o Vicente Saboia, esses índios aguentaram essa violência uma vida inteira. Querendo voltar a ser Kaxinawá, tendo aquele sentimento Kaxinawá, ou Yawanawá, tendo aquele sentimento Ashaninka, tendo aquele sentimento Madiha. Tendo saudade de si mesmo! Isso é triste. Você ter saudade de você mesmo! É uma violência que até na hora em que você vai dormir, antes de dormir, você está sofrendo.

Essa violência simbólica, esse preconceito, racismo, discriminação, fora a violência imediata do extermínio físico, também é uma forma de violência terrível. E que ainda está muito presente. Um exemplo são os Guarani em Mato Grosso do Sul. Aquilo é uma violência monstruosa. Depois, o índio se pendura em um pé de pau, se suicida e ninguém compreende. É difícil. Como é que é viver desse jeito? Imagine viver dessa forma, a vida toda. Esse tipo de violência que eu acho a violência mais perversa que a gente faz com o índio. É essa a grande perversidade.

Comigo, por defender os índios, já tive muita ameaça. Mas nunca chegou às vias de fato. Coisa que sempre tem quem trabalha defendendo os índios. Tive em Roraima, tive no Maranhão, no Acre, mas nada que chegou às vias de fato. Mas sempre tem. Porque no trabalho de defesa dos índios, a gente mexe com um monte de interesses. Mexe com terra, principalmente quando entra a história do território. Aí, como dizem, "todo mundo gosta de índio, desde que não seja na minha propriedade". E sempre acaba batendo de frente com o poder regional. No Brasil, sempre se bate de frente com muitos interesses quando se mexe com a questão da terra. Pessoalmente, com branco, nunca tive problemas maiores, assim, de ameaça mesmo, de chegar às vias de fato.

O pior momento da carreira e a saída da Funai

Eu acho que foi Roraima.

Então, eu estava na Frente Envira, e o Arthur, meu filho, também estava lá. Quando a Funai confirmou referências no território Yanomami, expandiram a coordenação também para índios de contato recente, os Yanomami entraram nessa definição de recém-contato. Eles me propuseram esse desafio: ir para a área Yanomami. O pessoal da Funai em Brasília sabia que tinha sacanagem da Funai local. Só que não tinha poder político para tirar o Gonçalo de lá, do posto de chefe da coordenação. Eles sabiam de tudo, dos esquemas, das ilegalidades, pelejaram, mas não conseguiram. Porque o Gonçalo tem costas muito quentes, que é o Romero Jucá. E me propuseram, mesmo sabendo que iria enfrentar uma Funai corrupta. Quer ir para lá? Saí do meu cantinho, lá da Frente Envira, na fronteira do Acre, já quase com o Peru, e vim bater em Roraima.

Antes de chegar em Roraima, fui falar com o Porfírio de Carvalho, que trabalha com os Waimiri Atroari, no mesmo estado. Ele me falou: "Cuidado. O negócio, lá, é realmente complicado". E eu fui para lá. Achei que o Carvalho estava pintando com cores muito fortes o que era aquilo.

Cheguei em Boa Vista e descobri que era muito pior. Eu achei que ele até deu uma maneirada. Porque, ali, há um órgão indigenista, que é a Funai, e a grande maioria das pessoas que trabalha lá é totalmente anti-índio. Tem o Estado, que não quer ouvir falar de índio. Tem uma bancada política que detesta índio. Tem o caso da Terra Indígena Raposa Serra do Sol, que acabou de acirrar o resto do conflito. E quem não era preconceituoso, contra índio, em Roraima, depois do caso da Raposa, ficou. Tem lá um Estado totalmente anti-indígena, com uma

Funai totalmente anti-indígena. Trabalhar em um cenário desses, com um grupo tipo os Yanomami, com uma terra de 9,6 milhões de hectares, do tamanho da Áustria, com 240 aldeias, só do lado brasileiro, com problemas de todo tipo que se pode imaginar no mundo. Todos os problemas têm lá na área Yanomami: doença, malária, garimpeiro, ouro, diamante, invasão de terras. Era um desafio. Falei: "Eu vou". E fui.

Realmente, não deu, eu não consegui. Plantei uma semente. Alguns auxiliares que havia lá, eles viram como é que a gente faz e trabalha. E quando a gente não pode fazer nada, também não sacaneia o índio. Se não faz nada, pelo menos não sacaneia nem fica prometendo aquilo que não pode cumprir. Um pouco da minha experiência eu tentei deixar.

Eu consegui fazer uma equipe boa, com pouquinha gente, lutando contra esses troços anti-índios. Mas começaram as ameaças diretas e indiretas. E eu cheguei, pensei e falei: "Eu não vou conseguir fazer nada e vou acabar sendo morto. Vou ser atropelado". Eu andava de bicicleta em Boa Vista e pensei: "Eu vou acabar sendo atropelado às oito horas da noite, em alguma esquina dessas. Vão me matar e não vai mudar nada. Eu vou me embora". Voltei.

Nesse tempo, em Boa Vista, foi exatamente quando eu completei quarenta anos de Funai. Meu filho, Artur, estava na Frente Envira. Ele gostou da história de ser sertanista, fez o segundo grau e foi para o mato. Foi criado no mato, então, aquilo tudo, para ele, não é novidade. Faz parte da vida. Como eu não posso trabalhar na mesma autarquia que o meu filho, era melhor eu sair da Funai. E eu já estava com vontade de sair da Funai, já estava meio velho. E pedi demissão da Funai. Tem a hora em que tem que pendurar a chuteira.

É possível trabalhar de outra forma. É o que eu estou tentando fazer agora, depois de velho. Eu estou reaprendendo outro jeito de trabalhar. Eu continuo a trabalhar com os índios. Não dá para se desligar. Não dá porque não dá para se desligar da sua vida. Eu estou aprendendo a trabalhar de outra forma, que também acho que não é só o trabalho de campo que resolve. Nada se resolve sem o trabalho de campo. Mas nada se resolve só com o trabalho de campo.

Os problemas são tão grandes que a oficialidade do Estado brasileiro não dá conta, e nem o próprio Estado. Aprendi a fazer parcerias, a fazer filmes. Andei participando de alguns, com a BBC, para soltar um vídeo no mundo, para mostrar: "Esses índios estão aí. Não é um espaço vazio. Mora gente aí". É outra forma de tentar ajudar. Eu não vou nunca me desligar dos índios. Só o dia em que me botarem para debaixo do chão. Aí, eu vou me aquietar.

Eu realmente cresci como pessoa no convívio com os índios. Não estou tirando aqui o mérito dos meus pais. Mas o acerto maior que eu tive na vida foram os índios que fizeram. De uma maneira muito cordial.

A grande lição que eu tive, o grande encontro comigo mesmo, ao longo desses quarenta anos como indigenista e sertanista, conhecendo povos diferentes, foi arrancar preconceitos. A gente nasce e cresce e vão pregando na gente um monte de ideias preconcebidas, de preconceitos. Aquilo prega no couro, e, para arrancar, é difícil. Os índios têm uma facilidade incrível de arrancar esses crachás preconceituosos que pregam na gente. Eles arrancam isso sem muita dor.

O grande ensinamento que eu aprendi foi saber olhar o outro como ele é. A ouvir.

Futuro dos isolados

Dependendo da situação e do lugar, pode demorar mais ou pode demorar menos, mas vão ocorrer os contatos. Há dez anos, eu diria que naquela região das cabeceiras do Acre, do Peru, isso iria demorar muito. Hoje, já vejo que isso vai demorar muito menos do que a gente gostaria que demorasse.

É impossível colocar uma redoma de vidro em cima de qualquer cultura. As culturas são dinâmicas. As coisas acontecem, o mundo muda, os índios mudam. Vamos chegando cada dia mais perto deles. Isso é um processo.

Vamos ter que preparar esse processo. Não podemos preparar os isolados. Eles vão ver o tamanho da encrenca na hora que eles resolverem amansar a gente. Mas podemos nos preparar para recebê-los da melhor forma possível. Para eles entrarem em contato de uma forma melhor, mais justa, com menos paternalismo, com menos preconceito, com mais respeito.

Não tem outra saída. Porque é impossível não acontecer esse contato. Temos é que preparar para que seja o menos sofrido, o menos traumático, e o mais justo.

O futuro: que os pajés nos protejam

Eu estou cismado que só inhambu azul comendo fruta de louro. Explico. Trabalhei com os índios quarenta anos da minha vida. A Funai (Estado brasileiro) pagava meu salário. Tentei ajudá-los na dura caminhada da reconquista de parte de seus territórios tradicionais. Passei anos fazendo isso no regime militar. Veio a democracia e a nova Constituição de 1988. Abriu-se uma luz no fim do túnel. Terminou o milênio, entramos no século XXI. E estou assistindo discursos de deputados e senadores (vi hoje em vídeo, o da senadora ruralista Kátia Abreu) que me levam a crer que estamos bem perto de ver uma nova era de barbárie contra os povos indígenas e todas as minorias do meu país. Cada vez mais a frase "Todo mundo no Brasil tem sangue de índio nas veias. As classes dominantes têm nas mãos" me parece mais verdadeira. Discursos do quilate que tenho ouvido terminaram em outros tempos em campos de concentração. Que os pajés nos protejam.

Um presente que a vida me deu

Recentemente um povo indígena que habitava as cabeceiras do igarapé Xinane, afluente do rio Envira resolveu, ainda não se sabe bem por que motivo, conversar conosco.

Eu havia passado 23 anos de minha vida nessa região tentando proteger seu território, que felizmente foi demarcado antes que eles resolvessem nos amansar. Pensava eu que nunca mais iria rever as cabeceiras do velho rio Envira. Saí de lá em 2010, no mesmo ano que deixei a Funai.

Mas o destino mexeu seus pauzinhos e fui gentilmente convidado pelo coordenador da Frente Envira a voltar. E não é que, justamente quando estava lá com a equipe da Frente Envira, os parentes, que há tantos anos sabíamos que existiam, resolveram aparecer?

Entre idas e vindas, passei os últimos três meses com eles, na Base do Xinane. Com valiosa ajuda de intérpretes Jaminawa, que falam a mesma língua desse povo, com pequenas diferenças, conversamos muito. Descobri que me conheciam de muito tempo. E nossas histórias de encontros e desencontros acabaram se aclarando.

Virei o *txatá*, avô. Ganhei sementes de um milho maravilhoso que cultivam, de mamão, de pimenta e de maniva de macaxeira. Plantei. E ensinei alguns garotos a pescar de anzol. Juntos caçamos jacaré à noite. Essas coisas simples, que aos olhos da maioria dos "entendidos" em povos isolados é desimportante.

E descobri que sei muito pouco sobre esse povo. Seriam necessários muitos anos de convivência, aprender falar fluentemente a língua, para começar a entendê-los. Mas creio mesmo que esse tempo é largo demais pra mim. Afinal, estou entardecendo.

Fico me perguntando se depois de uns vinte anos de convivência, os mais velhos, os *txatás* (eu incluso), já terão partido e os mais novos terão miscigenado sua cultura com a nossa. Creio mesmo que entenderemos, daqui a vinte anos, outro povo, não mais este com que tive o prazer de conviver alguns meses. E tem gente arrogante que acha que "entende" de povos isolados. Eu mesmo não entendo não, confesso. E duvido muito que alguém entenda. Afinal, depois que cheguei do mato, andei lendo (e rindo muito) de achismos e declarações de "especialistas" de plantão.

O importante é que os parentes estão bem de saúde, vacinados, cuidados da melhor forma possível pelo pessoal da Frente Envira, pelos médicos e enfermeiros que lá fazem plantão diuturno e pelos intérpretes Jaminawa.

Nos demos bem! E vou voltar, pois assim ficou combinado. Afinal, um presente tão especial tem que ser apreciado com calma, humildade e tempo.

A década do contato

O povo do Xinane, como os estamos chamando, ainda não abriram sua história para dizer quem são, a sua autodenominação. Sabemos que falam a língua pano. Falam com os Jaminawa. Mas não vão abrindo a vida. Eles não são bestas de chegar e dizer: "oba, cheguei, vou fazer relatório da minha vida!" Esse povo tem muitas histórias de guerra.

Hoje, estão morando com a equipe da Frente Envira na base do Xinane. Eles têm espingardas. E Jaminawa, quando quer matar alguém, fica amigo antes. Então, sentimos que ainda há um risco nesse processo de contato que estamos estabelecendo.

Esse contato colocou por terra aquela ideia de "autonomia" que tanto se falava. No fundo, eles estão com problemas, e portanto temos que procurar falar com eles, temos que saber quais problemas estão enfrentando. Não é coisa de outro mundo: temos que ir lá fazer o contato.

Quando esses jovens chegaram na aldeia Simpatia, dos Ashaninka, eles já estavam com um tipo de infecção pulmonar. Agora, estão sendo tratados. A realidade é que eles andam por todo canto, roubam roupas no Peru, no Brasil, pegam ferramentas em acampamento de madeireiros, passam perto dos cocaleiros, interagem com esse tipo de gente que está invadindo o seu território. E, de repente, chegou uma turma gripada. Não foi da equipe da Funai ou de alguém da aldeia Simpatia que passou o vírus. Pegaram antes do contato. No lado do Peru, eles estão todos no mato morrendo de gripe e nenhum órgão ou entidade consegue resolver isso.

Essa experiência que tivemos mostra que o contato não é tão complicado. Para se ter uma ideia, um problema grave que tivemos foi, na verdade, uma coisa muito simples: comprar um freezer. A equipe precisava ter um freezer para estocar as vacinas. E não havia jeito de conseguir um freezer. Minha intenção era comprar um freezer com gerador próprio de energia para quando o médico responsável pela equipe de saúde, Douglas Rodrigues, chegasse, ele tivesse onde colocar as vacinas. Mas com a Funai quebrada financeiramente, e com tantos problemas de burocracia, no final das contas eu tive que comprar uma freezer com meu dinheiro, alugar uma canoa com meu dinheiro. Esses entraves, aparentemente simples de serem resolvidos, dificultam muito o trabalho em campo.

A situação mudou muito nesses últimos anos e se expirou o tempo de mantê-los distante. Vamos entrar em uma década dos contatos.

Não é pra mim, não é pra hoje, é pra ontem. Porque não tem jeito, companheiro. A situação é grave e é urgente. São pelo menos oito povos ali nessa região, e uma situação de confronto muito grande. E quem está disposto a ir pra lá e fazer contato com esses povos?

Os isolados do Xinane, esse povo que apareceu agora, eles são inimigos de todo mundo. São inimigos de quem eles chamam de "cabeludos". Se matam nas guerras. Tem índio ali na base conosco que tem buraco de flechada no corpo. Eles contam que já mataram Mashco-Piro, e que Mashco-Piro já os matou. Estão enfrentando muitos problemas que chegam de fora, o território está cercado e diminuindo com invasões de madeireiros e cocaleiros. Não são os peruanos ou os brasileiros matando, são eles mesmos, os povos isolados, que estão se matando.

É uma região em guerra. É o Xingu deles, essa analogia que eu faço. Como quando o Orlando Villas Bôas chegou no Xingu, que os próprios índios estavam em guerra. Ele começou a contatar os povos de lá e conversar com todos eles para terminar os conflitos, acabar com a história de índio matar índio e que, a partir daquele momento, era hora de se unir. Vamos ter que fazer o contato, e depois um armistício entre estes povos.

O contato no Xinane mudou muito a perspectiva da proteção pelo isolamento. É hora de acabar com a conversa e ideia de "índios isolados", "autônomos". Não são autônomos. Foram autônomos e isolados. Mas hoje estão cercados, com um território pequeno, estão se matando, roubando espingarda de peruano para usar nas guerras. Matando os outros índios invadindo os territórios a tiros, usando um poder de fogo muito maior do que flecha. Foram isolados, hoje não são mais. Estão é cercados e em guerra.

Não há problema fundiário do lado brasileiro. As terras deles já estão demarcadas. O que pode mudar o destino destes povos é ter gente lá em campo com os mecanismos de assistência junto deles. Recursos para as emergências, saúde, transporte e alimentação. É preciso juntar um grupo de pessoas de boa vontade para fazer os contatos urgentes, e ter um planejamento de longo prazo para trabalhar junto deles. Enquanto isso não acontece, a urgência é a sobrevivência: temos que manter esses indígenas vivos. Se não, no futuro, vamos fazer uma arqueologia de índios.

Estamos na década do contato e temos que perder o medo de fazer os contatos. Porque: ou vão estar todos contatados, ou todos mortos.

Marcelo dos Santos

Legenda

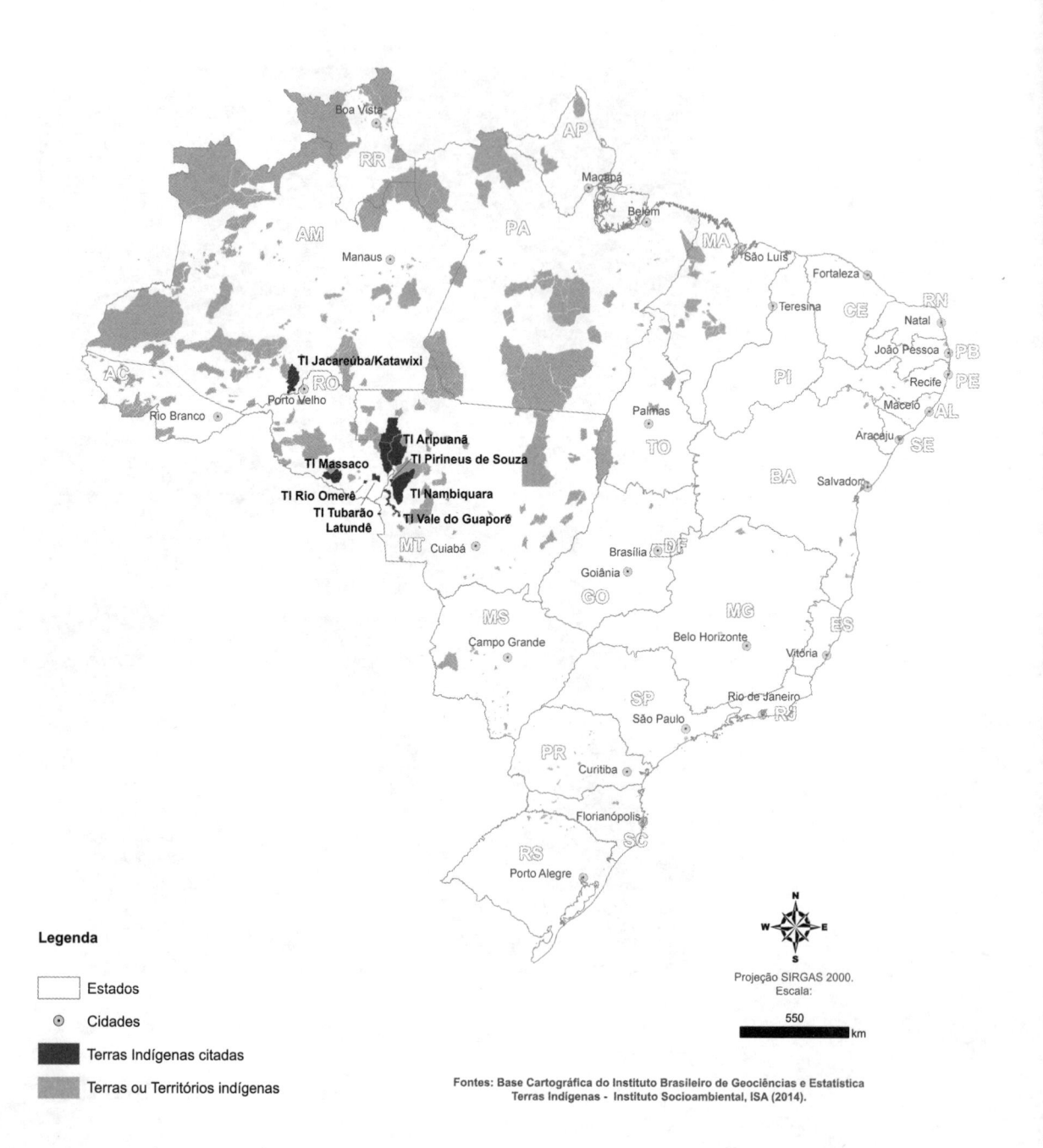

☐ Estados

⊙ Cidades

■ Terras Indígenas citadas

▨ Terras ou Territórios indígenas

Projeção SIRGAS 2000.
Escala:
550 km

Fontes: Base Cartográfica do Instituto Brasileiro de Geociências e Estatística
Terras Indígenas - Instituto Socioambiental, ISA (2014).

Marcelo dos Santos saiu de São Paulo para ir a Rondônia depois da conversa com um amigo e descobriu o trabalho na Funai. Formado em biologia, ele prestou concurso público e fez o curso de indigenismo. Chegou em Rondônia junto com a leva de migrantes que iam do Sul para a Amazônia em busca de terras.

Trabalhou com os Nambikwara até que, em 1985, escutou a história de um massacre contra índios isolados. Ele passou a se dedicar, investigar o massacre e a encontrar os sobreviventes. Dez anos depois, conseguiu fazer o primeiro contato com os Kanoê, os Akuntsu, e em 1996 encontrou o "Índio do Buraco", último representante de uma etnia que foi exterminada. Ele ainda vive, sozinho, em um território monitorado pela Funai. Os Kanoê, que eram cinco pessoas, hoje são apenas três: Purá, Tinamanty e Bakwá. Os Akuntsu, que eram sete, hoje são cinco. No entanto, eram muitos mais antes de terem sido exterminados, em um ataque realizado por fazendeiros, provavelmente em 1985.

Santos treinou Altair Algayer, que se tornou seu fiel companheiro de trabalho. Os dois depoimentos são complementares e muitas das histórias se cruzam.

O depoimento de Marcelo dos Santos é um verdadeiro mergulho no "coração das trevas" que foi a colonização de Rondônia nos anos 1970 e 1980. Sua prática revela um sertanismo engajado, dedicado, e arriscado. Através de diferentes estratégias ele conseguiu mobilizar forças políticas para atuarem em defesa dos povos indígenas isolados em Rondônia.

Em 2006, após participar de uma expedição junto de Algayer, investigou a situação fundiária da terra indígena ocupada pelo "Índio do Buraco" e descobriu que não havia nenhuma proteção administrativa ou judicial em vigor. Santos era então o chefe da Coordenação Geral de Índios Isolados (CGII), cargo que ocupou até meados de 2007. A Funai não havia publicado nenhuma portaria de interdição ou restrição de uso, e a única medida judicial que garantia a proteção da área havia sido julgada "nula" pelo Superior Tribunal de Justiça alguns anos antes. Todo o processo havia sido declarado nulo. Contudo, essa década foi suficiente para garantir a floresta e a sobrevivência do índio. Ainda em 2006, a Funai finalmente interditou a área e desde então essa medida vem sendo renovada. Marcelo dos Santos soube driblar as burocracias do Poder Executivo e mobilizar o Estado para defender o último representante de um povo exterminado. Em 1999, Santos foi condecorado pelo presidente Fernando Henrique Cardoso com a Ordem de Rio Branco ao grau de Cavaleiro por seu trabalho em defesa dos povos indígenas.

A formação

Sou paulistano de nascimento, filho de uma baiana e um santista. Estudei em uma boa escola pública. Educação também vinha do cotidiano da nossa casa, nas conversas dos meus pais na mesa de jantar, nos incansáveis comentários mordazes, principalmente do meu pai, enquanto assistíamos televisão. Ele reclamava muito, vociferava contra as séries de TV americana, *Rin-Tin-Tin* por exemplo, defendendo os índios contra sacanagem da propaganda embutida nos pacotes desses filmes de gringos. Dizia que nos filmes os índios sempre eram os bandidos, desumanos, invasores, cruéis, quando na verdade foi o exército americano que os dizimou covardemente. Eu e meus irmãos, inocentes espectadores, ficávamos sem o nosso filme.

Meus pais foram ativistas políticos a vida toda, em algum momento participando diretamente nas reuniões do Partido Comunista, ou com seu trabalho voluntário. Mas logo se afastaram, se desiludiram com o autoritarismo embutido nas suas ideologias programáticas e pragmáticas. Sempre foram intelectuais livres, nunca deixaram de ter visão crítica da política, tanto da sua prática quanto nas suas concepções ideológicas. Minhas primeiras experiências de um contato mais próximo com a natureza foram também com meu pai, naturista desde jovem, vegetariano não tão determinado, esportista e andarilho de primeira. Gostava de nos levar para acampar. Íamos acampar na praia da Vacas, em São Vicente e nas praias mais isoladas do litoral norte paulistano, quando ainda não existiam barracas à venda no comércio (ele mesmo fabricava as suas em casa). Esses acampamentos adubavam meu imaginário infantil, cheio de histórias de Júlio Verne, Tarzan, Monteiro Lobato do nosso *Sítio do Picapau Amarelo*, e o autor que mais me encantava, Hans Staden. Foi meu primeiro contato com o universo indígena, dos homens nus lutando contra os invasores europeus!

Eu acompanhava pela imprensa, revistas como *Manchete* e *O Cruzeiro*, as aventuras e expedições dos irmãos Vilas Bôas. Mas a aproximação com a questão indígena foi uma casualidade. Já tinha tentado várias vezes me aventurar pela vida, primeiramente tentando embarcar numa viagem ao redor do mundo num veleiro, tentei ser caseiro em Ilhabela e por aí afora. Finalmente, após ser seduzido pela conversa de um amigo no bar Riviera, o advogado Paulo Sergio (que acabara de voltar de Rondônia, onde estagiou pelo Incra), juntei meus parcos vencimentos, isso em 1975, e voei para Porto Velho, onde achava que me engajaria nos trabalhos de campo do Incra. Não consegui, faltou a informação de que era necessário concurso público.

Desempregado na capital rondoniense, entrei na Funai de lá à procura de emprego. "Que oportunidade, trabalhar em uma sociedade sem classes e que não destrói a natureza!", pensei. O delegado da Funai local, um coronel desequilibrado, que me atendeu batendo com uma pistola na mesa (não podemos esquecer que estávamos em plena ditadura militar), de nome Bloise, me deu o caminho das pedras: "Aqui não tem emprego, mas procura com aquele filho da puta do Apoena".

Ele trabalhava no interior de Rondônia, Riozinho, onde o sertanista Apoena Meireles reinava absoluto. Juntei o que tinha e viajei para Riozinho, sendo recebido por Apoena. Naquela época, a Funai local era uma casinha de madeira nas margens da BR-364. Fiquei lá por 45 dias, trabalhando na burocracia em troca de comida, dormindo com ratos e comendo algo que se assemelhava a comida, num barracão que era usado para índios em trânsito.

Conheci integrantes dos Suruís, Cinta-Larga e funcionários de campo da Funai. Estava descobrindo outro mundo, até então desconhecido. Aimoré Cunha da Silva, laboratorista da Funai, passava horas falando sobre os índios, aldeias, aventuras, e acabou me incentivando a retornar a São Paulo para fazer o curso de indigenismo da Funai – para posteriormente retornar e trabalhar com índios com um mínimo de bagagem teórica e prática. Contando para isso com a colaboração de todos que depois iriam se tornar meus colegas, pois custearam minhas passagens. Retornei para Sampa, onde fiz um curso e passei no concurso público da Funai.

Como voluntário, fui trabalhar no Projeto Yanomami, sensibilizado pela antropóloga Alcida Ramos, nossa professora no curso de indigenismo. Mas o projeto foi extinto pelos militares pelo fato de ser coordenado por um antropólogo americano, esposo de Alcida, o Kenneth Taylor. Na Funai encontrei outro antropólogo americano, também coordenador de um projeto diferenciado das práticas até então desenvolvidas pelo órgão, David Price, que me convidou para trabalhar com os Nambikwara, no extremo noroeste de Mato Grosso. Candidatei-me na hora e, em janeiro de 1976, Sílbene de Almeida, que trabalhava lá há um ano, me levou num jipe amarelo absolutamente abarrotado de tralhas para os índios, para assumir minhas funções em campo. Foi muita sorte poder contar com ótimos companheiros nesse início, ele, Ariovaldo José dos Santos, o próprio David Price e sua esposa Alba Figueroa, que sempre nos apoiavam. Desde o dia que cheguei nas aldeias dos Nambikwara do Norte me apaixonei pelo trabalho e pela convivência com essa inusitada e maravilhosa experiência de vida, de conviver e participar do cotidiano de uma aldeia indígena.

Foram mais de 14 anos de labuta, com muito mais alegrias do que tristezas, apesar do quadro caótico de doenças e desatenção do Estado brasileiro para com eles. Deixei o trabalho na aldeia convidado pela direção da Funai para assumir a chefia do trabalho burocrático em Vilhena, mas por um curto período, que não chegou a dois anos, nada estimulantes. Voltei para o convívio com os Nambikwara, mais especificamente com o grupo Negarotê, mas por pouco tempo, menos de um ano. Estávamos em plena guerra contra os madeireiros, muito violenta, com muitos tiros e mortes. Pressionado pela família e companheiros de Funai, preocupados com minha vida, abandonei a aldeia.

Após o período com os Nambikwara, fui trabalhar com os índios sem contato, isolados da nossa convivência. Assumi a coordenação regional da Funai nesse trabalho. No início, trabalhava exclusivamente na Reserva Biológica do Guaporé, mas logo vi que existiam informações de que em vários outros lugares em Rondônia havia a presença de índios isolados. Passei a monitorar e iniciar um trabalho de levantamento dessas informações, que perduraram até minha saída em 2000. Após nove anos de expedições, levantando informações, propondo a regularização fundiária e protegendo esses povos indígenas isolados, resolvi sair por motivos particulares.

Aprendi a viver na floresta no cotidiano das aldeias com os Nambikwara. Nas caçadas, percorrendo seus territórios para fiscalizar invasões, nas pescarias distantes e nas coletas de mel e frutos. Mas nunca fui o bom mateiro, um bom cortador (pessoa que vai à frente dos outros limpando a trilha). Para um paulistano da nata foi um aprendizado total, desde os primeiros passos. A única coisa a meu favor foi o fato de adorar acampar com meu pai quando era criança, e ser totalmente desprendido de problemas de adaptação a situações pouco confortáveis. Gostava de aventura, de plantas e bichos (fazia biologia na faculdade), e não tinha medo da floresta, sempre interessante, curiosa e misteriosa.

Rondônia nos anos 1970 e o indigenismo nos tempos da ditadura militar

Rondônia em 1975 era a "terra de ninguém". Muito distante de qualquer centro "civilizado", em um processo desordenado de ocupação muito violento e sem lei. Na verdade tinha uma lei, a do mais forte, a do mais rico, a das influências políticas.

Estávamos nos estertores da ditadura militar, com sua paranoia de ocupação amazônica a qualquer preço. Havia uma intensa propaganda enganosa do governo militar, principalmente no Sul, de distribuição de terras públicas grátis e de boa qualidade na região Norte, porém não existia um projeto, um planejamento para essa distribuição, nem estudos de fertilidade, muito menos estratégia de ocupação. Foi um caos total. A estrada BR-364, projetada e concluída pelo governo de Juscelino em 1961, estava em decadência, abandonada, péssima. Na época das chuvas, intransitável, com atoleiros de quilômetros, comprometendo o fluxo de bens básicos, como alimentos, material de infraestrutura etc. Centenas de caminhões carregados de agricultores sulistas eram despejados diariamente a esmo pelas cidades de Vilhena, Cacoal, Ji-Paraná e Pimenta Bueno. Filas intermináveis nas portas do Incra nessas cidades, sem uma informação de credibilidade, sobre localização e condições de transporte, saúde etc., etc. Pela proximidade, acompanhei mais atentamente a ocupação do sudoeste rondoniense, principalmente a região de Colorado do Oeste e Cerejeiras. A malária grassava entre os colonos, que sem condições se internavam na floresta totalmente desconhecida, plantavam e não tinham como escoar a produção devido às péssimas condições das estradas.

Na década de 1970, era esse o quadro em Rondônia, e os índios, já contatados pelo antigo SPI e Funai posteriormente, com exceção dos Nambikwara do campo, ainda não tinham asseguradas as suas terras. Ficavam na margem das estradas vendendo colarzinhos e arco e flecha a troco de migalhas. A morte estava presente nas aldeias, cotidianamente, sem assistência, abandonados.

Em 1978, eu estava saindo da aldeia Aroreira e indo morar com os Negarotê. Não vivia na cidade. Fui comprar uma casinha na cidade só nos anos 1980, porque meus filhos chegaram à idade escolar.

A gente quase não tinha muito contato com informação, a não ser pela *Hora do Brasil*, que ouvia num radinho. Mas quando eu morei na Aroreira, nem radinho eu tinha. Eu não tinha contato com a Funai, com família, nada. Ficava no mato, sem informação nenhuma. Vilhena não tinha nem jornal. Eram poucas casas, mais nada. Eu sabia alguma coisa pelas cartas que meus pais me mandavam. Chegavam uma vez por mês. Às vezes, eu ficava cinco ou seis meses sem ir na Funai, em Cuiabá. Lá era chefiada pelo coronel Pinho, juntamente com um pessoal do Serviço Nacional de Informação (SNI). Quanto mais distante eu ficasse da Funai oficial, melhor.

A coordenação da Funai era dos militares. Mas tinha uma distinção, porque o Exército, no caso, era representado pelo coronel Pinho, chefe da Quinta Delegacia Regional, como chamavam as administrações regionais da Funai. Esse coronel era o titular. Mas, dentro da perspectiva militar, não era um radical, era uma pessoa "afável". Conversava, não tinha uma postura muito presunçosa e intransigente.

Acontece que havia um agente lá dentro do SNI que se chamava Aroni, mas não me lembro o sobrenome. Esse era sacana. Na primeira vez que me viu, me chamou de veado. Foi meu primeiro contato profissional. Não acreditava. Eu fui me apresentar para o coronel, que não estava, e esse Aroni, era quem mandava lá dentro, o SNI que comandava, me disse quando me olhou e fulminou: "Cabeludo, para mim, é veado".

Olhei para ele e respondi: "Olha, cara, então Jesus também, Mozart também, Beethoven era gay, enfim todo o século XIX".

Esse cara tentou me afastar.

Como eu não aparecia e não mandava informação ele não vinha me perseguir. Mas vivia perguntando para as outras pessoas sobre mim, sobre o que estava fazendo.

Era um sujeito careca, devia ter uns 50 anos, na época. Só tinha um caramanchãozinho na cabeça. É o que me lembro, porque eu só vi ele duas vezes. Depois dessa apresentação, fiquei seis meses sem aparecer. Quando voltei em Cuiabá, ele estava lá. Na segunda vez, já não estava. Ainda bem.

Um exemplo de como funcionava a censura naquela época foi a dispensa de dois colegas, um paulista e outro carioca, que fizeram o sétimo curso de indigenismo. Eram pessoas capacitadas, inteligentes e informadas, mas que foram extremamente ingênuos em criticar a política governamental da época durante o curso. Assim funcionavam as instituições naquele tempo.

O contato com os Latundê

O contato com os Latundê, um dos grupos dos Nambikwara do Norte, que viviam na margem direita do rio Pimenta Bueno, em Rondônia, aconteceu em 1977. Participei da segunda equipe que os visitou. Antes, uma outra, liderada por um péssimo funcionário que eu havia expulsado alguns meses antes dos Nambikwara, da aldeia onde fui trabalhar, conhecida por Aroeira, esteve entre eles. Esse funcionário foi na aldeia dos isolados junto dos Aikanã, povo que era seu inimigo tradicional, alguns meses antes da nossa visita.

Os Latundê fugiam das fazendas que estavam desmatando toda a floresta em sua volta, não tinham mais para onde correr. Foi terrível. Muitas tristezas acompanharam esse processo, como sempre. Ainda há remanescentes vivos desse grupo. Agora, estão dominados por alguns Aikanã, ligados à venda de madeira. Ocorreram muitas mortes por falta de assistência. E o alcoolismo se espalhou entre todos, principalmente entre os Aikanã e Kwasá. Quando vou para Rondônia, procuro saber como estão.

Logo após esse segundo encontro no processo de contato, saí de férias. Alguns Nambikwara da Aroeira que eu havia levado junto para me acompanhar no contato, voltaram na aldeia dos Latundê por conta própria. Nesse retorno, levaram gripe e os levaram para a estrada, empurraram os Latundê para dentro dos caminhões que passavam pela BR 364, e desceram em Vilhena, pelados, apontando o arco para todo mundo. Eles não faziam a menor ideia da existência da cidade e foram levados de volta para a aldeia. Cheguei das férias uma semana depois. Foi um desastre essa experiência. Todos estavam com pneumonia. Eu quase morri de diarreia, tendo pessoalmente de beber muito antibiótico e toda colher de remédio que oferecia aos índios, desconfiados, não aceitavam. A única saída era beber o remédio antes para mostrar que não era veneno, também tive que tomar várias injeções, na tentativa de fazê-los entender que não era para o mal deles. Foi um processo difícil. E mesmo com esse esforço para ensinar como funcionavam os nossos medicamentos, muitos deles, mesmo assim, fugiam pro mato. Eu estava junto da minha esposa na época, que era enfermeira, a Joelina Ribeiro Jorge, que estava grávida de sete meses. Foi um complicado aprendizado. Nenhum índio morreu enquanto estávamos lá dando assistência. Porém, no segundo retorno, soubemos que um índio havia sido assassinado a tiros por um não índio. Não vimos o corpo, só soubemos da história.

Naquela época, eu era ligado à Administração Regional de Vilhena. Essa administração da Funai não tinha jurisdição junto aos Aikanã, Kwasá e os Nambikwara, dos grupos Koklorêe e Yalaklorê, que vivem nas cabeceiras do rio Pimenta Bueno. Eles eram assistidos pela Administração Regional de Pimenta Bueno, e eu era particularmente marginalizado pelos funcionários dessa unidade administrativa, e o senhor Jorge Falca, a quem havia expulsado da minha equipe, reinava por lá. O resultado foram as mortes por falta de assistência e o abandono. Logo depois entraram os madeireiros e completaram o quadro nefasto que tanto conhecemos. Hoje, os Latundê recuperaram uma parte da sua população, se casando com outros Nambikwara.

O Projeto Nambikwara

Por seis anos, eu gastei o meu salário no trabalho.

Não havia recursos. Mais tarde, nos anos 1980, o projeto idealizado e coordenado pelo David Price, para os Nambikwara, melhorou de situação. Em 1980 o projeto passou a ser coordenado por Frederic Paul Tolksdorf. Com isso passamos a ter um pouco de combustível, medicamentos e algumas coisas para o nosso trabalho. Mas, nos primeiros anos, sustentei o meu trabalho. Com meu salário comprava medicamento, combustível, arrumava o carro. O senhor Frederic, que substituiu o David Price, foi quem fez o contato com os Rikbaktsa junto do padre Vicente Cañas. Price era americano, havia uma intolerância dos militares contra os americanos. O mesmo aconteceu com o Kenneth Taylor, que tinha um projeto semelhante junto dos Yanomami, na mesma linha do Price com os Nambikwara. Ele tinha a coordenação de um projeto diferenciado dentro da Funai. Substituiu a figura sedentária do "chefe de posto" por uma visão mais abrangente, de cunho antropológico. Elegeu três áreas culturais entre os Nambikwara, deixando a coordenação de cada uma para um indigenista.

Eu trabalhava com os Nambikwara do Norte, o Ariovaldo trabalhava com os Nambikwara do campo, do cerrado. E o Silbene de Almeida trabalhava com os Nambikwara do Vale do Guaporé. Eram três áreas com aspectos culturais distintos. Mas David Price ficou pouco tempo, porque os militares logo o afastaram.

Naquela época, quando os militares queriam tirar alguém, era só dar uma canetada e acabou: está expulso. Militar não precisava dar satisfação a ninguém. O David era casado com a Alba Figueiroa, uma boa pessoa, batalhadora.

O Ariovaldo José dos Santos, que passou a fazer a parte administrativa, ficou como coordenador do Projeto Nambikwara. Grana, mesmo, veio só depois. Esse Projeto Nambikwara é anterior a outro que foi criado lá, financiado pelo Banco Mundial.

O Estado na fronteira

A Funai era uma instituição federal um tanto independente das outras naquela época, sem muitas relações amistosas com os outros órgãos federais. Fui réu numa investigação da Polícia Federal de Vilhena por defender a eleição e regularização de terra para todos os Nambikwara. Naquela época só os Nambikwara do campo tinham terra regularizada.

Aconteceu por conta da luta pela Terra Indígena Vale do Guaporé. Durante o sétimo curso de indigenismo, coincidentemente fizemos uma avaliação dessa mesma situação. Em uma aula que tive no curso de formação, em 1975, ministrada pelo antropólogo Daniel Gross, discutimos as transferências "forçadas" dos Nambikwara do Vale do Guaporé para fora das suas terras tradicionais para liberar as terras para os pecuaristas sulistas.

Os Nambikwara do Vale do Guaporé foram transferidos arbitrariamente das terras boas e férteis, que são de ocupação tradicional Nambikwara, e ainda dos Negarotê e os Mamaindê (Nambikwara do Norte). Os Mamaindê e os Negarotê foram forçados a sair dos rios Pardo e Piolho, que eram no Vale do Guaporé, de terras boas e férteis, e foram transferidos para a Terra Indígena Nambikwara, que já existia, terra arenosa e ácida, de cerrado. Uma terra com que os Nambikwara do cerrado estavam acostumados. Mas não esses outros grupos, que foram levados para lá.

A transferência, que objetivava roubar a terra fértil dos índios, teve a participação do Summer Institute of Linguistic (SIL), através da cooptação de um missionário, Peter Kingston, que morava com os Mamaindê e estudava a língua deles. Os militares condicionaram a presença do SIL. Se o missionário ajudasse a transferir os índios do rio Pardo, que são os Mamaindê, para a reserva Nambikwara, poderia continuar a viver entre eles.

Quando eu cheguei, isso tudo era um universo novo para mim, meio nebuloso. Na área, era só gente morrendo, muita malária, e não havia tempo para pensar nessas questões mais institucionais, como a garantia das terras. Era todo mundo morrendo de malária, os índios morrendo e a gente sem remédio, sem infraestrutura, sem os mínimos recursos!

Mais tarde, eu comecei a levantar a história dos Mamaindê. Foi assim. Certo dia, perguntei aos Mamaindê pelo capitão Pedro, que era o chefe, pois estava ausente. E os índios responderam: "O capitão Pedro está lá onde a gente morava". Perguntei onde é que eles moravam. E eles: "A gente morava do lado do rio Pardo. Ele foi caçar lá. Ele vai escondido, porque tem a fazenda dos Morimoto".

Esse sujeito, dono da fazenda na terra dos índios, era uma força política no estado. Eram donos de rádios em Rondônia, tinham ligações com o parlamento, deputados e com o ministro de Minas e Energia, Shigeaki Ueki.

Quando os Mamaindê falaram disso, me convidaram para "ir lá visitar onde a gente morava". E fomos na tal fazenda dos Morimoto.

Havia três peões, dez cabeças de gado e uma derrubada grande de floresta, com pasto. Quando olhei lá, estava aquele lugar! Havia um cerrado belíssimo, com uma pedra muito grande, uma montanha e, embaixo, o vale do Guaporé, o vale do rio Pardo, uma mata linda, floresta exuberante, terra roxa.

Perguntei para os índios como saíram de lá. "Ah, porque, na época do Peter, levaram a gente para a areia. A gente dependia deles, porque morria todo mundo de doença e dependíamos dos remédios. E o Peter é quem tratava da gente. Se a gente ficasse sozinho, já tinha acabado, tinha sumido".

Foi quando começou o processo de retorno dos Mamaindê para a área tradicional.

Transferência e o retorno dos Mamaindê

O Peter era missionário e linguista. Entre os missionários que eu conheci, que são muitos, ele era o menos preconceituoso com relação aos índios. Os outros missionários do SIL que trabalhavam com os Nambikwara do campo, praticavam com eles um permanente proselitismo religioso. Peter falava muito bem a língua dos Mamaindê. Mais tarde, ele me contou como é que foi a transferência.

Condicionaram o seu trabalho missionário se fosse morar com os índios no cerrado, ao lado da BR 364, se levasse os índios para lá. A Funai condicionou essa permanência, participou disso, jogou os índios no cerrado e o missionário ficou lá, com eles. Fez uma casa nova, uma pista de pouso. E ele é que tratava dos índios.

A esposa do Peter era boa enfermeira. Se eles não estivessem com os índios, os Mamaindê teriam desaparecido. Ele ficou três anos na área enquanto eu trabalhei lá. Nessa época começamos o processo de retorno. Voltamos para uma área que ainda não era demarcada. Ainda não havia qualquer proposta de eleição ou regularização fundiária para os Nambikwara do Guaporé. Demos a volta no rio Pardo. Havia dois cerrados, o da chapada dos Parecis e, no meio, o vale do rio. Fomos lá e os índios falaram: "Nós vamos voltar".

Perguntaram se eu continuaria cuidando da saúde. Confirmei. E, por iniciativa deles mesmos, voltaram para a região do rio Pardo. Em vez de ficarem na margem direita, eles se fixaram na margem esquerda do rio. E aí começaram as pressões, as denúncias. O Luis Morimoto, fazendeiro que era dono de uma rádio, fez uma denúncia contra mim e pediu ajuda ao ministro de Minas e Energia, alegando que os índios estavam invadindo a fazenda e atirando no gerente. O que aconteceu, na verdade, é que o gerente atirou nos índios. E ainda solicitou abertura de inquérito policial na Polícia Federal. O delegado, na época, se chamava Rivaldo Silva. Esse Rivaldo, com um colar de ouro, relógio de ouro, era uma figura execrável. Famoso em Vilhena, grosso e mal-educado, bebia muito.

Os índios Mamaindê começaram a voltar para a terra deles em 1977 ou 1978, e eu havia chegado lá em 1976, tinha vinte e poucos anos. O delegado Rivaldo me chamou para dar um depoimento, informando que havia um inquérito. O processo era de que eu estaria invadindo a fazenda, que os índios não estavam lá, pois já tinham suas terras demarcadas, sua reserva. Os Morimoto foram se autorrepresentar no meu depoimento. Ali estavam a Ruth Morimoto e Luis Morimoto. A Ruth era filha do Luis e advogada. Junto estavam o delegado e a escrivã. E começaram a fazer perguntas. Ficaram repetindo perguntas como: por que eu levei os índios, como eu teria levado, por que isso, por que aquilo etc. E repetindo...

Eu falava: "A Constituição diz que os índios têm direito à terra. Eu só estou fazendo o que foi ensinado no meu curso de indigenismo. Sou funcionário do governo que diz que a terra é dos índios, independentemente dos atos administrativos etc., etc.". Argumentava com a Constituição na mão, e lia o artigo e dizia: "Faço o que a Constituição manda". Questão administrativa da terra não era meu problema, eu dou assistência. Disse que os índios se mudaram para onde eles estavam antes da Funai levá-los para cima da areia. Minha obrigação é cuidar de saúde, e estava fazendo isso.

Fiquei sete horas na Polícia Federal, com mapas, dando depoimento, eles me interrogando, perguntas, perguntas, perguntas. No final, a escrivã não aguentava mais. Ela estava com as mãos doendo de tanto bater na máquina. Depois de sete, oito horas de depoimento, o delegado também se irritou e falou para os japoneses que estavam me acusando: "Seguinte, chega. Vocês estão repetindo a mesma pergunta há mais de três horas e o rapaz não se contradiz". Falou isso olhando para mim: "O rapaz não se contradiz. Vamos encerrar". Fizeram a última pergunta, respondi. Ficaram irritados e saíram da sala.

Eu não tinha ideia de como é que funcionavam essas histórias de inquérito, nem de Polícia Federal. Não sabia o que estavam fazendo comigo, moleque, ainda. Em 1978 eu estava com 24 anos, ia fazer 25. E perguntei pro delegado: "O que é que vai acontecer depois?". Achava que ia ser demitido, que iria responder ao inquérito já afastado da Funai. E ele me disse: "Quer saber? Tudo o que nós fizemos aqui, hoje, foi ilegal". Tomei um susto. "Como assim, ilegal? O senhor não é delegado da Polícia Federal? Como é que o senhor se propõe a fazer uma coisa ilegal?".

Abriu uma pasta, tirou um papel de caderno espiral, desses, que faz *trec-trec* assim, que dá para rasgar. Na folha de caderno estava escrito: "Senhor delegado, faça o obséquio de dar especial atenção a este caso". Assinado pelo ministro de Minas e Energia Shigeaki Ueki.

Não era um papel oficial, era uma folha de caderno escrita. Perguntei: "Se não tem valor legal, por que é que aconteceu?". E ele: "Porque, se eu não fizer isso, vão me jogar lá na divisa do Acre com o Peru, me jogar no meio da selva. Ou eu faço isso, ou eu vou me lascar". E continuou: "Não se preocupe, você não tem nada, não fez nada que possa lhe incriminar. Isso eu vou arquivar". Era assim que funcionava.

Depois, em Corumbiara, mais uma vez nos reencontramos, era ainda o delegado. Vim reencontrar esse mesmo delegado, anos depois, em outro caso suspeito, relacionado com o massacre de Corumbiara. Nunca fiz nenhuma acusação formal a essa figura execrável.

No "massacre dos índios de Corumbiara", que aconteceu alguns anos mais tarde, em 1985, descobri o local onde índios isolados foram atacados, massacrados e a aldeia, destruída. Esse mesmo delegado estava por lá. Os fazendeiros e madeireiros estavam ameaçando nossa equipe. Naquela oportunidade, Rivaldo Silva se mostrou novamente omisso e tendencioso.

Massacre de Corumbiara: sem corpo, não existe crime

Em 1985, 1986, esse delegado ainda era o titular em Vilhena. Nessa época, ele foi fazer a averiguação da denúncia do massacre dos índios. Mas foi criminosamente omisso. Nós passamos em cima de um acampamento abandonado dos índios isolados, já de correria, de fuga. Em cima do acampamento fizeram uma estrada de madeireiro. A estrada do madeireiro foi feita sem raspar o chão, só passando com as esteiras. Passaram em cima da casa onde era o acampamento indígena, escondido. E lá tinha cápsula de bala, cápsula de cartucho – em cima dos restos da palhoça. Ali, na hora, revirando os destroços, nós achamos e mostramos para ele: "Olha aqui, Rivaldo. Isso aqui prova que teve violência. Já teve denúncia, que a gente sabe, de massacre. Achamos os cartuchos das balas". Ele falou: "Ah, isso aí não quer dizer nada, Marcelo, porque sem corpo não existe crime. Só tem crime se achar corpo". "Mas como é que o senhor quer que ache corpo aqui?" Depois, eu fiquei sabendo que os corpos foram jogados dentro da represa da fazenda.

Não sei quantos foram mortos. Mas a aldeia que sobreviveu, que não foi destruída, possuía quatro casas. Uma estava queimada. Eram as casas da família do Konibu Tupari, que havia escapado da chacina por ter feito uma roça separada. Na aldeia deles, pelo tamanho e número de casas, deviam ter cerca de quarenta pessoas.

Em 1985 os madeireiros estavam na terra deles. Esse massacre ocorreu nessa época. Quando eu cheguei em 1985, fazia pouco tempo que o ataque havia ocorrido. Foi logo depois. As casas dos índios eram novas. A gente sabe quando uma casa é velha quando o cipó do mato começa a subir pelas paredes e as palhas ficam podres. Ali não. As casas tinham sido abandonadas há questão de semanas, no máximo poucos meses. A roça estava nova, havia cará, banana, tudo novo. Não havia um ano que os índios tinham saído de lá, que o massacre tinha ocorrido.

A notícia do massacre

A primeira vez que fui a Corumbiara não foi por denúncia de massacre, mas porque fui fazer um trabalho, a pedido do coordenador da Ajudância da Funai. Havia sido criada uma unidade administrativa em Vilhena (chamava Ajudância de Vilhena – Ajavag), e o chefe era o Aimoré Cunha da Silva. Eu não tinha uma boa relação com ele. O Aimoré era uma pessoa razoável, mas eu o achava omisso, amedrontado. A gente se arriscava e ele não. Acontece que em uma oportunidade o Aimoré apareceu com uma flecha que a Polícia Militar de Cerejeiras tinha levado para verificar a procedência. Essa flecha chegou até a Polícia Militar porque os índios a tinham jogado em um caminhão de madeireiro e furaram a porta do caminhão com ela. Os madeireiros levaram a flecha para a polícia, e a polícia levou lá na Funai, para o Aimoré. E o Aimoré comentou: "De quem será essa flecha?". Mas a conversa ficou aí, não foram tomadas quaisquer providências.

Em seguida, por conta da necessidade de um financiamento bancário, eu acho que era do Banco da Amazônia para a Fazenda Guaratira Recursos Naturais, fazenda de um pessoal de São Paulo. Fazia parte de grandes glebas de dois mil hectares do projeto de assentamento "Corumbiara", um projeto de colonização do Incra para beneficiar a abertura de grandes fazendas. Esse pessoal de São Paulo tinha essa fazenda e queria recurso bancário para abrir, como diziam, mais a fazenda, desmatar mais e plantar mais pasto, porque eles estavam sendo ameaçados pelos sem-terra. Os sem-terra queriam ocupar aquela região de Corumbiara. Esse fazendeiro queria abrir mais a fazenda e pedia recursos para tanto. Para conseguir esse financiamento, e continuar desmatando e plantando pasto, precisava ter um documento da Funai, que era a "certidão negativa". Documento que atesta a inexistência de índios em uma determinada região. Havia um condicionante técnico, burocrático, legal, e o fazendeiro precisava desse documento para liberar seu financiamento. Então, fui convidado pelo Aimoré para ir lá fazer a vistoria na fazenda, para provar que não tinha índio na área. Quando chegamos, percorremos grande parte da área. Estava quase tudo derrubado, muito pasto. Andei no mato com os índios Nambikwara, os Mamaindê, que me acompanhavam. Percorremos as capoeiras e as áreas de floresta.

Eu não usava a infraestrutura da fazenda, ficava acampado com os índios no barracão, com a nossa própria comida, beiju, caça, peixes. Fui com os índios Mamaindê fazer essa vistoria. Eu lembro do capitão Pedro, do Timóteo, do Donaldo, do Luiz Manduka, todos com as mulheres e as crianças. Lembro que estávamos lá na fazenda, comendo no barracão, quando vieram dois peões, dois trabalhadores que estavam roçando, e nos chamaram para ir no barraco deles, de lona preta.

Perguntei: "O que é que foi?". E eles: "Não, não é nada. Mas é que você fica aí comendo a comida desses índios, vem aqui comer um feijão com arroz com a gente". Concordei e fui lá sentar e papear com eles. Queriam conversar comigo sobre os índios. Meio assustados, disseram: "Olha, não pode falar, não, porque este lugar aqui é muito perigoso. Mas eu vou avisar para você. Aqui, nessa fazenda, vocês não vão encontrar índio, não. Mas se vocês forem lá na Fazenda Yvypytã, 'aconteceu' alguma coisa. Teve uma confusão lá, porque acuaram os índios e eles correram".

Foram os trabalhadores que me informaram. Na mesma hora, pensei: se na fazenda ao lado há índios isolados vivendo, só isso já é motivo suficiente para não dar certidão na fazenda que está aqui nessa área. Sei lá que índios são esses, isso é algo para descobrir, mas se há índios, não pode ser dada certidão negativa da presença de índios. Na época, viajávamos em um caminhão F4000. Peguei o caminhão com os índios e fui para essa fazenda ao lado, a Yvypytã, onde teria ocorrido esse encontro.

As evidências do massacre em Corumbiara

Consegui entrar nessa fazenda por acaso. O gerente era famoso por ser um assassino, um pistoleiro bravo, violento, não permitia a entrada de estranhos. Estavam tirando madeira, e é por isso que atacaram os índios. Os índios atacaram os madeireiros para defender suas roças e aldeia, e eles, madeireiros, revidaram, incentivados e cooptados pelo fazendeiro. Eu entrei na Fazenda Yvypytã porque a porteira estava aberta para os caminhões. Não passei na sede e fui direto para o mato, para o acampamento dos madeireiros.

Para chegar onde estavam tirando madeira, primeiro pegamos as trilhas dos carreadores. Comecei a entrar em carreador, que são essas trilhas que eles, madeireiros, abrem na mata com trator. Chegamos em um carreador, entramos, mas não dava para ir adiante, havia um trator abandonado com combustível. Voltamos, achamos um rastro novo, entramos na floresta até chegar em uma esplanada, onde havia uns caminhões passando. Parei os caminhões e perguntei: "Tem uma história de índio, de que tem índio aqui". Um dos motoristas confirmou: "Tem uma história de índio, sim. O tratorista achou uma barraca ali, achou um acampamento de índio". Não falou exatamente onde. Eu continuei: "Eu estou com denúncia aqui, de violência. O que é que está acontecendo?".

Fui no acampamento deles e lá tinha um mateiro, um desses homens que conhecem mato, que andam na floresta para descobrir onde estão as madeiras boas e ir marcando. Eu perguntei para o mateiro se tinha índios por ali. E ele confirmou: "Tem índio, sim. Porque eu estava procurando madeira nessa serra aqui, para cima. Cheguei lá em cima, escutei um batido de machado e escutei um pessoal falando uma língua que a gente não entende. Era índio, com certeza, mas eu não fui lá ver, não. Eu fiquei com medo e não fui mais adiante, voltei pra cá".

Saí do acampamento e passei de novo pelos caminhões. Parei eles e disse, já extrapolando as minhas condições oficiais:

"Se tem índio aqui nessa fazenda, eu já estou com denúncia aqui de que passaram com trator em cima das casas dos índios. E, lá na outra fazenda, eu escutei história que atiraram nos índios daqui. Vocês estão tirando madeira em terra que é de índio, se os índios estão aqui, então é terra indígena. Vocês não podem tirar madeira. É tudo ilegal. A primeira providência que eu vou tomar ao sair daqui é chamar a Polícia Federal. Se está tendo violência, isso aqui vai dar confusão."

Os caminhoneiros subiram para ir embora e, enquanto eles iam saindo, chegou um jipe cheio de pistoleiros. Todo mundo de espingarda 12 e revólveres. Chegaram me intimidando, perguntando o que eu estava fazendo lá, que era propriedade privada. Respondi: "Propriedade privada não é. Porque isso aqui é uma terra indígena. Eu acabei de pegar o depoimento do motorista, do pessoal, dos fazendeiros aqui do lado. Tem índio aqui. E, se tem índio, a terra é dos índios. Então, não é propriedade privada. Se tem indígenas vivendo aqui, a terra é dos índios".

Estavam muito armados e decidi enfrentar, na conversa, é claro:

"E para que é que é essa artilharia toda? Vocês estão só confirmando que, além de estar tirando madeira, realmente teve violência aqui contra os índios. E, se teve violência, a primeira coisa que eu vou fazer é chamar a Polícia Federal para vir aqui, saber o que é que está acontecendo. Por que essa artilharia aí? Isso é para tirar madeira? Vocês tiram madeira com espingarda? Para me intimidar? Vocês estão de brincadeira. Porque os índios estão armados aqui, também. Se vocês vieram aqui para me intimidar, vou chamar a Polícia Federal."

Nessa hora da tensão, estávamos eu e os Mamaindê. Quatro homens e quatro famílias Mamaindê.

Os caminhoneiros se mandaram. Quando eu saí, estava a fila de caminhões saindo. E eu saí sem passar na sede da fazenda, fui embora. Tinham me falado muito mal do gerente, que se chamava Wilson.

O assassinato do pistoleiro

Wilson era o gerente da Fazenda Ivypytã. No currículo dele: o massacre de garimpeiros, que foi feito e patrocinado por ele. Parte do processo desse massacre eu tenho comigo, copiei esse documento da polícia. Há a suspeita de que foi ele quem organizou o massagre dos índios Akuntsu.

Conheço a história da morte dele porque virou lenda da região. Morreu em um bar em Cerejeiras. Deram um tiro na cara dele.

Era um sujeito muito violento e muito presunçoso, prepotente. Chegou em um bar na cidade e o garçom demorou para atendê-lo. Estava atendendo outro cliente, o Wilson pediu alguma coisa, o garçom demorou. Então o Wilson gritou: "Porra, seu filho da puta, vem atender aqui". E continuou ofendendo o rapaz.

Naquela época, em Cerejeiras, tudo era muito louco, o lugar era muito violento. O funcionário do bar tirou um 38 e falou: "Filho da puta o quê? Filho da puta é você". E atirou no pistoleiro. Matou o Wilson. Já foi tarde.

Depois, mais tarde, voltei junto com o Ari, enquanto o Aimoré, chefe da Funai em Vilhena, dizia para não irmos. Fomos barrados na porteira. Não nos deixaram entrar mais. Paramos em um hospital em Cerejeiras, e lá já corria a história de que haviam atendido índios, carregado índio morto dentro de caçamba de carro e que um índio que não falava português, esteve internado. As pessoas não sabiam falar direito o que estava acontecendo. Todo mundo tinha medo.

No relatório que eu e o Ari fizemos, confirmamos que existiam os índios e a história da violência contra eles.

Os sem-terra em Corumbiara

Os meus parceiros em Cerejeiras eram o padre Pedrinho, que era da diocese de Cerejeiras, que me passava informações sobre os índios, o movimento de camponeses de Corumbiara, liderado pelo Adelino Ramos, o Dinho, e um padre mexicano, que era do Cimi de Porto Velho, chamado Valdez. Ele atuava na prelazia, também conhecia essas histórias da região.

Fizemos uma reunião em Cerejeiras, com os sem-terra. Subimos em uns tambores de óleo, com uma tábua, conversamos com eles, para obter informação dos índios. Essa reunião foi na mesma época, logo após eu ficar sabendo das histórias da violência contra os índios, nos anos 1980. Foi na época em que os posseiros estavam se articulando para entrar nas fazendas

Informei aos posseiros que na Fazenda Yvypytã, naquela região, a gente havia encontrado vestígios da presença de índios. Isso era para dizer a eles: tem todas essas outras fazendas, em que vocês querem entrar, mas deixem o rio Omerê para lá. Não entrem lá. O padre Valdez me ajudou a conversar com os sem-terra. Houve respeito dos sem-terra conosco e com o fato de haver índios em uma daquelas fazendas.

Os posseiros estavam articulando a posse dessas regiões. Estavam dividindo lotes, também estavam invadindo lotes e glebas das fazendas. Eu não sei os detalhes porque eu não fazia parte do movimento. Eu só sabia que tinha a história do índio, que eu tinha que falar com os posseiros que queriam entrar lá na região do rio Omerê. Eles estavam querendo invadir a Yvypytã. Assim como estavam querendo invadir a Guaratira, que era onde os donos pleiteavam a certidão negativa. Exatamente porque os posseiros e os sem-terra queriam entrar.

Esses sem-terra tinham medo dos pistoleiros, mas eram muito corajosos, e entraram. Tanto é que entraram que foram mortos, foram massacrados em 1995. O Movimento Camponês Corumbiara, o MCC, era à esquerda do MST. Eles não admitiam a coordenação do MST. Eram organizados, fortes, inteligentes. O Dinho, Adelino Ramos, que foi morto em 2011, em Vista Alegre do Abunã, Norte de Rondônia, era um dos líderes do MCC. Ele e seu filho, o Pantera. Nessa época, eu dormi na casa do Dinho cerca de três vezes. Ele vivia em uma casa de palha.

Conheci o Dinho e o MCC já nos anos 1990. Na época anterior, quando ocorreram as primeiras reuniões dos sem-terra em Cerejeiras, com o padre Valdez, ainda não conhecia o Dinho. Nessas primeiras reuniões havia muita gente, mais de cem pessoas.

Era a luta pela terra dos migrantes que chegavam em Rondônia. A região do Colorado já estava toda ocupada. E já estavam migrando para a área de Cerejeiras.

De todos os lugares por onde eu passei, acho que os mais violentos foram Cerejeiras, na década de 1980, e Corumbiara, na década de 1990.

Cerejeiras, nos anos 1980, era um lugar de disputa de terras e muito violento. Dez anos depois, quando Cerejeiras já era uma cidade grande, Corumbiara estava surgindo como uma fronteira e se tornou porta de entrada dos sem-terra.

Os desbravadores, em Corumbiara, foram os fazendeiros, que entraram lá para tirar a madeira. Eles compraram os lotes do Incra de dois mil hectares, na Gleba Corumbiara.

A Fazenda Yvypytã não fazia parte dos lotes que o Incra vendeu. Não sei detalhes da questão fundiária nesse caso, como fizeram para conseguir a Yvypytã. O dono era Antônio José Rossi Junqueira Vilela. Como é que conseguiu trinta e tantos mil hectares eu não sei. Sei que a fazenda tinha mais de trinta mil hectares. E fazia limite com a Fazenda Guarajus, que também era uma fazenda grande.

Tensões em campo

Em Comodoro, onde os Mamaindê foram reocupar as terras no rio Pardo, também era uma terra sem lei. Na época em que eles resolveram retornar para suas terras tradicionais, a fazenda dos Morimoto era tida como um lugar nada pacífico, também muito perigoso. Tanto era um lugar violento que os índios, quando estiveram lá, foram alvejados, atiraram no Luiz Manduka, foi o gerente. Quando os índios Mamaindê começaram a ocupar a sede da fazenda, responderam aos tiros recebidos para assustar os pistoleiros. A fazenda tinha uns quatro ou cinco funcionários, e por isso não teve resistência, pelo menos nesse primeiro momento.

Mas tensa mesmo foi a situação em Corumbiara. Quando eu fui para Corumbiara, ainda não havia tido os tiroteios por causa da disputa pela madeira no vale do Guaporé. O bangue-bangue veio depois. Para mim, acampar e entrar junto com os madeireiros na fazenda foi realmente muito perigoso. Sabia que estava pisando em ovos. Quando entramos na Yvypytã, descobrimos que tinham atirado nos índios, achamos as picadas e fomos falar com os madeireiros. Conversamos com os pistoleiros que estavam no jipe. Conversamos também com o tal gerente, Wilson – umas duas vezes, homem famoso por sua truculência. Foram muitas as situações onde tivemos a corda no pescoço.

Madeireiros no Guaporé

O maior perigo que eu passei, no entanto, foi com os madeireiros no vale do Guaporé. Uma vez, os pistoleiros dos madeireiros sacaram seus revólveres e botaram na cara da gente. As "guerras" contra os madeireiros se iniciaram no final da década de 1980.

Em Corumbiara, em 1985, todo mundo estava armado. Os índios estavam com espingarda e eu também. Então, eles, madeireiros e pistoleiros, não chegaram a apontar a arma. Mas os madeireiros lá de Comodoro, sim.

No final dos anos 1980, e início dos 1990, os madeireiros entraram na terra indígena do vale do Guaporé. Madeireiros da cidade de Comodoro estavam tirando madeira da terra dos Nambikwara no vale do Guaporé.

Os madeireiros, nessa época, tinham a conivência dos índios Nambikwara do cerrado. Como eles ajudavam os funcionários da Funai a fazer a fiscalização, repassavam as informações de quando é que a gente estava na área ou não, para os madeireiros roubarem madeira impunemente. Com isso os Nambikwara ganhavam presentinhos dos criminosos. Também, nessa época, alguns grupos Nambikwara iniciaram a venda de madeira no vale do Guaporé. Os que não vendiam madeira nessa época eram os Nambikwara da TI vale do Guaporé, os Mamaindê e os Negarotê com quem eu convivia, como o capitão Pedro Mamaindê.

O Pedro foi assassinado por uns poucos Mamaindê que queriam vender madeira. Pedro era radicalmente contra.

Minha situação de tensão com os madeireiros piorou muito com o passar do tempo. A situação-limite, que me obrigou a abandonar a vida entre os Nambikwara, se deu da seguinte forma, acabando por envolver brigas internas entre os Nambikwara.

Eu fui administrador durante um ano e meio, em Vilhena, entre 1990 e 1992. Depois, quis voltar para a aldeia. Formamos boas equipes de campo, com muitos colegas idealistas, inclusive um chefe de posto antropólogo. Por motivos particulares, resolvi deixar o trabalho burocrático e voltar a conviver na aldeia com os Negarotê.

Fiquei na aldeia meses. Uma vez fui chamado para ir a Brasília, em um encontro de administradores regionais, tinha sido considerado o melhor administrador do Brasil, naquela época. Fui transferir experiência e informação de como é que tínhamos controlado a extração ilegal de madeira, fiscalizar a terra indígena, as escolas estavam funcionando e enfermarias também etc. Fiquei duas semanas em Brasília.

Quando eu voltei para a aldeia, o meu "irmão" Negarotê, Sebastião Negarotê, queria casar sua filha com o Loike Kalapalo, um índio Kalapalo que trabalhava na Funai. Essa aldeia em que eu estava era a que tinha mais recursos. Recursos oriundos da venda de borracha e artesanato. Então, tinha munição, roupa, açúcar etc. Pretendendo casar e participar da exploração da borracha com os Negarotê, alguns índios de outras aldeias migraram para lá. Alguns parentes distantes dos Mamaindê.

Quando voltei do encontro de Brasília, Sebastião Negarotê resolveu "brigar" comigo. Veio me provocar, alegando que eu ficava viajando, que estava muito tempo fora. Perguntei por que ele estava bravo. Não respondeu, na verdade ele queria casar sua filha mais velha com o índio Kalapalo, para que esse ocupasse meu cargo na Funai, como chefe de posto. A enfermeira era amante de outro chefe de posto no vale do Guaporé, que participava da venda de madeira. E essa enfermeira estava aliciando os índios da aldeia com essas ideias. Sebastião achava que ia arrumar um grande casamento para sua filha e assim conseguir poder político interno. Para mim, foi uma enorme decepção.

Me provocou muito, intransigente nas suas colocações. Foi uma revolução na aldeia. As mulheres rasgaram a minha roupa para que não saísse, seu pai queria matá-lo e seus filhos de criação também. Então resolvi ir embora. "Se vocês não querem que eu trabalhe aqui, outros Nambikwara vão querer, argumentei". Os índios das outras etnias que viviam na aldeia me pediram para repatriá-los. Um dos índios estava com leishmaniose nessa época, Simeão Negarotê. Para conseguir tratamento, precisava fazer raspagem, providenciar medicamentos, injeções etc. Simeão subiu no carro para ir comigo. Outros Nambikwara, Senaia Alantesu, casado com uma índia Mamaindê, e também seu filho subiram no carro, queriam voltar para sua aldeia. Fui levá-los.

No caminho, na BR-174, na estrada, escutamos os tratores dos madeireiros, trabalhando. Paramos para ver o que acontecia. Havia um carreador de madeira novo, aberto na floresta. Vimos a entrada, e notamos que tinham acabado de entrar. Os madeireiros estavam roubando madeira.

Mas estávamos eu, Senaia Alantesu, seu filho Jacaré e o Simeão. Nessa época, a gente tinha um veículo de uma associação, que não era um carro oficial, da Funai. A viatura tinha rádio. Pelo rádio falei com o Assis, que trabalhava nos Alantesu. Informei que os madeireiros estavam na área deles. Combinamos de nos encontrar numa área que se chama "Mineiros". Lá nos reunimos com os Alantesu.

Esperei nos Mineiros, tinha mais uns três ou quatro Alantesu com suas mulheres e as crianças. Falei que tinha visto os madeireiros e o local. Nessa época os Alantesu não vendiam madeira. Eles são muito corajosos, guerreiros. Os Manairissu também. Os Nambikwara do vale do Guaporé ainda não vendiam madeira.

Voltamos até onde estavam os madeireiros e os índios entraram no carreador, a estrada que os tratores abrem. Deixamos o carro na entrada, uns vinte metros fora da estrada, no asfalto. Entramos no carreador. Falei para as mulheres e as crianças: "Vocês ficam aqui que nós vamos lá ver os madeireiros".

Acontece que os Nambikwara do vale do Guaporé não conversam. Eu já tinha entrado em litígio com fazendeiros por causa da preservação das matas nas margens dos rios junto com os Negarotê. Eles eram mais comedidos, os Alantesu, do vale, são diferentes. Eles entraram na mata atirando. Eles não foram conversar com os madeireiros. Entraram atirando a esmo. E os madeireiros estavam lá com armas também, começaram a atirar de volta. Eu sei que teve tiro pra todo gosto. Só se ouviam as balas: *vumm, vumm, vumm*. Os Alantesu não ficam atrás de árvore, atirando. Entram de peito aberto, botando cartucho e atirando. *Bum, bum, bum*.

De repente silêncio, sumiram. Os madeireiros despareceram. Voltei onde estavam as mulheres, para saber se tinha acontecido alguma coisa, se tinham voltado. Os homens estavam a um quilômetro para a frente do carro. Quando voltamos, as mulheres estavam lá. Perguntei se os madeireiros tinham passado e falaram que não.

Quando estava nessa conversa, sobre se os madeireiros tinham sumido, chegou um caminhão cheio de Nambikwara do campo. Entraram na mata e foram nos encontrar. Quando chegaram, estávamos juntando madeira para queimar tudo, os caminhões e os tratores. Porque, até então, as prisões que tínhamos efetuado não tiveram o resultado esperado. Prendíamos, amarrávamos, e levávamos para a Polícia Federal, e eles soltavam os criminosos. Só os qualificavam e depois soltavam. Apesar do flagrante. Demorava pouco, e lá estavam eles, os mesmos madeireiros, fazendo a mesma coisa. Tínhamos decidido: não prender mais, era para queimar tudo.

Estávamos pegando combustível, jogando na madeira, nos caminhões e nos tratores. Chegaram os Nambikwara e falaram: "Não queima, não. Nós estamos precisando de pneu, vocês vão queimar os caminhões?". Começamos a discutir, disse que eles moram no cerrado e a denúncia que tínhamos era a de que eles ajudavam os madeireiros a entrar na área. E, enquanto estávamos discutindo, chegou uma perua com os pistoleiros e o chefe dos madeireiros.

Madeireiros, pistoleiros e os Nambikwara

Essa perua para na estrada e fecha a entrada para a BR. Eram uns cinco. Um gritou meu nome: "Marcelo". Já me conheciam, porque os índios já tinham queimado outros caminhões da região. Perguntei: "O que vocês estão querendo?". E respondeu: "Eu estou querendo saber por que o nosso maquinário está aí e tem um homem nosso que está desaparecido no mato. E, daqui, nós não vamos sair enquanto não aparecer esse colega".

Eram pistoleiros, madeireiros junto com os pistoleiros. Estavam armados, com os 38 na cintura, à mostra mesmo. Tentaram negociar a retirada do maquinário. Dar uma perua Toyota para os índios, e assim liberar os três caminhões, o trator skid e o trator de esteira que estavam lá dentro. Eu falei que não havia negócio, que estavam ilegais e sabiam, e que vinham fazendo isso fazia tempo.

"Vocês estão roubando madeira aqui há muito tempo. Aqui mesmo, mais adiante, a dois quilômetros, tiraram mais de vinte toras de mogno. Não, não tem negociação. Legalmente não posso, e não faço isso, não vou negociar."

Como não aceitei, começaram a querer negociar com os Nambikwara do campo, que continuavam lá. Eles querendo negociar, ganhar a Toyota.

Os índios Nambikwara do campo eram quatro ou cinco homens. Nós, uns seis homens. Na hora da conversa, muita tensão, as mulheres e as crianças estavam no meu carro, não estavam ali, na margem da estrada. E, do outro lado, mais uns cinco ou seis pistoleiros e o madeireiro.

Entre nós, armados éramos eu, o Miltão Alantesu, o Senaia, seu filho e um outro índio que não recordo o nome, que são Alantesu. O Simeão, Negarotê, não estava armado. Nós tínhamos umas quatro armas.

O madeireiro tentou negociar com os Nambikwara do cerrado. Nisso, o Miltão Alantesu, magro, mas bravo, muito bravo, falou para o madeireiro: "Esse aqui, terra dele não. Você conversar com este aqui, eu. Este Nambikwara, terra dele não. Ele mora lá. Aqui, terra meu. Este, terra meu. Este Toyota, não quero. Você, não quero. Você vai embora".

O madeireiro enfrentou-o: "Não vou, tem que soltar o meu caminhão". O Miltão engrossou: "Soltar nada, não. Você é ir embora".

O madeireiro falou do homem desaparecido, e disse que tínhamos matado um funcionário dele e que não ia sair enquanto ele não aparecesse. E o negócio foi enrolando, e o madeireiro insistindo em tentar negociar com os Nambikwara do campo.

Quando ele, na segunda vez, insistiu, o Miltão não conversou. Meteu a mão na cara do madeireiro. Deu-lhe um tapa tão violento que o bandido caiu no chão. Quando ele caiu, os pistoleiros apontaram as armas para a gente. Quando eles "maquinaram", os índios também botaram cartucho e botaram as armas na cara dos pistoleiros.

Pensei: "Vai morrer, e não vai morrer só um". Falei isso, e disse que na hora em que eu morrer, eles também iriam morrer. Os índios apontaram suas armas, puxaram o gatilho e botaram na cara deles. Não teve conversa. Os Nambikwara do vale do Guaporé são muito corajosos, bravos. A tensão ficou nesse impasse. E o cara que havia sumido apareceu. Depois de mais de meia hora nessa conversa, já pensando no pior, resolveram ir embora. Quando eles guardaram as armas, e os pistoleiros recolheram seus revólveres na cinta, eu falei: "Se eu morrer, vocês não tiram mais um palito em lugar nenhum. Porque eu estou aqui oficialmente, sou um funcionário público federal. Vocês são os bandidos, ladrões, estão ilegais e ainda vêm me ameaçar? Vocês estão brincando. Mata, mata os índios, me mata aqui para você ver o que vai acontecer. No meio de uma BR, me mata. Mata, para ver a merda que vai dar".

Desistiram. Quando saíram, peguei o carro, fui no orelhão e liguei para a Juliana Santilli, que era a esposa do Márcio Santilli. Nessa época, eles trabalhavam no Núcleo de Direitos Indígenas, o NDI, que me dava apoio jurídico nos processos contra os madeireiros. Eu mandava as informações e eles formalizavam os processos para mim, solicitando a abertura dos inquéritos. Liguei para Brasília para contar e solicitar a ajuda da Polícia Federal. Os índios iam queimar o maquinário. Informei que os madeireiros haviam saído, mas iam voltar. Disse que ia para os Nambikwara Manairissu pedir ajuda para o chefe de posto lá, porque os Manairissu são guerreiros também. Eram umas quatro horas de estrada para chegar nos Manairissu. Os Alantesu ficaram nos caminhões, eu peguei a estrada e fui lá nos Manairissu.

Cheguei lá e fiquei. Contei o que tinha acontecido, estava mal, cansado, assustado e chateado com a briga na aldeia. Cavalcante, o funcionário da Funai nos Manairissu, me aconselhou a parar um pouco e descansar. Dormi umas duas ou três horas. De noite, voltei para a área. Quando eu cheguei lá, estava queimando tudo. Você só escutava os pipocos, as explosões. Os hidráulicos dos tratores explodem quando aquecem. E tinha um sujeito do Cimi de Comodoro, que veio conversar comigo. O Cimi também era parceiro nas empreitadas contra a venda de madeira.

Ele veio dar a notícia de que os madeireiros estavam juntando pistoleiros, que ele tinha visto mais de trinta. Vinham para tirar o maquinário. O maquinário que estava queimando... Pensavam em atacar nosso acampamento.

Enquanto isso, eu tinha falado com a base da Funai em Vilhena. Agora já tinham uns quatro carros da Funai. Entraram dentro do mato, no carreador do madeireiro. Agora também já tinham vindo mais uns oito ou dez Nambikwara Manairissu, armados. Um grande acampamento, cheio de fogueiras no mato. Não por causa dos caminhões, fogueira dos índios que estavam acampados. Botamos o meu carro no último lugar da fila, na entrada da BR, a trinta metros da BR. Fui dormir no carro. Eu, o Eustáquio Machado, e o Marcos. E mais dois Manairissu.

O retorno dos pistoleiros e a saída da área

Estava descansando quando chegou o carro dos pistoleiros. Estava conversando com as mulheres, na fogueira. Daqui a pouco chegou a notícia: "O carro encostou lá. O carro encostou, com os pistoleiros". Na hora em que eles viram aquele monte de fogueiras e cheio de carros da Funai, deram meia-volta e foram embora. Quando amanheceu o dia, a Polícia Federal chegou. Vieram com o escrivão de polícia e fomos no posto de gasolina próximo pegar meu depoimento.

Na hora de ir embora, faltou o Simeão. Disse que não poderíamos ir porque ele estava com leishmaniose e precisava de cuidados. Ele fugira. No meio dessa confusão, ele sumiu. Retornei para buscá-lo, pois precisava levá-lo para o hospital. Estávamos em um posto de gasolina, uns cinco quilômetros do local dos embates da noite anterior. Voltei lá, e cadê o Simeão? O Simeão tinha desaparecido. Sumiu. Durante a noite, fugiu. Ninguém o viu mais, até hoje.

Enquanto eu procurava, o delegado da Polícia Federal falou para irmos embora. Tinha muitos pistoleiros. E só estavam o delegado, dois agentes e o escrivão. Eles me deitaram no chão do carro da Polícia Federal, para passar por Comodoro.

Cheguei em casa, a família estava apavorada, o pessoal da Funai já tinha ligado, avisado do tiroteio no mato. De Brasília, me mandaram sumir. A situação de segurança da minha família estava no limite. A polícia acompanhava meus filhos no trajeto da escola, como escolta! O Sydney Possuelo, na época presidente da Funai, me deu férias forçadas, um mês. No dia seguinte, compraram minha passagem, me botaram no avião e me mandaram para São Paulo.

Mudanças na atuação sertanista

Quando eu voltei, me aconselharam a não voltar a trabalhar onde estava. O Antenor Vaz, amigo indigenista, estava trabalhando com os índios isolados na Reserva Biológica do Guaporé nessa época, onde hoje é a Terra Indígena Massaco, e ele estava saindo de lá por conta de ameaças. O Sydney Possuelo falou para eu deixar essa história de Nambikwara de lado porque, se voltasse, morreria.

Mudei. Fui trabalhar com os índios isolados na Massaco. Mal comecei a trabalhar e começaram as confusões novamente. Não adiantou.

Eu me lembrava do que tinha acontecido em 1985 e 1986. A primeira coisa que eu fiz foi ir lá na área onde havia ocorrido o massacre, em Corumbiara, e onde ainda, eu tinha certeza, existiam índios isolados. Agora, eu era oficialmente "o cara". Voltei lá. A primeira coisa que eu fiz foi pegar a equipe e voltar para Corumbiara, procurar os índios.

Genocídio e a proteção dos isolados do Omerê

Levantamos todas as histórias do massacre. Quem estava à frente da Funai, nessa época, o presidente, era o Apoena Meireles. Com Apoena, depois, tive divergência graves em relação à questão de índios isolados. Tanto é que, por conta disso, ficamos incompatibilizados.

Nessa época, Apoena era presidente da Funai, e foi quando levantamos as informações juntamente com os antropólogos da Funai. Ele interditou a área. Quando a gente descobriu a história, em 1985, do massacre, eu propus uma área de interdição e a primeira coisa que o Apoena fez foi assinar. Não teve conversa, discussão, ele concordou. Assim como os antropólogos da Funai, todo mundo assinou, fizeram o decreto de interdição.

Mas saiu o Apoena e entrou o Romero Jucá. A primeira providência do Romero Jucá: me proibir de entrar na área. Fui proibido de sair dos Nambikwara e entrar na área do igarapé Omerê. E, junto com a minha proibição, ele desinterditou a área. Dez anos depois virei administrador. Aí voltei, trabalhava com os índios isolados e retornei para Corumbiara, para procurar os índios novamente. Em 1995. Procurei até achar os índios.

Os ciclos da Funai dependiam das suas presidências, que mudavam de dois em dois anos quando muito. Teve um que nomeou um monte de corruptos em cargos de confiança para viabilizar contratos criminosos de madeira. Esse mesmo presidente colocou um torturador de índios Guajajara no Maranhão, para ser chefe de uma das administrações da Funai, em Rondônia. Gente ruim. Gente malvada. Tiveram muitos, na Funai, sempre indicações políticas. Vinham novos administradores, e trocavam todos os ocupantes de cargo de confiança.

Essas mudanças políticas na Funai, para mim, estão ligadas à situação econômica, valor do minério, da madeira, das terras, das fazendas. Houve uma época em que o único chefe de posto nos Nambikwara que não estava envolvido ou conivente com a venda ilegal de madeira era eu. Um foi preso em uma operação da Polícia Federal recentemente. Naquela época vinham orientações de Brasília para incentivar contratos de madeira. Existiam contratos assinados, de exploração de madeira. Até que a Justiça Federal criminalizou-os. Fizeram muitos contratos de madeira com os Aikanã, com os Alantesu, com os Manairissu. Naquela época, fiz reuniões com todos os índios Nambikwara para discutir a venda de madeira. A administração da Funai daquela época era favorável à venda de madeira. Reuni todos Nambikwara e, após dois dias de discussão, assinaram documentos dizendo que não iriam vender madeira.

As notícias da existência dos índios isolados e as investigações

A informação da existência e da localização dos índios do Omerê, lá em Corumbiara, veio antes da foto de satélite. Veio pelo Movimento Camponês de Corumbiara, que era liderado pelo Adelino Ramos, o Dinho, que foi assassinado em 2011. Isso quando eu voltei a trabalhar lá na área. Porque a primeira informação foi quando os índios jogaram flecha nos madeireiros, em 1985. Depois estive na Fazenda Yvypytã, achei os vestígios dos índios e ouvi a história da violência, que tinham passado trator na casa dos índios.

Nessa época, tivemos a primeira intervenção da Justiça Federal em relação aos índios do Omerê. Teve um juiz, Lauro Leitão, que foi o primeiro juiz a dar uma decisão favorável aos índios, porque os fazendeiros da Yvypytã, os Junqueira Vilela, contestaram a presença dos índios. Mas a Funai, através dos seus antropólogos, e com base nas minhas informações de campo, confirmou que a área era indígena, que havia índios e que deveria se proceder à interdição. Esse juiz, confirmou que a área era indígena. Não lembro se era um parecer, mas o juiz disse que era indígena, e os antropólogos da Funai também confirmaram. Essa movimentação aconteceu porque o então presidente da Funai, Romero Jucá, desinterditou a área. O Apoena Meireles, quando foi presidente, havia interditado a área a nosso pedido. Quando isso aconteceu, o juiz e os antropólogos da Funai falaram que era terra indígena a área e que não poderia ser desinterditada. Foi a primeira manifestação da Justiça sobre o caso. Assim mesmo, o senhor Romero Jucá entregou as terras dos índios isolados aos algozes.

Após isso, eu fiquei fora um tempo. Voltei para a aldeia junto dos Nambikwara. Depois, o sertanista Sydney Possuelo me chamou, me convidou para eu voltar oficialmente para trabalhar e assumi a Frente de Índios Isolados em Rondônia.

Eu não esqueci das dificuldades que passei em 1985 e 1986 para entrar na área, porque os fazendeiros não deixavam. Eu entrava escondido. Em uma das oportunidades fui expulso junto do Vincent Carelli[15] e com o antropólogo Beto Ricardo[16].

Depois, entrei duas vezes com os Negarotê, escondido, sem a Funai saber. Todas as vezes que eu ia investigar, eu tinha que entrar escondido. Quando chegava nas fazendas, por estradas de uso público, eu era expulso da área.

Com esse histórico e mais experiente na questão de justiça, procedimentos policiais, direitos, aspectos dos trâmites do Judiciário, passei a imaginar uma estratégia de me antecipar aos possíveis bloqueios e expulsões das fazendas de Corumbiara, conseguindo uma garantia da Justiça.

Fiz então uma longa viagem e percorri todas as fazendas que davam acesso à região onde deveriam estar os índios. Sem exceção. Uma por uma. Parava e ia falando com os gerentes, porque raramente os proprietários estão nas fazendas. Dizia que eu estava fazendo uma vistoria para investigar a área de ocupação dos índios. Nem falava se tinha ou não índios, não entrava nesse mérito, mas o que eu queria saber é onde eles estavam. Pedia formalmente a autorização de ingresso, nome do proprietário, nome da propriedade, telefone, fazia assim quase um cadastro da propriedade. Depois disso, de posse dessas informações de todas as fazendas, procurei o Ministério Público Federal (MPF). Entre 1986 e voltar nos anos 1990, nesse período eu tive contato com o procurador da República que ficava em Porto Velho. E através do MPF solicitei essas autorizações de ingresso nas áreas particulares.

Eu não procurei o Incra nessa época, que é quem deveria ter todos esses cadastros, teoricamente, porque a fama do Incra não era muito boa. Foi o Incra que entregou as terras para os fazendeiros. Eu não queria levantar a lebre antes da hora. Pessoalmente, nunca fui no Incra naquela época. Tive vários contatos com os juízes e com procuradores por causa dos madeireiros.

Eu já tinha o trato da Justiça por causa dos processos dos madeireiros nos Nambikwara. Tinha contato com delegados, e com a polícia em Mato Grosso. Já havia levado vários madeireiros presos por invadir a terra indígena. Havia processos contra os madeireiros, mas eu também já tinha sido processado em razão de fiscalizar e denunciar os madeireiros. Esse canal com o MPF já esta-

---

15. Um dos fundadores do Centro de Trabalho Indigenista e criador do Vídeo nas Aldeias.
16. Um dos fundadores do Instituto Socioambiental – ISA.

va aberto, não exatamente com os procuradores de Rondônia, mas com os de Mato Grosso.

E o juiz autorizou a minha entrada nas fazendas.

Alguns fazendeiros permitiram o ingresso para entrar na área, e com relação a esses não havia a necessidade de solicitar autorização pela Justiça. Agora, com relação aos que negaram, solicitei à Justiça. E com posse da autorização na mão, passei a ingressar nas fazendas.

Coincidentemente, era justamente nessas fazendas que não me deixavam entrar onde estavam os índios. Eram as Fazendas Yvypytã, São José, Modelo, Convento (que era de propriedade do senador Almir Lando), a São Sebastião de propriedade do fazendeiro Antenor Duarte, uma de um fazendeiro chamado Hélio Pereira, que eu não lembro o nome da fazenda, e outra de um fazendeiro chamado Schumann. Os índios estavam efetivamente ocupando as áreas nessas fazendas. Em 1985 e 1986, quando primeiro fiquei sabendo da existência, os índios estavam na Yvypytã. Quando foram atacados, eles fugiram, perambularam por várias fazendas na área. Em 1994 e 1995 eles estavam na fazenda de propriedade de Antenor Duarte. Na Yvypytã já haviam derrubado tudo, o local original das malocas tinha virado pasto. Isso foi logo em seguida ao massacre, em 1986 e 1987, quando derrubaram dez mil hectares de mata.

Saímos investigando em pequenas expedições, ingressando nas propriedades, procurando em imagens de satélite onde tinha mato – porque, logicamente, os índios não iriam morar no pasto.

Foi nessa época que a equipe teve contato com o Dinho e o pessoal do Movimento Camponês Corumbiara (MCC) e eles nos informaram onde os índios estavam. Quem fez a intermediação foi o padre Manoel Valdez e o padre Pedrinho, que tinham contato com os sem-terra e os movimentos sociais. Foram eles que me colocaram em contato com o MCC. E também por conta de um colega de trabalho.

A expedição do contato com os Kanoê

Fomos na Secretaria de Planejamento do Estado de Rondônia (Seplan) à procura de informações. Pegamos as imagens de satélite e vimos um ponto suspeito de uma pequena derrubada. Os sem-terra do MCC falaram que os índios pelados estavam na Fazenda São Sebastião quando viram seus vestígios, o que coincidia com um ponto de mata na imagem de satélite. Nos deslocamos para a São Sebastião, mas não passamos pela sede da fazenda porque sabíamos que ia ser complicado. Mesmo com autorização iriam dificultar a entrada da equipe na área.

O Vincent Carelli já estava me acompanhando nessa história desde o início e tinha sido expulso comigo dessa fazenda. O Vincent e a Virgínia Valadão, antropóloga que era sua esposa, tinham ido comigo no hospital atrás de informações dos índios, fomos informados da história dos massacres. Com a informação do

Marcelo dos Santos durante contato com indígenas da etnia Kanoê em Rondônia, em 1995.

MCC e as imagens da Seplan, chamei o Vincent para ir nessa expedição. Era essencial a presença dele para registrar tudo. Em uma semana ele apareceu.

Também vieram dois repórteres do jornal *O Estado de S. Paulo*. Eles estiveram com o procurador da República, Francisco Marinho, e este falou para os jornalistas do nosso trabalho que estava em andamento. Por conta disso vieram nos procurar em Vilhena. Não me lembro se estavam na região por coincidência, em razão da cobertura do "massacre de Corumbiara", dos camponeses mortos pela polícia na Fazenda Santa Elina, ou se estavam atrás de notícias de índios.

Fomos para a expedição, eu não achava que iria demorar mais de uma semana. A gente tinha a informação dos índios, a imagem de satélite, e conhecíamos a área. Entramos pelo fundo da fazenda. Paulo ficou no carro, tomando conta da viatura e nos esperando. Foi nesta viagem que fizeram a tocaia para nos matar.

Nessa expedição foi feito o primeiro contato com os Kanoê, eles estavam perto. No momento do contato tivemos divergências quanto a concretizá-lo. Mantendo a nossa prerrogativa de não fazer contato, mas garantir a sobrevivência do grupo indígena, insisti no nosso retorno, mas fui vencido pelas considerações do Vincent e do Altair. Alegaram que os índios certamente seriam mortos pelos pistoleiros da fazenda, ainda mais agora que informaríamos a todos sobre sua existência e a decorrente solicitação da criação de uma Terra Indígena. Corumbiara era uma terra de ninguém, onde imperava a violência e a impunidade. Ficamos parados poucos minutos e os Kanoê apareceram, muito assustados. Passamos horas com eles gesticulando como forma de comunicação, e fomos embora deixando claro que voltaríamos. Nessa viagem descobrimos uma outra roça de outro grupo, também isolado, que foi contatado posteriormente pelo Altair, os Akuntsu.

Somente um pequeno trecho da terra era interditado, ou seja, já havia indícios de que seria demarcada, somente num pequeno trecho, um raio de 3 quilômetros em volta do nosso acampamento. Revolvemos o entulho administrativo, burocrático, e voltamos à estaca zero: precisávamos requisitar uma interdição maior.

Demorou um pouco. Ficamos na área. Os fazendeiros ficaram perturbando. Conseguiram autorização judicial para ficar junto da gente. Depois do contato, os índios desapareceram. E nós sempre cercados de pistoleiros por perto. As antropólogas Virgínia Valadão e Maria Auxiliadora Leão fizeram o laudo antropológico e conseguimos uma série de conquistas nessa hora, com pessoas que vieram nos visitar, ajudar, companheiros e colegas idealistas. Considero que a colaboração de ONGs e profissionais como Vídeo nas Aldeias, Cimi, CTI, ISA, Iama, Ecoporé, Cedi, Survival, Anistia Internacional, Instituto Goethe, dos indigenistas da Funai e fora dela, como da corajosa, dedicada e competente indigenista Inês Hargreaves, que veio logo depois do contato fazer o levantamento linguístico, assim como da minha esposa, a profissional de saúde que sempre me acompanhou, Joelina Ribeiro. Todos foram indispensáveis para que nosso trabalho chegasse a termo, conseguindo a regularização das terras dos índios e ter a tranquilidade de continuar vivendo nas suas terras e a garantia delas. Esse foi o final do trabalho, do monitoramento e a prática indigenista. Também teve muita gente, colegas e antropólogos da Funai, de áreas técnicas, sempre me incentivando, me dando guarita como podiam na sede em Brasília contra pressões políticas. Sempre tinha alguém que avisava sobre a pressão de alguma bancada de deputados lá na Funai. Todos colaboraram para que pudéssemos fazer frente à avalanche de pressão que se seguiu depois do contato. Os fazendeiros sabiam que iríamos contestar a posse da terra e tentaram sistematicamente descredibilizar o nosso trabalho. Fazendo pressão junto ao governo, na mídia conservadora e *in loco*, com os pistoleiros no nosso encalço. Eu sabia que quanto mais instituições e pessoas qualificadas nos apoiassem, melhor seria a articulação para enfrentar o que iria seguir contra os direitos dos índios. Hoje, a área está demarcada, é a Terra Indígena Rio Omerê, onde vivem os Akuntsu e os Kanoê.

Tocaia armada por pistoleiros

Saímos de Vilhena à tarde, até chegar na entrada da área já estava escurecendo. Havia uma estradinha que passava pelo fundo das fazendas, da Fazenda São Sebastião, limite com a Fazenda Convento, do Almir Lando, e a Yvypytã, dos Junqueira Vilela. Era uma estrada de uso público, porque ficava no limite das fazendas. Uma estrada sem saída, ninguém passava por ela, só os peões das fazendas.

Tínhamos que abrir várias porteiras. Eu me lembro que achei mais prudente não passar por elas, porque o clima estava muito inseguro, de muita violência. Tinha tido o massacre poucos dias antes, a gente sabia com quem estava lidando.

Resolvi não passar nessa pequena estrada naquela noite e acampamos numa esplanada de madeireiro logo antes das fazendas, na beira de uma estrada grande que ia para Corumbiara. No dia seguinte, de manhã cedo, nós passamos pela estradinha por trás das fazendas. Deixamos o carro no fundo da Fazenda São Sebastião e entramos pelo mato.

Nessa noite que eu evitei passar na estrada, os pistoleiros estavam na ponte do rio Omerê nos esperando para nos matar.

Sei disso porque descobrimos um senhor que era cunhado de um dos pistoleiros e foi ele quem nos contou. O Vincent o entrevistou posteriormente. Casualmente encontramos o cunhado do pistoleiro no posto telefônico. Isso foi logo após a gente descobrir os índios Kanoê e Akuntsu e fazer o contato. Fomos no orelhão público avisar que tínhamos achado os índios e feito o contato. E esse cara estava no posto nos escutando falar sobre isso. Ele falou: "Você é o Marcelo?". Eu disse: "Sou. Por quê?". E ele: "Porque era para você estar morto. Porque um cara estava com dez pistoleiros embaixo da ponte à noite te esperando. E você escapou".

Fomos até sua casa e ele concedeu uma entrevista para o Vincent. Perguntamos se ele não tinha medo de dar a entrevista e respondeu que seu cunhado queria matá-lo também. Era um pistoleiro fugitivo, e a polícia estava atrás dele. "Por isso que eu posso falar", nos contou.

O "Índio do Buraco"

Cavalcanti era um conhecido nosso que trabalhava na Superintendência de Combate à Malária (Sucam) e contou que um funcionário da Sucam tinha passado por uma fazenda onde havia madeireiros. Na serraria da fazenda comentava-se sobre um "índio solitário e pelado". Resolvemos investigar o caso do "Índio do Buraco" em razão dessa informação passada pelo Cavalcanti.

Outra vez, convidamos o Vincent Carelli para nos acompanhar e registrar os acontecimentos.

Na primeira ida fomos só eu e o Altair Algayer. Nessa fazenda, procuramos primeiro o índio para confirmar a sua existência, e depois entramos com os processos necessários para poder trabalhar na área, sem restrições. Era uma propriedade dos irmãos Dalafini. Achamos vestígios do índio, sua casinha e a rocinha, com uns pés de milho. Muito perto da derrubada da serraria. Apenas um quilômetro de distância. Na sua casa havia um buraco no meio dela, ele sempre faz, em todas as casas que encontramos. Um buraco profundo, que não se sabe para que serve, provavelmente para um uso ritual, espiritual. Vem daí o nome de "Índio do Buraco".

Vincent Carelli/Vídeo nas Aldeias

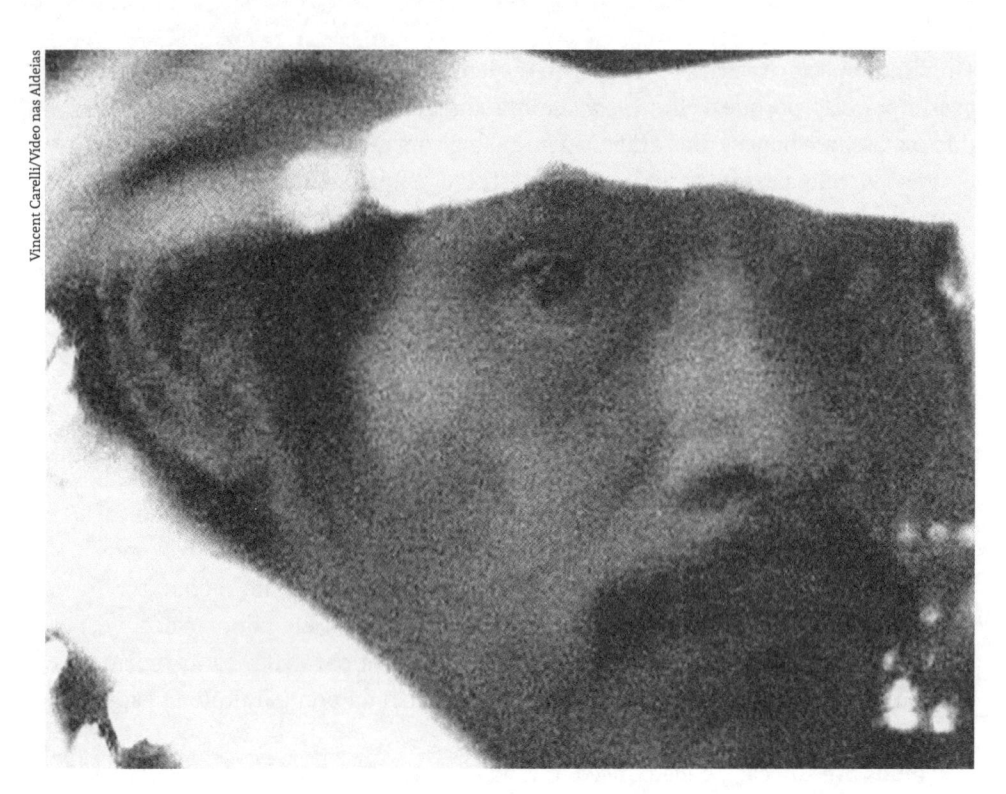

"Índio do Buraco".

Aí foi a mesma história: pegar as informações, levar para o procurador, e pedir garantias constitucionais ao juiz. Nesse caso, foi a Justiça que interditou a terra para o "Índio do Buraco".

Fui falar com o procurador, e ele nos informou que tínhamos que provocar a Justiça Federal para dar amparo ao nosso ingresso na área. Na entrega das notificações judiciais, fomos acompanhados pela Polícia Federal e um oficial de justiça. Eu já tinha conversado com o procurador federal, Osnir Belice. Tinha comentado que a Funai estava reticente nesse caso, e que houve situações onde presidentes da Funai desinterditaram áreas em favor dos fazendeiros, mesmo sabendo da presença de índios isolados. E era complicado conseguir a interdição, ainda mais sendo para um só índio.

O procurador me explicou que a competência de promover a interdição e a proteção da terra era exclusiva do Poder Executivo. Nessa época já havia o decreto do então ministro da Justiça Nelson Jobim (decreto nº 1.775), que tinha mudado o nome administrativo de "interdição" para "restrição de uso". O procurador disse que a competência para a "restrição de uso" era do Executivo. Essa era a interpretação do MPF. Não significa que ele não tivesse uma visão favorável aos índios, ele era muito íntegro, mas esse era o ponto de vista na sua análise da lei. Como é uma medida administrativa do Executivo demarcar a terra indígena, era a Funai e o Ministério da Justiça que tinham competência exclusiva para promover a medida de "restrição de uso" e garantir a terra para o "Índio do Buraco".

Casualmente, nessa mesma época, fui chamado a Porto Velho para dar um depoimento em um processo de invasão de madeireiros na Terra Indígena Massaco, o juiz era o senhor José Carlos Madeira. Depois da audiência sobre os madeireiros, solicitei a ele cinco minutos do seu tempo. Eu queria falar da possibilidade da Justiça alçar a si a competência de determinar a restrição de uso para salvar a vida do índio isolado. Porque o Executivo não estava fazendo a sua parte. Eu tinha tido a experiência de Corumbiara, quando a Terra Indígena Omerê, dos Akuntsu e dos Kanoê, ficou dez anos desinterditada. A Funai era sempre muito morosa, com falta de continuidade administrativa, um presidente diferente a cada ano.

Estive com o juiz, mostrei os mapas, falei da situação fundiária, política, da Funai, disse que era uma questão emergencial, que só havia um sobrevivente, e tínhamos encontrado sua casa. Achávamos que era uma família, não sabíamos ainda se ele estava sozinho, tínhamos esperanças de ter mais gente.

O juiz se sensibilizou e considerou que na ausência de uma decisão emergencial por parte do Executivo, que eu encaminhasse a ele o problema para estudar essa perspectiva de determinar, via judicial, uma interdição da área. E que eu voltasse ao procurador para sistematizar as informações e este as encaminhasse para ele. Ou seja, fazer a solicitação através do MPF para ele decidir. E ele determinou judicialmente a restrição do uso, garantindo a terra para o "Índio do Buraco" e determinando à Funai proceder à demarcação.

Essa prerrogativa nos incentivou a buscar o mesmo tipo de apoio em outras regiões, como no Muqui, região onde vive um grupo de índios isolados, provavelmente do grupo Uru-Eu-Wau-Wau. Da mesma forma, provocado por nosso trabalho, o judiciário se interpôs para garantir a vida desse grupo.

Retorno à Funai

Em 2000 saí da Funai. Já estava aposentado, só continuei trabalhando ainda por algum tempo. Mas resolvi mudar de ares por questões pessoais. Em 2005 fui trabalhar no Instituto Socioambiental – ISA, e em 2006, ano seguinte, voltei para a Funai. Pela primeira vez eu fui trabalhar em Brasília como chefe da Coordenação Geral de Índios Isolados (CGII). Achava que podia refazer as equipes que tinham estado em campo, como no Omerê, com o retorno do Altair Algayer, que fora afastado da região pela própria Funai. Objetivamente, achava que podia fazer um trabalho com os índios isolados com outra perspectiva, mais abrangente em um plano nacional. Dar uma contribuição positiva em função da minha experiência. Conhecia indigenistas comprometidos, como José Carlos Meirelles, o Afonsinho, Antenor Vaz, Rieli Franciscato, Porfírio de Carvalho, e tantos outros companheiros de trabalho e colegas, que eu conheci nas reuniões que o Sydney Possuelo organizava na CGII, onde se debatia a questão dos índios isolados.

Também aceitei o desafio por pressão do próprio Meirelles, que tinha sido convidado a assumir o cargo de coordenador pelo Mércio Gomes, então presidente da Funai. Meirelles não queria ficar em Brasília de jeito nenhum. Desejava voltar para o seu canto no Acre.

Quando cheguei em Brasília, eu era ignorante sobre administração direta, de gabinete. Fui chefe da administração regional em Vilhena, uma experiência modesta em comparação com a dimensão de Brasília.

Tinha basicamente o conhecimento do universo do trabalho de campo. As frentes de trabalho da CGII se situavam em lugares diferentes, com históricos diferentes, Maranhão, Amazonas, Pará, Acre. Em comum tínhamos o trabalho de campo, a questão de terra, vigilância, mapeamento, as expedições, e os encaminhamentos de proposições de regularização fundiária das terras dos isolados. Meirelles ficou me apoiando uns dois meses. Nessa época reencontrei um velho e grande amigo, Elias Bigio, que estava no projeto PPTAL (Projeto Integrado de Proteção às Populações e Terras Indígenas da Amazônia Legal), e o convidamos para ser parceiro de trabalho.

A minha relação com a sede em Brasília, antes de ir para lá, teve altos e baixos. Alguns presidentes me marginalizaram quando estava em Rondônia e em Mato Grosso. Outros me ajudaram. Quando o Mércio me convidou, me deu um bom amparo. Ele tinha suas restrições por ser subordinado ao Ministério da Justiça e à política do governo.

Não iria para Brasília se não tivesse espaço politico, e nesse caso tive. Se o Romero Jucá me chamasse para trabalhar, não iria. Ao longo da minha carreira, só assumi funções administrativas na Funai quando tive espaço para trabalhar. Na presidência do Claudio Romero, com o Sydney Possuelo, e depois com o Mércio. Nos anos 1990, quando ainda trabalhava em campo e a presidência estava nas mãos do Márcio Santilli e o Carlos Marés, fui incentivado e amparado.

Construí uma experiência de como me isolar, quando a política da Funai era negativa. Em suma: evitava provocar o Executivo quando a conjuntura era negativa, como na ditadura, e solicitar muito quando era positiva.

Quando estava ruim o ambiente político, eu sumia no mato. E quando o cenário era positivo, nos desdobrávamos para conseguir o espaço e conquistas. Era preciso ter a sabedoria para não provocar o suficiente para ser afastado. Se o fosse, não conseguiria nada. Essa pressão esteve sempre presente em Corumbiara. Os índios iriam desaparecer. Mesmo com a nossa presença houve depopulação entre os Kanoê e os Akuntsu. Com ausência total do Estado não haveria mais nenhum índio no Omerê, nem o "Índio do Buraco". Não estariam vivos.

Em 2007 deixei o trabalho com o incansável amigo Elias, em boas mãos.

Hoje vejo uma Funai debilitada politicamente, vivendo uma conjuntura adversa, não cumprindo com seu papel constitucional. Os índios estão sendo vilipendiados nos seus direitos históricos.

Vincent Carelli/Vídeo nas Aldeias

Altair Algayer

Legenda

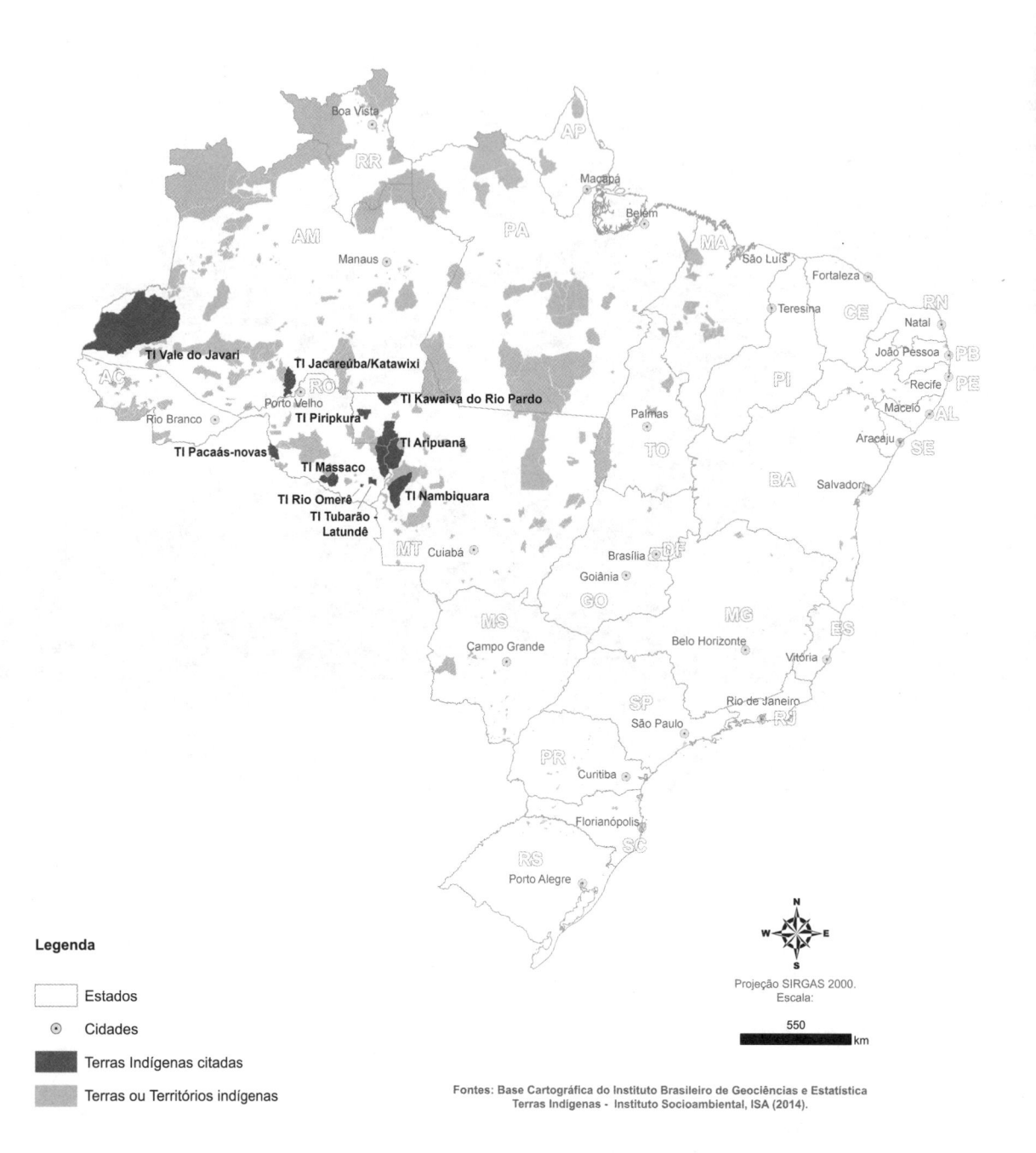

☐ Estados

⊙ Cidades

■ Terras Indígenas citadas

▨ Terras ou Territórios indígenas

Projeção SIRGAS 2000.
Escala:
550 km

Fontes: Base Cartográfica do Instituto Brasileiro de Geociências e Estatística
Terras Indígenas - Instituto Socioambiental, ISA (2014).

Altair Algayer tornou-se sertanista a partir da experiência. É um "sertanista do sertão", como sugiro no capítulo "Os sertanistas". Migrante do Sul do país, foi em Rondônia que Algayer conheceu os povos indígenas, o trabalho da Funai, passou a integrar equipes de campo e se transformou em um dos maiores sertanistas em atividade, aprendendo junto dos colegas mais experientes da fundação e, hoje, ensinando novas gerações em cursos de capacitação e reuniões da Coordenação Geral de Índios Isolados e Recém-Contatados da Funai. É coordenador da Frente de Proteção Etnoambiental Omerê. É casado com a enfermeira Jussara e pai de duas filhas.

Algayer participou do contato com os povos Kanoê e Akuntsu, em 1995, na região do rio Omerê, e das tentativas de contato com o "Índio do Buraco" a partir de 1996, último remanescente de um povo que sofreu genocídio e que vive, em isolamento voluntário, na região do rio Tanaru. Todos esses povos com que Algayer trabalha sofreram massacres e são sobreviventes de crimes de genocídio e do violento processo de colonização de Rondônia a partir da ditadura militar. Os Akuntsu eram sete na época do contato, enquanto os Kanoê eram quatro pessoas, apenas uma família. O índio do Tanaru, ou "Índio do Buraco", em razão da característica de sua casa, sempre com um grande buraco dentro dela, misterioso para sertanistas e antropólogos, é quem restou de um povo hoje reduzido a apenas uma pessoa.

Ao longo dos últimos anos de convívio intenso com essas pessoas, Algayer acompanhou perdas inestimáveis para os dois povos em situação de contato. Uma menina Akuntsu faleceu após uma árvore cair em sua pequena casa, onde vivia com a família. E a mais velha da etnia Akuntsu, chamada Ururu, faleceu de forma dramática em 2009.

Com os Kanoê desastres também seguiram o processo de contato: a índia Owaimoró foi morta pelos Akuntsu, enquanto a mãe dos irmãos Tinamanty e Purá, Iamõe, morreu junto de seu neto, Operá, por razão desconhecida. Hoje, Tinamanty é mãe de Bakwá, nascido em fevereiro de 2002. São os últimos sobreviventes de seu povo.

Parte das histórias contadas por Algayer também aparecem, neste livro, porém sob outra ótica, no depoimento de Marcelo dos Santos, seu ex-chefe e colega da Funai.

Rondônia: "Aquele negócio da Amazônia"

Eu cheguei em Rondônia em 1985. Vim de Santa Catarina, acompanhado dos meus pais. Vim na frente, antes da família. Sou o mais velho de seis filhos. Viemos com aquela política de ocupação da época, mas na fase final desse processo. Meu pai tinha o sonho de ter terra, ser agricultor livre. Ele nunca teve terra lá. Trabalhava de meeiro, arrendatário, em terras de outros. E já pensava em vir para a Amazônia, em busca de conseguir uma terra nossa para trabalhar.

Em 1985, Rondônia já tinha uma ocupação muito grande do território. As terras eram boas para pequenos produtores e estavam sendo distribuídas pelo Incra. Quando cheguei, eu fui procurar o órgão, atrás da terra. Ele já havia distribuído em 1979, 1980, até 1981 e 1982, quando foram entregues os últimos lotes, as últimas glebas que tinham. Eu também não podia dar meu nome para o cadastro, pois ainda era menor de idade. Precisava esperar a mudança da família.

Ao contrário do que a gente imaginava, Rondônia já não tinha mais terra para nós. Dinheiro para comprar, nós também não tínhamos. Meu pai vendeu o pouco que possuíamos em Santa Catarina: animais de criação e ferramentas de trabalho. Trouxe a família e as coisas de dentro de casa.

Começamos novamente trabalhando na terra dos outros, como era antes. Acontece que na Amazônia o trabalho era maior e as dificuldades, principalmente de acesso, no período de chuva, também eram grandes. Não havia lugar para morarmos. Fizemos uma casa de paxiúba palmeira e cobertura de tabuinhas e lona. Passamos um ano assim.

Nesse primeiro ano, eu peguei oito malárias e todos da família contraíram a doença. E não foi só uma vez. Era seguido, sempre tinha alguém com malária. Quando passou o período de chuvas e chegou no verão, em 1986, veio a seca e meu pai disse: "Nós vamos sair daqui".

A terra onde estávamos ficava a cinquenta quilômetros de Alta Floresta, no sentido da Terra Indígena Rio Branco, na beira do rio Branco. Nesse período da chuva que passamos lá, para chegar na cidade era preciso caminhar 50 quilômetros a pé. Ninguém mais passava naquela estrada. Era estrada de madeireiros. Quando os madeireiros saíram, em novembro, dezembro, antes de começar a chuva, destruíram aquela estrada toda. Não passava nem jipe. Quando chegou o verão, os madeireiros voltaram, abriram a estrada. Então, tiramos a produção que tinha feito. A gente até tinha a ideia de comprar um lote de terra por lá, com o dinheiro da produção. Havia um cara vendendo um grilo. Ele tinha grilado de outro cara, que tinha morrido, um sítio que esse que morreu pegou do Incra. Daí o que queria vender para nós foi lá e ocupou.

O Incra estava fazendo uma vistoria com cadastramento e conferindo as pessoas que pegaram os lotes. Aquelas que estavam ocupando o lote ficariam cadastradas como proprietárias definitivas. Porque também tinha muita gente que pegou o lote do Incra, tirou a madeira e depois vendeu ou abandonou o lote.

Meu pai recusou essa terra que queriam vender para ele. Meu pai disse:"Não. Vai morrer todo mundo aqui dentro de malária. Vamos morar na cidade, vamos mudar para Alta Floresta".

Do campo para a cidade

Alta Floresta d'Oeste era uma vila, havia se emancipado naquele ano, em 1986. Meu pai e minha mãe foram trabalhar na Prefeitura. Minha irmã foi trabalhar numa farmácia. Outra irmã foi trabalhar na escola municipal. Os outros eram menores. E eu fui trabalhar em uma madeireira, porque era a única atividade econômica que havia nessa região.

Quem abriu aquela cidade foram os madeireiros. As serrarias foram montadas e a cidade foi crescendo em volta delas. Em 1988, a gente tinha feito um levantamento e contamos mais de trinta madeireiras funcionando dentro da cidade. Quando chegava o mês de outubro, no auge da seca, você não via a cidade de uma ponta a outra, que era de dois quilômetros e meio, de tanta fumaça e poeira. Aliás, essa fumaça impregnava a região toda e se intensificava mais sobre as cidades. Eram as sobras de madeira e pó de serra das serrarias, que chamavam de "lixo". Tudo era queimado.

A região era muito rica de mogno. Até 1989, ali só serravam mogno e cerejeira, madeiras de lei, que eram exportadas. As outras madeiras era chamadas de madeira "branca", e não tinham valor comercial. Foi depois de 1989, quando acabou o mogno e a cerejeira, que começaram a serrar outras espécies de madeira.

O trabalho madeireiro

Eu fui trabalhar com um madeireiro.

Na época, era um negócio pequeno. O dono montou uma madeireira para trabalhar com as sobras, aproveitando a madeira que ficava no mato, os restos de mogno. Eram árvores ocas e galhos que os outros madeireiros não queriam levar, porque não tinha qualidade para exportação. E havia árvores grossas, muito grossas, mas se tinham um oco no centro ou um nó de galho, já achavam que não compensava serrar. Pensavam: "Ah, não vai dar para exportação, só 'lixo'". E abandonavam depois de terem derrubado. Deixavam no mato. Para exportação, tinha que ser só o "filé".

Esse madeireiro comprou uma serraria, um pouco menor com relação às que havia por lá, e foi trabalhar com essas sobras. Ele pegava quase de graça dos sitiantes. Muitas vezes pagava em troca de algumas tábuas que o sitiante precisava para construção rural. Para o proprietário do sítio era bom, pois não ia fazer nada com aquilo. Estava morto, abandonado no chão. A madeira, depois de beneficiada, era vendida para o mercado interno, para o Sul e Sudeste, para móveis. Ele trabalhou três anos em Alta Floresta d'Oeste com essa madeireira. Foi em 1987, 1988 e 1989.

No trabalho em uma madeireira, ainda mais de pequeno porte, você acaba fazendo de tudo um pouco. Eu fazia de tudo lá. Operava trator, caminhão, motosserra, era mecânico... Fazia serviços pesados.

Em 1989, essa atividade de aproveitamento acabou. Uma das razões é porque as madeiras deixadas no mato estavam podres. E, a outra, é que as poucas ainda exploradas já eram mais aproveitadas pelos madeireiros. Como estava acabando, não havia aquele desperdício de antes. Então, o dono da madeireira onde eu trabalhava comprou uma propriedade, que é perto de onde fica hoje a Terra Indígena Massaco. Comprou uma fazenda. Uma área de terra e resolveu levar essa madeireira dele para lá, em 1989.

Em 1988 foi criado o Ibama e começaram as fiscalizações de crimes ambientais. Mas o Ibama, naquela região, era muito corrupto. Quase todos os servidores se perderam na corrupção. Uma vez, um funcionário do Ibama foi conferir o plano de manejo florestal do meu patrão, que ficava na fazenda, vindo só até a cidade de Alta Floresta d'Oeste. Nem para a área de onde saía a madeira ele foi. O pagamento mensal de propina a funcionários do Ibama era considerado normal entre os madeireiros. Eu me lembro, outra vez, que a gente ficou três meses praticamente parados, porque meu patrão se recusou a pagar uma propina a um funcionário para carimbar as guias. E o fiscal ameaçava: "Olha, assim você não pode trabalhar". Ficamos três meses parados. Até que ele conseguiu liberar, deu um jeito.

Esse madeireiro trabalhou só na propriedade dele. Estava a 11 quilômetros da Reserva Biológica do Guaporé, que hoje é a Terra Indígena Massaco. Estava situado na entrada de uma linha (estrada) que entrava na reserva, onde muitos madeireiros trabalhavam dia e noite retirando madeira ilegal da reserva. Eram constantes as propostas dos invasores para o meu patrão em fazerem parcerias para serrar o que traziam da reserva, porque ele tinha o plano de manejo florestal para tirar madeira da área de mata da fazenda. Assim, dali para a frente, a madeira seguiria "legalizada", com as guias. Mas ele recusou todas as propostas, não retirou nem serrou uma árvore lá de dentro. É raro. A cada dez, você tira um como ele. E ele era um desses.

Foi nessa época da madeireira na fazenda que eu conheci o pessoal da Funai.

Primeiros contatos com a Funai

Eu sempre tive uma vontade imensa de conhecer os índios, desde quando vim do Sul. Vontade mesmo. Curiosidade.

O pessoal da Funai começou a trabalhar ali na reserva em 1988, fazendo umas entradas na área e falando que tinha índios lá e eram isolados. As pessoas com quem eu tinha mais contato, no caso, os invasores, negavam sempre. Diziam coisas assim: "Não, isso não tem. Eu andei lá dentro da reserva tantos quilômetros, eu andei numa picada, nunca vi nada, não tem, isso é conversa mole".

Quando você não tem acesso a outra informação, você acaba tendo dúvidas. Eu ficava nessa.

Mas um dia o Antenor Vaz, da Funai, chegou até a serraria. Eles sempre paravam lá para consertar algum defeito no carro, e ele contou do trabalho e mostrou as fotos, as imagens dos vestígios. As coisas que ele mostrava eram muito surpreendentes. Aquilo me impressionou. Eu disse: "Tem mesmo! Aqui, ainda tem". Eu estava impressionado. Meu primeiro contato com a Funai foi com ele, o Antenor, o Ariovaldo Santos e sua equipe. Acabei conhecendo a equipe toda. Um dia, eu perguntei para o Carlinhos, que trabalhava com eles: "Carlinhos, como é trabalhar na Funai?".

Para mim, eu imaginava que todo mundo era contratado, fazia concurso, tinha que ter escolaridade, tinha que ter uma série de experiências, tinha que ter coisas que eu não tinha. E eu descobri que o Carlinhos era um seringueiro no rio Machado, em Ji-Paraná. Perguntei pra ele como ele havia entrado. "Eles me chamaram. No início me pagaram por serviço prestado". Daí, eu aproveitei e também me ofereci: "Na hora em que vocês precisarem, eu queria tentar para ver se dá certo...".

Passou um tempo e o Carlinhos veio me chamar. Isso foi no final de 1991. O Carlinhos disse: "Olha, o Antenor está saindo de férias agora, em janeiro. Eu já conversei com ele e ele, voltando, vai ter recurso e a gente vai precisar sim. Se interessar a você, a gente pode fazer um teste".

Quando o Antenor voltou, em fevereiro, eu fui para lá. Antes dele chegar, pelo rádio mesmo, ele autorizou o Carlinhos a me chamar. Na mesma hora eu aceitei.

Formação

Até aquele momento, eu tinha estudado até a quarta série. Depois de entrar na Funai eu complementei a oitava série, através de um curso de supletivo. Tinha estudado em Santa Catarina, mas nunca tinha ido numa escola desde que cheguei em Rondônia. Eu parei de estudar ainda no Sul, porque a gente morava na roça e a escola local era só até a quarta série.

Eu era o filho mais velho. As necessidades em casa eram muitas e desde os dez anos eu acompanhava meu pai: era meio dia na escola e outro meio dia junto com eles. Trabalhava na roça. O que faziam, eu fazia também. Para continuar os estudos, eu deveria sair da casa, que era difícil. Eu disse: "Não, pai, eu vou ficar ajudando você na roça. Para mim, trabalhar na roça, o que eu aprendi até aqui dá para eu sobreviver".

Só fui completar a oitava série depois, em 1995. Fiz através de supletivo. O segundo grau eu já comecei em 2000, e até 2013 eu ainda não consegui concluir. Acabei abrindo mão disso tudo para trabalhar. Não tive como fazer diferente.

Primeiras expedições

Eu tinha certa experiência no mato, porque trabalhando com madeiros havia uma atividade semelhante, que é localizar as árvores de valor para serem serradas na floresta. Lógico que, na Funai, com outro objetivo, que era localizar vestígios de pessoas, que eram dos índios isolados. Mas me ajudou muito a minha experiência anterior de andar no mato. Eu tinha noção de andar no mato, de rumo, de direção, através do sol, sabia para onde eu estava indo. Logo me adaptei com o ambiente e a identificar que tipo de vestígios eram dos índios. Logo dominei os mapas, que era uma coisa que sempre chamava minha atenção.

Na primeira expedição, eu me lasquei. Acho que isso acontece com todo mundo que participou de uma expedição pela primeira vez.

Meu problema foi com o material. Eles me deram uma rede, dessas que o Exército usa, com o mosquiteiro junto da lona do teto. Eu acho que foi sacanagem do Antenor. Para completar, no primeiro dia choveu das 23 horas até as seis da manhã. Direto. Eu fiquei dentro da rede encharcada, acordado, e vendo a água entrando onde o mosquiteiro é costurado, no teto da lona que faz a cobertura, pelas costuras. Vazava água de bica para dentro da rede, que não vencia filtrar a água, formando uma possa. Eu passei a noite inteira sentado. Enrolei o cobertor e botei ele em cima do meu peito, para mantê-lo seco.

No outro dia, a chuva continuou. Com os igarapés e rio cheios, nadamos por várias vezes. A mochila era nova, mas logo rasgou a alça, machucou o ombro. Ela era de lona, tinha sido tingida de tinta azul que com a água da chuva foi soltando a tinta, tudo que estava nela e minhas costas ficou azul. Depois que eu cheguei no acampamento é que me falaram sobre a rede: "Precisa passar uma cera de vela na costura. Se não, chove dentro". A partir daí, eu fui aprimorando as minhas coisas, o material, o equipamento. Troquei a mochila por um jamaxim (balaio feito de cipó), pois a alça machucava pra caramba.

Chegamos no rio e estava tudo alagado. Fui na frente. Ali na beira do leito do rio, eu, o Antenor e o outro rapaz, já cansados, estávamos com água até a cintura. Não havia nenhum lugar seco. Não havia nenhum local seco para descer as mochilas que foram penduradas em galhos de árvores. E tínhamos que cruzar o rio. Do outro lado, a gente via que tinha uma pequena área seca, onde iríamos acampar naquele dia. Mas tinha que cruzar o rio. "Vamos ver se achamos uma pinguela", o Antenor comentou. Nós nos dividimos e eu fui sozinho subindo o rio e, de longe, eu vi uma árvore caída por cima do rio. Fui até lá. Cheguei na árvore. Ela estava caída de lá para cá, e onde eu estava eram as pontas dos galhos.

Quando eu fui limpar e subir na ponta da árvore, eu vi que havia sinal de gente ter subido ali e passado antes. Tinha uns galhos torcidos, meio cortados. Achei estranho. Quando eu subi em cima do tronco para cruzar o rio, tinha uma vara, ao lado, um corrimão. Vi que a vara tinha sido amarrada com cipó. Eu vi que o galho, ali, da árvore, tinha sido mal cortado, tinha sido cortado com ferramenta ruim. Logo identifiquei que eram os vestígios dos índios.

Foram os primeiros vestígios que eu vi. Identifiquei logo que eram dos índios. Na hora. "Isso aqui não é branco que fez", pensei. Porque amarrou com cipó e estava mal cortado. Cruzei a pinguela do outro lado e lá também estava amarrado. Voltei, falei para o Antenor: "Tenho certeza de que os índios passaram ali, naquela pinguela. Tem uma pinguela ali, mas é dos índios".

Fomos ver e era mesmo. Eram os índios. Fomos seguindo umas quebradas e assim vimos por onde eles andaram. E o pessoal da Funai tinha acampado logo abaixo da pinguela um ano antes. Aí, o Antenor falou: "Toma cuidado, que vai ter estrepe no nosso acampamento velho". E tinha mesmo.

Armadilhas na floresta

Eram estrepes. Tinha estrepe por tudo.

Os índios da Massaco pegam madeiras duras e fazem umas lascas de um palmo, mais ou menos, com um dedo de grossura. Eles afinam da metade para a frente. Deixam uma ponta afiada. E enterram ele até a metade no chão, ficando a ponta para fora. São os estrepes, um tipo de armadilha. Não tem botina que resista e com ferimentos graves no pé. Furavam até pneus de caminhão e trator.

Eu já sabia da história dos estrepes antes de ir trabalhar na Funai. Tanto os madeireiros que saíam de lá quanto o próprio pessoal da Funai, do Ibama e da Polícia Federal que entravam de carro para retirar os invasores em 1989 e 1990, ficaram sem pneu, sem câmara.

O "Índio do Buraco" também faz armadilhas, mas são diferentes. Ele cava um buraco de uns quarenta centímetros por noventa centímetros, e com mais de um metro de profundidade. No fundo, ele coloca umas três ou quatro estacas de madeira de paxiúba, bem apontadas, afiadas e firmes. Faz uma tampa falsa, com folhas, para esconder. Quem cair ali fica estrepado. Usa muito essa armadilha para pegar animais, como porco queixada, anta.

Uma vez, durante uma expedição mais recente na área do "Índio do Buraco", no Tanaru, eu caí em uma dessas armadilhas. Minha sorte é que eu fui salvo pelo volume da mochila, que prendeu na beira do buraco. E eu abri os braços, de forma que fiquei entalado na boca do buraco e não cheguei ao fundo.

Mas os meus pés ficaram triscando na ponta das estacas. Se não fosse por esses apoios nas bordas dos buracos, eu teria ficado estrepado nessa armadilha.

Aprendizado sertanista

Cada vez que eu via um vestígio, eu queria saber mais. Ficava doido, ansioso. Tinha que me controlar para não ir atrás, queria encontrar com o índio, queria saber o que o índio fez, como fez, para que fez isso... E a experiência do Antenor, a visão dele do trabalho, me ajudou muito. Ele dizia: "Vamos com calma, vamos devagar. Não precisamos encontrar com o índio para saber o que ele está fazendo. Pelos vestígios que deixa podemos saber o que fez, o que comeu, como dorme, quantos estiveram ali. São informações fundamentais que precisamos".

Ele explicava como interpretar esses vestígios que víamos na Massaco. Era um grupo grande, com bastantes marcas na floresta para a gente encontrar, interpretar, acompanhá-los só de perto. Foi um ótimo professor, me ajudou muito. Passei um ano com ele. Aprendi desde a relação no acampamento, o modo de tratar as pessoas, até o trabalho com a questão indígena. Dali para a frente queria ir em todas as expedições que eu pudesse.

A Funai, na época, também estava iniciando um trabalho com uma política nova, recém-criada, de proteger esses grupos isolados sem submeter ao contato. E para garantir a proteção deles seria importante primeiro definir o território que eles ocupavam. Para isso, era preciso mapear todos os vestígios possíveis. Saber como usam e quais os recursos que utilizam, como se organizam, quantos são, levantar sua cultura material e tentar, o máximo que for possível, identificar o povo. Tudo, é claro, sem fazer o contato. Isso não se faz sem andar no mato atrás dos índios, observando todos os detalhes que eles deixavam. Foi o que a Funai fez na Massaco. Muitas expedições e, em 1994, concluiu com o grupo de trabalho a identificação do território. Em 1996 a terra indígena foi declarada, sendo a primeira terra indígena que a Funai identificou sem fazer o contato com os índios.

Esse trabalho de identificar o território ocupado pelos índios, monitorar, proteger, sem fazer contato, precisa de muitas expedições e muito trabalho em campo. É exaustivo, com desgaste físico muito grande. No sol, na chuva, no frio, passa sede, se alimenta mal, dorme mal, tem problemas com formigas, cupim, insetos e riscos de acidentes com animais peçonhentos. Além do risco das armadilhas, bactérias, infecções.

Nessas primeiras expedições na Massaco, junto com os índios que participaram dos trabalhos e depois com o contato com os Kanoê e Akuntsu, conheci um pouco dos seus costumes e hábitos, suas formas de ser. Isso me ajudou muito a tornar mais confortável o tempo de trabalho na mata. Aprendi com eles, são os melhores professores, o jeito de andar na mata, escutar, identificar a fauna, sons de animais, encontrar os melhores recursos que podem ser aproveitados em diferentes situações, e desde diferentes formas de se alimentar. Água de cipó, por exemplo, pode ser a única água para beber num momento. Não me recuso a comer qualquer tipo de animal silvestre que possa servir para alimentação, ou a beber a bebida que eles façam, qualquer que seja ela.

Os índios: a imagem antiga

Os primeiros índios que eu encontrei foram os Tupari, no rio Branco, no sítio em que vivi com a minha família, em 1986. Foi logo quando cheguei a Rondônia. Os índios do rio Branco vivem com contato desde a década de 1950, e alguns outros grupos que moram lá tinham contato, inclusive, antes disso, com seringueiros, nas décadas de 1920 e 1930. Até então só tinham vivido com os seringueiros. Até a década de 1980, ainda não tinha vindo até eles a ocupação de terras, dos posseiros, fazendas, madeireiros e vilas na região. Viviam naquela vida de ribeirinho, indo uma ou duas vezes ao ano para uma cidade, coletando seringa, castanha e fazendo farinha para terem uma fonte de recurso e poderem suprir as mínimas necessidades dos produtos industrializados que dependiam. Iam e voltavam da cidade de Costa Marques, pelo rio Branco de barco. Quando eles perceberam os madeireiros que chegaram na Terra Indígena Rio Branco a partir de Alta Floresta d'Oeste acabaram entrando na área. Primeiro, começaram a roubar a madeira dos índios. Depois, os índios se envolveram com a venda da madeira. Em 1986, como a gente morava na beira da estrada, eu via os índios da Terra Indígena Rio Branco passando ali, com carro, mercadorias da troca da madeira, pilotando barco a motor, usando armas de fogo...

Primeira visão dos índios isolados

Antes de trabalhar na Funai, por falta de informação, que na época era mais difícil do que nos dias de hoje, eu ficava em dúvida se ainda existiam povos vivendo do que a floresta oferecia, ainda mais em Rondônia, um estado completamente ocupado pela colonização e muito desmatamento. Achava que no Amazonas, Acre, regiões com grandes áreas de floresta e sem ocupação da nossa sociedade era mais provável. Estava enganado.

Em 1994, ainda na Massaco, numa expedição com Antenor, Rogério Motta e um índio da etnia Tupari, Juari Tupari, eu vi dois índios. Era um casal de índios isolados. Foram os três, quatro minutos mais longos. O meu coração batia muito forte vendo aquelas figuras na minha frente. Os índios estavam a uns dez metros, ou menos ainda, de distância, e eu parado num lugar limpo de floresta. Não queria fazer nenhum barulho para não chamar a atenção. Eles não nos viram. Se eles levantassem o olho iam ver eu e o Rogério, porque estávamos à vista. Eles já tinham visto um vestígio nosso: uma folha de palmeira que eu tinha cortado.

Encontrar com pessoas como essas na mata é diferente de você encontrar alguém na rua. Eu penso que ali estão pessoas com uma inteligência incrível e uma capacidade de explorar todos os recursos naturais para sobreviver, fazendo isso muito bem, de forma muito sofisticada, e ainda se defenderem das ameaças que os cercavam.

Nessa hora, que você pode tirar todas as dúvidas que não conseguimos identificar nos vestígios que vimos deles até então. Analisar o tipo e o corte de cabelo, se tem pinturas no corpo, quais os adornos corporais que usa, se é alto ou baixo, gordo ou magro... E logo a gente se surpreende. No caso dos índios isolados da Terra Indígena Massaco, o cabelo longo chamou a minha atenção, tanto o homem como a mulher usam o cabelo longo, e não portavam adornos corporais. O machado, que era de ferro, parecia mais uma argola na ponta do cabo, de tão gasto que estava. Acho que restavam uns três centímetros de lâmina. O "Índio do Buraco", nos encontros em que eu o vi na floresta, me surpreendeu foi o bigode e a barba, que são raros nos índios. No caso da Massaco, o homem que eu vi também preservava alguns pelos no bigode.

Nesse encontro, eu estava com aquelas máquinas fotográficas antigas, que você puxa o filme na catraca e faz barulho, e também faz barulho na hora de tirar a foto. Máquina barulhenta. Estava tudo tão quieto ali que o clique daquela máquina seria um barulho alto, e é bem provável que os índios iriam escutar e ver a gente. Eu não queria isso. Não registrei a foto para não chamar a atenção. Até hoje não temos uma foto dos índios isolados da Massaco. Eles conversavam entre eles em um cochichozinho, bem baixinho, também para não alertar ninguém possivelmente por perto. Eles ficaram uns três minutos ali, e viraram, pegaram o rumo e foram embora. Não viram a gente. Aquilo, para mim, foi muito forte. Quando eu encontrei os Kanoê, no primeiro contato, um ano depois, já não foi uma sensação tão forte, porque foi em seguida dessa experiência tão marcante. Depois de alguns anos já, andando na floresta, vendo vestígios, tentando imaginar como esses índios seriam, de repente, estava vendo eles.

O Omerê

Nunca duvidei de que existiam índios na região do rio Omerê. Como desde a primeira vez, quando o Antenor mostrou as fotos da Massaco.

Quando entrei na Funai, fui aprendendo a ver o que era vestígio de índio e o que não era. E fui lendo sobre o trabalho dos sertanistas. Li os Villas Bôas, e fui atrás de mais informação. Fui pegando bagagem. Porque eu não sabia o que era Tupi, o que era Kawahiva, o que era Mondé, quem era quem naquela região, e quais as diferenças entre eles.

Quando o Marcelo dos Santos assumiu a Frente de Contato, depois do Antenor, ele trouxe a história do Omerê, de 1986, o dossiê do que é que aconteceu. Da primeira vez que ele ouviu falar do massacre, de quando ele foi lá e encontrou os restos da aldeia destruída, pedaços de cerâmica, de utensílios dos índios, cápsulas de balas de revólver. Eu disse: "Caramba, mataram os índios". E ele disse: "Mataram. Mas tem ainda. Se ainda tem, a gente vai achar. E nós temos que achar esses índios que sobreviveram".

Em 1993 surgiram as primeiras imagens de satélite e os primeiros equipamentos de GPS. Aquilo foi uma evolução para a gente no mato. Ficou muito mais fácil, muito mais precisas as expedições. Fomos ver onde já tinha ocupação, e onde havia floresta, para tentar descobrir uma possível localização dos índios. E na região do Omerê, na minha primeira olhada por cima da imagem de satélite, eu disse: "Marcelo, aí não vai ter mais índios, não". Pensei assim em razão das condições de destruição. Eram ilhas de mato cercadas por grandes desmatamentos formado de pasto.

O Marcelo contou como é que aquele pessoal ocupou aquilo, da forma como foi ocupado. Ali morreu muita gente, não só índios, ele tinha falado. Eu disse: "Marcelo, esses índios não vão estar mais lá, não. Esses fazendeiros sabiam que tinha índios ali e eles mataram todos. Mas vamos lá ver na floresta".

Começamos a ver as imagens de satélite e identificamos uma área possível onde esses índios poderiam estar. Não erramos. E tinha aquela área central, onde é hoje a Terra Indígena Omerê. É onde estava o fazendeiro Antenor Duarte, o pessoal do Vilela, dos Feldman. Eram as fazendas deles, gente poderosa. E era próximo de onde os índios estavam, em 1986, quando o Marcelo descobriu o massacre[17].

Na primeira expedição nessa área, em 1994, eu não fui, o pessoal tinha andado mais à margem do rio Corumbiara, a margem ao Sul. Os índios não estavam naquelas bolas de mato. Era possível que estivessem na margem do rio Omerê. Eu e o Marcelo sabíamos que os índios possuem uma ligação muito forte com a terra deles. Falei: "Eles não vão pegar um rumo, andar cem, duzentos quilômetros, cruzar pastos, fazendas, estradas movimentadas e deixar a terra deles. Esses caras vão ficar lá. Se eles estão vivos ainda, eles vão estar lá, que é onde eles conhecem, onde eles estão ligados, naquelas terras deles. Eles não vão sair dali até morrerem".

E ele falou: "Olha, eu vou estar lá, vou lá, mas eu não vou poder entrar em nenhuma fazenda. Os fazendeiros não vão deixar a Funai entrar".

Marcelo já tinha feito algumas tentativas antes. Ninguém deixou entrar. Era barrado e ameaçado. O procurador do Ministério Público ficou sabendo disso através do Marcelo e disse: "Precisamos do nome de quem proíbe e a localização da propriedade, onde que é. Podemos abrir uma ação na Justiça para vocês fazerem o trabalho lá dentro. Para terem o acesso".

Eu e o Marcelo. Eu acompanhando o Marcelo. Pegamos a tarefa de identificar os proprietários que deixavam ou proibiam a Funai de entrar em suas

---

17. Leia mais detalhes desse massacre no depoimento de Marcelo dos Santos, p. 319.

fazendas. Escutamos tanta coisa daqueles caras. Porque você tinha que ir lá, falar, porque é que você estava lá, porque é que a Funai estava pedindo ingresso para entrar na fazenda, que era para procurar se tinha ou não vestígios de índios. E o "não" foi praticamente coletivo. Todos negaram, justo na região onde os índios estavam. Diziam para nós: "Vocês estão inventando essas histórias. A Funai já deu certidão de que aqui não tem índio, e eu tenho a escritura do governo que essas terras são minhas. Eu não deixo entrar aqui dentro. Vocês não vão entrar na minha terra, podem procurar outros meios".

Isso foi unânime. Assim era a reação daqueles fazendeiros da região.

Dava certo receio, medo, pelo ambiente de intimidação. Porque a gente sabia das histórias. A gente chegava naquelas fazendas, no porteirão da fazenda, e quando não tinha um enorme cadeado, muitas vezes tinha o cadeado e ainda tinha uma casinha ao lado da porteira, com quatro, cinco pessoas ali, vigiando aquela entrada. Você chega em uma propriedade dessas e já fica imaginando que tipo de proprietário é para ter aquilo tudo. Ali, praticamente todos agiam dessa forma.

Projeto Corumbiara

Na região, que inclui a área do Omerê, teve um massacre coletivo de garimpeiros, antes de ser demarcado um projeto de colonização chamado "Corumbiara". E, na minha opinião, foi uma iniciativa do Incra ligado com esses fazendeiros.

O Projeto Corumbiara foi dividido em lotes de dois mil hectares. A maior parte de projetos de ocupação de Rondônia era de lotes de cem hectares ou cinquenta hectares, feitos para o pequeno produtor. Aquela região de Corumbiara, em termos de qualidade da terra, tem as terras mais férteis de Rondônia. O Incra tinha que implantar o projeto e titular os lotes em nome dos propostos fazendeiros. A demora nesse processo estava colocando em risco o projeto, porque havia ocupação por colonização vinda da região de Colorado e Cerejeiras, que estavam sendo implantados. Isso provocava os conflitos com os movimentos sociais.

O Incra, quando fez o projeto, já tinha uns pretendentes. Aquele projeto já tinha dono. Eles montaram condomínios de pessoas, a maioria de São Paulo e do Paraná, gente de fora do Estado de Rondônia e que financiava tudo. Botaram pessoas na frente, como proprietários, para manterem a área do projeto livre de ocupação, até ser leiloado ou titulado. Essas pessoas que vieram na frente não mediam esforços para proteger a terra. Jagunços correndo picada, qualquer pessoa curiosa que entrasse ou andasse numa estrada ou picada corria o risco de levar um tiro. Houve chacina de garimpeiros e de movimento sem-terra.

E, no meio disso tudo, tinha os índios isolados.

Se matar um branco já não dava nada, imagine matar o índio que não tinha contato com a Funai. Para um tipo de gente como aqueles, era um prazer se encontrassem um índio na mata. Mas acho que, para aqueles jagunços, matar índio era desperdício de munição. Porque se matassem um grileiro, que era considerado uma "pessoa", eles ganhavam uma recompensa no salário. Agora, índio não. Índio não tinha nem recompensa. Porque índio era considerado como um bicho. Ninguém ia cobrar pelas mortes e ninguém cobrou. Ninguém conseguiu investigar o genocídio dos Akuntsu e dos Kanoê. A Funai não conseguiu levar adiante o inquérito porque a Funai não conseguiu encontrar os corpos. Encontrou as roças e as malocas destruídas. Mas não encontrou nenhum corpo e o inquérito foi arquivado por causa disso. Sumiam com os corpos. Parece que tinha umas lagoas onde colocavam os corpos. Hoje temos o triste depoimento do Konibu Akuntsu, um dos últimos sobreviventes, mas juridicamente não tem valor, pois não sabe o nome completo, o CPF e o RG de quem matou seus parentes próximos. Sabe dizer que foi o branco que matou e levou os corpos de seus parentes. Temos os Kanoê reduzidos a três indivíduos e o solitário "Índio do Buraco".

A expedição do primeiro contato: chegar até eles, ou não chegar

Uma semana antes do primeiro contato, eu e o Marcelo vimos muitos vestígios, tivemos a certeza: os índios estão aqui.

A gente andava no mato, e tínhamos encontrado vestígio de dois, três meses atrás. No meio da mata, o Marcelo, com a ajuda da imagem de satélite, identificou uma pequena mancha suspeita. Fomos para lá. Não nos enganos: era uma pequena derrubada onde os índios cultivavam umas plantas. Era dos Akuntsu. Ali encontramos vestígios deles, que tinham recém-queimado a área dessa roça. Tinha casa, e nela havia um monte de coisas, flautas, flechas e uma série de material deles. "Os índios estão ainda aí. De alguma forma, resistiram!", pensamos. Aquilo era uma sensação muito forte. Só que, por outro lado, e agora, o que vamos fazer? Como proteger esse povo? Estavam numa área de fazenda e os proprietários não admitiam de forma alguma a presença dos índios ali.

Voltamos na semana seguinte. Fomos nessa maloca. A gente viu que os índios tinham percebido a nossa presença e já tinham se mudado. A gente seguiu o caminho que eu e o Marcelo já tínhamos visto, na mata, e que nos levou até a casa dos Kanoê. Esses dois povos, os Akuntsu e os Kanoê, moravam próximos naquele tempo. Quando a gente chegou, vimos que tinha outra clareira, e escutamos vozes. Os índios estavam lá e já tinham visto a gente. Aí, ficamos na dúvida. Chegar até eles, ou não chegar.

O Marcelo disse: "Não, não vamos chegar, vamos voltar".

A gente já tinha discutido sobre essa possibilidade do contato antes, eu e o Marcelo, na expedição anterior. O contato envolve muitos riscos. Mas se a gente tentar mantê-los isolados aqui, como é que nós vamos protegê-los? Esses fazendeiros, se eles souberem que os índios estão aqui... E eles vão saber que tem índio aqui dentro, porque nós vamos ter que falar que os índios estão lá para poder interditar a área. Tínhamos autorização de ingresso, mas não de proteção da área. Para pedir a proteção, tínhamos que dizer que existem os índios. Com isso, íamos botar os índios em um risco de vida maior ainda. Como teríamos que dizer onde os índios estavam, no processo, a localização, eles iriam usar essa informação para ir lá e matar os índios. Iriam repetir, ou então iriam terminar de vez o massacre que começaram em 1986.

Na hora em que os índios conversavam na aldeia, a gente estava perto e ficamos, o Marcelo, remedando um macaco, fazendo som como se fôssemos macacos por ali.

O Marcelo disse: "Vamos voltar, vamos voltar".

E eu e o Vincent Carelli, que estava filmando tudo: "Não, Marcelo, vamos ficar mais um pouco, vamos ver a reação desses índios. Se eles correrem ou enfrentarem a gente, de certa forma, até é bom sabermos disso, porque é um sinal de que eles têm medo e isso é uma proteção para eles. Vamos ver a reação dos índios".

Decidimos ficar. Não chegar entrando na aldeia deles. Ficar parado e ver a reação deles. Não ficamos nem cinco minutos ali e apareceram os dois Kanoê vindos na nossa direção.

O contato com os Kanoê

Descrever, assim, a emoção, é muito forte.

Você ver os caras vindo, eles também chegam com cautela. O Purá era novo, naquele tempo. Da mesma forma como eu tinha receio, ele tinha mais ainda. Para mim, eles tiveram uma coragem imensa. Eles em dois e nossa equipe em cinco pessoas. Eu via que o Purá conversava com a Tinamanty. Os dois conversavam entre eles baixinho e vinham vindo para a nossa direção, um atrás do outro, a Tinamanty na frente. O lábio do Purá tremia. Um tempo depois, conversando com Munuzinho, o intérprete Kanoê que depois foi lá, ele contou que Purá teve muito medo naquele dia.

E o contato físico, o toque físico, é uma coisa muito engraçada para eles. Eles vieram com essa tensão, mas, a partir do momento em que demos as mãos, e que começou a aparecer sorrisos no rosto da gente, aquilo também, para eles, teve o retorno da mesma forma, tranquilizante. Em seguida, eles nos levaram para a aldeia, aos poucos ofereceram comida (mamão). Falavam muito, ninguém de nós conseguia identificar uma palavra sequer. Era na base da mímica, a nossa primeira comunicação. Marcelo queria saber se eles tinham criança (pensávamos que era um casal), pegou uma caneta e um papel e desenhou duas pessoas adultas, apontava para eles dois, e do lado desenhou uma criança, perguntava se tinham e onde estava. Eles olhavam entre eles e ficavam quietos. Ficamos umas três horas com eles, trocamos algumas ferramentas, ofereceram mais mamão, como estávamos com fome, acharam que gostávamos muito de mamão. Tínhamos montado um acampamento a uns quatro quilômetros dali. O Vincent passou a noite acordado, indo e vindo da rede para o mato, devido ao efeito do mamão.

Os Akuntsu

O contato com os Akuntsu foi diferente.

Depois do contato com os quatro Kanoê ficamos sabendo, através deles, da existência dos Akuntsu. O relato dos Kanoê sobre os Akuntsu é de que eram um povo violento e que não gostavam de brancos. Os Kanoê tinham certa rejeição a eles. Eu e o Vincent, um dia, tínhamos encontrado com o Konibu perto da roça, onde deixávamos uns brindes, e ele correu de nós. Mas aceitavam os brindes que deixávamos. Vimos pelos rastros que tinha criança junto deles. Eles tinham abandonado a roça, já plantada, sinal de fuga e desespero, e estávamos sendo um estorvo para eles. Ao mesmo tempo, a notícia do contato com os Kanoê já tinha sido vinculada em todos os meios de comunicação e os fazendeiros estavam tentando, de todos os meios, dizer que ali não tinha índio, inventando histórias. Até pagaram um funcionário da Funai, da Administração de Cacoal, junto com uns índios Cinta Larga, para entrarem na mata, encontrarem os índios, vestirem eles com roupas e tênis. Deram comida industrializada, tiraram fotos e disseram que os índios já eram habituados com isso e que teriam sido postos lá pela Funai. A primeira gripe que os Kanoê pegaram foi dos índios Cinta Larga no contato que tiveram. Só não levaram a Tinamanty embora com eles porque, na saída desse sequestro, eles erraram o rumo e saíram onde estávamos acampados, e a índia ficou com a gente. A situação estava muito tensa. E a gente tinha que ir atrás dos Akuntsu.

Mesmo os Kanoê fazendo as rejeições aos Akuntsu, levamos a Tinamanty e a Owaimoró juntas na expedição, pois elas sabiam onde eles estavam. Achamos um lugar onde tinham dormido, mas não tinha ninguém lá. Nós nos escondemos e ficamos esperando eles. Quando estava escurecendo, escutamos movimentos que Pupak e Ururu tinham chegado para dormir. As duas índias Kanoê que estavam conosco foram lá. E começaram uma converseira danada entre eles.

Aí, o Munuzinho, que era o intérprete dos Kanoê, foi na nossa frente. Na hora em que Pupak viu eu e o Munuzinho chegando, pessoas que ele não tinha visto ainda, ele tentou ficar atrás de uma rede que estava armando em uma arvorezinha. Queria se esconder. Mas a árvore era tão fina que não tinha como ficar escondido, parecia que ele movia a árvore de um lado para outro. E a índia Kanoê segurava ele pelo braço. Porque a reação dele era de fugir. A hora em que eu cheguei, e a gente deu a mão, que eu peguei no braço dele, aquela tensão e medo passou muito rápido. A Ururu ficava só de olho em mim, nos brancos, e aos poucos foi se afastando, discretamente, e a índia Kanoê teve que ir atrás dela. A Ururu só não correu porque a idade não permitia. Até que a

Konibu, líder do povo Akuntsu, com seus adereços tradicionais.

Tinamanty Kanoê a trouxe para perto da gente. Ela se acalmou, passou aquele momento de tensão. Todo mundo falava muito, gesticulava em mímica, porque ninguém, nem nós, nem os Kanoê e os Akuntsu, sabia a língua um do outro.

Depois que estavam mais calmos, conseguimos fazer o Pupak entender que queríamos dormir ali com eles. O Pupak logo mostrou um caminho para segui-lo e ir para uma maloca numa aldeia perto, e que ia levar a gente lá para dormir. Os Kanoê confirmaram a existência da maloca. Fomos. Nessa correria, o Pupak na frente com os Kanoê, o Vincent e eu atrás, querendo ajudar a Ururu, já de noite. Chegou uma hora, a Ururu não conseguiu mais alcançar a gente, ela voltou e ficou para trás. Eu pensei: "Essa índia, não vamos encontrar mais. Ela dormiu no mato".

Chegamos na maloca e a velha não chegava. Ficou no mato. "Vamos voltar, buscar a velha", eu disse. Não. Deixa quieto. As índias Kanoê falaram: "Não se preocupe. Ela vai vir amanhã".

Eu pensava que não. No outro dia, cedinho, ela chegou, com as ferramentas todas dela, os papagaios – coisas que nós não tínhamos visto no dia anterior, ela foi buscar onde estavam, eu não sei, e mais um monte de tralhas dela, dois balaios, maricos feitos nessa região, com fibra de palmeira tucum, cheios de coisas, ela chegou onde a gente estava. Animada!

A estratégia do Konibu, que é o líder do grupo, foi de ficar mais escondido. Porque ele, com certeza, acompanhou a gente, esse processo todo, mas a distância. Trouxemos o Pupak e a velha para a aldeia e roça que eles tinham abandonado. Ficaram animados quando falamos que podiam plantar e ficar morando ali. No outro dia, os Kanoê foram atrás do restante do grupo, não queriam que fôssemos junto. O Konibu deixou que trouxessem a mulher e as filhas, mas ele não veio junto com os Kanoê, onde a gente estava, na aldeia deles. A gente veio embora. Dormimos lá na área, com eles, por dois dias. As mulheres se acalmaram. No outro dia, voltamos, e o Konibu estava lá para receber a gente. Eu acho que ele queria era receber a gente na aldeia.

No contato, os Akuntsu somavam um total de sete índios e os Kanoê eram quatro. A Funai realizou um novo processo de identificação de terra indígena para esses povos, que foi homologada em 2006, a Terra Indígena Rio Omerê, para a vida desses remanescentes. Mas mesmo assim, passados esses anos todos, o processo ainda não está concluído. Nessa área, ainda, até hoje, contamos com a presença de gado desses fazendeiros, e de funcionários da fazenda ocupando o mesmo espaço dos índios. Mesmo com a terra homologada pelo presidente da República.

Primeiros reflexos do contato

Quando você está com um povo desses, em uma situação de contato recente, povos sobreviventes de um genocídio, é muito complicado.

A primeira coisa que você pensa é: caramba, o que é que fizemos? Por que não deixamos esses índios no mato isolados? Seria bem melhor para eles. Mas, em uma situação como a que se encontravam os índios do Omerê, era pior deixá-los no mato. Por mais que eles tivessem passado por momentos difíceis depois do contato, penso que teria sido muito pior se estivessem no mato, sem auxílio. O Estado assume a responsabilidade em proteger a vida deles, e muitas vezes a continuidade da existência desse povo e, no caso, a pessoa do servidor que está no dia a dia com eles, é uma situação muito difícil de encontrar saídas. Era muito ruim depois de uma situação dessas de massacre pela qual eles passaram.

A saúde é um problema sério. Nossas condições de tratamento são frágeis. E mais ainda fazer um tratamento, por mais simples que seja, nas condições dos índios no mato. Não tem como evitar. Não adianta pensar que se vai fazer o contato e não vão ficar doentes. Porque eles vão ficar doentes, uma hora. É inevitável. Trazer um índio que nunca saiu do mato para a cidade, sem ter uma comunicação na língua dele, mesmo se tivesse condições de falar, seria difícil de fazê-lo entender como funciona o nosso mundo moderno tão rapidamente.

A notícia do contato logo chegou na mídia, saiu em todo lugar. Fazer o controle dos meios de comunicação é difícil. Muita gente quer ver, quer dar a notícia de primeira mão, inédita. Você expõe os índios ao contato de muita gente e, ter o maior cuidado de não expor os índios ao ridículo para satisfazer o *lobby* de uma emissora. Há muito risco de inserirem material industrializado e de doenças, aumentando mais ainda com a frequência desses contatos. Diversas pessoas passaram a querer ir vê-los. Eu diria que, além da saúde, o maior desafio é a comunicação com esses povos. Você depender de um intérprete, outro índio, que tem um histórico de contato e de vida completamente confusa, trabalhou como escravo em seringais, com missionários ou que cresceu em uma política de paternalismo do Estado. Você tem um trabalho imenso em prepará-lo para esse trabalho específico. E que não dá tempo de fazer!

Eu me lembro que na primeira vez veio junto com o Munuzinho uma índia Kanoê, chamada Tereza. A primeira coisa que ela fez foi tirar o colar de concha da mãe da Tinamanty e colocou um colar com um crucifixo que ela usava. Dizia que agora ela deveria usar isso, que mulher deve usar saia e manter o cabelo longo. Tanto os Kanoê, a parte dos Kanoê que já tinha contato antigo, como os Mequéns, prometiam aos índios do Omerê que nós, da Funai, iríamos dar tudo que eles precisassem: ferramentas, roupas, alimentação, até espingarda. Foi assim que a Funai trabalhou com eles, esses povos, no passado. Chegou a existir alguns momentos em que os índios que eram intérpretes eram ameaçados pelos índios de contato recente, pois nós não havíamos atendido aos pedidos, o que eles já haviam prometido. Uma situação extremamente complexa esse início de contato.

O "Índio do Buraco": o caso do índio sobrevivente do rio Tanaru

Sabemos que a região entre o rio Machado (Pimenta Bueno) e o rio Guaporé, em Rondônia, é uma região com maior presença de diversos povos indígenas. A ocupação começou, antes até da década de 1940, com seringueiros e caucheiros, e a partir do final da década de 1970, iniciou a exploração da madeira e o desmatamento para a formação de pastagens para criação de gado, como políticas de ocupação da ditadura militar, e essas atividades foram intensas. Hoje, muitas dessas pastagens estão sendo substituídas por plantação de grãos.

Em 1995 já havia grande parte da área desmatada, e também havia estradas para todos os sentidos. Antes de iniciarmos os trabalhos na região do Omerê, também tínhamos informações da presença de índios nas cabeceiras do rio Tanaru. Após o contato dos Kanoê e Akuntsu, no Omerê em 1995, eles relatavam dos ataques que sofreram, e que andaram muito para se esconder e falavam que não havia sobrado mais ninguém, somente eles.

Achamos que a informação sobre a presença de índios nas cabeceiras do rio Tanaru poderia ser dos Akuntsu ou dos Kanoê, em alguma dessas andanças em busca de refúgio. Até que em junho de 1996 um funcionário da Sucam (Superintendência de Combate à Malária) informou ao Marcelo que em uma fazenda os madeireiros haviam encontrado uma maloca de índios. Também falou que um funcionário da madeireira tinha visto um índio. Logo fomos para lá. Eu, Marcelo, e os índios Kanoê: Munuzinho, Purá e Owaimoró. Encontramos a maloca. Pequena, com cerca de dois metros por três. Logo vimos que era de índio, com uso de ferramentas mal amoladas e gastas. O que chamou a atenção de todos foi a presença de um buraco no centro da maloca, com cerca de um metro e meio de fundura. Ninguém conseguiu identificar a finalidade do buraco.

Fomos buscar alguns índios da Terra Indígena Rio Mequéns, que também disseram que nunca tinham visto isso. Daí surgiu o nome: "Índio do Buraco".

Andamos nas matas da região e encontramos outras malocas. Todas iguais. Na fazenda do lado, chamada Fazenda Modelo, encontramos no meio da floresta um desmatamento de um quilômetro quadrado, que havia sido derrubado no início do ano e estava sem queimar. Estranhamos isso, pois não era época de fazer derrubada de floresta, durante o período de chuva, e por que um pedaço de derrubada isolado no meio da floresta? Fomos ver no meio da derrubada o que havia lá e encontramos uma roça destruída: milho, bananeiras e mamoeiros haviam sido cortados. Encontramos sinais de uma maloca, com cerca de quatro por cinco metros, que havia sido queimada, e um buraco no centro da maloca. Contamos mais 14 buracos, alguns mais antigos, no entorno da maloca queimada. Vimos que ali era uma aldeia desses índios.

O proprietário da fazenda logo ficou sabendo que a Funai tinha encontrado os vestígios da roça e da maloca, e foi lá com um trator de esteira para tentar terminar o serviço de esconder os vestígios. Limpou a área como um campo de futebol. Mas não deu certo: depois de uma chuva, começou a brotar batata, cará, a aparecer cerâmicas e a terra fofa, com a chuva, cedeu, e os buracos apareceram nitidamente.

Um funcionário da fazenda contou que um ano antes ele tinha visto três índios na margem da mata. Disse que, antes de fazerem essa derrubada, funcionários da fazenda foram na frente e "deram uns tiros para espantar os índios", para poderem fazer a derrubada em volta da roça. A atitude do fazendeiro em tirar os índios da sua propriedade se deu pelo fato de que, no ano anterior, a Funai havia feito o contato com os Kanoê e Akuntsu, que fica próximo dali, cerca de quarenta quilômetros em linha reta.

Ele, o fazendeiro, não parou ali: enquanto não desmatou toda a propriedade, não parou, mesmo sendo autuado por cada desmatamento ilegal pelo Ibama, pois todos foram feitos sem licença. Todas as fazendas que possuíam limites com a Fazenda Modelo, onde o índio ficava, estavam explorando madeira ou fazendo derrubadas. Além disso, víamos vestígios de pessoas andando no mato. E esses vestígios se misturavam com os vestígios do índio. Como se estivessem perseguindo esse índio.

Depois de dois anos, a Funai tentando encontrar o índio, tentando estabelecer contato com ele, em meio a esse cenário de desmatamento, de exploração de madeira e da presença de pessoas estranhas andando na mata, nós tivemos dois contatos visuais e vimos que se tratava de uma única pessoa.

As duas vezes em que ficamos com ele, notamos que recusava qualquer aproximação e revidava com flechadas para se defender. Estava determinado a não conversar com a gente e tampouco queria nossa presença. Foi quando, em agosto de 1998, a Justiça Federal interditou a área de mata onde o índio estava, de posse da Fazenda Sorcel, ao lado da Fazenda Modelo, que já estava praticamente toda ela desmatada.

Com a área interditada, a exploração de madeira cessou e se proibiu o ingresso de pessoas estranhas. Começamos, aos poucos, a conquistar a confiança do índio, que dois anos depois começou a aceitar alguns brindes. Inserimos, no dia a dia dele, complementos aos produtos de roça, deixando sementes e mudas: milho, banana, mamão, mandioca e batata-doce. Com isso, tendo acesso a alimentação, ele fixou mais sua permanência no mesmo local.

Em 2003 a Funai trocou a equipe, e eu já tinha saído da área em 2001 (retornei em 2006). A nova equipe achou que estava na hora de tentar fazer o contato com esse índio. Na primeira tentativa um servidor, que era mateiro, foi ferido gravemente com uma flechada, que atingiu seu pulmão e saiu carregado da mata. Pelos relatos, eles não chegaram sequer a ver o índio. Depois disso o índio ficou mais arredio, começou a ocupar uma área mais afastada de onde estava e parou de fazer as roças, recusando pegar qualquer brinde que deixávamos. E ao perceber qualquer vestígio próximo de sua morada, ele se mudava de um lugar para outro.

Em 2006, acompanhando mudanças internas no departamento, a Funai interditou uma área maior, que vem sendo mantida até hoje, e monitoramos a cada dois ou três meses sua presença na área, a sua ocupação, andanças e uso do território. Achamos que o melhor a fazer é deixar ele decidir quando quer um contato com a gente.

Já são 18 anos que esse índio está sozinho. Eu acredito que ele já se adaptou a essa situação. Fazer o contato pensando em inseri-lo numa outra sociedade vai ser difícil para ele se acostumar. Da mesma forma, penso: com quem ele iria se relacionar? Os Kanoê, no início, ficaram sensibilizados pela situação dele, sendo perseguido, correndo risco de vida, um pouco parecida com a deles antes do contato. Mas quando perceberam que ele não falava a língua deles e que agora ele está em uma área com menor risco, não estão mais preocupados, mas têm curiosidade de saber quem ele é. Os Akuntsu, com muito custo, eu consegui levar o Pupak, em 2012, para uma expedição na área, mas não chegamos a encontrar com o índio. O Pupak viu a casa dele e como vive. Riu da situação do índio ficar sozinho, sem roça, sem mulher... Quando os Mequéns contaram a história do "Índio do Buraco" para o Pupak e os outros Akuntsu, eles logo falaram: "Ele não é nosso parente. Os nossos parentes, os brancos mataram todos".

E se recusam em ir ver esse índio e o seu território.

A cada dois meses nós estamos monitorando a ocupação do índio, se ele está fazendo as suas atividades, onde ele está, para avaliar suas condições físicas. Percebemos que ele utiliza pouco material cultural, talvez pelo fato de estar sozinho, sem a presença feminina, que impacta em muitos rituais, e produz pouco material de artesanato corporal, pinturas, músicas. Como se sentisse que não há mais importância em preservar. É uma situação de sobrevivência. Os materiais que conseguimos encontrar não nos possibilitam identificar a qual grupo ele pertence. Provavelmente sua língua seja tupi, próximo ao ramo do tupari. São suposições que temos. Seu povo, sua cultura, quem ele é, são um grande mistério.

Trabalhando com sobreviventes de um genocídio

O genocídio é complicado. Muito complicado. Muito triste. Porque você vê o desaparecimento não só de pessoas, como da língua, da cultura, dos poucos que sobram não tem mais o que fazer. A perspectiva de continuidade do povo está difícil, como no caso dos Kanoê, dos Akuntsu e do "Índio do Buraco".

Ali, no Omerê, mataram os índios e acabaram com os povos. E não é só um: em Rondônia, foram vários casos assim. Culpar a quem? Eu diria que a nossa política de Estado seria a maior responsável, por mais que tenha um órgão para a política de proteção ao índio, esse órgão não conseguiu impedir o extermínio de muitos povos indígenas no país. Quem perde são as populações que não conseguem acompanhar o processo nem tampouco identificar a causa.

A maioria dos genocídios que aconteceram não teve uma investigação que apontasse diretamente um culpado, e que fosse condenado pelo ato praticado. Hoje, eu não sei se interessa para os índios saberem quem foi que matou seus parentes ou quem foi o responsável deles se encontrarem nessa situação. Não vai mais resolver o problema deles.

É muito triste você ouvir o índio relatando, contando nos dedos, o número de pessoas mortas, a tiros, covardemente, ver sua aldeia e roça serem destroçadas por uma máquina, um trator de esteira, e ele mostrar marcas de chumbo no corpo, dizendo que está vivo porque correu muito no mato para escapar. Ainda assim, ele voltou no local, pois queria muito fazer o funeral dos irmãos, dos filhos e da esposa. Mas quando ele chegou lá, não encontrou ninguém. Levaram os corpos. E pergunta para você: "Vocês comem gente?". Ele achava que nós (homem branco) caçávamos pessoas no mato para nos alimentar. Ele me perguntou isso. Porque sumiram com os corpos de seus parentes.

Eu tenho um sentimento de culpa por fazer parte dessa nossa sociedade. Caralho, o que é que nós (sociedade nacional) fizemos e somos? Faz parte de todo processo de evolução das sociedades que, para alguns se sobressaírem, outros devem ser pisados, enterrados... As sociedades que dominam têm como cultura a exploração, a aventura regada a violência, que vem de gerações a gerações. Não tenho sentimento de culpa com relação ao que eu fiz, pessoalmente, com esses grupos. Tenho um sentimento de incapacidade de não poder fazer mais para ajudá-los.

Desaparecimento de um povo

É um processo lento e delicado, em se tratando de um povo. A situação pode parecer fácil, pois está em sua mão resolver. E vai escapando aos poucos, de forma que você não consegue achar uma solução sobre o que fazer. É uma sensação de incapacidade sua. Eu sinto isso. Penso que chega em um ponto, também, que o povo, que já passou por tanta desgraça, está satisfeito em ainda estar vivo, vai chegando a idade e desiste dessa perspectiva de continuidade do povo. Vejo isso nos três índios Kanoê no Omerê: o Purá, a Tinamanty e o filho dela, o Bakwá. Não há um interesse deles por outros índios, mesmo sendo da mesma etnia. Talvez daqui a alguns anos, com o menino que hoje tem 11 anos, isso possa mudar. Mas estará praticamente só, com a mãe e o tio, os dois, com uma idade avançada.

Os Akuntsu, quando aquele velho morrer, o Konibu, vai iniciar um processo que pode desestruturar novamente o pequeno grupo. Vai ser um período complicado na vida deles. Não se tem como evitar isso. Pode ter certeza de que eles vão achar uma alternativa entre eles. Eu já tentei, com os índios Mequéns, um intercâmbio ali, pois falam uma língua próxima dos Akuntsu. Ver se se aproximavam. E também com outros Kanoê, para ver se conseguíamos ajudá-los em estabelecer novos contatos e evitar o desaparecimento. Mas é difícil uma aproximação entre os grupos. Eles estabeleceram certas regras entre eles e a inserção de outras pessoas vai desorganizar tudo, correr o risco de ser pior. Então, preferem ficar assim.

E o "Índio do Buraco"! Você acha que eu não tinha vontade de sentar com aquele cara e saber quem eram, como viviam, como chegou a esse ponto? Ele está sozinho. Deve ser horrível. Imagino que se ele optou em ficar sozinho, nessas condições, é por que foi a melhor saída para ele. Então, quando eu estou indo atrás dele, o encontro no mato, e ele se recusa a falar comigo, a aceitar oferta de qualquer material e ainda me ameaça com flechadas, você se imagina como um monstro, um sanguinário... Eu penso isso. Por mais que eu tente demonstrar boas intenções.

Como trabalhar essas questões, essa situação? É um jogo de paciência e de tristeza. E não se tem o que fazer, a não ser tentar dar algumas condições mínimas de sobrevivência, de dignidade. Proteger seu território, deixá-lo só para que tenha certa tranquilidade nos seus dias. É a única coisa que a gente consegue ou ainda pode fazer.

Na primeira vez que vi o "Índio do Buraco" no mato, sozinho, sentado em frente à pequena maloca dele, olhando para o céu, pensativo, ele estava tão distraído nos pensamentos dele que não percebeu minha aproximação.

E agora, o que eu faço? Tudo que eu tinha aprendido na Funai seria deixá-lo ali, quieto, e me retirar sem ele me ver. Mas o que será dele, ocupando um espaço onde um fazendeiro esfregava uma escritura de posse do mesmo território, querendo expulsá-lo dali, expulsar a equipe da Funai para retirar madeira da área? Ele me disse, o fazendeiro: "Essa terra é minha. Aqui está a escritura que comprei e esse cara que a Funai fala que é índio vocês devem tirá-lo da minha fazenda".

Por outro lado, o que será desse índio sozinho? Em uma expedição, estava eu com dois índios, o Adonias Jabuti e o Munuzinho Kanoê, tentamos nos apresentar, de forma que ele nos visse, usando a mesma tática do Marcelo com os Kanoê, no Omerê, um ano antes. Remedando macaco. De imediato, ele deixou seus pensamentos e se voltou para onde estávamos. Quando nos avistou, foi uma reação imediata dele de se esconder na palhoça, e se armou com arco e flecha e logo vimos a ponta da flecha saindo pelos pequenos buracos na parede. Apontando para nós. Ficamos umas duas horas tentando negociar com ele para aceitar a nossa presença. Única coisa que conseguimos foi que nos deixou ficar numa certa distância, uns dez a 12 metros dele, e não jogou nenhuma flecha. O Munuzinho que falava, além do Kanoê, muitas palavras de outras etnias da região, não teve nenhuma resposta, nem para nos mandar tomar naquele lugar. Saímos e deixamos ele ali.

Dois dias depois, voltamos lá. Os brindes que tínhamos deixado estavam lá e a sua palhoça estava abandonada. Ele nunca mais voltou ali, nesse lugar. Dois anos depois, recolhi as panelas e as ferramentas que deixamos aquela vez. No mesmo lugar. Ele nem tinha tocado. Essa atitude ele repete com nossa equipe até hoje, em todas as situações em que tentamos nos aproximar dele.

Morte de Ururu

Houve uma epidemia de gripe.
No início de setembro, em 2009, todos os Akuntsu vieram da aldeia e foram hospitalizados com infecções respiratórias. Aramina e Enontéi, esposa e filha de Konibu, nunca tinham saído além da aldeia até a Base da Funai. Tampouco haviam andado de carro. No caminho até o hospital, chegaram debilitadas devido ao enjoo que sentiram, como os outros nas primeiras viagens. Foi um choque para elas verem os brancos e a cidade. O Konibu e sua outra filha, a Txiaruí, com um quadro mais grave, foram hospitalizados em Cacoal. Konibu com um derrame cardíaco e a Txiaruí teve que fazer uma cirurgia para a retirada do útero e do ovário esquerdo.

Depois de duas semanas de internação, a Ururu e o Pupak, assim como a Enontéi e a Aramina, tiveram alta e voltaram para a terra indígena, no dia 23 de setembro. Vieram em uso de medicação, antibióticos e inalação. A Ururu voltou debilitada, se queixava de dores, estava com dificuldade de respirar. Mas os exames clínicos não acusavam mais a infecção, e a pressão arterial estava normal.

Ururu, indígena Akuntsu.

    Assim que chegou na aldeia, ela ficou alojada numa maloca próxima da Base da Funai, junto com os outros. Vimos logo que ela não estava bem, achamos que poderia ser da viagem, os enjoos. Como o técnico que trabalhava na área tinha que acompanhar os outros no hospital e a Funasa não tinha condições de contratar dois técnicos, eu levei para a Base da Funai, para nos ajudar no tratamento de saúde, a minha esposa, Jussara, que é enfermeira, e que conviveu com eles desde o início do contato. Logo que casei, no final de 1995, a Jussara foi trabalhar comigo no Omerê. Os índios, tanto os Kanoê como os Akuntsu, gostam muito dela, e também das minhas filhas, que vieram em seguida. A mais velha, inclusive, quase nasceu na aldeia. E a Jussara veio ajudar a trabalhar para controlar essa epidemia.

    Só que os dias foram passando e nada de a Ururu apresentar alguma melhora. Ela foi parando de se alimentar, de tomar caldo e mingau feitos para ela, deixando de comer as coisas que pedia no início desse processo: mel, batata-doce, banana... Até que ela parou, por completo, de se alimentar. Nem oferecendo na boca. A Jussara disse: "Temos que dar um soro com vitaminas para ela".

    Na primeira vez deu certo. Depois, ela não quis mais. Quando a gente falava em ligar o soro no braço, ela o "escondia" contra o abdome, ou deitava em cima dele na rede. Não queria pôr o soro, não aceitava, e quando conseguíamos convencê-la, tínhamos que fixar bem, com esparadrapo, e ficar vigiando para ela não tirar. E assim mesmo, algumas vezes, ela conseguia tirar. Quando isso acontecia, começava tudo de novo: convencê-la a deixar pegar a veia, e pelo estado dela, de fraqueza, não era tão simples conseguir puncionar novamente.

A Ururu parou de falar, e, quando falava, ela deixava claro, através de mímicas, que queria ir para a aldeia dela, a 5 quilômetros dali. Era impossível, pois ela não conseguia sequer caminhar 10 metros sozinha. Eu e a equipe que estava lá, Jorgani, André e Ivan, fizemos um tapiri (tipo de palhoça, de casa simples de palha) na margem do rio e na mata, e todos os dias a carregávamos para lá, onde ela ficava melhor. Achávamos também que ela queria evitar ficar perto da gente. Nós chamamos o Pupak, filho de criação dela, conversamos com ele e propusemos de retornar com ela para o hospital. O Pupak foi taxativo em não deixar levá-la. "Não vai", ele gesticulava. A Jussara acompanhava a Ururu, medindo várias vezes a pressão arterial, o batimento cardíaco e a febre. Estava tudo normal. A Jussara falava: "Se levar ela para o hospital, o médico vai pedir para você trazê-la de volta, não vai nem internar. No máximo, vai ligar um soro. Eu cuido dela aqui". Pois a velha não apresentava nenhum sintoma e não reclamava de dores para mantê-la no hospital. Sabendo do sofrimento dela com os enjoos no carro, eu pensava: "Ela não vai aguentar a viagem. Vai morrer dentro do carro".

O dia da morte de Ururu

No dia 1º de outubro, após mais de uma semana nessa situação, a Ururu rejeitou até umas colheradas de chá e mel. Oferecemos tudo o que se pode imaginar, alimentos que sempre gostou, e ela nada aceitou. Ao meio-dia, numa última tentativa, fui dar mel com água, pensando em hidratá-la um pouco. Vi que estava fraca, colocava a colher na boca e ela tinha dificuldade em engolir. Ela estava na rede, não conseguia descer. A rede estava armada a um palmo do chão. Ela não conseguia sair da rede e sentar-se no chão. Ela queria sentar no chão, descemos ela da rede. Ela ficou passando a palma da mão na superfície do chão de terra e de cinzas em volta dela. Como se estivesse confirmando que realmente estava sentada no chão. Parecia gostar. A Jussara, após conferir os sinais vitais, percebeu como já estavam fracos. Insistiu que precisávamos ligar um soro, mas o pior era localizar uma veia. Um dia antes, ainda tentamos e não havíamos conseguido. Falei: "Vamos almoçar, depois a gente tenta".

Estávamos almoçando. Uns 15 minutos depois, o Pupak chegou. Entrou na Base da Funai. Sentou do meu lado na mesa. Ele estava meio estranho. Mas não falou nada, logo se levantou e foi na outra maloca em que estavam a mulher e a filha do Konibu. Achamos estranho ele na maloca do Konibu. Tinha alguma coisa errada, porque ele nunca entra lá dentro quando o velho não está. Quando mandei o Ivan e o Jorgani verem o que estava acontecendo, já escutamos um choro coletivo entre eles. Falei: "A Ururu morreu".

Deixamos a mesa e fomos lá. Do jeito que tínhamos deixado ela sentada no chão, ela se deitou de lado e estava morta.

É muito triste, sabe? É um processo que você não tem como evitar e bate aquela sensação de impotência.

O funeral foi logo em seguida. Eu ajudei o Pupak, que fez quase tudo sozinho. A mulher e a filha do Konibu não saíram da maloca delas, só se ouvia o choro delas. Durante o funeral, eu vi que o Pupak já previa isso, ele já tinha antecipado a retirada e deixado na maloca feixes de folhas de pacova bananeira, que são postas em volta do corpo. É triste para a gente, a minha relação direta com eles nunca foi como servidor da Funai, eles nem sabem o que é Funai, governo, Estado... Eu era para ela mais um filho dela. Até hoje preservamos a maloca dela, onde ela está enterrada.

A violência

A violência na Amazônia se intensifica cada vez mais. O principal causador é a ausência dos órgãos do Estado, a falta de efetivo policial que faça cumprir a lei. Outra razão envolve pessoas que investiram tudo para chegar ali, e querem recuperar o que investiram e se dar bem. Uns atrás de terra, outros atrás de madeira e minério. E quando isso não dá para todos há disputa, sem ordem e sem lei. Essa disputa gera a violência.

Fui trabalhar na Frente de Proteção Etnoambiental Madeirinha, na região de Colniza, no norte do Estado de Mato Grosso, entre 2001 e 2003, onde eu acho que foi o lugar mais violento de todos os locais onde eu já trabalhei.

Colniza, nessa época, estava começando. A notícia era de que quem queria ter um pedaço de terra, era ali. Teve uma imigração de pessoas de Rondônia e de outros locais indo para lá. Só que o cenário era outro, diferente do que havia nas décadas de 1970 e 1980, quando o pessoal do Sul veio para o Norte. Todas as terras na região já estavam distribuídas, pelo menos no papel, onde uma mesma área tinha dois ou mais títulos. Pessoas contam que se juntar todos os títulos de distribuição de terra de Mato Grosso seria preciso ser criado outro estado para cobrir a área dos títulos. Quem tinha o título mais antigo achava que tinha mais direito, e o outro contestava que era falso. Acabavam sendo disputados no tiro, os títulos. Era grilagem mesmo, e grilagem de áreas enormes, feita por empresários e políticos da região. Um pequeno agricultor que chegava ali para ter um pedaço de terra para sobreviver não tinha vez, ou tinha que disputar no tiro com jagunços, que eram pagos pelos latifundiários, que atuavam numa verdadeira tática de guerra.

No meio disso estavam, e ainda estão, os índios isolados Kawahiva do rio Pardo. Tanto é complicado a parte fundiária daquela região que a Funai ainda não conseguiu, depois de 13 anos, identificar a terra daquele povo.

Em Corumbiara, o projeto foi titulado pelo Estado. No edital, um cidadão só poderia ter um lote, que era de dois mil hectares. Na prática, há proprietários com posse de seis, 12, 18 ou mais lotes, fechando áreas enormes, que no início muitos não tinham como controlar ou ocupar tudo. E as organizações sociais usaram isso para invadir e se apossarem, culminando em massacres violentos dos latifundiários. É o caso do Massacre do Corumbiara, de 1995.

Esses caras não vão atrás de direitos, não vão atrás de legislação. Vão resolver da forma deles. A forma deles é essa forma violenta, com pistolagem, assassinatos, genocídio, massacre. Eles pensam assim: "É, essa minoria tem que se foder mesmo. Então, eu vou foder com eles".

Em Colniza, havia uma área de 12 quilômetros por sessenta quilômetros de uma única pessoa, que mantinha mais de trinta "funcionários", que na verdade eram jagunços, para dar conta de cuidar daquilo. Encontrar uma picape Toyota e um barraco na fazenda com cinco a dez pessoas com arma pesada na mão era normal.

Quando os fazendeiros ganharam na Justiça uma decisão para a Funai deixar a área interditada do rio Pardo, em Colniza, quem levou o oficial de justiça na nossa base foram dois carros dessa fazenda, com mais uns cinco ou seis jagunços, ameaçando o Jair Candor para que deixasse a base em 24 horas[18]. Fiz umas seis ligações para a Delegacia da Polícia Federal de Cáceres e de Cuiabá, para eles me informarem e decidirem de quem era a jurisdição de Colniza. Era de Cáceres, que fica muito, mas muito longe de lá. O delegado logo pediu que a Funai financiasse as diárias, avião para os dois policiais que ele tinha disponível para me acompanhar. Deixamos a área, e três meses depois nossa base estava só cinzas. Foi queimada. Ninguém sabe quem pôs fogo.

Acredito que enquanto não houver uma presença efetiva do Estado, com atuações rígidas, essa violência vai continuar. Infelizmente.

A última expedição ao "Índio do Buraco"

Enquanto escrevia este depoimento para o livro, fiz uma expedição na área onde vive o "Índio do Buraco". Encontrei uma roça, vimos mais alguns locais por onde ele andou. O índio continua lá. E acho que ele está muito bem sem a gente. Ele está tranquilo, sem ameaças de pessoas estranhas andando por lá, só nós mesmos, da Funai, que ficamos atrás dele. Acho que já sabe que nós não queremos mal a ele.

---

18. Leia o depoimento do sertanista Jair Candor, p. 383.

Araquém Alcântara

Jair Candor

Legenda

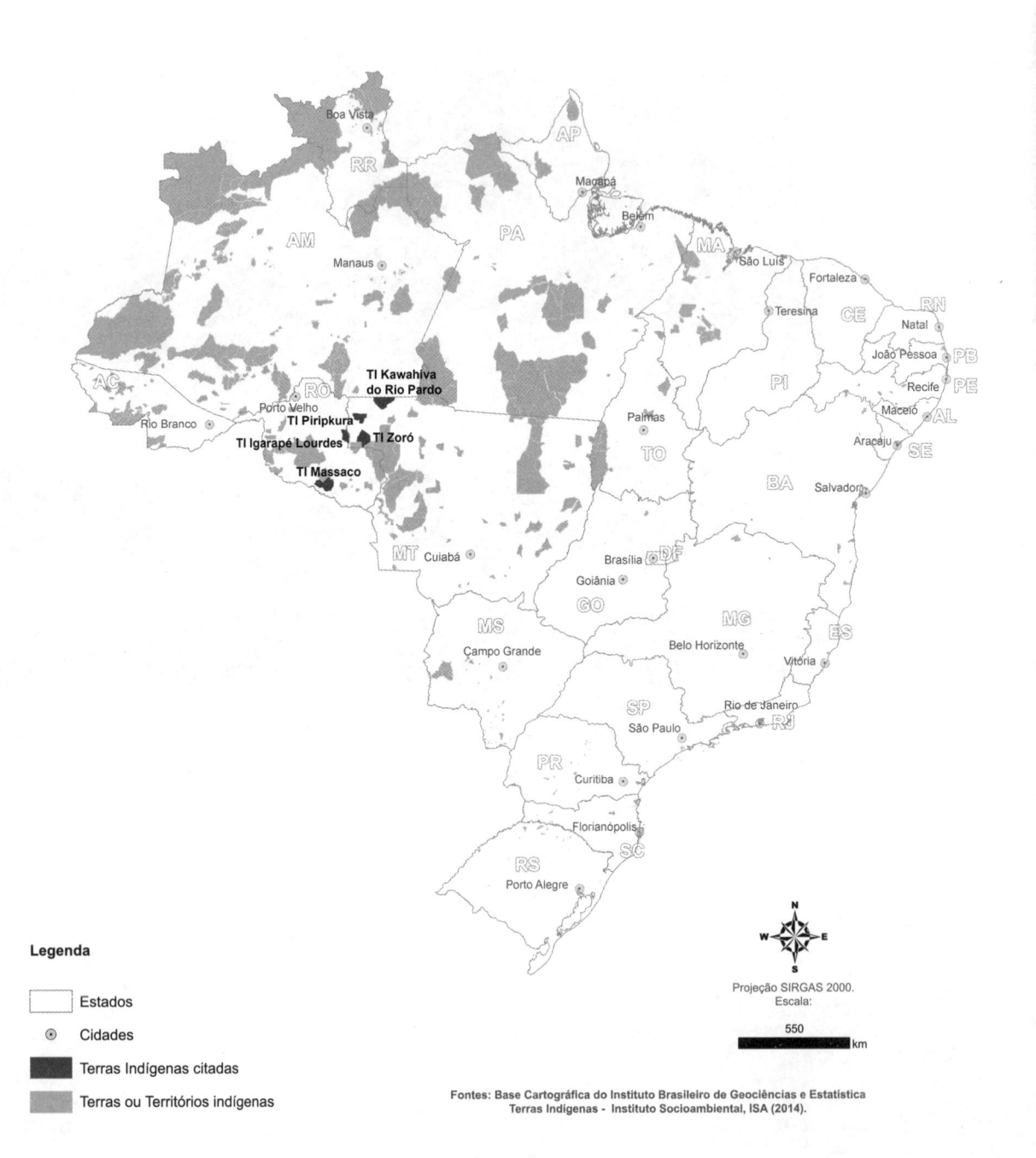

☐ Estados
⊙ Cidades
■ Terras Indígenas citadas
▨ Terras ou Territórios indígenas

Projeção SIRGAS 2000.
Escala:
550 km

Fontes: Base Cartográfica do Instituto Brasileiro de Geociências e Estatística
Terras Indígenas - Instituto Socioambiental, ISA (2014).

Jair Candor nasceu no Paraná e migrou para a Amazônia antes da política migratória da ditadura civil-militar provocada pelo Plano de Integração Nacional na década de 1970. Trabalhou como seringueiro e chegou até a Funai por uma oportunidade de trabalho, indicado por seus amigos índios, com quem dividia o trajeto pelo rio Machado para ir até a cidade.

Usou os conhecimentos da floresta para as expedições de localização de vestígios e de ocupação de índios isolados e aprendeu, na Funai, a proteger e a defender esses povos indígenas. Vive em Mato Grosso e cotidianamente é preciso lidar com as tensões pelas quais passam não somente os índios que sofreram massacres e correm risco de ser exterminados, mas também aqueles que defendem essas populações da sanha de matadores e daqueles que disputam terras e acesso a recursos de seus territórios.

Do Sul para a Amazônia

Eu sou paranaense. Nasci no Paraná, vim para Rondônia muito pequeno. Eu tinha seis anos de idade. A gente veio naquela coisa de conseguir uma terra maior. O meu pai vendeu tudo o que a gente tinha no Paraná para investir em Ji-Paraná, que, na época, era território de Rondônia. Quando a gente chegou, tudo o que tinha ali era um boteco de um lado do rio, um boteco do outro lado, e uma balsa atravessando gente. Isso foi em 1966. Ele conseguiu umas terras ali e a gente ficou. Fomos financiados por um banco e, depois, quando eu estava com nove anos, a minha mãe faleceu. Meu pai acabou vendendo tudo o que tinha. Eu era pequeno, e, do meu ponto de vista, acho que por conta do falecimento da minha mãe, por falta de condições, não sabemos bem a razão, ele perdeu a estrutura pessoal e ficou solitário. Quis mudar de vida, a intenção era morar na cidade e comprar um caminhão para fazer frete. Morando na cidade, ele iria poder colocar a gente na escola. Naquele tempo, ou se morava próximo da escola ou se caminhava dez quilômetros a pé. A intenção do meu pai era ir para a cidade para a gente estudar. Mas não deu certo.

Em Ji-Paraná eu fui trabalhar no seringal. Depois fomos para um garimpo de cassiterita, que não deu certo. Mas tinha outro seringal nessa região e eu acabei ficando lá. Nesse seringal, aprendi muita coisa de mato com os seringueiros. Cerca de 70% do que eu conheço sobre mato, desde vestígio de gente na floresta, de caça, de encontrar alimentação, eu aprendi com os seringueiros.

Seringal

Era um seringal chamado Santa Maria. Na margem do rio Machado. Na margem esquerda do rio Machado.

A vida era cortar seringa. Tinha o seringalista Simião Campos de Azevedo, que era o proprietário, e ele tinha um barracão na beira do rio. Tinha vindo da região de Manaus. Ali, faziam aquelas tropeiras para dentro da selva, com seis, sete horas de viagem. A distância a gente só media por hora, não era por quilômetro. A cada certa distância, em uma média de duas a três horas entre elas, havia uma colocação de seringa. E eu acabei indo morar numa colocação daquelas. De mês em mês, vinha o cantineiro montado em um burro, com um caderno e uma caneta. Tomava nota de tudo o que eu iria precisar. Depois, vinha o tropeiro para trazer o rancho que tinha pedido e levar a borracha que a gente tinha produzido. A seringa, no caso. Eu fiquei muito tempo nessa vida de seringueiro, cerca de sete a oito anos.

Era uma vida precária. As condições eram sempre precárias. Porque a gente não tinha escola. A saúde era "ao deus-dará". Cada um se valia do que tinha. Ou de um remédio nativo, se ficasse doente. E ter fé em Deus, para que não acontecesse o pior.

Da minha família, era só eu ali. Algumas vezes, a gente trabalhava de dois, três, em uma colocação, mas eu cheguei a trabalhar sozinho. Inclusive, uma das minhas colocações era a última do final da tropeira – que eram seis horas de caminhada do barracão até o final da linha onde eu estava, e nesta eu também fiquei sozinho. Colocação para três pessoas tem que ter pelo menos nove estradas de seringa. Nessa onde eu vivia só tinham três estradas. Só dava para um seringueiro. Ou vivia com a família, ou vivia sozinho. E eu ficava sozinho, porque não tinha família.

Eu acordava cedo, preparava o café e, em média, às cinco horas da manhã já estava na estrada. Tinha que cortar a seringa na parte da manhã, até o meio-dia ou uma hora fechava o corte de uma estrada. Voltava para casa, almoçava e voltava mais tarde para colher o leite. Aquele leite eu trazia todo para casa, no final do dia iria defumar, fazer a volta de seringa defumada. Por dia, dava duas voltas na estrada de seringa. Na primeira, cortava colocando as canequinhas para juntar o leite, e, na segunda, para recolher. Cotidiano era cortar a seringa, recolher, e depois defumar ela. Não dava tempo para roça, era só seringa. E dependia muito do barracão, onde comprava farinha, óleo, açúcar, sal e café. Arroz e feijão eram muito raros. O resto se virava pescando, caçando, para poder se manter.

Nessa época, quando eu comecei, até que dava para viver. Falam muito mal dos seringalistas, e sei que antes de eu começar a história era muito terrível, mas quando eu comecei já era outra. Não havia mais aquela história de trabalhar só pela comida. De alguma forma, dava para eu viver. Eu ia para a cidade a cada dois, três meses. E como eu conseguia sair com essa frequência, dava para comprar uma roupa, um calçado. Uma vida, das piores, não era. Porque tinha um emprego garantido. Se trabalhava, tinha salário. Agora, se não trabalhasse, acabava na mão do patrão. Se ficasse devendo, não podia sair. Se trabalhasse bastante, no limite, dava para ter as suas coisas. Quando se está numa colocação de seringa, não tem outra coisa a fazer a não ser cortar seringa e garantir a sobrevivência. Nos finais de semana, era preciso garantir a alimentação da semana de corte. Ia achar uma caça. Matava uma paca no meio de umas árvores frutíferas, ou ia pescar. Diversão de final de semana era isso: caçar, ouvir um jogo de futebol no radinho de pilha.

Os índios, primeiros contatos

Na década de 1980 começou a fracassar. Eu já nem estava mais na seringa, quando terminou. Eu tinha saído, estava tomando conta de uma fazenda, justamente na beira do rio Machado. Apareceu um cidadão lá, comprou toda aquela terra e me deixou ali, tomando conta da terra dele. E eu já não fazia mais parte da seringa. De um lado do rio, era a fazenda. Do outro lado, era a reserva dos índios Gavião. E eu acabei ficando muito amigo deles, porque eu tinha no meu barraco um barco, motor, gasolina. E, muitas vezes, eles não tinham. Então eu socorria eles. Eu pegava eles, levava para a cidade, trazia. Eu fiz uma amizade muito boa com o pessoal dos Gavião. Esse seringal, que estava transformado numa fazenda, onde eu trabalhava, os índios sempre passavam lá. Era ponto de dormida deles quando iam para a cidade, de barco. Eu ainda era meio moleção, mas eu já conhecia índio, já sabia quem eram. Apesar de que, até então, as histórias que a gente sabia de índio eram aquelas malucas, que o índio é um bicho, que é perigoso, que é isso e aquilo. Mas depois que eu passei a conhecer os índios Gavião e a conversar com eles, conviver, eu descobri que a história é totalmente diferente do que o pessoal contava antigamente. Foi nesse tempo que eu conheci o Catarino Sabiro Gavião, que é um grande líder dos Gavião/Ikolen, e até hoje eu falo com ele. Sempre quando vou para Ji-Paraná encontro ele, conversamos muito, ficamos sempre felizes em nos rever.

A notícia de um massacre

Um das primeiras histórias que eu ouvi, vi e presenciei sobre violência contra os índios aconteceu antes disso que eu estou contando.

Um dia, nessa fazenda onde eu trabalhava, uma parte dela ainda era um seringal, e chegou um dos seringueiros e disse que tinha sido atacado por índios na colocação dele.

A fazenda era de um tal de Zé Milton, também seringalista, no rio Machado, bem para cima, próximo a Cacoal. Esse fazendeiro armou o restante dos seringueiros, tudo com espingarda nova e cartuchos, para ir atrás desses índios, para exterminar todos. Nessa época, a gente estava roçando pasto, fazendo um trabalho para ele. Isso foi mais ou menos no final da década de 1970. Eu não sabia que índio que era. Mas hoje, conhecendo melhor a história, eu tenho certeza de que esse povo seria ou dos Uru-Eu-Wau-Wau ou Amondawa, porque são esses os povos que estão mais próximos dessa área.

Eu não fui nessa expedição, como eles chamavam. Só ouvi a história. Eles voltaram e disseram que mataram um bocado de índios. Não chegaram a exterminar o povo inteiro, mas mataram uma porrada de índios. Mataram muitos. O que eu me lembro, segundo o pessoal que esteve nesse massacre me contou, é que eles localizaram a aldeia, foram para próximo e ficaram lá escondidos, entrincheirados. No amanhecer do dia, quando os índios começaram a sair, eles começaram a atirar. Um horário desses, cedo da manhã, os índios não estavam preparados para a guerra. Além da desvantagem da flecha contra a espingarda. No amanhecer do dia, cercaram a aldeia e passaram fogo.

Nessa época, para mim, isso era normal. As histórias que nesse tempo eu ouvia de índio eram de que os índios eram bichos, índio era bicho mesmo. Então, para mim, com essa cabeça que eu tinha, eles estavam corretos, estavam fazendo a coisa certa. A gente ouvia falar que índio tinha que ser morto. E faziam essas "expedições punitivas", juntavam um monte de gente para ir matar índio, como se fosse um revide.

O grileiro Reveria e o desmate do Roosevelt

A história do Reveria eu só ouvi contar. Mas a gente, quando eu trabalhava no seringal, estava meio próximo dali. Ainda nos anos 1970, essa pessoa que se chama Reveria comprou umas áreas e derrubou 95 quilômetros na margem do rio Roosevelt. Fez a derrubada para desapropriar a terra dos seringueiros, para expulsar o pessoal que vivia nas margens do rio. Essa derrubada de mata tinha dois quilômetros de fundura, a partir da margem do rio, por 95 de comprimento, ao longo do rio. Até hoje dá pra ver a marca desse estrago nas fotos por satélite e passando de barco na beira do rio, ficou só um capoeirão lá. Desmatou porque os seringueiros moravam todos na beira do rio. E a estrada do seringueiro para cortar borracha, o máximo que ela atinge é 1.500, dois mil metros de profundidade para dentro da mata além da margem. Derrubou tudo isso para matar todas as seringueiras e expulsar os seringueiros.

Esse grileiro, o Reveria, pensou que eliminando as seringueiras, as árvores, os seringueiros não iam ter o que fazer ali. Isso foi real, aconteceu mesmo, e eu ouvi as histórias naquele tempo, coisa que depois fiquei sabendo, por documento, já na Funai. Ele também foi muito violento com todos os seringueiros. Para os que ficavam, mandava pistoleiros, e os que fugiram, ainda tinha pistoleiro para matar eles. No meio disso, estavam os índios.

Entrada na Funai

Eu trabalhei um tempão nessa fazenda, que era meio seringal, onde eu tomava conta da terra. Até que surgiu o garimpo de Ariquemes, de cassiterita, em Rondônia, e eu acabei indo para lá.

Logo que eu saí da fazenda, passei por Ji-Paraná, no caminho, e fiquei sabendo que a Funai estava formando uma equipe, a Frente de Contato Madeirinha Mato Grosso. Eu passei por lá e falei com o Jorge Marafiga, que era o responsável, o chefe da equipe. Ele me disse: "Deixa seus dados, seu endereço, alguma coisa, porque já está fechado o quadro de pessoas. Mas, se precisar, eu lhe chamo". Deixei com ele um curriculozinho básico, com telefone da casa da minha irmã, que poderia saber onde eu estava. E fui embora para o garimpo.

A Funai acabou precisando de um piloto de barco e eu fui indicado justamente pelos índios Gavião, que eram os meus contatos, era quem eu conhecia na Funai. Fui indicado pelos índios. O irmão de Jorge Marafiga era o chefe de posto da terra indígena dos Gavião e confirmou quem eu era: "Leva ele porque o cara manja", ele disse. Quando eu vim para a Frente de Contato Madeirinha, eu não vim para fazer expedição. Eu vim para ser piloto de barco.

Isso foi em 1988, mês de junho, época da seca. Acho que foi dia 3 de junho de 1988 que saiu a minha primeira portaria como funcionário. Jorge Marafiga me disse: "O seu serviço vai ser pilotar barco, cuidar de barco, motor gerador de luz, essas coisas". Mas quando a gente chegou na sede da Fazenda Mudança, eles iam sair para a primeira expedição, e eu pedi para ir junto. Eu falei: "Eu faço questão de participar. Se for possível, eu gostaria de ir". E fui. Foi assim que entrei na minha primeira expedição. E deu certo. Eu era, como a gente fala, marinheiro de primeira viagem. Não tinha o conhecimento que eles tinham, na questão de encontrar vestígio de índio, da sobrevivência dos índios por ali, essas coisas.

Rio Branco

Minha primeira expedição foi na margem direita do rio Branco. Tinha uma área do Banco do Brasil e um seringueiro que morava numa cachoeira chamada Abelha, um pouco acima da Fazenda Mudança. Esse seringueiro se chamava Dino, ele dava notícia de vestígio de presença de índios naquela região. Ele disse que os índios mexiam na seringa dele quando ele deixava a tigela. Eles mudavam as coisas dele de lugar. Ele via rastros, pegadas. Por isso, a gente fez essa expedição, para saber mais. Ela durou sete, oito dias. A gente acabou não encontrando nada de mais, nenhum vestígio forte da presença deles. Só encontramos muita demarcação de terras, picada, marcação de áreas. Na época, o pessoal estava demarcando umas terras para lá, umas fazendas. Mas a gente "acabou que não encontrou" vestígio nenhum de índio naquela região.

Era uma equipe com umas 12 pessoas. Nela, tinha índio Gavião, índio Zoró, índio Parintintin, índio Karipuna. Depois, a gente pegou uma crise. A Funai entrou numa crise de recursos e a gente acabou ficando com poucas pessoas para trabalhar. Permaneceram na equipe eu, o Jorge Marafiga e outro rapaz que era auxiliar de enfermagem, o Bráulio, hoje já falecido. E o Tio Karipuna e a Rita.

O primeiro encontro com os Piripkura

Minha ideia de índio mudou mesmo quando eu comecei a encontrar os vestígios dos Piripkura, a perceber o estilo de vida que eles tinham, o que é que eles precisavam fazer para sobreviver. As pescarias, a estrutura de escada que eles usam para derrubar a castanha, para pegar o mel. Aquela coisa ali mexeu muito comigo. E o primeiro dia que eu encontrei com eles foi no 1º de maio de 1989. Aquela cena, até hoje, eu não esqueço. Foi o primeiro contato deles. Foi quando descobrimos que havia parentes da Rita vivos.

Eu conheci a Rita em 1987, pouco antes de eu entrar na Funai, na Casa do Índio em Ji-Paraná. Fazia pouco tempo que a Funai havia resgatado ela da Fazenda Mudança. O Zé da Onça era o gerente da fazenda, ele que comandava o trabalho, coordenava os peões. Quando a Rita chegou nessa fazenda, era ele quem tomava conta, foi ele que acolheu a Rita. Eu não sei o que aconteceu com a Rita lá, fala-se que ela foi escravizada. Porque ela lavava, cozinhava, era abusada pelos peões, maltratada. A vida dela na fazenda foi assim. E em 1984 ela foi resgatada pela Funai.

A Rita é uma índia muito esperta. Ela tem aquele jeitinho quieta, simpática, sorridente, meio fechada, caladona, mas a Rita é uma índia fora de série. Uma pessoa excepcional. Ela é sabida, ela sabe o que é bom para ela e o que é ruim. Ela aprendeu a sobreviver.

Na expedição desse primeiro encontro com os Piripkura estavam eu, o Bráulio, Tio Karipuna e a Rita. A Rita já havia feito algumas expedições na área, a gente já tinha encontrado pegadas, vestígios. Aí veio o encontro, o primeiro encontro desses dois índios com branco.

O Ticum e o Mandeí, esses dois índios Piripkura, nunca tinham ido nas fazendas, ou aparecido para algum fazendeiro. Quando o grupo deles ia para a Fazenda Mudança, onde a Rita foi encontrada em 1984, eles não iam, ficavam na beirada, na mata. Mesmo na Mudança, eles nunca tinham aparecido. Os primeiros brancos a verem eles fomos eu e o Bráulio.

Estávamos no segundo dia de caminhada e a Rita resolveu nos levar onde seus dois filhos estavam enterrados. Vimos os locais, havia um vestígio das sepulturas, registramos, fotografamos. Seguimos a caminhada e escutamos eles cortando uma madeira. Fomos devagar, cuidando. Um estava tirando mel, em cima de um jirau. Ele tinha feito uma estrutura de madeira, como uma escada, um jirau, e cutucava um cupinzeiro, uma abelha que faz o mel dentro do cupim, na árvore. Ele estava tentando desgrudar o cupim da árvore para tirar o mel, e isso fazia o barulho que a gente ouviu. O Mandeí estava em cima da árvore, e o Ticum, embaixo, correu quando viu a gente.

A Rita começou a falar com o Mandeí, a explicar, a falar que ela era parente deles. E ele dizia que a gente ia matar ele, porque a gente era branco, e branco não gosta de *kawahiwa*, como eles se chamam. Demorou muito para ele descer de lá e a gente convencer ele de que nós somos diferentes de todos os brancos que ele conhecia. A gente começou também a chamar pelo Ticum, que respondia e dizia que não viria. Ele falava: "Vocês vão me matar. Já pegaram meu irmão e vão me matar também". Com muita conversa, o Mandeí chamou o Ticum. E o Tio Karipuna começou a falar, na língua deles, que são parecidas, que a gente queria proteger eles o máximo possível dos outros brancos da região.

Conseguimos convencê-los. Eles nos levaram até o tapiri deles. Quando chegamos lá, estava só com uma rede armada, um fogo, alguns cará e um jabuti amarrado. O Mandeí desamarrou o jabuti e deu para mim. Peguei o jabuti e dei para o Tio Karipuna, que convidou eles para virem ao nosso acampamento para pegarem facão, machado, coisas que precisassem. E eles toparam. Falamos que iríamos soltar o jabuti, porque não tínhamos como levar, e não tinha o hábito de comer esse animal. Começamos a seguir eles, que tinham um conhecimento da região, para o caminho até a Base da Funai.

O Ticum e o Mandeí, tudo o que se pergunta de parentes, para eles, eles dizem "morreu". Para eles, não existe mais. Se perguntar da Rita para eles, ela já não é mais parente. Dificilmente eles assumem que ela é parente porque ela viveu muito tempo fora. Ela casou com outro índio – até então, eles acreditavam que o Tio Karipuna não era índio, era branco. É difícil descobrirmos se ainda há sobreviventes deles, e se eles ainda reconhecem esses sobreviventes como parentes, depois de tanto tempo dos massacres.

Eu fiquei, sinceramente, emocionado de ver esses dois índios naquela situação, lutando, batalhando, pelejando para sobreviver, numa região que já tinha fazenda, mineradora, garimpo. E só aquelas duas pessoas, esses dois índios sobreviventes, naquela luta pela vida. Aquilo mexeu muito comigo. A partir dali, eu entrei de cabeça nesse trabalho de sertanista. Eu pensei: esse povo precisa de alguém – a gente sabe que eles têm alguns direitos garantidos por lei. Nós, brancos, sabemos disso. Mas eles não sabem. Os Piripkura não sabem dos direitos que eles têm. Eles precisam de alguém que faça a defesa deles aqui. E tinha que ser nós, não outros. A partir daí, eu falei pra mim mesmo: "Eu acho que o mundo, agora, é este". Eu peguei isso para mim. O meu mundo agora é defender índios isolados, seja de qual etnia for. Seja onde for, aonde eu puder ir, o que eu puder fazer eu vou fazer. E não vou parar enquanto eu der conta disso.

Fuga

Eles ficaram no acampamento uns oito dias. A convivência foi boa. A gente chegou e o Jorge foi para a cidade com o meu irmão. Ficamos eu, o Tio Karipuna, a Rita, o Bráulio e eles. Um dia, eles falaram para nós: "Se vocês quiserem, a gente leva vocês na casa dos nossos parentes, na aldeia dos nossos parentes". Isso era uma notícia muito importante, pois significa que existiam mais índios vivos. Eram os parentes que a Rita procurava desde que ela foi descoberta pela Funai, em 1984, na Fazenda Mudança.

A gente preparou as mochilas para a expedição e saímos num dia de manhã cedo, chovendo bastante. Depois de um dia de caminhada, já no final do dia, o Ticum e o Mandeí saíram para pegar mel, foram atrás de umas abelhas e não voltaram mais. Fugiram. Eles se afastaram de nós e nos deixaram lá, a ver navios. Foram embora.

Eu falei: "Ah, Tio, vamos voltar para o acampamento. Não vamos ficar correndo atrás deles. Eles sabem para onde eles foram. Não precisam da gente aqui, atrás deles". A gente voltou para o acampamento.

Nos anos seguintes, fizemos várias expedições por essas bandas e não encontramos vestígios, nem encontramos nada dos índios que esses dois nos falavam. Deles a gente via vestígio, mas não da aldeia que eles tinham nos contado. O Ticum falava, nessa época, que os parentes vivos por ali eram mais ou menos umas 12 pessoas. Acho que mudaram para outro canto, fugiram para outra região. Mortos, eu acho que eles não foram, pelo menos ali. É um mistério.

Uns seis, oito meses, talvez um ano depois, a gente reencontrou com o Ticum e o Mandeí e a gente convidou os dois para participarem de uma expedição mais longa, nas cabeceiras dos igarapés da Panela e do Elo. Eles foram com a gente. Acabamos também não vendo nada, nenhum vestígio de outros sobreviventes.

Em 1992 começou a chegar notícias da aparição de índios na região do Pontal. O Pontal do Juruena, no rio Teles Pires, mais no norte de Mato Grosso. Havia notícias de gente ter visto índios isolados por lá. Foi quando veio uma ordem do coordenador geral de Brasília para que a gente mudasse a frente de contato para o Pontal de Juruena. Tivemos, assim, que parar as buscas por sobreviventes do povo da Rita, Ticum e Mandeí, e mudamos de região.

Expedições no Teles Pires e a morte de Creusalino

A gente mudou para esse Pontal, a Rita foi com a gente para lá. Ela e o Tio Karipuna. Havia sempre a esperança de encontrar outros índios do povo dela. Como ali havia notícia de índios isolados, poderiam ser seus parentes em fuga.

Quando fomos para o Pontal, a gente montou o nosso primeiro acampamento no rio Teles Pires. Eu fiquei na aldeia dos Munduruku, aguardando o restante da equipe chegar. Ficamos uns dois meses parados ali. O Jorge Marafiga foi para Ji-Paraná buscar a mudança. E nesse tempo eu fiz umas duas expedições na região do Pontal. Mas nós éramos só três pessoas, não rendeu muito, encontramos poucas informações. A gente voltou e mudou para o rio Juruena, próximo do Salto Augusto. E, nessa época, foi quando vieram o Tio Karipuna e a Rita para ajudar a gente nos trabalhos das cabeceiras dos igarapés Bararati e do Ximari, naquela região.

O Jorge Marafiga, que era o chefe, conseguiu mais um funcionário do quadro da Funai para trabalhar na equipe. Ele era chamado Creusalino e pertencia à administração de Itaituba. O Marafiga conseguiu transferir o Creusalino e ele, casado com uma índia Munduruku, veio morar em Alta Floresta e integrou a equipe. Virou funcionário da Frente de Contato Madeirinha.

Na primeira expedição que a gente foi fazer todos juntos nas cabeceiras do rio Bararati, estava eu, o Jorge Marafiga e o Creusalino Ribeiro. Também estava outro rapaz que a gente chamava de Irmão, e um tal de Davi. Foi em 1993.

Essa expedição durou 11 dias. A gente pegou as cabeceiras do Bararati, rodou, pegou o rio Juruena embaixo, veio subindo o rio, subindo. Faltava um dia para a gente chegar de volta no acampamento depois desse tempo de expedição. E essa é uma coisa que me marcou pra caramba. Foi que essa pessoa adoeceu, o Creusalino. Ele adoeceu e arruinou, arruinou. Ficou muito ruim. Ele não teve mais condições de andar no outro dia. E a gente medicou ele com aquilo que a gente tinha de medicamento. Foi aplicada injeção para dor, e remédio para o estômago, sal de frutas, coisas básicas de primeiros socorros. Era uma dor estomacal que ele tinha. Uma dor no estômago que ele não dormiu e não deixou a gente dormir.

No outro dia ele não deu conta de andar, tinha que ser carregado. A gente deixou o pessoal acampado na beira do rio, ele, o Marafiga e o Davi. E eu fui, junto do Irmão, buscar o barco para fazer o transporte. Peguei um barco, coloquei no rio, passei o Salto Augusto carregando esse barco nas costas, por causa das pedras. Resgatei o resto da equipe e levei de volta para o acampamento-base, onde tínhamos um rádio e um rapaz tomando conta. Chegamos no final do dia. Dormimos nessa base.

No outro dia, cedo, a gente saiu para trazer o Creusalino para a cidade. Mas antes de chegar na fazenda, que é onde estava a caminhonete, ele acabou falecendo. Foi uma das piores coisas da minha vida. Para mim foi a pior cena que eu vivi. Eu pilotando o barco e ele deitado num colchão entre eu e os outros rapazes que estavam no banco da frente. E eu ali, pilotando o barco e vendo o cara morrer, ali na minha frente, sem poder fazer nada. Essa cena foi, e é, bastante chocante.

A partir dali, desse momento, eu também percebi que, para fazer esse trabalho, você tem que se expor a esses riscos. E, sei lá, rezar e pedir a Deus, camarada. Porque uma hora pode ser que chegue só o seu corpo em sua casa. Ou, dependendo do lugar, talvez não tenha nem como te resgatar. Eu passei por isso – e foi chocante para mim, pra caramba.

A gente trouxe o corpo para a cidade, levou para o médico fazer a perícia e ver do que foi que ele morreu. O médico deu como resposta ser uma causa desconhecida. A gente não ficou sabendo do que foi que ele morreu. Creusalino deixou a mulher com quatro meninas. Batalhamos para aposentar ela e hoje ela vive em Alta Floresta. As meninas todas cresceram, casaram.

Presenciar essa morte em uma expedição foi uma cena marcante. A partir dali, eu fiquei imaginando que se aconteceu com ele, pode acontecer comigo, pode acontecer com qualquer um da equipe. E, dependendo de quem for e da situação em que estiver, temos que procurar não pensar nisso. Porque, se for pensar nas possibilidades do que pode acontecer, daí não sai de casa. Estamos

Jair Candor

em um lugar longe de tudo e de todos, tudo o que temos a nos agarrar é a equipe. Não pensar em coisas negativas, mas em sair, e chegar. Tem alguém lá fora que precisa de mim. Vou cumprir a missão e chegar em casa. Evitamos pensar e conversar disso no mato, para manter um ambiente mais forte e mais seguro.

A morte de Tio Karipuna

Outra tragédia, numa expedição ali na mesma região, foi a morte do Tio Karipuna. O Tio morreu em um naufrágio no rio Teles Pires. Não participei dessa expedição, eu estava de férias quando isso aconteceu. Foi muito chocante para toda a equipe. Como eu estava de férias, e precisavam de um piloto para uma expedição, contrataram uma pessoa com menos experiência. Esse rapaz, que foi contratado para fazer essa viagem, ele sabia pilotar, ele era morador da região. Mas ele se atrapalhou numa corredeira e bateu o barco numa pedra. Numa cachoeira, no Teles Pires. E o Tio não conseguiu sair. Ele caiu na água, o barco afundou. Foi tudo para o fundo, inclusive a Rita. A Rita quase morreu. A Rita escapou porque ela se agarrou com um tambor de gasolina, que já estava vazio. Ela ficou flutuando, conseguiu boiar. E o Tio Karipuna, ele foi visto nadando até próximo de uma ilha. E, daí, ninguém mais soube dele. Nunca mais foi visto, não se achou o corpo.

O rio Teles Pires, nessa época, era muito movimentado de garimpeiros, que também ajudaram a tentar encontrar o corpo. Como tinha muitos garimpeiros, a notícia foi espalhada. Os índios Munduruku deram um apoio danado, procurando por ele, ajudaram toda a equipe. Ficaram cinco, seis dias, direto, rodando de barco e nunca acharam o corpo do Tio Karipuna.

Não era um lugar tão perigoso. Na época que eu fui, até que não estava tão violenta a água, porque o rio já tinha começado a encher, e é pior quando está seco, que as pedras aparecem mais. Eu não sei o que é que aconteceu para ele bater numa pedra, naquele lugar. Porque era bem largo o rio nessa parte. Era bem largo e o canal estava bem no meio do rio.

Foram dois desastres em expedições.

Mas eu não tenho medo. Eu converso com Ele, lá em cima. Em qualquer coisa que eu vou fazer, uma expedição, ou seja de barco, ou seja uma viagem de carro. Medo eu só tenho de covardia. Medo de uma emboscada, porque a gente também corre esse risco. Covardia me preocupa. Mas, numa expedição, um acidente na estrada, alguma coisa assim, eu não me preocupo. Tenho medo é de covardia, de uma emboscada de *guacheba*, de pistoleiros.

Colniza

Colniza é uma das cidades mais violentas do Brasil. É feia a coisa lá. Mas Colniza, hoje, até que está mais amigável. Na época em que a gente começou a trabalhar com os Kawahiva, em 1999, em 2001, 2002, e o Altair Algayer era coordenador, o trem era puxado ali. A coisa era muito pesada.

Quando o Altair ainda estava lá, na primeira vez em que houve uma interdição da área pela Funai, ele saiu para comprar mantimentos na cidade e ficamos no acampamento. Nessa hora, na Justiça, os madeireiros ganharam uma liminar para desinterditar a área e permitir a retirada de madeira. Uma juíza de Cuiabá mandou a Funai desocupar a área em 24 horas. Os pistoleiros, os próprios *guachebas* da Fazenda Sumape, foram com esse ofício lá tirar a gente, na marra. Eu peguei o ofício, li o que estava escrito, que era uma ordem de um juiz e, lógico, iríamos sair. Mas não tínhamos condições de sair na hora, como eles queriam. Disse que iria sair assim que o carro fosse arrumado, e iríamos respeitar a decisão da juíza. Ele deixou o ofício, reclamando que a gente tinha que sair. Um momento de tensão. Ele foi embora, o Altair demorou, e ele voltou. Em Brasília, a Funai não sabia que a terra tinha sido desinterditada. Eu falei que estávamos em maus lençóis, sem apoio nenhum da Funai, eu com mais dois rapazes e com risco de sofrer algum tipo de violência. O Altair, depois, veio junto com a polícia e saímos.

Dali para a frente, começou a briga judicial, briga administrativa da Funai para proteger a terra, e as intimidações e ameaças.

Uma vez, saindo de moto do Posto da Funai na Terra Indígena Kawahiva, indo para minha casa, atiraram em mim na estrada. Não acertaram. Foi uma emboscada. Deram um tiro para me acertar. Foi entre União e Cotriguaçu, um trecho meio deserto. Na época, havia muito roubo de moto, muita violência. Pode ter sido uma tentativa de me acertar para me roubar, ou pode ter sido por conta do trabalho na Funai.

Ali a gente passou por situações de muita tensão. Uma vez botaram tábuas cheias de pregos na estrada. E furou o pneu. Outra vez, vimos a tábua e conseguimos parar antes. Os caras tentaram queimar a nossa ponte. Situações recentes. Depois de 2007, 2008. Não faz muito tempo, não.

E eu ouvi e vi outras violências, que aconteceram com outras pessoas. Porque, às vezes, falavam assim: "Ah, o cara era inocente. O cara não tinha nada a ver. Ele estava passando aí por passar". Mas mataram o cara. Essa questão de *guacheba* é complicado. Às vezes a gente tinha que passar por esses pontos, sabendo que lá tinha um *guacheba* de um fazendeiro, que havia uns caras armados. Em uma emboscada. Mas a gente tinha que passar, não havia o que fazer. O Altair passou, eu passei, um monte de gente passou por isso.

O segundo reencontro com Ticum e Mandeí

Em 2007 reencontrei os dois índios Piripkura. Eu havia revisto eles em 1998, quando foram parar numa fazenda. Voltamos nove anos depois, em 2007. Eu achava que eles não poderiam mais estar vivos. Achava que tinham morrido.

A região piorou muito desde a última vez que eu tinha visto eles. Havia muito mais madeireiro, pistoleiro, desmate.

Esse novo encontro, depois de tantos anos, foi outra coisa que também me marcou. Porque havia as denúncias de que os madeireiros estavam tirando madeira, acabando com o mato, e os índios Gavião estavam denunciando essa ação madeireira na terra dos Piripkura, pressionando a Funai, que queriam saber dos parentes, dos outros índios que deveriam estar lá e os madeireiros estavam detonando tudo. Isso foi quando o Elias Bigio era o coordenador da área de índios isolados na Funai, e ele determinou que a gente tinha que fazer uma expedição – para botar um ponto final na história. Ou os índios estão lá ou não estão. Havia muita pressão para definir.

Chegamos no mês de maio de 2007. Muita chuva, os rios todos cheios, os córregos todos alagados. A gente começou a andar ali e ver o impacto dos madeireiros, carreador, madeira para todo lado, caminhão correndo noite e dia naquelas estradas. Eu falei: "É impossível esses caras estarem vivos num lugar desses". A gente não andava duzentos metros para achar uma árvore derrubada, um carreador de uma madeireira, uma ponte feita de castanheira, aquela coisa terrível toda. Era impossível eles estarem vivos.

Optamos por começar a expedição por uma região alagada, baixada, com muitas palmeiras de buriti, um buritizal. Esse buritizal foi uma referência muito forte dos Piripkura. Não só do Ticum e do Mandeí, como do grupo todo dos Piripkura. Viveram muito tempo naquele buritizal. Então, eles tinham alguma coisa tradicional com referência àquele buritizal. A partir dali, subimos o igarapé Repartimento – um dia, dois dias, três dias e nada, nada de achar vestígios deles. E, aí, no quarto dia, a gente localizou um tapiri, velho, abandonado. Coisa de dois, três anos atrás. Percebi que era deles. E aqueles carreadores de madeira estavam encostando no buritizal, puxado de madeira, marca de arrastos. O Marafiga estava também nessa expedição, que durou vinte dias. Chamamos ele para participar porque ele também conhecia um pouco da região e dos índios. Veio também o Mauro Renato, que fala a língua dos Uru-Eu-Wau-Wau. E ele também já tinha feito algumas expedições lá.

Primeiro, a gente encontrou esse tapiri, que é uma casinha de palha. Mas fazia dois anos que o tapiri estava ali, que os dois passaram por lá. Os tratores, as derrubadas, as máquinas rodavam dia e noite. Não paravam. Era barulho de trator e de motosserra. Quem é que poderia garantir que esses índios estavam vivos? Pelo que a gente via naquele momento, não dava para ter certeza.

Passaram vinte dias e ali continuamos eu, o Sales e o Raimundo Lira na equipe. E a gente ficou batendo perna. Começamos a andar o igarapé Garcinha, a andar o igarapé da Paca. Num ponto, a gente encontrou vestígio mais recente deles, que eles tinham tirado uma tiquiuba para fazer uma pescaria de timbó – um cipó venenoso que eles colocam na água. Isso era um vestígio mais recente. Fazia uns oito meses, mais ou menos. Pensei: "Eles estão vivos".

Seguimos batalhando por mais sessenta dias, e só vimos aqueles vestígios e nada além, nada. Saímos para reabastecer de mantimentos a equipe, e também para tirarmos uma folga. Quando voltamos, trouxemos a Rita e o Aripã, o novo marido dela depois que o Tio faleceu, também um índio Karipuna, de Rondônia.

Nesse retorno, fomos para outros igarapés, as cabeceiras do Panela e do Duelo. Eram os lugares que faltava a gente andar. Eu me lembrava vagamente de um caminho que eu fazia, junto do Tio Karipuna e da Rita, que era um caminho dos Piripkura. A gente saía pelas cabeceiras do igarapé Repartimento, pulava a serra, passava perto da Fazenda Mundo Central, pegava as cabeceiras do igarapé Garcinha e descia por ele. Em alguns pontos, a gente sempre encontrava os dois índios. Pensei em tentar esse caminho. E a gente foi.

Nessa caminhada, sobe serra e desce serra, a Rita ficou apavorada. Ela dizia que não tínhamos que andar por lá, que os parentes não estavam por lá. Ela falava: "Os parentes estão no igarapé Jacaré". Eu disse para a Rita que a gente só iria voltar quando andasse o Garcinha inteiro.

A gente pegou no médio-alto do igarapé Garcinha e eu deixei eles acampados. Peguei um braço do igarapé e subi para fazer uma averiguação. O pessoal ficou ajeitando o acampamento. Era um acampamento de final de dia. Enquanto eles preparavam um arroz, eu fui dar uma andada no entorno para averiguar algum vestígio recente, que desse pistas para seguirmos no dia seguinte

Aí eu encontrei um tapiri. Vi lenha que eles tinham tirado, também daquele ano. Eu vi que eles não estavam ali, mas é uma região que há pouco tempo estavam, ou seja, estavam vivos.

Dia seguinte, continuamos descendo o Garcinha até a noite. No outro dia, por volta de meio-dia, uma hora, tinha dado uma chuva e o igarapé começava a escorrer água. Paramos para fazer uma merenda. Descemos para merendar e vimos o rastro deles descendo o rio. Tinham acabado de passar ali. Falei: "Agora é bingo".

Parte da equipe ficou e eu fui dar uma andada com o Aripã, a Rita e o Reinaldo, para tentar ver mais alguma coisa. Encontramos mais um acampamento onde eles tinham dormido – e tinham comido uma paca. Fomos descendo. Paramos num determinado ponto, e eles já vinham subindo de volta. Iam conversando, os dois. Eles vinham contando histórias e dando risada. Aí, quando eles se deparam com a gente ali, foi um choque.

Nós ficamos na curva do igarapé. Quando eles descobriram, já estávamos bem próximos. Aí, a Rita começou a falar com eles – e o Aripã também. Eles ficaram meio nervosos na hora, surpresos. O Ticum falava pro Mandeí: "*Dio ca tapanha, dio ca tapanha*. Mata branco. Caceta ele. Bate com o machado". Mandava o Mandeí cacetar eu com o machado porque *tapanha* é "branco ruim". Ele demorou um pouco para se lembrar de mim. Eles não esperavam também encontrar comigo ali, depois de nove anos, desde a última vez em que nos vimos. E, aí, a gente sentou lá com eles e conversou, conversou.

Mais uma vez, a gente viu que eles estavam sem machado. O facão estava um filetinho, sem cabo, amarrado de cipó. Convidei eles para virem com a gente porque tínhamos machado, facão. Disse que, agora, a gente vai ficar lá e tentar arrumar a terra deles. Resolveram ir com a gente. Naquele final de dia ali, a gente matou um porco. Fizemos um moquém, assamos o porco, e todo mundo comeu. No dia seguinte chegamos onde tínhamos deixado o carro – uma Toyota Bandeirante – pelo caminho que a gente chama de "Trans-Piripkura", porque a estrada estava muito movimentada de madeireiros. Tínhamos deixado a caminhonete na beira da estrada. Fomos até a Fazenda Mudança, onde estava o resto das tralhas, fogão, rancho, tudo. A gente havia montado uma base em um hangar da fazenda, onde paravam o avião. E, quando a gente chegou lá, o Ticum passou mal. E ele começou a sentir a dor no estômago. Havia um rádio, comunicava pelo rádio com a Funai, e teve que vir o pessoal da saúde e levar ele para fazer uma cirurgia. Estava com pedra na vesícula, que foi diagnosticada pelo médico em Ji-Paraná. Ticum ficou na cidade quase dois meses, após a cirurgia.

O último reencontro que eu tive com eles foi em junho de 2012. Em 2013, a equipe da Funai teve outro contato com eles.

Esses encontros foram tranquilos. Já estão acostumados, conhecem o pessoal, temos trabalhado com os Uru-Eu e os Amondawa, índios que falam a mesma língua. Quando eu os vi, estavam pegando um cará em cima de uma serra. Era um cará nativo que eles têm. Sentamos e conversamos um bocado. Perguntamos um monte de coisas. Aí a gente perguntou para eles de ir lá no tapiri, na casa deles. E o Ticum falou não, parecendo brabo. Chamamos ele, então, para a base da Funai, que ele chama de "Maloca do Jair". Mas também não quis. Nem ferramentas quiseram.

Hoje, a gente faz monitoramento, fiscalizamos o entorno para evitar invasão de madeireiros. E fazemos expedições para saber como eles estão, onde estão, como estão vivendo.

A história da Rita e os massacres

A Rita conta que, depois que o marido dela morreu, engasgado com uma espinha de peixe na garganta, o Ticum queria ficar com ela de mulher.

O Ticum não é irmão de sangue da Rita, segundo conta a antropóloga Vera Lopes. Ele seria filho de uma irmã ou de um irmão da Rita, então ele também seria considerado como um filho dela. Por conta disso, a Rita não quis casar com ele.

Por algum motivo, a Rita foi embora para a Fazenda Mudança. Ela conta que, pelo fato de não querer casar com ele, o Ticum teria matado os dois filhos dela e escalpelado. E por isso ela teria ido embora para a fazenda. Foi o que ela me contou. Depois ela foi encontrada na fazenda, já como escrava, e foi resgatada pela Funai. Hoje a Rita vive na Terra Indígena Karipuna, casada com Aripã Karipuna.

A Rita conta que na época eles eram umas 15 pessoas. Além da irmã dela, que era casada com um índio que chamavam de Compadre, havia os filhos da irmã, tinha mais outro casal com mais filhos, tinha outros irmãos dela.

Ela conta que, quando pequena, foram atacados nas aldeias. Uma vez, chegaram dando tiros e mataram muitas pessoas. Um pessoal teria encontrado eles em uma pescaria, num igarapé, que ela não sabe dizer o local. Mas chegaram com tiros para todos os lados e morreram muitos Piripkura.

O Ticum conta a história de outro massacre que seu povo sofreu. Foi uma emboscada que aconteceu na travessia de um rio. Os Piripkura estavam atravessando o rio em uma canoa deles a remo, que a gente acha que, pela história, possivelmente seria o rio Roosevelt. Foi quando os brancos pegaram eles, em outro barco. Mataram muitos também. Ele não coube na canoa, alguns ficaram na beira do rio. Os brancos trouxeram os índios para a mesma margem onde alguns ficaram esperando para uma segunda travessia. Botaram todos os índios deitados e foram cortando as cabeças. O Ticum ficou assistindo esse massacre da sua família, escondido. Talvez tivesse mais alguns índios com ele, que teriam sobrevivido. Mas gente não sabe deles, fora o Mandeí.

Esse pode ter sido outro massacre, além daquele que a Rita contou. Eu acho que a Rita também estava nessa margem, era uma das que sobreviveu, com sua família. E, depois, eles vieram a ser atacados novamente pelos fazendeiros da região.

Esse genocídio, até hoje, é impune. Ninguém fez nada para punir os responsáveis.

Esse crime de genocídio que sofreram os Piripkura, a gente sabe das histórias, mas nunca houve uma investigação. Eu já ouvi casos de outros massacres, principalmente de seringalista. Como contou o seringueiro Vavá, que teriam matado um índio de orelha grande, na região do rio Guariba, um índio que talvez seja da etnia Rikbaktsa.

Até os próprios Gavião relatam, como Catarino Gavião, que eles também mataram muito Piripkura. O povo Piripkura, por não ser tão guerreiro, era bem vulnerável nessa região. Os Zoró podem ter matado, os Gavião também. Certo é que foram os brancos os responsáveis por acabar com esse povo. E quem sobrou, os que podem nos contar a história ainda hoje, é Ticum, Mandeí e a Rita.

Saber que esse povo não pode mais se reproduzir fisicamente é muito triste.

É uma coisa muito difícil para quem trabalha lá com eles. Às vezes, a gente senta lá no acampamento e fica discutindo: Como impedir os Piripkura de serem extintos? Existe alguma coisa possível a ser feita? Convidar eles para ir para outra aldeia? Ninguém sabe o que dizer.

O mais triste é que a região continua sendo destruída. E os índios que estão lá estão em risco de sofrer mais um massacre.

Jair Candor

Os índios Kawahiva do rio Pardo

Em junho de 1999 encontrei os primeiros vestígios – maloca, tapiri, tocaia – da presença de índios em outra região do norte de Mato Grosso, também em Colniza. A gente foi parar ali por conta de informação de um pesquisador de madeira, que informou ao Cimi (Conselho Indigenista Missionário) que teria encontrado os índios. Essa notícia chegou em Aripuana, ele morava lá. O Cimi ficou sabendo, comunicou à Funai em Brasília. Quando fomos fazer levantamento, a averiguação, vimos que ele havia passado pelo meio de uma aldeia. Estavam em dois, por isso correram com medo.

Nesse ano, encontramos vestígios além do que o pesquisador tinha falado. Locais de pesca, de tirar mel, muito mais do que ele tinha visto.

A primeira vez que eu vi três pessoas desses índios foi em 2005.

Era uma expedição para fazer contato. Ordem que veio da coordenação de Brasília. A situação estava tão feia que a única solução era o contato para tentar salvar o grupo. Nós nos preparamos para uma expedição para mais de sessenta dias, por ordem do Sydney Possuelo. Iríamos ter apoio de logística para abastecer tanto tempo. Eram duas equipes. Eu comandava uma e o filho dele, o Orlando, outra. Entrei pelo norte da terra indígena e o filho dele entrou pelo sul. Todos tínhamos rádio. Para economizar bateria, nós nos comunicávamos de três em três dias. Depois de dez ou 15 dias de caminhada, eu com a minha equipe começamos a encontrar vestígios recentes dos índios. Pescaria, pegada, tapiri, fogo aceso. No dia seguinte, falamos com Orlando pelo rádio, e ele veio com a equipe para onde a gente estava.

Começamos a seguir as pegadas. Iam por um igarapé que estava seco e as pegadas ficavam fáceis. Havia 16 Rikbaktsa juntos, e eles eram muito bons para rastrear, não perdiam o rastro de jeito nenhum. Depois de dois dias seguindo pelo rastro encontramos eles: um homem e duas mulheres. Uma era filha e a outra, esposa. Ele estava tirando mel, derrubando um tucumã verde para tirar mel da abelha irapuá.

Tínhamos combinado que, como estávamos em muitas pessoas, muitos índios, o Orlando ficou um pouco mais para trás e eu fui como Aldo, para tentar falar com eles. Depois da conversa, se aproximar. E evitar apontar câmera, e arma, para o pessoal não se assustar, porque já estão num sufoco com os grileiros. Era para esperar um sinal. Mas ele não cumpriu o acordo. Quando a gente chegou, ele já tinha derrubado o tucumã, mexendo na abelha. O Aldo começou a falar com ele, mas a língua era diferente. Ele veio com um machado para cima do Aldo. Eu estava a dois ou três metros. O Aldo pegou o arco e flecha, jogou no chão, fez sinal de que não estava para briga. E ele abaixou o machado. Veio para pegar na mão do Aldo, que era o Rikbaktsa, para cumprimentar. Ia acontecer o contato, se ficasse só eu e o Aldo. Agora, sei que não iria ser bom. Porque hoje com certeza estão bem mais tranquilos, isolados. Mas daí o Orlando veio correndo com a câmera, e vieram todos os índios com espingarda, com flechas. Foi quando a mulher que estava mais para trás puxou o índio e foram embora, andando rápido. O Orlando queria ir atrás. Mas voltamos para o nosso acampamento. Falei que não iria dar certo correr atrás dos índios, que não era o correto a fazer.

Eu tenho certeza de que se o Orlando não tivesse chegado com os índios e correndo com a câmera, o contato teria sido feito. Mas não sei se isso é a melhor coisa que podia acontecer para os índios.

Voltamos para o acampamento, falamos na base, e já estavam a caminho o Rieli Franciscato e um jornalista da Globo para fazer uma matéria, uma filmagem. Informamos que a expedição estava sendo suspensa, iria acabar ali.

No ano seguinte, os índios jogam pedra na gente...

No ano seguinte dessa tentativa fracassada de contato fiz uma expedição, junto do sertanista Rieli Franciscato, na mesma área. Mais uma vez, encontramos com os índios. Alguns dias caminhando na região, localizamos vestígios. Estávamos com índios que falam a língua tupi-kawahiwa, um Parintintim e um Uru-Eu-Wau-Wau. Começamos a rastrear, muita chuva, e acampamos num córrego. Muito próximo ao tapiri deles. Armamos o barraco, estávamos fazendo comida e os escutamos vindo conversando no rumo do nosso acampamento.

Rieli falou para eu ir com os índios, porque eles já me conheciam, e os índios falam a língua, o Pedrinho e o Burbura. Atravessou o igarapé e vimos um índio, uma índia e um rapaz, em cima de um barranco, fazendo uma pescaria. A gente ouvia eles, mas não entendia. O Pedrinho ficou para trás, com medo de tomar uma flechada e eu fui como Burbura. Quando o índio viu a gente, a gente estava a quatro ou cinco metros e ele pegou uma flecha. E o Burbura não falava nada, só "Brigar não". O índio pegou a flecha, mirou no nosso rumo, e lançou a flecha. O Burbura rebateu a flecha com o arco dele, porque a flecha vinha para pegar na barriga dele. A flecha desviou e quase pegou em mim. A gente continuou caminhando em direção a ele.

O índio pegou outra flecha para botar no arco, mas a flecha quebrou, aí o Burbura foi para pegar ele. O índio bateu umas três vezes com o arco nas costas do Burbura e foi embora. Escapou e foi embora e deixou as coisas todas ali. A índia e o menino já tinham corrido. Voltamos para o acampamento.

Já estava escuro e ouvimos eles conversando, passaram pelo acampamento, pegaram as coisas e começaram a jogar pedra, castanha, pau, jogar tudo no nosso barraco. Já estava escuro, não sei como eles enxergam. O Rieli pensou em dar um tiro para cima. Eu falei que eles não queriam matar a gente, porque estavam jogando pau e pedra.

Ainda à noite, não tinha como ficar lá, desmontamos o acampamento, com lanterna, atravessamos o igarapé. A chuva começou, paramos num tronco de umas árvores, e ficamos a noite ali, porque não tinha como dormir, chovendo, não tinha como armar um acampamento, tudo na mochila, forramos uma lona e deitamos no chão.

Quando foi umas quatro da madrugada eles começaram a jogar pedras de novo. Pegamos nossa mochila e fomos embora de novo. Havia um acampamento com dois rapazes à espera, e rancho. Ficamos uma noite nesse acampamento e, na noite seguinte, os índios acharam a gente e votaram a jogar pedra de noite. Isso durou uma semana. Toda noite eles jogavam pedra na gente.

Até que veio uma ordem de Brasília para a gente suspender o contato.

Pente fino

Ficamos alguns anos sem ver vestígios recentes. E organizamos uma expedição que chamamos de "pente fino", em 2010.

Por que "pente fino"? Porque já ia fazer dois anos que a gente não encontrava um vestígio recente deles e não sabia por onde é que eles andavam. A gente andou aquele bico quase todo. Os igarapés Paxiúba, Água Branca, Rio Preto. Decidimos juntar as três "frentes" daquela região e fazer uma grande expedição "pente fino". A Frente Guaporé, com o Altair Algayer, a Frente Uru-Eu-Wau-Wau, com o Rieli Franciscato, e a Frente Madeirinha, comigo. Aproveitamos a chegada dos novos funcionários, o pessoal desses concursados.

Deslocamos três equipes. Uma foi mais para o leste, a outra foi mais para o oeste e eu vim para o sul da terra. Ali pelas cabeceiras do igarapé Piranha. A gente começou a encontrar os vestígios deles.

Tapiri, castanha derrubada, pau para tirar mel, ponto de pescaria. Encontramos tudo isso nessa grande operação "pente fino". Eles estavam vivos, isso nos tranquilizou.

No final de 2011, fomos fazer novas expedições na área. Dessa vez eu já tinha mais ou menos a noção do que poderia acontecer, porque eu já sabia que eles estavam naquela região. Saímos preparados para um eventual encontro, ou até mesmo o contato. Antes de ir, sentei com a equipe para uma reunião, com todos que iriam para o mato comigo. Conversei, expliquei um monte de vezes o que deveríamos fazer. Os meninos entenderam, e a gente foi para o mato.

E, aí, no terceiro e no quarto dia de caminhada, a gente começou a encontrar vestígios bem recentes desses índios. Vimos um tapirizinho virgem, tudo bem novinho mesmo. Um acampamento bem novo, de poucos dias. E, no dia seguinte, a gente acabou encontrando com eles. Aí percebemos que eles estão bem de saúde. Tivemos certeza de que estão bem.

A partir desse encontro na floresta, chegamos à conclusão de que, apesar de falarem a mesma língua, e estarem numa região próxima, eles não são parentes da Rita, do Ticum e do Mandeí. São índios isolados que falam o tupi-kawahiva, como ela, como os dois Piripkura. Mas o mesmo sangue não é. Não são parentes tão próximos.

Eu acho que esse outro grupo de parentes da Rita não são os mesmos índios que estão, hoje, na Terra Indígena Kawahiva do Rio Pardo. Porque, depois da filmagem que eu fiz no Kawahiva – vou contar essa história daqui a pouco –, eu já cheguei à conclusão de que eles não são parentes de sangue dela. Podem ser parentes, mas não são esse grupo que o Ticum nos contou, não é o mesmo povo que eu fui encontrar agora mais pro norte. São outros índios daquela aldeia que o Ticum falou.

O encontro com os índios isolados

Quando começamos a encontrar os vestígios, montamos um acampamento e deixamos a nossa tralha. Mais leves, fomos mais rápido e achamos bastante tocaia, um tipo de espera, um esconderijo onde eles ficam imitando algum bicho para caçar. Achamos muita madeira derrubada por eles, sova, que é uma árvore frutífera, uma fruta muito boa. Aí, andamos mais um pouco e os escutamos conversando em um tapiri, ali perto. Tinha dado uma chuva, e eles estavam parados conversando.

Eu levava um facão e um machado, deixei lá, em cima do toco, e falei para voltarmos para o nosso barraco. Deixamos o facão, o machado e fomos para o barraco.

No outro dia, pegamos a nossa tralha, desmontamos o acampamento. Eu falei: "Vamos subir beirando o Piranha. Se a gente tiver um encontro com eles, beleza. Se não tiver, vamos fazer um levantamento de informação e vamos embora". E aí fomos. Passamos no tapiri – eles já não estavam mais no tapiri. O fogo estava aceso, estava toda a tralha deles lá. O machado e o facão que a gente deixou, eles tinham pegado.

Passamos pelo tapiri e andamos um bocado. Paramos num determinado ponto, que eu já nem acreditava que a gente ia encontrar mais eles. Porque a gente já tinha passado pelo tapiri. Falei: "Devem estar para trás". Pouco depois a gente os escutou vindo, conversando. Aí a gente não teve nem muito tempo assim, também, para se camuflar, se esconder e tal. Eu só falei para os meninos: "Vocês deitem no chão e vamos ficar calados. Ninguém reage, ninguém, não quero ninguém pegando arma, ninguém fazendo movimento brusco nenhum. Vamos ficar de boa".

Liguei a câmera, os meninos se camuflaram um pouquinho. Aí foi passando. Passando, passando, passando. Passaram oito, aí, na nona pessoa, o menininho que estava nas costas da mulher foi quem me viu. O menino falou com ela, ela entendeu. "Olha, mãe, tem branco me olhando." Aí ela correu. Eu tentei gritar, chamei ela ainda, falando palavras na língua dela, que éramos amigos. Ela parou lá, deu uma olhada. Respondeu com um resmungo e foi embora.

Registrei tudo isso. Filmei esse encontro, muito perto deles. Não temos mais o que provar que esses índios existem, que vivem nessa terra indígena, e que ela precisa ser demarcada. Eu, hoje, fico me perguntando: o que é que ainda falta para se demarcar a terra Kawahiva do Rio Pardo?

O problema dos índios são os vizinhos

Os índios estão andando por toda aquela área. Eles não permanecem em um só lugar. Ficam 15, vinte dias, e mudam. Saem para caçar, vêm tirar castanha, vêm tirar mel, de todos os lados. Esse é um dos pontos positivos que a gente tem, pelo monitoramento que estamos fazendo. Agora, a partir do momento em que eles se aproximam das fazendas, aí é um risco muito grande. Alguns vestígios estão a quatro ou cinco quilômetros das fazendas. Às vezes, é só atravessar o rio. Uma das fazendas é de propriedade de um fazendeiro que se chama Garon Maia.

É um fazendeiro grande, que teve problema com o "Índio do Buraco", no Tanaru, e também na Massaco. Alguns problemas na área coordenada pelo sertanista Altair Algayer[19].

Ele faz tudo o que não se deve. Lógico que se algum dos peões desses fazendeiros da região encontrasse com os índios, isso seria um desastre. Eu mesmo já ouvi um desses *guachebas* falando, na área dos índios Piripkura: "Se eu encontrar com os Piripkura, quem vai chorar é a mãe deles, não sou eu". Essa é a tese do fazendeiro: "Se eu encontrar com os índios, quem vai chorar é a mãe deles, não sou eu". Ou seja, se fazendeiro ou *guacheba* encontrar com os índios, eles dizem que os índios estão mortos.

---

19. Mais informações dessa região e desses povos no depoimento de Altair Algayer, p. 353.

PARTE V O FUTURO DA TRADIÇÃO SERTANISTA

Rondon's experience provided him with the basis for framing an idealistic and humanitarian policy for the Brazilian Indian Service. But, unfortunatelly these policies formulated by Rondon and his early followers were difficult to put into practice for various reasons.

Charles Wagley [1]

A questão não é, porém, o que se devia fazer mas o que se podia fazer nas atuais circunstâncias.

Curt Nimuendajú [2]

Durante os jogos da Copa do Mundo no Brasil, em junho de 2014, um grupo de sete jovens, de uma etnia considerada isolada, apareceu na aldeia Simpatia, do povo Ashaninka, no alto rio Envira, Estado do Acre.

Eram todos saudáveis. Tinham corpos esbeltos, cabelos bem cortados, algumas leves pinturas no rosto. Carregavam arcos e flechas benfeitos, bem apontados, com as penas impecavelmente cortadas. Portavam um cinto de casca de envira que utilizam para segurar um machado e também para amarrar o pênis.

Nos registros de vídeo feitos pela Funai, esses jovens aparecem imitando animais da floresta com perfeição, assim como cantam belas melodias características das sociedades que falam a língua da família pano, como as músicas dos Kaxinawa e dos Yawanawa que hoje em dia se pode escutar em CDs e no YouTube. Por trás dessa bela aparição de jovens indígenas que tomaram coragem e decidiram passar a interagir com a violenta sociedade que os cerca, estão terríveis histórias de massacres. Desde os tempos das correrias da época da borracha, conflitos com madeireiros nos últimos anos e até um recente massacre, provavelmente datado de 2011 que, suspeita a Funai, tenha sido liderado por um traficante de cocaína.

1. Charles Wagley, *Welcome of tears*, New York: Oxoford University Press, 1977, p. 283.
2. Curt Nimuendajú, *Textos indigenistas*, São Paulo: Ed. Loyola, 1982, p. 185.

Contato com os isolados do Igarapé Xinane, também conhecidos como Txapanawa, na fronteira do Brasil com o Peru.

A Funai passou a chamar esse grupo de "isolados do Xinane". Já para os intérpretes Jaminawa, que conversaram com eles nesse processo de contato, eles se autodenominam Txapanawa, o "povo da arara". Depois de algumas interações em dias diferentes ao longo de algumas semanas, esses jovens adquiriram uma infecção respiratória, receberam tratamento, vacinas e voltaram para sua aldeia. No mês seguinte, retornaram com 24 pessoas e se estabeleceram na Base Xinane, montada em 1989 pelo sertanista José Meirelles, conforme ele relata nesse livro.

Esse processo de contato era temido pelo próprio Meirelles desde que chegou na região e encontrou evidência de ocupação de povos isolados. Meirelles sempre soube dos riscos das epidemias desde que fez contato com os Awa-Guajá, no Maranhão, nos anos 1970. Epidemias que se tornam ainda pior com o descaso do governo brasileiro com a saúde indígena. Os Txapanawa – prefiro utilizar conforme, aparentemente, eles se autodenominam, segundo primeiras informações dos Jaminawa – relataram que vivem em uma aldeia que pode ter mais de uma centena de pessoas, e que ainda vivem por ali ao menos outros sete povos diferentes, também nessa condição de "isolamento voluntário" do Estado. O contato com uma população tão grande em uma região distante do acesso de recursos de saúde pode provocar uma catástrofe.

Alguns anos antes, em 2007, Jair Candor encontrou dois Piripkura, também considerados isolados, Ticum e Mondeí. A atenção à saúde nos primeiros dias foi problemática e Ticum por pouco não faleceu – foi salvo pela experiente enfermeira da expedição. No vale do Javari, em 1996, o contato com os Korubo coordenado pelo sertanista Sydney Possuelo também foi seguido de riscos aos

Contato com os isolados do Igarapé Xinane, também conhecidos como Txapanawa, na fronteira do Brasil com o Peru.

indígenas e aos próprios sertanistas, como atesta a morte de Raimundo Batista Magalhães, conhecido como "Sobral", pelos Korubo.

Os registros feitos em vídeo desse contato no Acre expuseram uma aparente fragilidade da equipe da Funai – o que provocou um temor interno na instituição por expor-se "vulnerável" diante do poder de fogo de madeireiros e traficantes que invadem o território. Nos primeiros momentos não conseguiram se comunicar com os indígenas por ausência de intérpretes, faltou uma equipe médica treinada para o contato nessa primeira hora, e entraves administrativos e financeiros, por exemplo, para se comprar um freezer, um barco e gasolina, quase colocaram em risco o trabalho em campo. Essas deficiências já eram esperadas há alguns anos desde que os sertanistas passaram a tentar formar uma equipe especial para os contatos. Burocraticamente, as ideias foram sendo postergadas em memorandos e incomunicabilidades administrativas interministeriais.

Diversas razões servem para explicar as deficiências da Funai, que atravessa a maior crise de sua história e está desaparelhada em um dos momentos mais críticos para a proteção e assistência a povos isolados. Não cabe apenas buscar as ausências do que se esperava ter e não se teve, como a falta de diálogo interministerial da Funai com representantes do Ministério da Saúde e do Planejamento, falta de orçamento, falta de pessoal e funcionários, falta de ter feito o que deveria ter sido feito pelo Estado. O risco de uma catástrofe demográfica deve ser sempre minimizado. Essa crise da Funai expõe que toda a evolução institucional e do aparelho jurídico, mudanças fundamentais após a Constituição Federal para a defesa dos direitos indígenas, esbarraram em uma questão decisiva: quais equipes irão implementar concretamente – em campo – as políticas públicas de defesa de direitos dos grupos indígenas isolados?

Alguns fatos acompanharam a finalização desse livro e provocaram uma grande transformação na perspectiva do trabalho sertanista para o futuro. Nesse contato no Acre, os indígenas foram salvos de uma tragédia epidemiológica, principalmente pela longa experiência, no Xingu, da equipe médica responsável, e a relação entre um sertanista mais antigo no quadro, como José Meirelles, e uma nova geração, com Guilherme Siviero.

Outro fato importante é que, hoje, o indigenismo e o sertanismo são praticados pelos próprios indígenas. No Acre, foi fundamental o suporte da comunidade Ashaninka da aldeia Simpatia: foram eles os responsáveis pela boa condução do contato e por promover alimentação para os "parentes isolados". Beto Marubo foi nomeado em julho de 2014 para chefiar a Frente de Proteção Etnoambiental do Vale do Javari, no Amazonas. Ele liderou os processos de contato com uma família Korubo, em setembro de 2014. Há muitos povos em isolamento no vale do Javari, a maioria, grupos Korubo.

A interpretação que proponho, evidentemente, não é capaz de prever o futuro, mas fornece ferramentas de análise do passado. O envolvimento dos próprios indígenas na reconfiguração da tradição humanitária sertanista é um dos mecanismos centrais que pode ser trabalhado na próxima década, a "década dos contatos", segundo o sertanista Meirelles.

A conjugação da experiência sertanista humanitária de agentes do Estado com novos quadros para um trabalho específico é um fator único que se revela no Brasil, e não em países vizinhos onde também existe a presença de povos isolados. Por essa razão, é possível aprender com a experiência sertanista e encontrar mecanismos de replicá-la e expandir as formas de ação desenvolvidas localmente.

Xinane e vale do Javari

Em outros tempos, a infecção respiratória dos Txapanawa, o povo do Xinane, teria se transformado em pneumonia e grande parte deles teria perecido. Diversos relatos nesse livro descrevem essas tragédias anunciadas. Seria o prenúncio de uma catástrofe. No entanto, o resultado, até o momento em que se tem notícia, é positivo e serve de referência para os próximos contatos que vão acontecer.

Quem chefiou a equipe emergencial de saúde foi o médico Douglas Rodrigues, do Departamento de Medicina Preventiva da Escola Paulista de Medicina da Universidade Federal de São Paulo (Unifesp). Rodrigues foi aluno de Roberto

Baruzzi, médico pioneiro no indigenismo brasileiro que havia sido convidado por Orlando Villas Bôas para montar um programa especial de saúde para o Xingu em 1965. Rodrigues começou a trabalhar no Xingu, sob a supervisão de Baruzzi, em 1981, e até hoje acompanha o Programa Xingu. Foi lá que ele aprendeu a lidar com a saúde indígena em populações vulnerabilizadas pelo contato. Foi no Xingu que aprendeu a sensibilidade no tratamento, nos gestos, na comunicação, em saber como medicar da melhor maneira possível com os limites de interação. Seja uma vacina, seja um comprimido, encarar o desafio de romper um distanciamento cultural para conseguir realizar um tratamento de urgência.

O experiente sertanista José Meirelles, que deixou a Funai para integrar o governo do Estado do Acre, acompanhou o processo de contato ao lado de um novo quadro da Funai, Guilherme Siviero. Esse trabalho em conjunto, aproximando gerações, é o período de transição que explica Carlos Travassos, coordenador na Coordenação Geral de Índios Isolados e de Recente Contato – CGIIRC. Ao mesmo tempo, um processo semelhante de contato no Peru com os Mashco-Piro, nesse mesmo período, feito sem a organização de um órgão indigenista, mostra que os riscos são ainda maiores. Algo como dizia Darcy Ribeiro: ruim com o SPI, pior sem ele. No Peru, os Mashco-Piro passaram a interagir com agências de ecoturismo e uma missionária, receberam roupas, alimentação inadequada, e carregaram vírus perigosos para sua comunidade, sem nenhum tipo de atendimento.

Meirelles, após três meses junto dos Txapanawa, faz agora uma nova reflexão sobre os contatos: "Esse contato no Envira colocou por terra aquela ideia de 'autonomia' que se falava. Autônomos o escambau! Eles estão com problemas, temos que falar com eles, temos que saber qual o problema estão enfrentando. Não é coisa de outro mundo: tem que ir lá fazer o contato."

É impossível prever se a situação no Envira se manterá estável. Os povos que são considerados "contatados" sofrem uma deficiente assistência de saúde do Estado. Vizinhos dos Txapanawa, os Ashaninka da aldeia Simpatia, onde os Txapanawa apareceram, relatam que só recebem visitas médicas uma ou no máximo duas vezes por ano, e mesmo assim, breves[3]. Se já se trata com descaso os povos indígenas que interagem com a sociedade envolvente, o que dizer daqueles que evitam aproximação? A crise do indigenismo brasileiro, caracterizada pelo enfraquecimento da Funai e pelo retrocesso dos direitos fundamentais de minorias, atinge todos os povos indígenas, qualquer que seja sua relação com o Estado. Frente a um Estado que retrocede em sua atuação humanitária, a esperança de uma relação melhor cabe aos próprios indígenas e às alianças com agentes idealistas do Estado.

---

3. Kátia Brasil, "Na real: índios do Xinane foram vacinados, mas continuam sob risco de contrair doenças". Disponível em: <http://amazoniareal.com.br/na-real-indios-do-xinane-foram-vacinados-mas-continuam-sob-risco-de-contrair-doencas/>. Acesso em: 29 out. 2014.

A nomeação de Beto Marubo é uma luz nesse caminho. Ele é o primeiro indígena a assumir a coordenação de uma das frentes de proteção etnoambiental da Funai. Segue uma trajetória indigenista que havia sido traçada, em outro momento histórico, por exemplo, por lideranças do Xingu que foram treinadas por Orlando Villas Bôas, como Megaron Txucarramãe e Marauê Kaiabi.

Beto nasceu na aldeia Maronau e estudou Letras em Porto Velho, capital de Rondônia. Foi treinado por Sydney Possuelo, que lhe dizia que era preciso pessoas capacitadas, principalmente indígenas para enfrentar o futuro, pois não sabia como iria ser o destino da Funai diante da crise atual. Realizou expedições e trabalhos na Frente Javari, território tradicional de seu povo, onde ele nasceu e cresceu. Para adquirir experiência indigenista, foi trabalhar junto de Jair Candor no norte do Mato Grosso, onde vivem grupos isolados de povos que falam língua da família tupi-kawahiwa, chefiando a Frente Madeirinha. Beto não assume o cargo apenas por ser um representante de destaque dos povos da região, mas por demonstrar capacitação e engajamento para desempenhar funções que lhe são designadas.

"Eu acredito que o Estado brasileiro tem que proteger esses índios, eles têm esse direito. Sem a proteção é pior", relatou Beto em entrevista que concedeu na sede da Frente, em Tabatinga. Diversos tipos de invasão do Javari, todas frentes econômicas ilegais como pescadores, caçadores, narcotraficantes e mesmo prospecção mineral, operam com violência na aproximação com os isolados. Além disso, o compartilhamento de território entre os grupos em isolamento e os com contato estabelecido aumenta os riscos de uma contaminação. "O meu tio quando ele vai caçar ele encontra os isolados. Já aconteceu isso. Os indígenas no Javari compartilham o território, e com isso há risco de contaminação em uma região crítica de saúde, sem que a Funai ou o Ministério da Saúde tenham constituído uma equipe de contato ou de emergência", afirma Beto.

Beto, na posição de sertanista, relata ter sido influenciado pela trajetória e ideias de Sydney Possuelo, Wellington Figueiredo, Chico Meireles e Apoena Meireles, com quem também teve a chance de conviver. Como liderança indígena, foi presidente da União dos Povos Indígenas do Vale do Javari (Univaja), e passou os últimos anos atuando no movimento social para a defesa dos direitos indígenas em oposição a mudanças e reformas feitas na estrutura da Funai. Conviveu recentemente com Fabrício Amorim, que chefiou a Frente do Javari nos últimos anos, e Bruno Pereira, um novo quadro da Funai na área, com quem construiu alianças para o trabalho indigenista. Na sua opinião, a Funai, hoje, serve mais aos interesses do governo do que a praticar uma real política indigenista do Estado: "Na minha gestão como chefe da frente de proteção quero fazer um verdadeiro ativismo em defesa dos isolados, uma ponte entre o Estado e o movimento indígena. Não estou preocupado com cargo comissionado ou coisa parecida administrativa."

Ações políticas

As ações de localização, monitoramento e vigilância, que foram o pilar nos últimos anos da atuação da Coordenação Geral de Índios Isolados e de Recente Contato (CGIIRC), parecem insuficientes diante do dinamismo que se espera para os próximos anos, da multiplicação e da sobreposição das frentes de pressão. Estas derivam tanto de projetos estatais de infraestrutura e da mega-extração de recursos naturais, quanto das frentes que avançam de forma independente, como o tráfico de drogas, extração ilegal de madeira, grilagem de terras, garimpo, caça e pesca ilegal.

Com o avanço das fronteiras, está cada vez mais difícil para a população indígena sobreviver buscando refúgio no isolamento. Sobretudo com o aumento demográfico destas populações que compartilham territórios em razão da proteção territorial com as demarcações e ações de saúde. Ao mesmo tempo, o órgão do Estado que deveria dar proteção e garantia a essa autonomia, a Funai, está enfraquecido, desarticulado e desaparelhado. Sem explicação pública para a sociedade, a Funai fechou a Frente de Proteção Etnoambiental do Madeira, que deveria localizar e proteger povos indígenas que vivem em isolamento e serão impactados pelas usinas hidrelétricas do rio Madeira, Santo Antônio e Jirau. Grupos indígenas como aquele que vive na Terra Indígena Jacareúba Katauixi, localizados em expedição narrada nesse livro por Marcelo dos Santos e Altair Algayer, vão depender única e exclusivamente de sua habilidade em se manter invisíveis para os inimigos.

Mais de cem pessoas foram aprovadas em concurso público e passaram a trabalhar nas frentes. Em pouco tempo, muitos abandonaram os postos, como nos cursos de indigenismo que a Funai realizou nos anos 1970. Alguns quadros novos de destaque, Fábio Ribeiro, hoje nos Zo'é, ou mesmo o caso dos experientes Altair Algayer, Jair Condor e Rieli Franciscato, possuem apenas cargos de confiança e sempre temem pelo futuro a cada mudança política. A estabilidade provida pelo emprego público, como narram os sertanistas nesse livro, foi fundamental para que pudessem desenvolver estratégias de resistência e ativismo em defesa dos povos indígenas dentro de uma política oficial anti-indígena, como na ditadura.

Apesar de tantas mudanças na sociedade, algumas técnicas do contato, surpreendentemente, permanecem em voga desde que foram instituídas como normas de atração e pacificação pelo SPI – ainda que o SPI seja duramente atacado por uma parcela revisionista da academia no Brasil. Por exemplo, de acordo com instruções de procedimento do SPI, as equipes de contato devem ter trabalhadores treinados (os técnicos indigenistas), o chefe com experiência no trato com indígenas (os chefes das frentes), deve incluir a participação de indígenas do mesmo tronco linguístico ou de intérpretes (como os Jaminawa, no Acre), construir instalação dentro ou nas proximidades dos territórios indígenas (as bases), conhecer esse território, matas e rios (as expedições de localização), não utilizar armas para reação e, após o contato, tentar uma confraternização (como o convite para os Txapanawa visitarem a Base Xinane). Substancialmente, apenas a fase do chamado "namoro", com o oferecimento de brindes, é que não é mais utilizada. É claro: a legislação hoje diz que o Estado não mais procura o contato, o que não exclui a necessidade de uma equipe de contato como no caso dos Txapanawa (2014), Piripkura (2007), Korubo (1996)...

No contato dos Txapanawa no Acre, um dos indígenas Ashaninka da aldeia Simpatia ofereceu um cacho de bananas para convencer os jovens a atravessar os rios. Seria a diplomacia da banana equivalente aos brindes de antes? Nesse caso, foi preciso algum tipo de gesto que demonstrasse o interesse na aproximação, um gesto de amizade. E foram os Ashaninka que souberam controlar a situação.

A regra, desde 1987, é que a Funai, especificamente a Coordenação de Índios Isolados, seja sempre consultada quando for identificada a presença de um grupo isolado, e o contato deve ser acionado apenas se for comprovado que as áreas ocupadas estejam sendo invadidas por "frentes de expansão"[4].

Essa regra geral do "não contato" hoje está instituída dentro do que se chama de "Sistema de Proteção e Promoção de Direitos para Índios Isolados e de Recente Contato", com a longa sigla SPIIRC, sob a coordenação da CGIIRC, e administrativamente organizado em quatro áreas. A primeira é a "gestão", que envolve a área burocrática de planejamento, administração, sistematização, comunicação e capacitação. A segunda é a "proteção", com atividades de campo de localização, monitoramento e vigilância. A terceira, um tanto complexa, seria a de "promoção de direitos", com educação e saúde, e, por fim, a área de "contato".

Essas ações são desenvolvidas pelas frentes de proteção, e o contato apenas pode acontecer, em tese, por decisão do grupo ou perigo iminente de extinção. No caso dos Txapanawa, essa política não conseguiu evitar um massacre que forçou os indígenas a buscar o contato. Trata-se de uma teoria que encontra dificuldades para ser aplicada em face da diversidade de conflitos, tais como decorrem da implantação de grandes projetos de infraestrutura ou de novas violentas frentes de expansão como o narcotráfico.

Nada disso, por exemplo, é capaz de enfrentar um mega projeto, como a construção de uma grande usina hidrelétrica em um rio na Amazônia, exemplos de Jirau, Belo Monte ou São Luiz do Tapajós, todos projetos que afetam o território de povos isolados. Não há no sistema jurídico a possibilidade da Funai, legitimamente, "representar" os povos que desejam manter-se em isolamento – e portanto avessos a própria ideia de representação pela sociedade no entorno. Acontece que, na prática, a CGIIRC tem exercido essa "representação", e há tentativas de se

---

4. Centro Ecumênico de Documentação e Informação – Cedi, *Povos indígenas no Brasil 1987-1990*, São Paulo, p. 39. Disponível em: < http://pib.socioambiental.org/pt/c/downloads>. Acesso em: 19 set. 2014.

regulamentar juridicamente essa situação de fato. Existe uma lacuna na lei em torno da regulamentação da Convenção 169 da OIT, que determina a consulta livre, prévia e informada às comunidades que são afetadas por projetos, e uma proposta de se criar um marco legal. No entanto, os movimentos sociais acusam ausência de participação dos povos tradicionais e indígenas nesse processo, com um risco de retrocesso de direitos internacionalmente reconhecidos.

A CGIIRC, que tradicionalmente reúne funcionários idealistas da Funai, hoje sente-se responsável pela representação pública desses povos indígenas, como por autorizar a divulgação de suas imagens na imprensa. É a CGIIRC que negocia espaços e conteúdos, e pode vetar ou controlar qualquer imagem sob pretexto da "proteção" e "garantias de direitos". Acontece que tem sido justamente a divulgação pública da existência dessas populações que querem se manter isoladas a sua maior garantia de sobrevivência eventualmente, mesmo contra ações equivocadas da própria Funai. Além de haver conflitos internos na gestão da coordenação sobre os critérios subjetivos na construção das alianças para as divulgações, como privilégios para amizades pessoais ou rede de televisão de maior força política no governo – nenhum, necessariamente, mais vinculados à investigação de cada caso.

Ao mesmo tempo, ao delimitar territórios de ocupação por povos isolados que sejam afetados por grandes projetos a ponto de colocar em risco a integridade desse território, a CGIIRC pode estar extrapolando suas funções, já que passa a estabelecer um território para quem não foi consultado, e em alguma medida, funcionar como as famigeradas "certidões negativas" do passado. E com relação aos contatos recentes, como os Arara contatados por Afonso Alves da Cruz em 1987 na região da Transamazônia – hoje afetada pela Usina Hidrelétrica Belo Monte, no Xingu –, o assistencialismo dos empreendedores se revela ainda mais danoso do que aquele praticado pelo SPI ou pela Funai nos seus piores tempos. Houve, em tempos recentes e com o avanço do neoliberalismo, uma privatização do assistencialismo indígena, ao contrário do que se propunha na reforma da Funai.

É possível que esse sistema de proteção territorial aos isolados entre em colapso e a política de "não contato" se torne "mera ficção retórica", de acordo com uma perspectiva do sertanista Antenor Vaz. Em face das diferentes pressões contra os territórios ocupados por povos isolados, resta à Funai, nessa perspectiva, "mitigar os efeitos de uma política da qual é refém"[5].

Meirelles propõe que após esse verão amazônico, com os contatos com os Txapanawa, os Korubo e os Mashco-Piro no Peru, estejamos entrando em uma "década dos contatos".

---

5. Antenor Vaz, "Povos indígenas isolados e de recente contato no Brasil – A que será que se destinam?", *Le Monde Diplomatique Brasil*, São Paulo: 2014. Disponível em: <http://www.diplomatique.org.br/artigo.php?id=1709>. Acesso em: 19 set. 2014.

Não há, na sua opinião, que temer os próximos contatos. Mas encarar essa realidade. A inspiração vem do trabalho dos irmãos Villas Bôas, no Xingu: "Vamos ter que fazer o contato, e depois um armistício entre estes povos."

O contato no Xinane, seguido pelo no Javari, pode ter mudado a perspectiva da proteção pelo isolamento. A análise de Meirelles é que esses índios "foram autônomos e isolados. Mas hoje estão cercados, com um território pequeno, estão se matando entre si. Estão é cercados e em guerra." Como, no lado da Fronteira com o Brasil, nesse caso específico dessa parte do Acre, as terras estão demarcadas e não há problema fundiário, "o que pode mudar o destino desses povos é ter gente lá em campo com os mecanismos de assistência junto deles. Recursos para as emergências, saúde, transporte e alimentação. É preciso juntar um grupo de pessoas de boa vontade para fazer os contatos urgentes, e ter um planejamento de longo prazo para trabalhar junto deles. Enquanto isso não acontece, a urgência é a sobrevivência: temos que manter esses indígenas vivos. Se não, no futuro, vamos fazer uma arqueologia de índios."

O futuro, mais ainda do que no passado, está nas mãos dos próprios indígenas, hoje plenos protagonistas de suas lutas sociais e políticas. Como escreveu o antropólogo Jorge Pozzobon em uma crítica da instituição indigenista: "O futuro do indigenismo oficial não deve depender do futuro da Funai"[6]. O grande antropólogo norte-americano Charles Wagley, refletindo sobre os contatos com grupos indígenas isolados, escreve: "Nem a Funai ou qualquer outra organização, ainda que com as melhores intenções, pode realmente resolver o problema do período inicial de contato com um grupo indígena"[7]. Quanto mais os índios conseguirem o apoio e aliança de gente como os sertanistas – mesmo que não sejam mais assim chamados dentro da estrutura da Funai as pessoas que mantiverem vivo o ideal humanitário sertanista –, melhores chances terão de enfrentar as ameaças contra sua sobrevivência e de encontrar formas legítimas de emancipação e autonomia.

---

6. Jorge Pozzobon, "O lúmpen-indigenismo do Estado brasileiro", *Journal de la Société des Américanistes*. Paris: 1999, tomo 85, pp. 281-306.
7. Charles Wagley, *Welcome of tears*, New York: Oxford University Press, 1977, p. 296. [Em tradução do organizador.]

Agradecimentos

Aos sertanistas e às lideranças indígenas que deram seus depoimentos para este livro. Além de agradecer, devo também pedir desculpas pelas longas conversas, com perguntas muitas vezes desconfortáveis, a insistência, "aporrinhações" de um curioso e admirador. Um agradecimento profundo pela grande chance de ter escutado essas histórias de vida, verdadeiras aulas sobre a história do país. Guardo com imenso carinho a lembrança de cada um de nossos encontros.

Marina Herrero, uma guerreira incansável, foi uma grande amiga e companheira ao longo dos anos em que este projeto foi gestado. Conversas, ideias, sempre com muita garra, nunca me deixou desistir e sempre se sensibilizou com as histórias dessas pessoas que tanto admiramos.

A Danilo Santos de Miranda, diretor regional do Sesc São Paulo e à equipe do Sesc Consolação, que com tanto empenho conseguiu organizar o memorável encontro, e à equipe das Edições Sesc, por acreditar que esse livro seria possível. Pela produção inicial do seminário agradeço ao parceiro Marco Altberg, Andrea Barros e os colegas da revista *Cinema Brasileiro*.

Aos amigos da Funai, Guilherme Carrano, Artur Mendes, Renato Sanchez, Maria Eliza Leite, Neide Siqueira, Slowacki de Assis, Cláudio Romero, Erika Yamada, Estella Libardi, Juliano Almeida, Bruno Pereira, Odenildo Coelho, Aluisio Azanha, ao pessoal da Coordenação Geral de Índios Isolados e Recém-Contatados Carlos Travassos, Leo Lenin, Fábio Ribeiro. Luciano Pohl, aos sertanistas Corró, Txai Terri de Aquino, Ariovaldo José dos Santos, Fernando Schiavini, Antenor Vaz, Rieli Franciscato, Pedro Rodrigues, Mauro Oliveira, Rogério Vargas. À guerreira Inês Hargreaves.

A João Lobato e Rosa Cartagenes, pela generosa acolhida junto do povo Zo'é. A Neidinha, Almir Suruí, Leo Sousa e Israel Vale, da Kanindé e o apoio em Rondônia, sempre.

Aos colegas da revista *Brasil Indigena* Michel Blanco e Júlia Magalhães.

A Mércio Gomes e Michel Blanco pelo convite para o trabalho na Funai.

Marcelo Behar, Ivo Correa, Pedro Abramovay, Luiz Villares, Bia e Flora, pela carinhosa hospedagem em Brasília. Ao grande Beto Ricardo, Fany e todos os amigos do Instituto Socioambiental – ISA, Ciça Bueno, Leandro Mahalem, Raul Valle, Adri Ramos... A Henyo Barreto e a Gilberto Azanha, Helena Ladeira e ao dedicado grupo do CTI.

A Vincent Carelli, pelo trabalho inspirador e a força de um grande guerreiro. A Glenn Sheppard, pelas conversas sobre as trevas do capitalismo e do colonialismo. Dominique Gallois, Manuela Carneiro da Cunha e Mauro Almeida, Eduardo Viveiros de Castro e Debi Danowski, referências importantes para entender esse mundo complexo e em guerra. A Iara Ferraz, que fez da antropologia um indigenismo libertário no calor do velho oeste, com muita admiração.

A Jurandir Siridiwe, Cipassé, tio Paulo Supretaprã, Jamiro, Daru, Caimy, Wazaé, pelas conversas e os ensinamentos no *wara*, pela força de vocês, por me ensinarem como sobreviver no meio dos *warazu*. Também aos Yawanawa Bira Nixiwaká, Tashka, e queridos pajés Yawaraní e Tatá. A Afukaka, Álvaro Tukano, Damião Paridzané, cacique Mro'o (*in memoriam*) e os amigos de Tureidjan, a Raoni e ao grande Megaron, cujas memórias de luta em defesa dos povos indígenas precisam ser escritas, e estendo um agradecimento a seu filho, o querido Matsi, e a Kenã e Maya. Ao mestre Ailton Krenak, extraordinário filósofo dos mundos.

A Marina e Noel Villas Bôas, família amiga que tanto luta pela defesa dos índios e pela memória dos irmãos Cláudio, Orlando e Leonardo.

A Jon Lee Anderson e Scott Wallace, pela amizade, incentivo e inspiração.

A Vicente Rios, "o câmera mais corajoso do oeste", grande parceiro, e aos amigos do Igpa da Puc de Goiás, que guardam com tanto respeito e dedicação a obra do mestre Adrian Cowell e de Jesco von Puttkamer, a imagem da memória da Amazônia, lutando para restaurar, identificar, catalogar, organizar toneladas de história. A Stella Penido, Barbara Bramble e Boogie Cowell, também em homenagem ao amigo Adrian, que nos deixou antes da hora. Ainda por Adrian, a Tati e Daina Toffoli e a bela mostra que fizemos juntos. Betty Mindlin, querida madrinha, leitora paciente de meus rabiscos digitais, conversas inspiradoras, muito obrigado. A grande guerreira, verdadeira amazonas, Carmen Junqueira, com muita admiração.

A Juliano, Lélia, Sebastião, Rodrigo, toda a família Salgado, acolhedora na Cidade Luz. Ainda em Paris, ao grande Patrick Menget, pelo incentivo, Philippe Lená, e Emilie e Ricardo, colegas que compartilham o convívio com Roberto Araújo, parceiro de tensos e ao mesmo tempo prazerosos trabalhos de campo no velho oeste.

Obrigado, Carlos Fausto, pelas conversas e a ajuda em me apresentar ao maravilhoso universo Kuikuro, junto do nosso chefe Afukaka.

Esse trabalho teve início quando eu exercia a atividade de jornalista e termina quando minha ocupação principal tornou-se a de pesquisador em ecologia política. Foi fundamental, nesse percurso, o apoio e a aposta da amiga e orientadora Stefania Barca, com meu segundo orientador e grande companheiro Joan Martinez Alier, e de Alf Hornborg, que se juntou ao time que me ajuda a percorrer os passos da ecologia política. Agradeço muito o ensinamento que me proporcionaram, que se estende aos colegas do Centro de Estudos Sociais (CES) e da European Network of Political Ecology (Entitle), Santiago Gorostiza, Marco Armiero, Giorgos Kallis, Salvatore de Rosa. O financiamento pela bolsa da União Europeia Marie Curie, através da Entitle, também foi fundamental para esta pesquisa.

Um agradecimento especial a Elias Bigio, Eduardo Goes Neves, Patrícia Cornils, Maíra Kubík Mano, Julián Fuks, a grande Eliana Lucena, a Roberto Araújo, Patrick Menget, Vincent Carelli, novamente, pelas leituras e comentários, conversas e ideias para levar adiante esse projeto. Agradeço aos comentários que recebi na conferência da SALSA em Gotemburgo, em especial a John Hemming, Laura Rival e Jeremy Campbell. Como de praxe, os erros que permanecem são de minha responsabilidade.

A meu pai, Newton, minha mãe, Liana, companheiros engajados em me apoiar, minha irmã Carol, paciente desde que nasci. Minha querida tia Olga, especial influência freireana na minha formação, e meu primo Dário Mello, exemplo de luta na família do Sul.

Descobri que a vida é melhor de ser vivida ao ser compartilhada. Maíra, homenagem que meus sogros Vinícius e Maruska deram à obra de Darcy Ribeiro, e à mitologia tupi, foi uma companheira desde o início deste trabalho, no Sesc Consolação, até escrever as últimas linhas em nossa casa na experiência parisiense.

Os momentos de alegria dos encontros e das histórias que escutávamos, e os muitos momentos de angústia e ansiedade, tiveram sempre o seu ombro amigo, o seu toque sensível, a alegria para seguir adiante. Muito obrigado, amor.

Sobre o autor

Felipe Milanez é cientista social, pesquisador em ecologia política no Centro de Estudos Sociais, laboratório associado da Universidade de Coimbra (Portugal), integra o European Network of Political Ecology (Entitle). Foi pesquisador visitante na Universidade de Manchester (Inglaterra), e no Museu Paraense Emílio Goeldi, em Belém. Formado em direito pela Pontifícia Universidade Católica de São Paulo (PUC-SP) e mestre em Ciência Política pela Universidade de Toulouse (França).

Como jornalista, foi editor das revistas *Brasil Indígena* e *National Geographic Brasil*, e colaborador de diversas publicações, como *Carta Capital*, *Rolling Stone*, *Trip*, *Go Outside*, das americanas *Vice*, *Indian Country Today*; do francês *Courrier International*; e da peruana *Etiqueta Negra*. Dirigiu o documentário *Toxic Amazônia* em parceria com o canal *Vice*. Foi nomeado pela Organização das Nações Unidas Herói na Floresta da América Latina, no âmbito do Ano Internacional das Florestas (2011).

Fonte Andada, de Carolina Giovagnoli (SIL Open Font License v 1.10)
Papel Pólen soft 80 g/m²
Impressão Rettec Artes Gráficas e Editora
Data Jun. 2015